Klaus Heinrich   ursprung in actu

Gedruckt mit der Unterstützung der Ernst-Reuter-Gesellschaft der
Freunde, Förderer und Ehemaligen der Freien Universität Berlin e.V.

© ça ira-Verlag, Freiburg/Wien 2023

Günterstalstr. 37   www.ca-ira.net
79102 Freiburg   info@ca-ira.net

Umschlag und Gestaltung Till Gathmann, Berlin
Lektorat Johannes Fiebich, Wien
Satz Martin Janz, Freiburg
Druck Gyomai Kner Nyomda Zrt, Gyomaendrőd

ISBN 978-3-86259-177-0

Die Deutsche Bibliothek verzeichnet diese Publikation in der
Deutschen Nationalbibliografie; detaillierte bibliografische Daten
sind im Internet über www.dnb.d-nb.de abrufbar.

Dahlemer Vorlesungen
Neue Folge 1

Herausgegeben von
Wolfgang Albrecht
Rüdiger Hentschel

Klaus Heinrich ursprung in actu
Zur Rekultifizierung des Denkens
in Martin Heideggers »Beiträge zur
Philosophie (Vom Ereignis)«

Inhalt

Erste Vorlesung	9
Zweite Vorlesung	29
Dritte Vorlesung	49
Vierte Vorlesung	71
Fünfte Vorlesung	95
Sechste Vorlesung	119
Siebente Vorlesung	141
Achte Vorlesung	163
Neunte Vorlesung	183
Zehnte Vorlesung	203
Elfte Vorlesung	225
Zwölfte Vorlesung	247
Anmerkungen	267
Stichwortartige Übersicht	295
Personenregister	299
Editorische Notiz	302

Erste Vorlesung
gehalten am 26. April 1990

Ich begrüße Sie herzlich zum neuen Semester, das recht kurz sein wird, so daß ich auch nicht sagen kann, ob ich mit dem, was ich mir da vorgenommen habe, durchkommen werde. Das muß aber wenigstens unter einem gewissen Aspekt geschehen, denn im Wintersemester lese ich nicht, sondern werde ein Forschungssemester beantragen. Zu den aktuellen völkischen Ereignissen will ich heute nichts sagen, weil ich nachher noch andere völkische Ereignisse zu rezitieren habe. Das wird sonst zuviel Volk.[1]

Das Thema, das Sie dem Vorlesungsverzeichnis entnehmen konnten, »Vom Ereignis«, ist der Untertitel, nicht der öffentliche Titel, eines noch von Heidegger selbst geplanten Buches, das, vom Bruder Heideggers sorgfältig nach dem Manuskript abgetippt, im vergangenen Jahr, dem Jahr seines hundertsten Geburtstages, von Friedrich-Wilhelm von Herrmann aus dem Nachlaß herausgegeben worden ist. Es ist ein durchgesehenes, sozusagen von letzter Hand betreutes Konvolut von erheblichem Umfang. Es ist in den Jahren 1936–1938 geschrieben worden. Heidegger hatte es nicht mehr zur Herausgabe zu Lebzeiten bestimmt; so von Anfang an. Es ist also mehr ein Buch zur Selbstverständigung gewesen, nimmt für ihn auch den Rang von Konfessionen ein. Es ist umfangreich, mehr als fünfhundert Seiten, aber extrem leicht lesbar, weil, wenn Sie einmal den Denkfiguren auf den Sprung gekommen sind, Sie sehen werden, daß es sich immer um das Selbe handelt, das da immer wieder anders umschrieben wird; aber schon der Verfasser würde sich dagegen wehren: es sind immer neue ›Winke‹, denen er folgt.

Ich bin jetzt in Verlegenheit, was ich Ihnen als Stoffunterlage anbieten soll. Dieses Buch ist unverhältnismäßig teuer, im Rahmen einer ebenfalls unverhältnismäßig teuren Gesamtausgabe stellt es den 65. Band dar. Es ist in der »Dritten Abteilung: Unveröffentlichte Abhandlungen« das bis jetzt bedeutendste Stück. Es ist marktschreierisch angepriesen worden als das zweite oder zum Teil sogar als das eigentliche Hauptwerk Heideggers. Ich weiß jetzt nicht, wie weit Sie durch philosophische

Lektüre vorgebildet sind, wie weit Sie Heidegger kennen, wie weit Sie gar Heidegger-Philologen sind. Wahrscheinlich wird das Spektrum von dem überhaupt erst Kennenlernen-Wollen bis zum Heidegger-Philologen reichen. Ich muß mich also darauf beschränken, Zusammenhänge vor-, beziehungsweise nachzuzeichnen, einzelne Sätze, Satzgebilde, Absätze so durchzubuchstabieren, wie der Autor das von allen Worten in diesem Buch will, und Ihnen Literatur zur Einführung in Heidegger zu empfehlen – nicht Sekundärliteratur zur Einführung in Heidegger, jede Stunde, die Sie mit Sekundärliteratur zubringen, geht Ihnen ab von der Kenntnis der Originalschriften.

Ich würde sagen, die glücklichste Einleitung ist die als Separatum noch immer erhältliche kleine Schrift »Was ist Metaphysik?«[2]. Das war 1929, zwei Jahre nach dem Erscheinen des veröffentlichten Hauptwerkes, der sogenannten »Ersten Hälfte« von »Sein und Zeit«, die Freiburger Antrittsvorlesung. Sie atmet den Geist der Zeit nicht so sehr nach als vielmehr vor. Sie ist ergänzt in dieser kleinen Separatausgabe um ein ›Nachwort‹ von 1943 und eine ›Einleitung‹ von 1949.[3] Also auf dem Tiefpunkt des Durchhaltekrieges eine erste Selbstkommentierung, und nach Kriegsende eine zweite Selbstkommentierung. Das ist eigentlich eine gute Einführung in ihn.

Dann kann ich zu dem Thema hier, wenn Sie, was ich verstehen kann, sich scheuen, 98 Mark für das Buch »Vom Ereignis« auszugeben, Ihnen wiederum ein Separatum empfehlen, in dem die entscheidende Denkbewegung später ebenso enthalten ist wie in diesem großen Buch. Das heißt »Zur Sache des Denkens«, und darin ist – Sie sehen, daß es Hauptwerk-Stellvertretungscharakter hat, so dünn es ist – abgedruckt, sozusagen als Einlösung des Versprechens, nach »Sein und Zeit« nun auch noch die Umkehrung »Zeit und Sein« zu präsentieren, ein Vortrag dieses Titels. Also »Zur Sache des Denkens«, 1969 erschienen, enthält dieses »Zeit und Sein« von 1962.[4]

Dann natürlich – und jetzt egal, was es kostet, da kommen Sie nicht drum herum, wenn Sie sich überhaupt mit Heidegger beschäftigen wollen – das Werk, mit dem er sein Jahrhundert fasziniert hat, nämlich »Sein und Zeit«[5].

Und viele, viele andere Stücke, die ich zitieren werde, werde ich Ihnen dann nennen, vor allen Dingen solche, die sich direkt hier auf diese »Beiträge zur Philosophie« beziehen, denn das ist der Haupttitel des Buches, das ich angezeigt habe. Ich bin durch diesen geschilderten Umstand, daß ich nicht weiß, wer von Ihnen nun schon in Heidegger eingestiegen ist und etwas zusätzlich erfahren will und wer überhaupt erst hier

Bekanntschaft schließen will, noch auf etwas anderes angewiesen, was früher so selbstverständlich war, daß man es nicht zu nennen brauchte, jetzt muß ich es jeweils nennen: Fragen Sie bitte direkt hinein, wenn etwas nicht verständlich ist, wenn ich eine Voraussetzung übersprungen habe, wenn Ihnen eine Schlußfolgerung oder Interpretation nicht einleuchtet.

Ich muß sagen, warum ich dieses Buch für eine nun doch Einführungsvorlesung gewählt habe. Der äußere Anlaß: daß es zu dem hundertsten Geburtstag erschienen ist, demonstriert schon, daß die Herausgeber sich von ihm eine gewisse aktuelle Wirkung versprachen. Und tatsächlich ist es nicht nur die gegenwärtige, auf Heidegger fußende, vornehmlich französische Ereignisphilosophie, sondern es ist auch jener Trend, von dem ich in einer anderen Vorlesung über die Abschaffung der Subjektivität vor mehreren Semestern schon gehandelt hatte, jener Trend, die Realität in Ereignisketten zu zerlegen, mit Ereignissen zu faszinieren, um vorzubereiten auf jeweils *das* Ereignis, das es immer noch nicht ist, das, wenn es denn wäre und wirklich alle übertrumpfte, identisch wäre mit einer letalen Katastrophe.[6] Also: seit den ersten Atombombenwürfen hat die Ereignisphilosophie diesen apokalyptischen Touch bekommen und nicht wieder verloren, die Katastrophe selber zu etwas zu machen, was Erlösungscharakter hat – so jedenfalls das Faszinosum in diesem großgeschriebenen Begriff »EREIGNIS«,[7] auf das die kleinen Ereignisse samt und sonders anspielen. Die Katastrophe wird auf diese Weise, mit dem Wort von Günther Anders es zu sagen, ›verbiedert‹.[8] Ereignis ist dann ein Nickname für Katastrophe. Das ist ein erster äußerer Anlaß. Und im Augenblick sind es ja nicht so sehr die Großereignisse, die inszeniert werden von dafür von den Kommunen bestellten Regisseuren, im Augenblick haben sich noch viele mehr in Regisseure verwandelt, sind die Inszenierungen viel nähergerückt. Aber wie gesagt, ich will nicht von den aktuellen völkischen Ereignissen reden.[9]

Wenn Sie das Heideggersche Buch aufschlagen, wenn Sie nur reingucken, wenn Sie nur die erste Seite lesen, beginnt sich für Sie bereits der Titel zu drehen. Das heißt, Sie kriegen bereits in der Einführung, auf der ersten Seite, also in der knappsten Vorbemerkung, die es hat, noch vor dem ersten Absatz, wenn Sie so wollen, das Ganze, die Figur des Ganzen mit. Wenn Sie hörten: ›Vom Ereignis‹, würden Sie höchstwahrscheinlich diesen Titel so interpretieren, daß ›Ereignis‹ in dem Titel die Sache ist, die verhandelt wird, und das ›Vom‹, wenn Sie es denn ins Lateinische zurückübersetzen wollten, die Funktion des ›de‹ hat, also ›de stultitia‹ oder

›de ira‹, oder wie immer (das sind geläufige Titel), und so auch hier: »Vom Ereignis«. Etwas kommt schon dazu, was im Deutschen eine gewisse Spannung erzeugt, nicht: ›Von *dem* Ereignis‹ – Sie fragen: welchem? –, sondern: »*Vom* Ereignis«. Diese Zusammenziehung von Präposition und Artikel macht das einzelne nicht mehr zum einzelnen Separaten, sondern zum einzelnen Einzigen, also singulär: »Vom Ereignis«. Das heißt, wenn man es denn im Deutschen wiedergeben sollte: vom Ereignis schlechthin und nicht von dem Ereignis, bei dem man erst nachfragen muß, um welches es sich handelt. Sie sehen gleich, wir werden sehr, sehr viel auf Sprache eingehen müssen, es geht nicht anders. Gerade wenn Sie den Offenbarungsanspruch von Sprache, den Heidegger uns vorsetzt, nicht mitmachen wollen, müssen Sie sich bis in die sprachlichen Zellen hinein, auf die er sich gründet, sozusagen in den ›Umkreis der Stärke‹ dessen stellen, mit dem Sie sich auseinandersetzen.

Heidegger formuliert am Schluß dieser Einleitungsseite: »Nicht mehr handelt es sich darum, ›über‹ etwas zu handeln und ein Gegenständliches darzustellen, sondern dem Er-eignis übereignet zu werden, was einem Wesenswandel des Menschen aus dem ›vernünftigen Tier‹ (animal rationale) in das Da-sein gleichkommt.« – Absage an die hergebrachte Form von Rationalität, Absage an die animalische Basis, materielle Existenz, wie immer Sie es nennen wollen, des Menschen. – »Die gemäße Überschrift lautet daher *Vom Ereignis*. Und das sagt nicht, daß davon und darüber berichtet werde« – also nicht: ›de eventu‹, wenn Sie es etwa übersetzen *wollten* –, »sondern will heißen:« – nicht: ›soll heißen‹, sondern: »will heißen«; er ist es schon nicht mehr, der hier verfügt – »Vom Ereignis« – also: vom Ereignis her – »er-eignet ein denkerisch-sagendes Zugehören zum Seyn und in das Wort ›des‹« – »des« in Gänsepfötchen gesetzt, denn was soll hier ein Artikel? – »Seyns.«[10] Also ohne jetzt die Schreibweise zu wiederholen: »Vom Ereignis er-eignet ein denkerisch-sagendes Zugehören zum Seyn und in das Wort ›des‹ Seyns.« Nicht *er* ist jetzt mehr der Wortmächtige, sondern dieses Seyn, und dieses Seyn ist nicht etwas, worüber geredet wird, sondern etwas, was sich zueignet, und das »Vom« hat die Bedeutung ›von her‹, ›vom Ereignis aus‹. Plötzlich verstehen Sie, warum Heidegger im allerersten Satz – schon in der Überschrift – einen merkwürdigen Unterschied macht: »*Der öffentliche Titel: Beiträge zur Philosophie und die wesentliche Überschrift: Vom Ereignis*. Der öffentliche Titel muß jetzt notwendig blaß und gewöhnlich und nichtssagend lauten und den Anschein erwecken, daß es sich um ›wissenschaftliche‹ ›Beiträge‹ zum ›Fortschritt‹ der Philosophie handle. Die Philosophie kann öffentlich nicht anders angemeldet werden, da alle wesentlichen Titel durch die Vernutzung aller

Grundworte und die Zerstörung des echten Bezugs zum Wort unmöglich geworden sind.«[11] Sie werden schon ein kleines Unbehagen haben, wenn Sie den ›echten Bezug zum Wort‹ hier hören. Heidegger hat mit Schuld an dieser Inflation des Echtheitsbegriffs: ›echter Bezug zum Wort‹; wiederum ist es das Wort schlechthin, es sind nicht einzelne Worte. Und dann wird über die Sprache generell der Stab gebrochen: »Vernutzung«. Hier soll also vorbereitet werden ein ›echter Bezug zum Wort‹, der ›wesentliche Titel‹ soll zum Sprechen – aber ›Sprechen‹ ist jetzt auch das nichtangemessene Wort: zum ›Sagen‹ kommen. Die ›Sage‹ ist eines der Wörter, die er aufzuladen versucht.[12] Da sehen Sie ja, daß beides drin ist: einmal das Sagen, aber nun als etwas, was auf einen zukommt, was von weither kommt, was nicht bloß das so Hin- und Hersagen ist (also das Spiel auch mit diesem Wort ›Sage‹ als einer alten Überlieferung, die erst wieder nachbuchstabiert werden müßte); ein ›öffentlicher Titel‹, weil die Masse sowieso nicht versteht: »Beiträge zur Philosophie«, und ein Geheimtitel, ein esoterischer Titel, ein Mysterientitel, ein nur für Eingeweihte verständlicher Titel: »Vom Ereignis«. Sie haben hier in dieser Umfunktionierung des ›Vom‹ das erste Mal die Praktizierung der berühmt-berüchtigten ›Kehre‹, die eine fundamentale Umkehr anzeigen soll.

Ich überlege, was ich Ihnen zur sprachlichen Einführung in diese Zeit nennen kann. Es sollte möglichst den Charakter eines Antidoton, also eines Gegengiftes, einer Gegengabe haben, und ich empfehle Ihnen darum, falls Sie es nicht besitzen, es sich tatsächlich zu kaufen, Victor Klemperers »LTI«.[13] LTI heißt Lingua Tertii Imperii, also »Die Sprache des Dritten Reiches«. Klemperer, der, in der Sprache des Dritten Reiches, mit einer ›arischen‹ Frau verheiratet war, wurde darum zunächst nur seines Postens entsetzt und konnte Bücher und Schreibmaschine in seinem Haus behalten; dann, aus seinem Haus getrieben und in das, in der Sprache des Dritten Reiches, Dresdener ›Judenhaus‹[14] umgesetzt, durfte er noch die Schreibmaschine behalten. Dann wurde ihm die Schreibmaschine weggenommen; nun konnte er nur noch mit der Hand schreiben. Die Durchsuchungen fanden meist mehrmals in der Woche statt, die immer wieder gleichen, mit Ganovennamen sich selber bezeichnenden Untersucher schlugen ihn. Am heftigsten ist er mit Rosenbergs ›Mythus‹[15] geschlagen worden, weil ein solches Buch nicht in eine ›nicht-arische‹ Hand gehört – die Frau hatte es in der Bücherei für ihn ausgeliehen. Und das Buch »LTI« wäre nicht auf uns gekommen, ebenso wenig wie die frühen Tagebücher, die jetzt (nach den Manuskripten herausgegeben bis Ende des Ersten Weltkriegs) erschienen sind,[16] wenn nicht seine Frau

Stück für Stück die beschriebenen Blätter weggebracht hätte zu einer Freundin, die sie aufbewahrte. Also, Klemperer (ich habe die Vita noch nicht zu Ende erzählt) war dann kurz vor dem Ende, Mitte Februar 1945, zum Doch-noch-Abtransport ins Vernichtungslager bestimmt.[17] Aber der Transport fand nicht statt, weil Dresden einen Tag vorher dem Erdboden gleichgemacht worden war, auch das ›Judenhaus‹. Klemperer entkam, seine Frau entkam, sie tauchten unter, eine Odyssee, die am Ende von »LTI« auch noch beschrieben ist. Und »LTI« konnte bereits Weihnachten 1946 in Dresden erscheinen. Das hier ist ein Nachdruck. (Ich habe meine alte Ausgabe einmal verschenkt, so was soll man nie tun.) Das empfehle ich Ihnen als Begleitbuch und zugleich als Antidoton.

Was soll ich Ihnen zur Heidegger-Biographie empfehlen? Zwei Bücher, die jetzt in aller Munde sind und aus denen Sie viel entnehmen können; aber viel ist auch noch zurückgehalten und ist im Augenblick nicht einsehbar. Das ist Hugo Ott: »Martin Heidegger. Unterwegs zu seiner Biographie«; ein Titel mit einer kleinen ironischen Verbeugung: »Unterwegs zu seiner Biographie«[18] – er kann sie noch nicht abliefern. Wer weiß, ob je alle Dokumente reden werden. Und so ähnlich ist es ja bei ihm in den in unseren Zusammenhang gehörenden Aufzeichnungen (mehrere Vorträge), die er unter dem Titel »Unterwegs zur Sprache« veröffentlicht hat, in denen der Tenor der ist, daß nicht wir sprechen, sondern die Sprache spricht, und daß unser wesentliches Sprechen Ent-Sprechung ist, also ein der sprechenden Sprache Ent-Sprechen.[19] Das ist die zentrale These in diesem »Unterwegs zur Sprache«. Ganz dort angelangt sind wir noch nicht. Also Ott »Unterwegs zu seiner Biographie«. – Und das andere Buch, das dazu gehört, von Klaus Laermann glänzend aus dem Französischen und Spanischen übersetzt, ist von Víctor Farías: »Heidegger und der Nationalsozialismus«; 1987 ist es erschienen, 1989 die deutsche Ausgabe.[20] Otts Buch erschien 1988. – Ich muß Ihnen ein drittes Buch nennen, das Sie im Handel nicht kaufen können, das aber die wichtigsten Zeugnisse – also auch Ott und Farías schöpfen für diese Jahre ganz und gar hieraus – aus der Zeit des sogenannten Umbruchs enthält, der Zeit der ›Machtergreifung‹, 1933, der Zeit der damals auch so genannten großen Wende, also des Triumphes der ›Bewegung‹: Guido Schneeberger, »Nachlese zu Heidegger«.[21] Ich habe das Buch seinerzeit erworben, indem ich den Preis in Briefmarken an die Adresse von Schneeberger in Bern geschickt habe; es erschien im Selbstverlag. So, jetzt habe ich Ihnen dreierlei Biographisches genannt, dazu ein Antidoton, den Klemperer, und habe Ihnen ein paar Worte schon sozusagen als Vorgeschmack vorgeführt.

Ich will Ihnen die Stelle vorlesen, wo das erste Mal das Unterwegs-Pathos erscheint: das ist am Ende von »Sein und Zeit«. »Sein und Zeit« ist ja bekanntlich mißverstanden worden – und Heidegger hat gegen dieses Mißverständnis nichts getan, zumal ja ein Stück Richtigkeit in ihm doch drinsteckt – als ein Buch der zu allem entschlossenen, auf sich gestellten, dem Nichts gegenüber ihre Sache vertretenden Existenz. Tatsächlich ist ›Entschlossenheit‹ eine der zentralen Vokabeln in »Sein und Zeit«. Aber ich füge gleich hinzu: was später von Heidegger zur Rechtfertigung gegen diese Art der existenzphilosophischen Zuweisung vorgebracht werden wird, trifft durchaus im Kern zu. ›Entschlossen‹ heißt, tatsächlich aufgeschlossen zu sein, nicht mehr zugeschlossen sein für – nun zunächst formal bestimmt – die Seinsfrage. Alle stellen die Seinsfrage in dieser Zeit, nur Heidegger hat die zureichende Antwort. Die zureichende Antwort nämlich ist die A u s a r b e i t u n g der Seinsfrage, um es einmal zugespitzt zu sagen. Da Sie vielen derartigen Zuspitzungen bei ihm noch begegnen werden, werde ich mir ab und an auch solche erlauben, um die Sache nicht zu lang zu machen. Also: Ausarbeitung der Seinsfrage als Antwort auf die Seinsfrage, das ist schon das erste Mal die Fundamentalbedeutung der Philosophie. Und nun, am Ende von »Sein und Zeit«, formuliert Heidegger: »Es gilt, einen *Weg* zur Aufhellung der ontologischen Fundamentalfrage zu suchen und zu *gehen*.«[22] ›Denkwege‹ – das wird die Metaphorik sein, die er niemals wieder verläßt –, das können Wege sein, die irgendwo abbrechen im Holz, also ›Holzwege‹; es können Wege sein, auf denen es möglich ist, das ›Gebirg‹ wahrzunehmen, weil man in einer ›Lichtung‹ steht und dadurch einen freieren Blick hat. Und das ›Gebirg‹ ist dann nicht nur eine Versammlung der Berge, sondern es ist dann auch das, was einen ganz und gar *birgt*, eben dies ›Gebirg‹. Wenn das ›Gebirg‹ eine Metapher für Sein ist, dann müssen auch die Zerklüftungen des Gebirgs: Einschnitte, Täler und dergleichen – ›Zerklüftung‹ ist dann eines der Hauptworte in dem Buch vom Ereignis –, eine fundamentale Rolle spielen. Und das tun sie auch. Diese ›Zerklüftungen‹ sind dann eigentlich das, was die traditionelle Philosophie als Kategorien und Seinsattribute bezeichnet hatte. Aber sie sind noch mehr, sie sind – sage ich jetzt einmal ganz vorweg, später werde ich es Ihnen deutlicher zeigen – der Nachklang des von ihm, nach seiner theologischen Zeit, begrüßten und ganz spezifisch wiederbelebten Polytheismus. Also diese Wiederbelebungsmode, die wir heute in der Philosophie noch haben, ist ebenfalls älteren Datums und geht auf ihn zurück. ›Gehen‹, Denkwege einschlagen, überhaupt sich denkend so körperlich wie nur möglich zu gerieren, das ist zum Teil noch Expressionismus-Vorgabe der Jahrzehnte davor: also man ringt wie ein Athlet mit Problemen, man schlägt immer wieder neue Denkwege ein, man zeigt auf etwas direkt mit dem Finger drauf (*apodeiknunai*, ›aufzeigen‹, dieses schreckliche Wort, das noch heute flottiert), lauter solche Direktheitsanspielungen, um zu sagen: Wie einfach und direkt, wie ungebrochen an sich ist Philosophie, wenn man sie aus den Komplikationen einer vergegenständlichten Tradition löst. Heidegger, als ihm endlich seine Gönner eine Berufung nach Berlin erwirkt hatten, schrieb einen damals spektakulären Brief an die ›Zeitung der Alemannen‹: »Warum bleiben wir in der Provinz?« – eben um nicht der Zersetzung der Städte anheimzufallen.[23] Zersetzung und Stadt, dagegen Klarheit, ›Lichtung‹ auf dem Weg zur Hütte in Todtnauberg, die er zeitlebens als sein eigentliches Domizil empfunden hatte.

Ich lese hier weiter an dieser Stelle. Also: »Es gilt, einen *Weg* zur Aufhellung der ontologischen Fundamentalfrage zu suchen und zu gehen. Ob er der *einzige* oder überhaupt der rechte ist, das kann erst *nach dem Gang* entschieden werden. Der *Streit* bezüglich der Interpretation des Seins kann nicht geschlichtet werden, *weil er noch nicht einmal entfacht* ist. Und am Ende läßt er sich nicht ›vom Zaun brechen‹« – er schreibt nicht: ›vom Zaum brechen‹, wie in der Rittersprache, sondern »vom Zaun brechen«; ich habe das immer für Laubenkolonistendeutsch gehalten, aber es steht hier tatsächlich so –, »sondern das Entfachen des Streites bedarf schon einer Zurüstung. Hierzu allein ist die vorliegende Untersuchung *unterwegs*. Wo steht sie?«[24] Wenn Sie genau aufgepaßt haben, dann sehen Sie, wie das Ziel, das in dem ersten Satz noch vergleichsweise nah war – Interpretation des Seins nun gut, das kann man diskutieren, man kann auch eine vernünftige Antwort darauf finden –, auf vertrackte Weise in diesen paar Sätzen immer weiter wegrutscht; dafür: »Der *Streit* bezüglich der Interpretation des Seins« ist »*noch nicht einmal entfacht*«. Also die Interpretationen im Rahmen der Seinsfrage bewegen sich noch in einem, ja, was nun: Abhub oder Vorhub dieser Frage? Sie ist ja eigentlich noch nicht ›entfacht‹. Damit sie entfacht werden kann, bedarf es einer »Zurüstung«. Die »Zurüstung« ist selber auch noch nicht das Stellen der Seinsfrage, und »Sein und Zeit« (»Erste Hälfte«) ist unterwegs auf diese Zurüstung hin. Das nenne ich das Wegrutschen, also plötzlich eine unendliche Entfernung: unterwegs zur Zurüstung für die Entfachung einer Frage, von der man nicht weiß, wer sie wie und auf welche Weise stellen wird. Man kann aber auch anders argumentieren, man kann sagen: hier ist bereits die autonome Verfügung über die Seinsfrage, sie zu stellen, sie zu beantworten, durchkreuzt. Das würde der Seinsfrage nicht mehr gerecht. Also: unterwegs zur Zurüstung für die Entfachung eines Streites, ohne daß gesagt wird, wer ihn entfacht, was für ein Streit es eigentlich ist – das alles rückt am Ende von »Sein und Zeit«, »Erste Hälfte«, diese bereits in den Status eines Vorbereitungsbuches zurück, das man dem eigentlichen Mysten guten Gewissens gar nicht mehr in die Hand geben kann. Er weiß am Ende schon, daß er weiter ist. Aber dieses Pathos wird bleiben, wird das ganze Werk über, das ganze Spätwerk über bleiben. Es ist so, als näherten Sie sich ununterbrochen einem heiligen Berg. Aber jedesmal am Morgen, wenn Sie aufwachen, ist er wieder so weit entfernt wie am Tag davor. Eines Tages merken Sie, daß Sie da nie hinkommen werden. Aber Sie haben sich jetzt so an dieses Wandern gewöhnt, daß Sie das auch nicht mehr lassen können. Also: unterwegs zur Zurüstung auf die Ausarbeitung der Seinsfrage.

Allerdings passiert nun etwas sehr Merkwürdiges: der Berg beginnt selber sich zu nähern, der Berg beginnt zu winken, es dreht sich, wenn ich in dieser Metapher, in diesem Gleichnis bleiben soll, alles um. Hat Heidegger das 1927 schon so bemerkt, oder hat er es gar so gedacht? Wir lassen das jetzt zunächst auf sich beruhen. Selbstverständlich: entsubjektivierend ist die Phänomenologie von Anfang an, die menschlichen ›Daseinscharaktere‹, so Husserl, müssen ausgeschaltet werden in phänomenologischer Reduktion, wenn man wirklich das Wesen schauen will. Das heißt, diese Wesensschau ist schon eine entexistentialisierte, es ist nicht die Existenz, die da schaut, sondern eine gereinigte Existenz. Und auch wenn die Existenz selber erschaut wird, so wie in »Sein und Zeit«, ist das eigentlich eine Form von Essentialismusstrukturen, es ist das »Sich-vorweg-sein – im-schon-sein-in … – als Sein-bei …«,[25] was als Sorgecharakter mit dieser Formel, dieser halb Meditationsformel, halb technischen Gebrauchsanweisung wiedergegeben wird. Sie können sich das immer wieder ins Gedächtnis rufen. Und Heidegger wehrt die Befremdlichkeit ab, indem er sagt: So war es ja immer schon, Aristoteles hat ja derartige Kunstwörter schon gemacht. Das stimmt, aber Aristoteles hatte sie noch nicht gemacht mit diesem, wir können ruhig sagen: bürokratischen Appeal.

Hier nun ein Ontotheologe, dem zu gleicher Zeit Formulierungen gelingen – wir werden es noch näher sehen –, die wir eigentlich nur einer völlig ausgebildeten Bürokratie zutrauen würden. Und merkwürdigerweise: je ›einfacher‹ und ›sagender‹ (Heideggers Worte) sein Denken wird, desto mehr nimmt auch dieser bürokratische Zug in der Sprache überhand. Ursprünglich war es (das heißt in der Zeit, in der »Sein und Zeit« geschrieben wird) noch das Wesen, also das Wesen des Seins etwa, nach dem ich frage, oder das Wesen des Daseins. Und dieser Begriff ›Wesen‹ schillerte damals noch zwischen dem Substantiv: das Wesen des

Wesens, und dem Verbalsubstantiv zu ›Ich wese, du west, er west‹ (was ist diese besondere Form, in der Dasein oder Sein west?), so daß er in einem Vortrag, der schon seit 1930 gehalten wird, nämlich »Vom Wesen der Wahrheit«, später zusammenfassend sagen kann: Die Antwort der Frage nach dem »*Wesen der Wahrheit ist die Wahrheit des Wesens*«;[26] das, was wahr west, beantwortet die Phrase, Frage (Phrase ist auch nicht so schlecht) nach dem Wesen der Wahrheit. Also: das Wesen der Wahrheit, die Wahrheit des Wesens. Anfänglich war das alles noch in diesem Zwielicht gehalten, das ja einen gewissen Reiz der Umdeutbarkeit, des Mehrdeutigen, also auch der Überdeterminiertheit hat, die ja unsere Realität nun einmal ist; später wird das schwerfällig betitelt werden. Damit niemand das Wesen mehr substantivisch liest, wird es bürokratisiert zur »Wesung«.

Im Kapitel über den »Sprung«, einem der Großkapitel des Buches, ist dann »Wesung«, ausführlich verhandelt, das eigentliche Wirken des Seins. Es ist nicht mehr nur dies, daß das Sein west, sondern es ist dies, daß es die Potenz des Wesens hat, daß es zugleich Potentialität und Aktualität ist, und daß es einen Titel führt, den andere nicht führen können, nämlich »Wesung«.[27] Ich habe ein erstes Mal jetzt dieses Wort genannt, weil ich vielleicht noch in dieser Stunde auf einen Mechanismus eingehen werde, den der Übertrumpfung und Überbietung, für den ich ein mit diesem Begriff versehenes Textstück und seine Übertrumpfungen, Überbietungen Ihnen vorführen möchte. Also noch einmal zurück: das ›Unterwegs‹, das nie ankäme, und die Heilserfahrung: es findet doch eine Näherung statt – allerdings eine von der anderen Seite –, und dann die Einsicht: die andere Seite nähert und entfernt sich, sie ist eigentlich dafür verantwortlich, daß ich einmal der Wahrheit näher, einmal ihr entfernter bin. Aber das gilt dann für die Menschengattung im ganzen, in ihrer Geschichte: Einmal ist sie vom Sein verlassen, dann vergißt sie es, dann wieder nähert sich das Sein. Aber nähert es sich der ganzen Gattung? Wir müssen sehr große Bedenken anmelden: es sind die ›Wenigen‹ oder gar die ›Einzigen‹, die als ›Zukünftige‹ bezeichnet werden, die dafür das – jetzt sage ich es einmal schnodderig – ›Organ‹ haben. Das ist eine Berlinische Ausdrucksweise, gar keine schlechte Ausdrucksweise, zu sagen, daß es auch ein geistiges Sinnesorgan gibt, also: auch es kann erkranken, auch es kann geheilt werden, auch mit ihm können wir Erfahrungen machen.

Vielleicht sollte ich Ihnen als nächstes jetzt das Großinhaltsverzeichnis dieses immerhin nicht weniger als 281 Paragraphen (aber viele sind nur ein paar Sätze lang) umfassenden Buches nennen. Und wenn Sie fragen: Was steht nun so Unterschiedliches darin? Es steht, jeweils unter

Hinzunahme weiterer Worte und weiterer mystischer Figuren und Kultfiguren, immer wieder die gleiche, ich will mal sagen: Botschaft darin. Der erste Teil heißt »Vorblick«, ein Vorblick aufs Ganze. Der zweite Teil, der nun der erste eigentliche Ausarbeitungsteil ist, wie er es sich vorstellt, heißt »Der Anklang«. Der »Anklang« aber ist gerade einer in Seinsvergessenheit und Seinsverlassenheit, und trotzdem klingt auch in ihr etwas an. Der nächste Teil heißt »Das Zuspiel«. Da spielt das Sein selber schon einem etwas zu, was nicht mehr in Seinsverlassenheit aufgeht. Der nächste Teil heißt »Der Sprung«. Wenn Sie das Ganze gelesen haben, bemerken Sie, daß der ›Sprung‹ nicht nur das Springen ist, sondern daß der Sprung auch der Riß, die Differenz ist, also wie in einer Tasse ein Sprung durch die Tasse geht, ist er auch in dieser Weise ein Sprung. Den Namen dafür werden wir noch buchstabieren müssen. Das hieß einmal ›ontisch-ontologische Differenz‹ und wird in dem Buch »Vom Ereignis« dann viele Namen führen. Mit dem nächsten Titel treten wir, wenn Sie so wollen, in ursprungsmythische Bereiche ein, er heißt »Die Gründung«; mit dem nächsten Titel in seherische Bereiche: »Die Zu-Künftigen«; mit dem dann wieder nächsten Titel in apokalyptische Bereiche: »Der letzte Gott«; und endlich kommt etwas, was offensichtlich auch diesem letzten Gott noch nach- oder vor- oder untergelagert ist und wovon die ganze Zeit schon die Rede war, was aber noch einmal einen eigenen Titel bekommt: »Das Seyn«, mit ›y‹ geschrieben. Also: »Vorblick«, »Der Anklang«, »Das Zuspiel«, »Der Sprung«, »Die Gründung«, »Die Zu-Künftigen«, »Der letzte Gott«, »Das Seyn«.

Das sind, wenn man so will, Evangelientitel. Das sind Titel, die man in einer Sektenschrift erwarten würde, es sind Titel, die samt und sonders das deutlich machen, wovon ich vorhin bei dem einen kurzen Textbeispiel sprach: daß alles immer ›auf dem Weg ist‹, auf dem Weg ist, auf dem Weg ist …, nie ankommen von sich aus, allenfalls etwas zugewinkt kriegen von der anderen Seite. Sie sehen, neben vielem anderen wirkt hier in dem späten Heidegger auch noch die Diskussion des lutherischen Gnadenbegriffes nach – also das, worüber man nie selbst etwas vermag, das, was immer nur von der anderen Seite kommen kann; und trotzdem darf man in seinem Glauben nicht nachlassen. Sola fide, allein durch den Glauben ist es möglich, sich dem zu nähern, dem man sich nicht nähern kann, sondern der sich einem nähern muß. Und eigentlich ist er es auch, der die fides stiftet. Welch komplizierte Verhältnisse! Andererseits: welch simple Verhältnisse, wenn man sich überlegt, daß sie so tatsächlich zu allen Kulten gehören, dieses Tauziehen um Autonomie und Gnade auf der anderen Seite. Das ist auch schon in einem kleinen

Mysterienkult irgendeines Stammes, das ist in den großen antiken Mysterien so schon vorgebildet, aber es hat noch nicht diese fundamentale, soll ich jetzt sagen: Gewalt, oder soll ich jetzt sagen: Gewaltfreiheit, die es dann im christlichen Bekenntnis gewinnt. Und zwischen diesen beiden: der Gewalt und der Gewaltfreiheit eines solchen Verhältnisses, schwankt darum auch die Heideggersche Interpretation. Also trotz allem, was Sie noch kennenlernen werden, was da an Versatzstücken von überall her hereinkommt: Mythologisches, Kultisches, Schamanistisches, Mysterienartiges jeder Couleur, Apokalyptisches, Mystisch-Apokalyptisches vor allen Dingen und nicht nur Mystisch-Meditatives, sollte man nicht vergessen, wie sehr viel von den christlichen Grundfiguren hier in den ihm nur als Verstrickung erscheinenden christlichen – ich sage es jetzt mal so mißverständlich – Diesseitsbestimmungen drinsteckt; also der Sarkozentrismus – daß es sich um das Fleisch selber handelt – des Christentums in der Menschwerdung: Warum ist Gott Mensch geworden? Warum ist er hier (Johannes-Evangelium) ›in sein Eigenes gekommen‹ (*eis ta idia*, ›in das Eigene‹[28])? Das ist die antignostische Formel. Das ist das, was auf – sage ich jetzt zugleich, um ein für allemal diese Bestimmung gemacht zu haben – eine raffinierte Weise bei Heidegger wieder ausgeschaltet wird. Heidegger wird in gewisser Weise zum perfekten Gnostiker. Das Seiende insgesamt wird zum Opfer gebracht für das Sein; kein Opfer zur Abschaffung der Opfer, sondern Totalopferung. Ich will nicht vorgreifen, ich bin ja noch in den Vorbemerkungen.

Ich hatte Ihnen gesagt: Übertrumpfung, Überbietung. Etwas, was in den gelehrten Interpretationen des Heideggerschen Spätwerkes eine viel zu geringe Rolle spielt, ist das, wofür er sich eingesetzt hatte, wohinein er sich eingesetzt hatte, um es heideggerisierend zu sagen, in der Vorbereitung von 1933 und dann 1933/34, so lange jedenfalls, mit aller Gewalt, wie er meinte, der geistige Führer der Bewegung werden zu können. Und als dann vornehmlich das ›Amt Rosenberg‹,[29] also der Parteiphilosoph Rosenberg, erfolgreich sich dagegen verwandte und Kollegen von Heidegger mit dafür einsetzte, respektive diese als Konkurrenten sich auch gegen ihn wandten, weil sie selbst ähnliche Attitüden hatten – so kurz und formal erzählt –, mußte die Bewegung einer größeren Bewegung weichen, die Ereignisse einem größeren Ereignis Platz machen. Das will ich Ihnen zunächst kurz vorführen. Zur Vorbereitung dazu war ja schon die Vorlesung im letzten Semester gedacht und geeignet.[30] Ich hatte Ihnen da ja einen spezifischen Übertrumpfungsvorgang vorgeführt, nämlich die Auseinandersetzung zwischen Heidegger und Jünger.

Zu einer Zeit, in der Heidegger sich in Vorträgen und Aufsätzen für den nationalsozialistischen Arbeitsdienst stark macht, propagiert Jünger den ›Arbeiter‹ als die tellurische Figur des Arbeiters. Während Heidegger den Aufbau der nationalen Arbeit: Staat der Arbeit, Volk der Arbeit, unter dem Stichwort eines völkischen Dienstes propagiert, hat Jünger längst die Vision entworfen von einem durch Arbeit totalisierten, total denaturierten Planeten. Ob, aus großer Entfernung betrachtet, das dann Bienenwaben sind, also ob es insektoid ist, oder ob es Maulwurfshügel sind, die den Planeten überziehen, das ist dann egal; ob es sich um Metzelei, also Kriegsarbeit, oder das, was man später Aufbauarbeit genannt hat, handelt, oder worum auch immer, es ist gleich: totale, ziellose Arbeit als Selbstzweck, den denaturierten Planeten in so etwas wie ein Arbeitshaus verwandeln.[31] Also, Arbeitshaus war die alte Ausdrucksweise für Zuchthaus. Heidegger ist hilflos abgeschlagen gegenüber dieser Totalmobilmachung; dann aber Heidegger ihn überholend, nämlich: das ist das »arbeitende Tier«. Das können Sie in den Notizen zur »Überwindung der Metaphysik« nachlesen, die in dem Buch »Vorträge und Aufsätze« abgedruckt sind. Das ist das »arbeitende Tier«, das »dem Taumel seiner Gemächte« überlassen ist (wobei in »Gemächte« Machenschaften ökonomischer und sexueller Art zugleich im Wortklang präsent sind), »damit es sich selbst zerreiße und in das nichtige Nichts vernichte.«[32] Etwas Neues wird dann dahinter erscheinen: das sind dann die »Zukünftigen«, das ist dann das »Zuspiel des Seins«, das ist etwas, was den bisherigen Ereignissen, von denen Jünger spricht, auch die, von denen die nationalsozialistische Bewegung spricht (der er schmollend und enttäuscht und mit dem Gestus: Euch werde ich es schon zeigen, ich habe euch besser verstanden als ihr selbst, und ich bringe die Bewegung weiter als ihr sie glaubt konkret bringen zu können, gegenübertritt), abgeht, nämlich: *das* Ereignis, an Stelle jener Ereignisse *das* Ereignis. Indes, einige Ereignisse operierten auch schon mit dem Vokabular.

Ich rezitiere Ihnen jetzt ein Stückchen völkischer Reminiszenz. Das ist aus einem Buch, das – außerordentlich spannend geschrieben, außerordentlich erfolgreich werbend, journalistisch glänzend gemacht, ein schreckliches Buch – 1934 erscheint. Auch in diesem Buch steht in altdeutschen Lettern (denken Sie an das ›Seyn‹ mit ›y‹): »Gegen die Herausgabe dieser Schrift bestehen seitens der NSDAP keine Bedenken. Der Vorsitzende der parteiamtlichen Prüfungskommission zum Schutze des NS-Schrifttums. München, 25. Januar 1935.« Der Verfasser ist Dr. Joseph Goebbels. Das Buch heißt »Vom Kaiserhof zur Reichskanzlei. Eine historische Darstellung in Tagebuchblättern (Vom 1. Januar 1932 bis zum

1. Mai 1933)«. Auf der zweiten Seite hinter dem Schmutztitel (das nennt man so bei einem Buch) steht in Riesenlettern: »Dieses Buch widme ich dem Führer. Berlin, am 30. Januar 1934«.[33]

Ich lese Ihnen ein paar Sätze, die auf die Übertrumpfung und Überbietung Bezug nehmen, vor. Ich sage gleich, warum ich diese beiden Vokabeln Übertrumpfung und Überbietung immer nebeneinander gebrauche. Übertrumpfen ist ein Wort aus der kultischen Sphäre. *Thriambos*, triumphus (Griechisch-Lateinisch) ist eine Art von Kultgeschrei, dann der Kult, den es begleitet; sicher nicht nur der dionysische Kult; daraus also Triumph; daraus macht der Volksmund ›umpf‹. Übertrumpfung heißt also: mit Kultgeschrei einen anderen übertönen, den wirkungsvolleren Kult durchsetzen. Überbietung kommt aus der Kauf- und Verkaufssphäre, man bietet bei Versteigerungen, damit man den Zuschlag erhält. Hier wird literarisch geboten, und der Zuschlag, den man erhalten will, sind Seelen. Also Übertrumpfung und Überbietung, um den äußeren und den inneren Vorgang der Sache wiederzugeben. Ich zitiere: »Es ist in der Tat die größte geistige und politische Umwälzung aller Jahrhunderte« – revolutio, Umwälzung, Kehre, Wende, diese Worte waren damals Allgemeingebrauch –, »die sich durch uns und mit uns vollzogen hat.« (Wer etwas mehr Heideggertexte kennt, erschrickt über die Nähe, hier das ›sich durch uns und mit uns vollziehen‹.) »Es wurde uns dabei nichts geschenkt. Im Gegenteil: wir haben alles, was wir heute besitzen und unser Eigen nennen, bitter erkämpft und dafür Opfer gebracht an Gut und Blut in einem Maße« – das erste Mal: *Opfer*; sie würden uns oft begleiten in diesem Buch, wenn wir es über uns brächten, es zu lesen –, »das sie auf ewig mit den großen historischen Werten verknüpfen wird, die sie als Ergebnisse zeitigten. Auch hier hat sich wieder wie bei allen geschichtlichen Prozessen, seien es nun Kriege oder Revolutionen, die Wahrheit des Dichterwortes bestätigt, daß nur der das Leben gewinnt, der es auch einzusetzen bereit und entschlossen ist.«[34] (Eine Seite später heißt es, daß es ein »Opfergang« sei, »den unsere Bewegung nach dem Gesetz, nach dem sie angetreten ist, gehen mußte«.[35] Es wertet sie auf, ein Opfergang zu sein: Blutopfer, Blutfahnen gehören zu ihrem Ritual.) Jetzt der Absatz mit den Ereignissen; da ist eine gewisse Steigerung drin. »Es ist Sinn und Zweck dieses Buches, in Tagebuchblättern« – er spricht jetzt zunächst wie ein Historiker – »einen Abriß der historischen Ereignisse zu geben«.[36] (Wenn Sie Klemperers »LTI« – der ja keine Zeitung kriegen konnte – lesen, werden Sie die Bemerkung finden, die er in einem Kapitel mit vielen Fetzchen belegt, wie alles, je weiter der Krieg fortschreitet, zu historischen Ereignissen wird: jede kleinste Aktion ein historisches

Ereignis.³⁷ Aber das geht früh schon los. Ich habe bei Schneeberger einmal eine Stelle herausgesucht, in der die Corpsstudenten die Wiedereinführung der scharfen Mensur als ein großes historisches Ereignis feierten.³⁸) »Es ist Sinn und Zweck dieses Buches, in Tagebuchblättern einen Abriß der historischen Ereignisse zu geben, die sich in Deutschland im Verlauf des Jahres 1932 und des Anfanges des Jahres 1933 abgespielt haben. Der Verfasser ist sich darüber klar, daß es nicht in seiner Macht, aber auch nicht in seinem Willen liegt, eine objektiv enthaltsame Historie dieser für Deutschland so entscheidenden Zeit zu geben. Er stand und steht mitten in den Ereignissen.«³⁹ (›Mitten in den Ereignissen stehen‹, das ist hier schon sozusagen kategorial gebraucht. Das wird noch in den ganz späten Goebbels-Tagebüchern, den Tagebüchern von 1945, sozusagen die Authentizität, so etwas aufzuschreiben für die Nachwelt: Hier habt ihr einen Blutzeugen, der mitten in den Ereignissen stand, verbürgen.⁴⁰) »Er war berufen, an ihnen tätig und aktiv mitzuwirken. Es lag weder in seinem Temperament noch in seinem Entschluß, sie aus der Stille einer Studierstube zu beobachten und ihnen eine über der persönlichen Gebundenheit stehende Bedeutung zu geben. Er hat sie von allem Anfang an bewußt bejaht, mit seinen schwachen Kräften mitgeholfen, daß sie Wirklichkeit wurden. Wer also Geschichte in gewöhnlichem Sinne zu finden hofft, der wird hier vergebens suchen.« Nun sind die Vokabeln schon aufgeladen. »Was hier niedergelegt ist, das wurde geschrieben im Drange und Tempo der Tage und manchmal der Nächte. Es ist noch durchbebt von den heißen Erregungen, die die Ereignisse selbst mit sich brachten«. (Die Ereignisse selbst bringen heiße Erregungen mit sich. Also, Sie könnten hier schon eine kleine Ereignisphilosophie aus dem Slang dieses sehr geschickten journalistischen Artikels ziehen, der als Einführung vorweggestellt ist: »noch durchbebt von den heißen Erregungen«. ›Durchbebt‹, wie glücklich ist dieses Wort gewählt: Erdbebenatmosphäre, sozusagen die kosmische Dimension darin; der Vorhang im Tempel zerreißt in dem Moment, in dem der Kreuzestod stattfindet.) »...durchbebt von den heißen Erregungen, die die Ereignisse selbst mit sich brachten, und die jeden mitrissen, der an ihnen tätigen Anteil nahm. Sie sind vom Augenblick gefärbt« – diese Erregungen, oder hat er hier unscharf formuliert, meint er die Tagebuchblätter? – »und auf das stärkste beeindruckt. In den sorgenerfüllten Stunden, da sie niedergelegt wurden, dachte der Verfasser an alles andere als daran, daß sie in so absehbarer Zeit schon einen Beitrag abgeben würden zur Erkenntnis der Zeit, die hinter uns liegt, und die« – aber das ist alles erst Vorbereitung, das ist alles erst ein langes, langes Unterwegs: plötzlich stoßen Sie hier auf die gleichen Denk- und Schreibfiguren – »im besten Sinne des Wortes Ouvertüre ist zum anbrechenden Jahrhundert und aus ihm schon alle Themen, alle Motive und alle historischen Eingänge im Kern enthält.«[41]

Ich zitiere noch ein paar Sätze, ohne lange zu kommentieren, aus diesen und den nächsten Seiten. Da kam der von mir schon benannte ›Opfergang der Bewegung‹ – der Bewegung: da haben wir in ihr schon das Übertrumpfen. Sie wissen ja, wie viele Bewegungen es in diesem Jahrhundert gab und gibt: die psychoanalytische Bewegung, die vegetarische Bewegung, die sozialistische Bewegung. Aber es gab keine nationalsozialistische Bewegung, es gab an Stelle jener Bewegungen: *die* Bewegung. Wenn jemand gesagt hätte: die nationalsozialistische Bewegung, nach 1933, wäre er dafür angezeigt worden wegen dieses distanzierenden Ausdrucks. Wie kommt jemand dazu, *die* Bewegung abschiebend mit einem Beiwort zu versehen? Die ›nationalsozialistische‹ Bewegung zu sagen, war später so, wie zu sagen: Herr Hitler; ja? Also: ›die Bewegung‹ und nichts sonst. Ich habe es oft gesagt: wenn immer in einer Bewegung, zum Beispiel in der Studentenbewegung in den sechziger Jahren, plötzlich jemand sagte: *die* Bewegung, oder: sonst fällt jemand aus der Bewegung heraus, habe ich jedesmal einen Stich gekriegt und gesagt: das kann ich nicht hören, also sagen Sie meinethalben zehnmal Studentenbewegung, aber wenn ich ›die Bewegung‹ höre, dann bin ich wieder bei *der* Bewegung. Da ist das erste Mal das Übertrumpfen. Alle Bewegungen sind übertrumpft – sie sind nicht mehr Bewegung – durch *die Bewegung*; alle Ereignisse werden übertrumpft – sie sind nicht mehr Ereignisse – nachher durch *das Ereignis*. Ich zitiere noch einmal: »Wer sie«, nämlich diese Blätter, »gerecht und unvoreingenommen liest, muß zu dem Ergebnis kommen, daß, wenn einer ein Anrecht auf die Macht hat, dann wir, daß keinem anderen sie zustand und das, was sich vollzog, nur nach dem unabänderlichen Gesetz einer höheren geschichtlichen Entwicklung sich abspielte.«[42] »Gesetz einer höheren geschichtlichen Entwicklung«, einer höheren geschichtlichen Entwicklung. Von Seinsgeschichte ist hier nicht die Rede, aber die Anrechte werden vergeben nach dem ›Gesetz einer höheren geschichtlichen Entwicklung‹. Ich zitiere jetzt, überspringend, von Seite 12: »Über alledem stand Gottes Hand. Sie hat den Führer und seine Bewegung sichtbarlich geleitet. Nur die Glaubensarmen sagen, daß das Glück uns verfolgt hätte. In Wirklichkeit hat sich am Führer und an der Partei Moltkes Wort bewahrheitet, daß auf die Dauer eben nur der Tüchtige Glück hat. Was über zehn Jahre lang in der Stille vorbereitet wurde und organisch wuchs« – dazu muß man sich die Geschichte der Kräche vergegenwärtigen, die diese Gruppe damals hatte –, »das brach am 30. Januar 1933 und in der Folgezeit wie in einer Springflut über ganz Deutschland herein.« – Und jetzt kommt die Apotheose des Ereignisbegriffs: »Es gab niemanden im Lande und in der Welt, der sich dem gewaltigen, klingenden Rhythmus dieser Ereignisse hätte entziehen können.« – ›Ein gewaltiger, klingender Rhythmus dieser Ereignisse‹. – »Und aus der Glut und Begeisterung, mit der sich die Millionenmassen des Volkes Hitler und seiner Idee hingaben, meinte man den Schrei herauszuhören, der schon einmal zur Zeit der Kreuzzüge Deutschland erbeben ließ:« – jetzt kommt der Schrei, Triumph, das Kultwort – »Gott will es!«[43] – Ein ganz kleines Stück personale Apotheose. Aber Sie können das Personale hier impersonalisieren, wenn Sie wollen; und es ist dann impersonalisiert worden in vielen Spielarten. – »Auch dazu dient vielleicht dieses Buch, noch einmal vor aller Welt zu erhärten, wie instinktklar und fast traumwandlerisch sicher der Führer seinen Weg ging und die Bewegung durch alle Fährnisse und Bedrohungen hindurch unbeirrt und zäh den Weg zur Macht führte. Er allein hat sich niemals getäuscht. Er hat immer recht behalten. Er hat sich von der Gunst oder Ungunst des Augenblicks niemals blenden oder versuchen lassen. Er erfüllte wie ein Diener Gottes das Gesetz, das ihm aufgegeben war und wurde so im höchsten und besten Sinne seiner geschichtlichen Mission gerecht.«[44]

Ich will Ihnen jetzt nicht wieder aus Schneeberger vorlesen, was ich im vorigen Semester vorgelesen hatte, wie eine dem Führerwillen sehr ähnliche Apotheose, in einer Ansprache vor den zu Notarbeit Eingesetzten der Stadt Freiburg, Heidegger seinerzeit formuliert hatte.[45] Schlußzitat: »Über uns allen aber stehen wie ein weisender Stern« – auch dieser wird bemüht – »der Führer und seine Idee! Wir fühlen uns voll von gläubiger Verantwortung« – wem gegenüber? – »der Geschichte gegenüber.« – Und nun wird die Bandenmentalität aus dem Sack gelassen. – »Wir haben uns einmal in Not und Unglück die Hand gereicht, und nun sind wir für immer eine treue Verschwörerschaft der großen Idee.«[46] Nachdem *die* Geschichte bemüht worden ist, nachdem die Verantwortung vor ihr sozusagen als eine Art von permanentem historischen Gottesdienst reklamiert worden ist als das eigentlich Verbindende, kommt dann noch als quasi Gruppenbestimmung hinzu: Bande, Verschwörerbande. Ich habe immer wieder darauf aufmerksam gemacht, wie es die eigene Bandenstruktur ist, die überall Bande suchen läßt. Also so wurden Verschwörerbanden und Banden ständig dingfest gemacht als Projektionen der eigenen psychischen Bandenstruktur; und so sehr hat sie nachgelebt, daß später, wie Sie wissen, die Baader-Meinhof-Gruppe niemals als Gruppe oder sonst etwas bezeichnet werden durfte, sondern immer als Bande – das war wirklich feste Sprachregelung – bezeichnet werden mußte. Da ist also immer noch Bandenprojektion[47]: nur Bande nennt Bande Bande, können Sie sich gleich als Merkwort bei der Gelegenheit einprägen.

Also ich habe Ihnen hier ein Stück völkischer Geschichte zitiert, um das einzuleiten, was ich mit Übertrumpfung und Überbietung meine. Das, was Heidegger in der Zeit schreibt, ist ganz und gar in dem Tenor verfaßt. Ich versage mir jetzt, da noch einmal zu zitieren. Ich will ihn hier nicht politisch, sozusagen biographisch – das ist längst geschehen – an eine bestimmte Leine legen, niemand hat es jemals bezweifeln können. Ich will etwas ganz anderes, ich will zeigen, wie die Begriffe, die er gebraucht, nicht das ganz Andere sind zu dem, womit er zentral paktiert hatte, sondern daß sie dasselbe sind, nun nur gelöst aus den vordergründigen, den sozusagen realen Opferstrukturen, die da beschworen werden, und verallgemeinert in die große, in die ontisch-ontologische Opferstruktur; daß sie auch insofern das gleiche sind, als sie mit dem gleichen Vokabular, aber das Vokabular sozusagen erhöhend zur Einzigartigkeit, auskommen. Es sind nicht diese Ereignisse, sondern es ist das, was sie übertrumpft: das Ereignis.

Ich will Ihnen die Übertrumpfung an einem sehr simplen Beispiel vorweg vorführen, das ich später noch einmal aufgreifen werde. Der Heidegger von 1929, der die Freiburger Antrittsvorlesung hält, in der von ›Dienst‹ und ›befeuernder Schärfe‹ und vielen, vielen Vokabeln jener Zeit, aus den Kasernen und vor allen Dingen aus den Volkskasernen der SA, plötzlich kategorialisierend die Rede ist, also dieser Heidegger veröffentlicht im gleichen Jahr ein lange vorbereitetes Buch, das in den zweiten Teil von »Sein und Zeit« eingehen sollte – aber er hatte sich da schon entschlossen, ihn so nicht mehr erscheinen zu lassen –: »Kant und das Problem der Metaphysik«, ebenfalls 1929. Dort heißt es: »Die so, d.h. fundamentalontologisch verstandene ›Angst‹« – Angst ist die Grundbefindlichkeit, vor dem Nichts zu stehen, sage ich hinein – »nimmt der ›Sorge‹« – der Sorgestruktur des Daseins – »von Grund aus die Harmlosigkeit einer kategorialen Struktur.« – Sorge ist keine Kategorie, in der man über das Sein redet. – »Sie gibt ihr die dem Grundexistenzial« – das ist Heideggers Wort für etwas, was nicht Kategorie ist, sondern Existenzverfaßtheit ausdrückt – »notwendig eigene Schärfe und bestimmt so die Endlichkeit des Daseins nicht als vorhandene Eigenschaft, sondern als das ständige, obzwar meist verborgene Erzittern alles Existierenden.«[48] Das ist ja ganz hübsch ausgedrückt. Es trifft ja: »das ständige, obschon meist verborgene Erzittern alles Existierenden«. Nicht wahr: das geht vom Vogel an der Tränke bis zu Ihnen, wenn Sie – ich sage es mal abstrakt – einen schweren Gang machen. Das »ständige, obzwar meist verborgene Erzittern alles Existierenden«, das nimmt er hier noch in Anspruch dafür, daß eine bestimmte Verfaßtheit der Existenz, die er ›Sorge‹ nennt, nicht bloß als verdinglichende Bestimmung angesehen werden darf. Sie ist ein Existenzial, weil sie ein nicht-verdinglichbares, nicht zu verdinglichendes Erzittern alles Existierenden mittransportiert.

In dem Buch »Vom Ereignis« gibt es keine Stelle, an der die Existenz erzittert. Wohl erzittert jetzt etwas anderes, und Sie werden sagen, damit ist die Überbietung geglückt. Aber zu Ihrer großen Verblüffung wird die Überbietung noch ein Stück weitergehen. Wieder ist hier von ›Stimmung‹ und ›Grundstimmung‹ die Rede. Jetzt ist Angst etwas eher Beiläufiges, es ist in gewisser Weise vordergründig geworden für ihn. Ganz andere Vokabeln kommen jetzt herein. Ich will sie noch nicht benennen, wir werden mit ihnen noch zu tun kriegen. Aber es gibt dann einen zusammenfassenden, quasi definitorischen Satz, der steht auf Seite 21 im Paragraph 6 unter dem Stichwort »Die Grundstimmung«. »Die Stimmung ist die Versprühung der Erzitterung des Seyns als Ereignis im Dasein.«[49] »Die Stimmung«, diese Grundstimmung (jetzt sehen Sie, was ich mit bürokratisch meine) »ist die Versprühung der Erzitterung«. Also was ist da gesagt? Versprühung ist ein spirituelles Wort, ein Geistübermittlungswort, Geist wird versprüht. Noch der Volksmund redet von einem sprühenden Geist und sagt: Jemand sprühte, oder Geist wird versprüht; die Stimmung also ist jetzt eine Versprühung, aber von der anderen Seite her, nämlich von der Seite des Seins. Und das, was da versprüht wird, ist Folge dessen, daß dieses Sein selbst jetzt das übernommen hat, um überhaupt Lebendigkeit zu postieren, was vorher die zitternde Existenz war – jetzt ist es »die Erzitterung des Seyns«. Diese Erzitterung des Seins teilt sich in Form von Versprühung mit in der Stimmung. Wem denn? – dem Dasein. Und das ist das »Ereignis im Dasein« – wie immer das nun näher zu fassen ist; und wir werden es näher fassen, denn es ist sehr spannend, wenn man es inhaltlich auflöst und nicht mehr nur als Worte nimmt.

Ich lese Ihnen zum Abschluß noch einmal die Überbietung auch dieser Position in seinem Buch vor. Das ist dann im Paragraphen 123, der wieder mal »Das Seyn« – mit ›y‹ – heißt: »Wagen wir das unmittelbare Wort:« – Wir sind sehr gespannt, was jetzt gewagt werden soll; und wenn Sie es nicht schon gehört haben, werden Sie auch sehr verblüfft sein. – »Das Seyn« – das eben noch die Erzitterung war, die sich versprühte, dieses Sein ist jetzt selbst Produkt der Erzitterung von etwas anderem geworden. Nicht einmal mehr das Sein ist es jetzt, was erzittert, es ist nicht mehr die Existenz, die ständig erzitternde, sondern jetzt ist das »Seyn ... die Erzitterung des Götterns«. ›Göttern‹ (wieder ein Verbalsubstantiv) ist das – ich göttere, du götterst –, was die Götter machen. Und was machen sie? Die Götter sind plötzlich, wenn Sie so wollen, zu Ontologen geworden, nämlich: Was ist das ›Göttern‹? (Klammerdefinition): »Das Seyn ist die Erzitterung des Götterns (des Vorklangs der Götterentscheidung über ihren Gott).«[50] Das ist also ihr Zittern, in einer Art von Wahlkampf oder Wahlgang, wenn Sie so wollen. Dieser Gott ist dann der »letzte Gott«. Aber dieser letzte Gott ist dann eigentlich nur noch ein Agent dieses Seyns mit ›y‹, das im allerletzten Teil noch ein paar Mal auftaucht: »Aufklang der Erde, Widerklang der Welt. *Streit*, die ursprüngliche Bergung der Zerklüftung, weil der innigste Riß. Die *offene Stelle*. *Sprache*, ob *gesprochen oder geschwiegen*, die erste und weiteste Vermenschung des Seienden. So scheint es.« – Alles falsch gedacht. – »Aber *sie* gerade« – diese Sprache – »die ursprünglichste Entmenschung des Menschen als *vorhandenes Lebewesen* und ›Subjekt‹ und alles Bisherigen. Und damit Gründung des Da-seins und der Möglichkeit der Entmenschung des Seienden.«[51] Das ist natürlich dann ganz und gar und definitiv gegen den christlichen Kult und das christliche Zentraldogma gesagt. Das bewegt sich auf der gleichen Linie wie der »Brief über den Humanismus«, mit dem er einem französischen Freund, Jean Beaufret, 1947 sozusagen die Bruderhand über die Grenze hinweg reichte, daß das Humane eben nicht mehr die ›Menschenduselei‹[52] ist – Stichwort für das Ganze: vom Ereignis. Also Übertrumpfung, Überbietung hier auch der Humantradition, sei es als animalische, sei es als spirituale, die ganz andere Sphäre, und wie nahe, wie wahnwitzig nahe dem, wovon ich vorhin Ihnen ein Stück aus Goebbels' Tagebuch rezitiert hatte.

Ich werde in der nächsten Stunde auf die politischen Vergleiche verzichten – denn dann müßte man sie ununterbrochen machen. Ich werde Sie ein Stück in die Sprachtopographie des Ereignisses einführen und werde ein Stück weit Sie aufmerksam machen auf den wenig erquicklichen Gebrauchswert, den das für aktuelle Denkfiguren besitzt, die keineswegs nur philosophisch überhöhte oder übertrumpfende Denkfiguren sind.

Zweite Vorlesung
gehalten am 3. Mai 1990

Ich wollte heute eigentlich dreierlei, weiß aber nicht, wie weit ich dabei kommen werde: einerseits wiederholen, und auf einige Nachfragen dabei noch eingehen, die Figuren der letzten Stunde, die ja unter dem Motto standen: Überbietung und Übertrumpfung der NS-völkischen Realität (in dem Augenblick, als Heidegger nicht mehr als Philosophenführer seitens der Bewegung in Betracht kam); Überbietung und Übertrumpfung der Geschichte der Philosophie in ihren bisherigen Stationen, damit – da dieses in Kultbegriffen ausgedrückt wurde, so wie der NS selbst sich weitgehend auch in solchen ausgedrückt hat – zugleich ein Thema für den Religionswissenschaftler par excellence; und dann natürlich als Ausgangspunkt – vom vorigen Semester – auch die Überbietung und Übertrumpfung im Rahmen der zeitgenössischen Kulturkritik, von dem wir das im vergangenen Semester behandelte Beispiel Jünger[53] als prototypisch noch einmal genannt haben. Ich hatte gesagt: Überbietung und Übertrumpfung; das eine in der Sphäre: Wer bietet mehr? – es handelt sich hier um den Kauf von Seelen –, und das andere in der Sphäre des Kultes und der Kultbegriffe: *thriambos*, triumphus, Trumpf; das ist alles das gleiche Wort. Also: Wer vermag das größere Tosen anzurichten, um es auch gleich in eine Metapher zu übertragen? Ich wollte das heute wiederholen.

Ich wollte zweitens etwas tun, was ich Ihnen, wenn Sie eine Arbeit schrieben, auch zur Pflicht auferlegte: Warum beschäftigen Sie sich gerade damit?, also Ihnen biographisch etwas von meiner Beschäftigung mit Heidegger erzählen.

Und ich wollte an drei spezifischen Begriffen das Thema selber und dann den Übertrumpfungsvorgang verfolgen, der noch einmal in dem Buch, das jetzt für uns das stichwortgebende ist, stattfindet, nämlich »Vom Ereignis«, so mit dem esoterischen, dem Geheimtitel, dem wesentlichen Titel; »Beiträge zur Philosophie« war nur die exoterische Überschrift. Der eine Begriff, mit dem wir uns das letzte Mal schon annähernd vertraut gemacht hatten: Was wird aus dem Existenzausweis des ›Erzitterns‹ in dem

›Ereignis‹-Buch? Und zweitens natürlich der Begriff ›Ereignis‹ selbst; und drittens dann ein Begriff, der für ihn den spezifischen Bau dieses Buches charakterisiert, wobei wir ihn dann näher kennenlernen können, also der Begriff der ›Fuge‹, des ›Fugs‹, der ›Fügung‹ und dann auch gleich der ›Verfügung‹ – alles werden wir da schön beisammen finden.

Womit fange ich an (denn ich sehe uns damit nicht fertig werden)? Vielleicht mit ein paar biographischen Notizen, also dem Sinne nach noch einmal Rückbesinnung. Womit habe ich, womit hatte ich die Ehre? Nach 1945 war Heidegger für diejenigen, die erstmals auf ihn stießen – so ging es mir damals –, eine tatsächlich die Philosophie umrührende Erfahrung. Ich hatte damals die Gelegenheit (1946 oder '47, das kann ich jetzt nicht mehr herausfinden), ihn das erste Mal vor der Philosophischen Fakultät drüben (das war praktisch die ganze Fakultät, auch wenn es sich offiziell um ein Colloquium von Frau Liselotte Richter handelte) vorzustellen, und zwar »Sein und Zeit« – das unbekannte, auch gar nicht erhältliche, auf mühsamen Umwegen damals für diese Vorstellung beschaffte Buch.[54] Ich habe es so getan, daß ich es in dem ersten Teil dieser Vorstellung, am ersten Tage, referiert habe und die Faszination ausgedrückt, am zweiten Tage dann die andere Seite der Faszination kritisiert habe, das, was uns damals – nun muß ich sofort über mich hinausgreifen: das war nicht privat, das war allgemein – gegenüber diesem faszinierenden Buch so sehr skeptisch machte. Natürlich war das eine auf das andere bezogen; nicht so wie Karneades, der den Römern eine Vorlesung hält als Gesandter und auch als namhafter Philosoph damals schon, nicht als Student, über ihre alten Tugenden, die von den Honoratioren beklatscht wird, am nächsten Tag eine Vorlesung hält, in der er diese alle verdammt und als unfähig bezeichnet, ein Gemeinwesen zu tragen, wofür er dann am dritten Tage aus der Stadt gewiesen wird.[55] Also der Zusammenhang war schon da. Es war nicht der allgemeine Skeptizismus, es war der Beginn einer Kritik. Was faszinierte an dem Buch, wenn Sie es mit der Philosophie, der gewohnten, auch der schon existentialistisch zu nennenden, etwa eines Schopenhauer oder eines Feuerbach oder eines Nietzsche lasen, vor allen Dingen, wenn Sie es lasen auf dem Hintergrund der Husserlschen Phänomenologie und der anderen neuen Ontologien der Zeit davor, die zum Teil sich hinüberretteten (Max Scheler war zwar gestorben, aber Nicolai Hartmann schrieb weiter)?

Was damals als erstes faszinierte, war der Ansatz, der die Begrenzung des Subjekts sprengte. Das Problem der Immanenz: Wie kommt etwas von draußen in mich rein? Wie komme ich nach draußen raus? Wie habe ich Gewißheit über das, was nicht in mir steckt, oder inwieweit steckt es doch in mir? Kant hatte eine große Praxislösung gegeben, nämlich: Ich produziere ununterbrochen die Natur nach Regeln, die meine Regeln sind – das ist wirklich eine Praxislösung. Sehr fraglich, ob (des Wegs und Umwegs über Hegel jetzt einmal ungeachtet) Marx zu seinen Erwägungen hätte kommen können ohne diese spätaufklärerische, zentrale europäische Lösung des Königsbergers Kant. Diese Praxislösung Kants war in der Funktionenlehre des Neukantianismus funktionalisiert und eigentlich unkenntlich gemacht worden. Aber diese Funktionen, die ja durchaus intersubjektiv gemeint waren, reichten nicht aus, um die alten Probleme eines psychophysischen Parallelismus außer Kraft zu setzen: hier laufen physikalische Prozesse, auch organische, ab, dort laufen seelische Prozesse, auch mentale, und Denkprozesse ab. Noch Freuds Werk steht ganz im Bann dieses psychophysischen Parallelismus. Wenn Sie den großen Entwurfbrief an Fließ einmal lesen,[56] wird sich Ihnen dies bestätigen. Also einerseits spukte dieser psychophysische Parallelismus noch immer herum, und andererseits gewann eine empirisch-positivistische Immanenzphilosophie im Grunde immer mehr an Boden. Und die Phänomenologie konnte – bei allen Erweiterungsversuchen, bei aller Ausgrenzung zwar der ›Daseinscharaktere‹, aber sozusagen universalen Schau der Qualitäten, der ›Wesenheiten‹, der ›Soseinscharaktere‹ – doch in der Person Husserls den Sprung von der Sphäre der ›Eigenheit‹, wie er sie nannte, zur Fremderfahrung nicht machen. Die ganzen ›Cartesianischen Meditationen‹, das Spätwerk Husserls, kreisen darum. Er versucht, die Fremderfahrung in der ›Eigenheitssphäre‹ anzusiedeln.[57] Das ist sozusagen das phänomenologische Apriori, was auch die Fremdbestimmtheit miterfaßt. Aber es gelingt nicht. Und es ist tragisch für ihn, daß es nicht gelingt, denn für ihn steht ja die Xenophobie, der Fremdenhaß, steht der Antisemitismus und seine philosophische Überwindung respektive Ausschaltung – gar nicht erst wahrnehmen müssen, wir haben die Fremdbestimmtheit in der Eigensphäre schon drin – in diesen Erwägungen auf dem Spiel. Darum, so würde ich interpretieren, diese unendliche Bemühung, die die Ergebnisse immer weiter zerrinnen läßt in den ›Cartesianischen Meditationen‹. Das also alles hatte im Grunde genommen die isolierten Subjekte nur bestätigt, nicht gesprengt, nicht aufgesprengt. Und der Versuch ihrer Aufsprengung – ich hatte gar nicht so weit ausholen wollen, aber ich sehe, ich muß es tun –, wie ihn der Expressionismus unternahm, hatte in der Philosophie mystische Nachfolger gefunden: Bloch gehört dazu, die erste Ausgabe des ›Geistes der Utopie‹; die Schriften des jungen Rosenstock-Huessy gehören dazu; Franz

Rosenzweigs »Stern der Erlösung« gehört nicht nur in die Tradition der Fünf Bücher, sondern ebenso in die Tradition des deutschen Expressionismus;[58] und auf eine vertrackte, ihn mit Bürokratie paarende Weise gehört natürlich auch Heidegger, der Heidegger der mittleren Periode, dazu. Zwar hatte also in philosophischen Kategorien der Expressionismus Gegenpositionen zu formulieren vermocht – also die Begegnungsphilosophie Bubers beispielshalber: jede Begegnung ein kleines Chaos, aus dem die Welt neu entsteht –, aber nicht eine Position zu entwerfen vermocht, was ja die Phänomenologie sich ursprünglich vorgenommen hatte, auf der und aus der die reduzierten Positionen, die an ihre Immanenz- oder Funktionsgrenzen stießen, mit erklärbar wurden. Das schien Heidegger geleistet zu haben.

Gleich zu Beginn von »Sein und Zeit« lesen Sie nämlich den Entwurf einer Figur, die sich in Immanenzphilosophie nicht mehr verrechnen lassen möchte, das ist das »In-der-Welt-sein«[59]. Deren Bestimmungen sind originär, Heidegger sagt dazu immer: ›ursprünglich‹. Das ist die richtige Übersetzung, aber sie transportiert einiges, was der Begriff des Originären bei Husserl in der Phänomenologie nicht mittransportiert hatte; es tümelt schon etwas, wenn dieser Begriff erscheint. (Ich hoffe, ich mache mich verständlich trotz der Generationendifferenz zwischen uns.) Was Heidegger also mit dem »In-der-Welt-sein« versuchte, war: mit einem Schlage die Versuche für unsinnig zu erklären, letztlich auf einen, sei es stolzen, selbstbewußten (Stirner das leicht karikierende Beispiel dafür), sei es auf einen verzweifelt den Ausweg suchenden und ihn nicht findenden Solipsismus zu verfallen – das alles war nun nicht mehr möglich. Es gab natürlich Reduktionen des »In-der-Welt-seins« – so wurden derartige Positionen erklärbar –, und es gab den Versuch, es unreduziert gelten zu lassen. Dann aber schien Heidegger von einer erstaunlichen Modernität zu sein: War das dann nicht auch eng verwandt den Feldbegriffen einer bis dahin gültigen, vor solchen Begriffen zurückschreckenden, mit dem Kausalitätsprinzip trotz aller Erweiterungen streng deterministisch verfahrenden Physik? Heidegger angesiedelt neben moderner Physik[60] – Thema diverser Schriften, Rezensionen über ihn, damals und später; wir könnten fortfahren: Heidegger noch einmal angesiedelt in dieser Nähe, in seinen Spätschriften, für postmoderne Interpreten seines Werks. Wenn ich denn ›einfahre‹, alle Eigenmacht hinter mir lassend, in die ›Wesung des Seins‹ und das als der eigentliche Erfahrungsbegriff ausgegeben wird in dem Buch »Vom Ereignis« (ich werde es später Ihnen noch einmal zitieren; ich kann Ihnen aber gleich die Seite nennen, Seite 289, Paragraph 167: »Das Einfahren in die Wesung«), dann liegt das schwarze Loch nicht ganz fern. Also ich wollte damit nur sagen: Verständnis oder Mißverständnis einer neuen Denkmodernität begleiteten die feldbegriffliche Ausdrucksweise vom »In-der-Welt-sein«, und die sehr allgemeinen Strukturen erschienen wie existentialistische Weltformeln.

Die Formel, die ich das letzte Mal zitiert hatte, als ich auf den Sorgecharakter des Daseins zu sprechen kam im Zusammenhang mit diesem ersten Antippen der Karriere des Begriffs vom Erzittern, später der »Erzitterung«, mit wechselndem Erzitterungssubjekt, war ja ausgeführt und eine der ganz großen Hohlformeln in »Sein und Zeit« (Jahre war an ihm geschrieben worden, überall lagen schon, auch für Bewerbungen Heideggers an Universitäten, Teile des Manuskriptes vor, 1926 war es schon Husserl gewidmet worden, 1927 endlich erschien es), nämlich das »Sich-vorweg-sein – im-schon-sein-in ... – als Sein-bei«[61]; der Akzent kann einmal auf das Zweite, einmal auf das Dritte gesetzt werden. Das ›Sich-vorweg‹: die Geschichtlichkeit des Entwurfes, allerdings eines geworfenen Entwurfes. Geworfen – das schwankt zwischen einer Existenzbehauptung: Hier stehe ich, dahin bin ich geworfen, und der dumpfen Animalität des Geworfenseins als solcher, aber nun geworfen, dennoch selber sich an dieser Herkunft sozusagen zu rächen und nun sich zu entwerfen. Also der geworfene Entwurf, das war sicherlich das zentrale Faszinosum für die Sartresche Heidegger-Rezeption; so das ›Sich-vorweg im-schon-sein-in‹, im ›immer-schon-in-der-Welt-sein‹, damit aber auch in dem sein, was den Weltzusammenhang als einen tradierten und weiter zu tradierenden betrifft. Dasein seinem Wesen nach geschichtlich, allerdings es war – ich nenne damit gleich einen der großen Kritikpunkte des Zweifels in der zweiten Stunde meiner Vorstellung damals an der Friedrich-Wilhelms-Universität (so hieß sie noch) Unter den Linden – eine Geschichtlichkeit, die Geschichte offensichtlich ausblendete. Geschichtlich sein, eine Herkunft haben, sich aus dieser Herkunft entwerfen – wo blieb die reale Geschichte? Sie sollte nicht nur ausgeblendet, sondern, wie einem sehr schnell klar wurde, überspielt, übertrumpft werden – was für ein vorläufiger Zickzack! –, es sei denn, es passierte etwas, was tatsächlich in das Zentrum dieser Geschichtlichkeit fiel, so wie der Christus in das Zentrum der Geschichte – aber was für ein unzureichender Ausdruck! Er war das Zentrum, von da aus konnte man zurückblicken und vorblicken. So hatten es die Theologen seit bald zwei Jahrtausenden zu formulieren versucht; aber es gab Vorgänger. Und ähnlich wurde es dann noch einmal bei dem neuen Zentrum mit auch theologisch – nämlich vom entscheidenden ›Geschehen‹ war die Rede – eingefärbten Vokabeln versucht von Heidegger 1933 und '34. Da schien der

Geschichtlichkeit sozusagen die Mitte nachgeliefert worden zu sein, um es einmal salopp auszudrücken. Aber warum, wenn ich überbieten sage, soll ich nicht auch mal von Nachlieferungen sprechen?

Im ›Schon-sein-in‹ einer Welt befindet man sich zu dieser in einer seltsamen Spannung, die zunächst ganz und gar existentialistisch erschien, auch in dem Sinne, der uns damals eigentlich faszinierte, nämlich des Sartreschen Existentialismus, des Existentialismus unserer Generation. Diese große Spannung habe ich immer abgekürzt so zu formulieren versucht, daß man lernt, *in* der Verstrickung *gegen* die Verstrickung Widerstand zu leisten. Das allerdings hatte in Deutschland – ich habe es oft gesagt – einen Beigeschmack: gratis nachgeliefert zu bekommen das Stehen vis-à-vis dem Nichts; denn es war ja so enorm beschämend, daß in diesem großen Zerstörungs- und Ausrottungsunternehmen der NS-Zeit so normal bis zum Ende zwischen Trümmern und Toten und Ermordeten weitergelebt wurde. Gratis-Résistance, das war zugleich die zweite Erleichterung in jenem Existentialismus. Aber wie gesagt, ich spreche jetzt von Sartre, wenn ich es so formuliere.[62] Und es war ein Problem: Wie weit konnte man seinen Stichwortgeber in den – ich sage es jetzt noch einmal anders – Naturrechtsanspruch, den er, Sartre nämlich, doch zuletzt erhob, mit seinem Existenzbegriff einbeziehen? Also: die Existenz geht der Essenz voran, der Essenz, die sie zurichten möchte. So lasen wir ihn damals. Die Existenz geht der Essenz voran, und zwar in jeder Situation, in die man geworfen ist.[63] Das ist aber nicht identisch mit dem geworfenen Entwurf, wo das Geworfensein – jetzt spreche ich wieder von Heidegger – ja für die Tradition steht, die allein den Namen verdient: »heimisch [sein] in einer langen Herkunft«,[64] so wird er das später nennen. Und er wird darauf pochen, daß diese Herkunft zerstört wird in der Stadtzivilisation; er wird mit Trotz den Provinzialismus – ›Darum bleiben wir in der Provinz‹ – für sich in Anspruch nehmen, als er den Ruf nach Berlin erhalten soll, allerdings in einer Situation, in der ihm auch schon klar ist, daß er die Philosophenführerrolle des NS nicht wird übernehmen können. Ich sagte schon, Rosenberg war dazwischengetreten, der Parteiphilosoph damals noch der ersten Linie, und eine Reihe von Kollegen, die ihn auspunkten wollten, weil sie sich lieber selber in dieser Situation – und wenn denn nun keiner in dieser Situation, dann auch er nicht in dieser Situation – sahen.

›Sich-vorweg-im-schon-sein-in‹ – allerdings nun mit der ganzen Gefahr, die sofort eine qualitative Struktur in die formale Bestimmtheit hineinzubringen schien, aber es war wieder nur formale Struktur, auch wenn sie das Qualitativ-sein für sich in Anspruch nahm, nämlich als ›Sein-bei‹.

Als ›Sein-bei‹ den Dingen dieser Welt, die sehr ambivalent noch sind in »Sein und Zeit«. Einerseits sind sie das, was man alltäglich besorgt, und da kriegt es noch eine sozusagen zutraulich handwerkliche Sphäre und verbindet sich noch mit den völkischen Anti-Industrie-Handwerksbewegungen wie dem Dürer-Haus damals;[65] das ist also der Schein, ohne Industrieproduktion noch handwerklich und mit Werkstättenbetrieb durchkommen zu können. Bis heute setzen Möbelhäuser noch zum Teil auf diesen Schein. Andererseits aber war es die moralische Negativbestimmung: nämlich dem, womit man umgeht, verfallen. »Sich-vorwegsein – im-schon-sein-in … – als Sein-bei« – das ›Sein-bei‹ ist nicht nur das des Umgangs, sondern auch das, daß man diesen Dingen verfällt. ›Zerstreuung.‹[66] war das von Pascal entlehnte Wort dafür. Und die Existenz, die so ›besorgend‹ im Umgang mit den Dingen den Dingen verfällt, wurde als uneigentlich – aber immer noch sollte es ein Strukturbegriff sein –, nämlich als das ›Man‹ charakterisiert. Die eigentliche Existenz ließ sich aufrufen von ihrem einzigen, aber glücklicherweise auch besten ›Freund‹ (ich weiß nicht, ob Sie ihn kennen, ich weiß auch nicht, ob Heidegger ihn gekannt hat), nämlich dem Gewissen; das war der Freund. Wenn ich sage: ›Ein Freund, ein guter Freund‹, denke ich natürlich an den Schlager.[67] Es gab viele solcher Schlager. Heidegger denkt natürlich auch an so etwas, wenn er so formuliert. Die Sphäre, aus der wohl die meisten Anregungen kommen, sind Traktätchen der Jugendbewegung, sind völkische Postillen. Das ist eine Literatur, in der es nur so wimmelt von für ihn zentralen Begriffen wie ›Entschlossenheit‹, auch von sprachlich sinnlosen Übersteigerungen wie dem von ihm immer verwendeten ›einzigst‹, ›der Einzigste‹, ›die Einzigsten‹, ›das einzigste Ereignis‹; auch das ›Eigentlichste‹ gegenüber dem nur Eigentlichen geht schon in die Richtung des ›Einzigsten‹. Also auf einem trüben Hintergrund der Sprache und der Literatur werden dann die Begriffe gehärtet und bürokratisiert zugleich. Nicht wahr, das ist ja das Kunststück: Ich fasziniere, indem ich das reale Leben mit seiner Sorge, seiner Angst in die Philosophie zu holen vorgebe. Ich tue es aber in Formeln, die einerseits die der bürokratischen Verfügung sind und andererseits zu gleicher Zeit, indem ich sie härte und sie zu Instrumenten, zu Waffen mache, Kampfbegriffe. Diese drei Bestimmungen dürfen Sie zusammengesetzt sehen – sie sind damals das Wirkungsdreieck der Heideggerschen Sprache. Aber es wäre wirkungslos geworden, hätte dahinter nicht etwas gestanden, was er mit vielen jener Zeit teilt. Also, ich erinnere an Oswald Spengler, von dem so vieles von ihm übernommen worden ist, oder ich erinnere an Bloch oder ich erinnere an Rosenstock-Huessy, oder ich erinnere an Rosenzweig. So leid es mir tut, sie hier nebeneinander zu nennen, an diesem Punkt darf ich sie nebeneinander nennen, denn ich spreche von dem Seherischen im Sprachgebrauch und in der Postierung der Denkfiguren. Dieses Seherische war immer im Hintergrund. Der Denkende sieht noch nicht überall deutlich, aber wir spüren, irgendwann wird es ihm gelingen, deutlicher zu sehen. Das war auch eines der großen Faszinosa damals.

Zurück. Das »Sich-vorweg-sein – im-schon-sein-in … – als Sein-bei«, sich als eigentliches Selbstsein aufrufen können, aus diesem ›Sein-bei‹ als Verfallensein herausrufen können, nein, nicht sich selbst herausrufen sondern sich herausrufen lassen von seinem besten Freund, dem Gewissen nämlich, dem einzigen Freund, den man hat – und was dann? Nur dann ist die Ganzheit des Daseins zu erfahren, und zwar, indem man ständig bis zum Rande streift. Dieses bis zum Rand streifen ist das Vorlaufen durch all die vielen Möglichkeiten der Daseinsentwürfe, die denkbar sind, zu der einzigen, ›nicht vertretbaren‹ Möglichkeit – ›nicht vertretbar‹, schon hier haben Sie den kleinen Schlag gegen den Parlamentarismus –, nämlich dem eigenen Tod. ›Vorlaufen also in den eigenen Tod‹.[68] Zu gleicher Zeit wird alles das, was dabei überholt wird, fallengelassen, das, was die Daseinsganzheit für sich zu beanspruchen schien. Und das war nun damals schon – und für mich ist das eine der entscheidenden Figuren geblieben – Zentrum meiner Kritik an den faszinierenden Begriffen und Denkbildern jenes Buches. Das ist ja, unter der Vorgabe, die Ganzheit zu haben, Entleerung. Das ist ein Pathos der Entleerung. Und ich glaube, und das war nun die andere Seite, durch nichts habe ich unwillentlich so viele Nachkriegs-Heideggerschüler gekränkt – und mir ist vollständig schleierhaft, daß es möglich war –, wie durch meine Kritik, daß ausgerechnet das Uneigentliche, das Man-selbst ja die Züge der Demokratie und des Parlamentarismus trug, die von Heidegger in seiner Zeit und dann noch lange danach verächtlich gemacht wurden, nämlich als ›Gerede‹ und Zivilistendasein. Die Härte der Entschlossenheit, die das Buch predigte, vertrug sich damit nicht. ›Neugier‹: statt ›auf den einen Stern zugehen‹,[69] ewig Neuem hinterher laufen, ›Gerede‹. Statt ›Gerede‹ hieß es da noch nicht die ›Stimme des Seins‹, aber es hieß doch schon sehr ähnlich, nämlich das, was sich in der Erschlossenheit des Daseins zeigt oder was sich bekundet oder was sich zu vernehmen gibt; auch hier schon die Subjekttauschformel. Also statt das Eine zu tun, miteinander zu reden. Dieses Miteinanderreden wurde dann in Gegensatz gebracht zu dem Heraussagen, wie es dem Ontologen ziemt, indem das Vernehmliche selber sich äußert, sich zum Vernehmen bringt; und immer ist auch der Wortsinn der Vernehmung mit anderer Bedeutung nebenbei. Also statt das zu tun, miteinander reden; die abfällige Bestimmung dafür ist umgangssprachlich das »Gerede«.[70] ›Gerede‹, ›Neugier‹, Verfallen an alles und jedes – ein Zerrbild der Zivilisation in ihrer städtischen Erscheinungsform, und dagegen aufgeboten eine planmäßige Entleerung als das Zeichen für gelingendes, eigentliches Selbstsein. So erschien es mir damals, das war das Zentrum meiner Heideggerkritik, ich füge gleich hinzu: so erscheint es mir heute noch.

Was mir im Laufe der Zeit deutlicher wurde, war, daß die Entleerung tatsächlich eine planmäßig betriebene war, daß sie Veranstaltungscharakter hatte, und daß sie tatsächlich mit den Veranstaltungen, auf denen er dann kurze Zeit, in der Hoffnung, der Philosophenführer zu werden, sprach, direkt korrespondierte. Auch dort wurde ja diese Entleerung erstrebt, und zwar um einer ›Umwälzung‹ willen – das war damals, zum Beispiel ›Umwälzung aller Verhältnisse‹, das Goebbels-Wort –, die selber schon Kehrecharakter hatte. Die Bewegung ging ja darauf, daß die sich Bewegenden dieses länger nicht zu tun brauchten, **weil sie erfaßt wurden von der Bewegung**. Hierin, so schien es mir später, war die ›Kehre‹-Figur Heideggers vorgebildet. Und ich habe in den vielen Jahren an dieser Universität, in denen ich Heidegger immer wieder in Vorlesungen und Vorlesungszyklen mitlaufend zur Diskussion gestellt habe (auch mein »Versuch über die Schwierigkeit nein zu sagen« ist ja eine durchgeführte Heideggerkritik und als diese geschrieben[71]), immer wieder versucht deutlich zu machen, wie die Denkfiguren und die politischen Veranstaltungsfiguren korrespondierten, wie unerheblich es war, zu sagen: Hier ist der Philosoph, der irgendwann in eine Partei eintritt, der dann dort die und die Ränge erringt, die und die Abzeichen trägt, mit den und den Leuten korrespondiert, und so ein Stück völkisches Organisationsschicksal mitmacht. Wäre es das nur und hätte er nebenher eben auch sein Denkhandwerk als universitärer Denkbeamter getrieben, es wäre der Rede nicht wert. Entscheidend ist, daß er tatsächlich nicht nur – das haben wiederum viele getan – Losungen ausgegeben hat, sondern daß er Kategorien zugeschliffen hat, die vorher schon geprägt waren, um Denkfiguren mit ihrer Hilfe zu produzieren, die der Realproduktion der Zeit, der politischen und der Bewußtseinsproduktion, entsprachen. Daß da kein Schnitt ist, das scheint mir das Entscheidende zu sein.

Wie geht es weiter in dem Buch? Ich hatte von der Sorgestruktur gesprochen, ich hatte dieses Vorlaufen in den Tod benannt als die einzige Möglichkeit, sich in der einzigen, unüberholbaren, unvertretbaren Möglichkeit des Daseins als ganzen zu versichern. Günther Anders war es übrigens, der als erster bemerkt hat, daß das die Gloriole für die Frontsoldaten-Erfahrung ist, die Sinnlos-Erfahrung – ständig nichts zu tun als vorlaufen in den eigenen Tod – zu glorifizieren als eigentliches Dasein.[72] Ich möchte es am Rande bemerken, weil es so selten bemerkt worden ist. Und ich müßte sofort von der Kategorie sprechen, die, in aller Munde während der NS-Zeit, bei ihm vorweg schon (denn 1927 erscheint ja »Sein und Zeit«) eine aus der Vorläuferliteratur gespeiste Zuspitzung erfahren hat, nämlich der ›Entschlossenheit‹. An dieser Stelle allerdings muß ich denen widersprechen, die genau hier den Dezisionismus etwa eines Carl Schmitt im Werk Heideggers vorgebildet sehen. Vielmehr ist das, was man ihm später als eine Art ontologischer Ehrenrettung unterstellt hat, die eigentlich den Tatsachen nicht entspricht, meines Erachtens doch ganz und gar zutreffend. Er hat nämlich schon in »Sein und Zeit« die Entschlossenheit ganz und gar angesiedelt in dem, was er dort »Erschlossenheit«[73] nennt. Entschlossen kann Dasein nur sein, wenn Sein sich erschließt. Daß die völkische Bewegung mit ihrer Entschlossenheit bei Einsetzen des NS ein Schicksal, ein großes Schicksal, ein historisch einmaliges Schicksal zugespielt bekam – diese Behauptung, die Sie überall lesen können in jener Zeit –, war durch diese sozusagen vorweggenommene Kehrfigur bereits bei Heidegger vorzulesen und später nachzulesen, nämlich ›Erschlossenheit‹, ›Seinserschlossenheit‹;[74] wofür dann auch der damalige Wahrheitsbegriff, der das erste Mal in »Sein und Zeit« auftaucht: ›Gelichtetheit des Seins‹,[75] mit dem provinziellen Anklang, oder sagen wir dem landschaftlichen Anklang der Lichtung im Wald als der physiognomischen Metapher für Aufklärung, im Rahmen dieses Werkes stand. Lichtmetapher bleibt es, ›Lichtung‹ heißt es, ›Gelichtetheit‹ meint es, Erschlossenheit bedeutet dies; Entschlossenheit erwächst erst, wiederum die dem Wald zugehörige Metapher, aus dieser ›Erschlossenheit‹.

Merkwürdigerweise waren die Ausführungen, die dann die Schlußteile dieses Buches, fast muß man sagen, zum Verschwimmen brachten, über Geschichtlichkeit, geschichtliche Zeit, Weltzeit, überhaupt über Zeitlichkeit, blaß, blässer als die zentralen Kapitel. Und vielleicht hat dieses auch Heidegger sehr wohl gespürt, als er mit dem Unterwegs-Pathos schloß, das ich Ihnen das vorige Mal zitiert hatte; wobei, wenn Sie sich erinnern, dieses ›Unterwegs‹ bedeutete: unterwegs zu einer Zurüstung für eine Entfachung eines Streites, der noch nicht geschlichtet werden kann, weil er noch gar nicht entfacht ist, nämlich die Ausarbeitung der Seinsfrage. Also das, was die Antwort auf die Seins- als Existenzfrage geben sollte, nämlich die Ausarbeitung dieser Frage, ist hier etwas, was am Ende, wo man hören will: Wie weit bin ich gekommen?, in eine numinose Ferne rückt – Zurüstung für die Entfachung eines Streites, der noch gar nicht entfacht worden ist. Und das ist plötzlich – und nun müssen wir wohl sagen: damit das Ganze einen Sinn bekommt – die eigentliche Ausarbeitung oder die wesentliche Ausarbeitung der Seinsfrage. Nun, neun Jahre später, ist er dabei, diese wesentliche Ausarbeitung vorzulegen. Das ist ja der Grund dafür, daß sein Herausgeber diese zum hundertsten Geburtstag vorgesehene und dann auch erschienene Schrift »Vom Ereignis« als das zweite Hauptwerk annoncieren konnte. Hier eine ›wesentlichere‹ Ausarbeitung einer Frage, die in »Sein und Zeit« ausgearbeitet hätte werden sollen, wie man, wenn man die letzten Seiten liest, plötzlich erfährt,[76] während man guten Muts zu lesen begonnen hatte, weil man dieser Ausarbeitung beizuwohnen vermeinte. Soweit noch einmal zur Struktur.

Vieles, sehr vieles hätte nun hierzu noch gesagt werden müssen; ich werde es zum Teil dazwischenschieben, wenn ich fortfahre, vom ›Ereignis‹ zu reden. Und ich werde dieselbe Mühe haben, die ich das letzte Mal mit der Erläuterung dieses Titels schon hatte. Wenn ich fortfahre, vom Ereignis zu reden, sage ich ›de‹, also *vom* Ereignis, also *über* das Buch »Vom Ereignis«. Aber ich mache nicht mit der Behauptung des Buches mit, *vom* Ereignis *her* zu reden – das war ja die im Titel programmatisch behauptete Kehre in nuce. Also in der Nuß des Titels steckt die Kehre und die ganze Lehre schon drin. Sie sehen gleich, das ist ein mystischer Anspruch: zwei Worte, ein Gedanke: ›Vom Ereignis‹, und diesen immer wieder denken. Weil es zwei Worte sind, kann man ihn auch falsch denken. Wäre es nur ein Wort, schiene es auf kurze Zeit so, als ließe sich da nichts falsch denken, so wie das Kind in einer ganz bestimmten Zeit, wo es plötzlich die Wahrheitsfrage interessiert, die Wahrheitsspiele zu spielen beginnt, die den Partner übertölpeln und die einen Augenblick, eine Sekunde lang an der Wahrheit ganz eng dran, wenn nicht in ihr drin zu sein scheinen. Also: Kannst du die Wahrheit sagen? Der Andere sagt: Ja, selbstverständlich. Ich sage: Nein, du kannst es nicht; oder er sagt: Ja, ich weiß nicht; ich sage: Ja, du merkst es selbst, daß du es nicht kannst. Denn die Wahrheit sagen hieße sagen: »die Wahrheit«. Das ist ja das Kinderspiel. Das ist die einzig richtige Antwort darauf: die Wahrheit. Und da ist etwas, was sonst schwierigen Nachforschungen überlassen bleibt, plötzlich ganz kompakt präsent im Aussprechen eines Wortes – aber zu gleicher Zeit ist dieses Wort leer. Ganz kompakt und ganz leer, so wie jede anständige mystische Erfahrung. Ich meine, man muß es sich immer wieder einmal klarmachen. (Ich sage damit nichts gegen mystische Erfahrungen. Also, müßte ich Sie überzeugen, würde ich dann zu sagen haben: Ich habe ja selber welche – also ich sage wirklich nichts dagegen.) Aber Sie müssen sich klarmachen, wie gefährlich der Erfahrungsbegriff aufgeladen werden kann, wenn er entladen wird als Erfahrungsbegriff; also: nicht ausfahren in die Welt, sondern ›einfahren in die Wesung des Seins‹, jetzt noch einmal das Zitat von vorhin, das meine ich mit dieser Entladung. Und dann ist plötzlich Wahrheit nur noch das Aussprechen von Worten wie ›Ereignis‹. Aber das ist auch zuviel, da steht ja noch ein Wort davor. Heidegger geht dann ein Stück weiter, er sagt auch nicht mehr Sein, sondern durchkreuzt das geschriebene, das, um die Uraltherkunft zu demonstrieren, mit ›y‹ geschriebene Seyn noch einmal mit einem liegenden ›X‹, einer Art von Andreaskreuz. Als Katholiken müssen Sie wissen, was das ist, und als Protestanten können Sie es sich jetzt vorstellen; in der griechisch-katholischen Kirche ist es genauso.[77] Und das ist zugleich Durchkreuzung des Wortes, das dort ein flatus vocis wäre, der den Zugang, wenn auch noch so leicht – nur eine ganz kleine Brise – trotzdem versperrt. Es ist zu gleicher Zeit die Anwesenheit, die Präsenz des ›Gevierts‹ – eines der mythischen Worte, die dann für das Sein erscheinen, ein Gründungswort, ein ursprungsmythisches Gründungswort. Sie sehen, Heidegger begibt sich in die Geschichte der Religionen hinein. Wir werden es heute an dem Erzitterungsbeispiel noch einmal sehen. Und er hält an der mystischen Erfahrung des Seins fest. Was das bedeutet, werden wir im Laufe dieser Vorlesung zu erklären, ich hoffe ein Stück weit auch zu klären Gelegenheit haben.

Zurück: »Das Sich-vorweg-sein – im-schon-sein-in … – als Sein-bei« als »Sorgestruktur«.[78] Heidegger war der, ehe dieser Name noch Mode wurde, perfekte Strukturalist der philosophischen Szene, und zwar der europäischen philosophischen Szene. Strukturalismus, so wie er ihn betreibt, hatte einen Stichwortgeber: das waren die Kunstbegriffe, die der von ihm immer wieder gelesene Aristoteles geprägt hat. Wer nicht alle Bücher von Aristoteles gelesen hat, soll als Philosoph nicht den Mund auftun, also Schweigerechtfertigung für Philosophen – eine der Behauptungen, die dem noch vergleichsweise jungen Heidegger zugeschrieben werden. Er hat also einen Vorläufer für seine Begriffssprache gefunden in der aristotelischen Kunstbegriffsproduktion. Aristoteles setzt Wörter zusammen, um auf diese Weise komplizierte Sachverhalte als, zunächst für den Philosophen, Experimentiercollage kenntlich zu machen, der man dann experimentierend nachgeht, um zu sehen, ob es sich tatsächlich so verhält oder nicht. Wenn ich etwa den Begriff *tò ti ēn einai;*[79] (das Semikolon: ›;‹, ersetzt im Griechischen das Fragezeichen) untersuche und damit eine Formel einführe, dann ist *to* der Artikel: ›das‹, *ti* ist die Frage, das Fragepronomen ›was‹, und *ēn* heißt ›war‹, also ›das: was war, *einai*?‹ bedeutet dieser Begriff des *tò ti ēn einai*. Das ist eine sehr weit durchgeführte kunstsprachliche Formel und unendlicher Interpretation offen. Aber sie unterscheidet sich charakteristisch von dem »Sich-vorweg-sein – im-schon-sein-in … – als Sein-bei«, denn dieses »Sich-vorweg-sein – im-schon-in … – als Sein-bei« ist, wenn ich es nur so ausspreche, immer unzureichend wiedergegeben. Ich müßte mitsprechen können die Striche: Sich-Strich-vorweg-Strich-sein-Strich-im-Strich-schon-Strich-in-Strich-als-Strich-Sein-Strich-bei; das müßte ich so aussprechen können. Besonders vertrackt ist es, daß Heidegger noch Fraktur drucken läßt, drucken lassen mußte – es tun ja alle; also, solange die SA noch die sozusagen Volksmachtzentrale, die volksmachtzentralistische Institution ist, wird Fraktur gedruckt; als die SS das Rennen macht und einen sozusagen europäischen Elite-Universalismus der faschistischen Orden zu befördern trachtet, um es mal kurz, aber, glaube ich, treffend auszudrücken, wird dann auf dem Höhepunkt des Krieges, wo sie auch die eigene Militärformation als Waffen-SS wird, eingeführt die Antiqua, die Sie heute lesen. Wenn ich etwas in Sütterlin aufschreibe, können es meine Neffen und Nichten nicht mehr lesen, und in Fraktur geschriebene Bücher kriege ich zurück: ob es die nicht auch in Übersetzung gebe? Also, es ist ein politisches Kreuz mit der Ersetzung dieser Schrifttypen; immerhin, es ging nicht bis zu der aus lauter Pünktchen zusammengesetzten Schrift, mit der Sie heute die Augen derjenigen ärgern, denen Sie irgendwelche Arbeiten vorlegen. Kurz: ich hätte Ihnen in Fraktur vortragen müssen das ›Sich‹ und dann zwei Striche übereinander und die auch noch etwas schräggestellt [=]; also was dort entsteht, kennen Sie aus der Chemie, wo die kleinen Ärmchen, kleinen Grabbelhändchen greifen in den Formeln, das ist mit diesen vielen Strichen, Doppelstrichen in das Schriftbild übertragen. Es kriegt etwas von der Objektivität des Erforschten. Forschungsattitüde tritt durch diese Strichelchen in den Begriffsbau der Sätze ein. Sie werden es selber bemerken – zweifellos hat jeder von Ihnen einmal diese Mode mitgemacht, respektive, wenn das nicht der Fall ist, steht er noch davor –, daß Sie eine Zeitlang die Tendenz haben, entweder Begriffe durch Gänsepfötchen als Strukturen herauszuheben in einem ansonsten durchlaufenden Satz, oder durch Bindestriche Verbindungen zu schaffen, die so etwas wie formativen Charakter in das Schriftbild hineintragen sollen. Und ich glaube, das ist das Wort, das jetzt am ehesten die Intention dieser Anschreibung: »Das Sich-vorweg-sein – im-schon-sein-in – als Sein-bei« trifft. Die Wörter, die so zusammengesetzt sind, kommen jeweils als Nukleus von Formationen einher. Es ist sehr schwer, sich dagegen zu wehren als ein simples, nicht zusammengesetztes, nicht durch Schrifttype oder Anführungszeichen hervorgehobenes Wort. Sie haben eine institutionelle Formiertheit, die dem, was die Phänomenologie insgesamt an Formiertheit, als Formierungsanspruch erhob, noch etwas hinzufügt. Ich meine damit, daß ja das, was die Husserlsche Phänomenologie aussprach in diesen immer sich als Forschungsbericht verstehenden Büchern, für eine Zone gelten sollte, die nicht identisch war mit dieser objektiven Realität, in der wir leben, auch nicht identisch war mit der nicht an sie herankommenden Subjektivität, die die Crux der Immanenzphilosophie war. Husserl hatte die Immanenzphilosophie auf seine Weise ja auch schon zu sprengen versucht, aber so, daß er Immanenz und Objektivität, Drinnen und Draußen sozusagen ließ, wo sie für den allgemeinen Gebrauch waren. Nur derjenige, der einen ganz bestimmten Reinigungsakt, nämlich den der phänomenologischen Reduktion, durchmachte und auf diese Weise zu einem ganz bestimmten Mysterienerlebnis, nämlich dem der Schau von Wesenheiten, gelangte, konnte in einer von Immanenz oder Objektivität der Außenwelt unangekränkelten – weil diese immer in Frage zu stellen war – Zone sich aufhalten. Das Gelten war, um es tautologisch zu sagen, das der Geltung. Die Geltungszone, das Gelten der phänomenologischen Begriffe sollte etwas Drittes, sozusagen das dritte Reich der Begriffswelt sein. Diese Geltung trat mit dem Anspruch auf, erschaubar zu sein; nicht das ›Gelten‹ wurde erschaut, aber das Geltungsreich wurde erschaut. Wir können auch umgekehrt sagen: was erschaut war, hatte eine derartige Geltung. Aber diese Geltung, die in die Existenz nicht eingriff, völlig unabhängig von ihr war, sie nicht veränderte, allerdings von ihr auch nicht tangiert werden konnte, war im Grunde ein Essentialismus.

Heidegger treibt diesen Essentialismus auf die Spitze, indem er genau die Störfaktoren der Husserlschen Geltungstheorie zum Gegenstand phänomenologischer Schau macht, indem er genau diese essentialisiert. Also wenn Existenzbestimmungen dieses Reich der in Reduktion zu erschauenden Geltung stören können, dann ist die Frage: Wie kann ich Existenz selber in dieses Reich überführen? Ich frage also nach der Daseinsbestimmung – ich gebe die Struktur von Dasein; wenn Sorgen stören – ich gebe die Struktur von Sorgen; wenn ich mich ängstige – ich gebe die Struktur von Angst. Das meine ich mit der Essentialisierung genau der Störfaktoren für die Husserlsche Theorie. Husserl wird übertrumpft auf eine die Phänomenologen, die Husserls Anhänger waren, faszinierende Weise, sozusagen ein Über-Husserl, der noch die Störfaktoren phänomenologisch einfängt – das ist die Heideggersche Existenzphilosophie. Sie hat Bestimmungen, die in Gegensatz zu allen anderen Kategorien nicht Kategorien heißen durften, denn das wären ja sozusagen die allgemein-gemeinen Weisen des Darüber-Redens, sondern Bestimmungen, die direkt ausgingen von diesen Strukturen. Die Strukturen hießen Existenziale, und so waren es dann existenziale Bestimmungen. Existenzial contra Kategorie, auch das ist schon eine Vorbereitung der Wende, der Kehre, des Umbruchs nun nicht mehr nur im politischen, sondern auch im philosophischen Bereich.

Merkwürdig – und das sollte ich vielleicht gleich noch nachtragen – ist nun eine Kleinigkeit. Das, was so viele fasziniert hatte: daß Heidegger von der Welt des alltäglichen Umgangs zu sprechen schien, wenn er die Kategorie der »Zuhandenheit« prägte – das hatte vor allen Dingen die Philosophen fasziniert, wenn sie plötzlich die »Zuhandenheit« von der »Vorhandenheit« abgesetzt sahen und die Seinsbestimmung der »Vorhandenheit« identisch zu sein schien mit dem, was die marxistische Theorie Verdinglichung nannte, während in der Kategorie »Zuhandenheit« sich der Protest gegen Verdinglichung auszusprechen schien. Von der ›Zuhandenheit‹ aus – und das mag manche marxistische Annäherung an Heideggers »Sein und Zeit« seinerzeit erklärt haben – hätte es zu einer Gebrauchswertutopie weitergehen können. Zwar sind da die Vokabeln zum Teil schon negativ besetzt, aber Heidegger sagt: Das sind alles Strukturvokabeln. Also das »Zeug«[80] als die objektive Universalkategorie der Zuhandenheit, das, womit ich im Sprechen als mit einem Zuhandenen umgehe; Zeug nicht mehr Rüstzeug oder Flugzeug, oder wie das im einzelnen benannt sein mag, sondern ›Zeug‹ überhaupt, ›Zeug‹ schlechthin, das negative Wort als charakteristisch für eine Sphäre, die der bloßen Vorhandenheit des menschlichen Besorgens entgegengestellt wird. Besorgender Umgang mit Zuhandenem, handwerklicher Umgang mit Zeug zum Beispiel, nicht das bloße »Begaffen«[81] und ›Anstarren‹[82] – existentialistische gleich expressionistische Vokabeln, die Heidegger dort verwendet – von Vorhandenem. Die res, die Sache als bloß ›Vorhandenes‹, so die durchschlagende Descartes-Kritik in »Sein und Zeit«, macht die Großbestimmung, die Descartes trifft: zu unterscheiden zwischen res extensa, der ausgedehnten Sache, und res cogitans, der denkenden Sache (also Denkbestimmung und Sachbestimmung als Objektivität, räumlich ausgedehnt), zu einer Scheinunterscheidung. Beides wird als bloß Vorhandenes behandelt. Descartes kommt nicht in die Nähe des Seinsdenkens, er sprengt nicht die okzidentale Vorherrschaft der ›Vorhandenheit‹.[83]

Diejenigen, die mit ›Zuhandenem‹ umgehen – ich referiere Heidegger –, die das ›Zeug‹ plazieren, bedürfen dafür gewisser Eigentümlichkeiten, die man aus der Religion kennt. Religio heißt sorgfältiger Umgang mit etwas, heißt nicht, wie Sie es immer wieder lesen, rückbinden oder dergleichen, sondern heißt sorgfältig aufpassen; es ist ein Wort aus der Ritualsprache. Und so ritualistisch geht Heidegger begrifflich mit dem ›Zeug‹ um. Lesen Sie die mehreren Seiten in »Sein und Zeit«, in denen der Umgang mit dem Zeigzeug außerordentlich ausführlich (also das, was wir an den meisten Gebrauchsanweisungen heute vermissen, dort ist es geschehen) geschildert wird: das Zeigzeug ist der Winker am Auto.[84] Dieses spezifische Zeigzeug und sein Besorgen wird geschildert als ein Ritual und ist insofern, entgegen der Behauptung, hier einen nicht-verdinglichten Umgang charakteristisch wiederzugeben, ganz und gar verdinglicht. Der Umgang mit dem ›Zeug‹ insgesamt als einem innerweltlich besorgten – nicht daß das ›Zeug‹ besorgt wäre, aber: Ich besorge es, und so ist es besorgt, meint dieser Begriff – macht zugleich etwas, was eine deutungsunbedürftige Deutung – so will ich es einmal nennen – der Welt der Vorhandenheit ermöglicht; alles tritt nämlich miteinander in einen Verweisungszusammenhang, alles verweist aufeinander, nicht erst durch den Gebrauch, sondern durch die Anlage zu einem solchen Gebrauch. Wenn man das liest, ist so etwas wie Riesmans »Lonely Crowd« (»Die einsame Masse«) schon vorweggenommen, wo ein derartiger Verweisungszusammenhang als Selbstregulativ beschrieben wird[85] – eines der international meist wahrgenommenen und angeeigneten Bücher der amerikanischen Nachkriegszeit. Bei Heidegger aber geht es einen Schritt weiter, nämlich dieser Verweisungszusammenhang kennt – und wiederum hat das einen abwertenden Tonfall, auch wenn er sagt: nur Struktur – immer nur Wozus, immer wieder ist etwas wozu unterworfen, also zu irgend etwas nütze. Alle diese ›Um zus‹ verweisen ihrerseits – und das bleibt nun trotz aller pathetischen Behauptung völlig blaß in dem Buch »Sein und Zeit« – auf ein ›Um-willen‹. Und dieses ›Um-willen‹ ist der Mensch, dieses ›Um-willen‹ ist sein Dasein.[86] Hier kommt die dritte Seinsart ins Spiel: nicht bloß Vorhandenes und Zuhandenes, sondern nun die Gegenwelt der Existenzbestimmungen. Blaß ist das darum noch, weil sie nicht recht gelingen wollen, ohne daß sie damit selber als zuhanden oder vorhanden erschienen, also in einen sei es handwerklichen Verarbeitungsprozeß oder einem Verdinglichungsprozeß insgesamt eingefügt. Später wird sich das ändern. Die Existenzbestimmungen werden nicht mehr von ihrer eigenen Sphäre aus gelesen werden, sondern sind samt und sonders Gaben von der anderen Seite. An dieser Stelle verhilft die Kehre auch zu einer Umplazierung des sprachlichen Bemühens, des Interesses, mit neuen Sprachfindungen an die Existenz selber heranzugehen, sie nicht mehr nur in Strukturformeln faszinierend sozusagen zu entladen, sondern nun zu versuchen, sie von der Seite einer numinosen Seinsmacht her aufzuladen. Das wollte ich noch hinzufügen.

Aber das wäre unzureichend, wenn man nicht die Frage stellte: Wo kehrt das bei Heidegger Verdrängte wieder? Denn kein Zweifel: nach »Sein und Zeit« hat das ›Zuhandene‹ ausgespielt. Die Alltagsexistenz des besorgten Umgangs verschwindet aus dem Interesse und damit aus dem Gesichtskreis der durch phänomenologische Schau bearbeiteten Sachen; »zu den Sachen selbst!« ist die von Husserl übernommene Formulierung.[87] Wo taucht die verdrängte Dimension wieder auf? Sie taucht auf in der späteren Seinsphilosophie, Seinsdichtung Heideggers, nämlich nun handelt es sich plötzlich wieder um ›brauchen‹, nun wird wieder etwas ›gebraucht‹. Jetzt ist es freilich nicht mehr das ›Zeug‹, sondern es ist ein ›Brauch‹,[88] der vom Sein selbst ausgeht. Andererseits ist das Sein darin das gebrauchte, nun aber nicht mehr für Menschen, sondern für die Wesen, die dem Sein eine Zeitlang als Seinsproduzenten übergeordnet oder hintergeordnet werden, nämlich die Götter, die das Sein braucht. Und an dieser Stelle kommt dann – aber dazu muß ich Ihnen die Formulierung vorlesen – eine ganz merkwürdige Überwindung des in der Redeweise von den Göttern vorausgesetzten Polytheismus.

Ich will Ihnen jetzt von »Sein und Zeit«, der Faszination, die es seinerzeit ausmachte, der Kritik, die es hervorrief, berichten. Also: Ist es nicht, obschon von Gewissen redend und so reichhaltig erscheinend, ein Buch der Entleerung? Ist es nicht auch ein amoralisches Buch? Ist es nicht ein menschenfeindliches Buch? Ist die Schärfung der menschlichen Existenz dort nicht der Schein, der eigentlich Anpassung bedeutet an noch bloß Strukturen? Und die Vermutung, daß das ›Man‹ die Demokratie und das eigentliche Selbstsein einen Freikorps-Ausdruck bedeuteten, interpretierte ich mir als einen Initiationsausdruck: Vorlaufend in den eigenen Tod habe ich mich in den Tod schon initiiert, ich brauche nicht mehr de facto zu unterliegen, ich bin immer schon da. Dieses alles zusammengenommen – vielleicht wäre es noch nicht das Peinlichste gewesen. Das Peinlichste für mich beim Lesen war – damals, wenn ich es denen mitteilte, die sei es bei Heidegger studiert hatten, sei es seine Assistenten gewesen waren, die ihn als ihren Lehrer verehrten, der zwar Fehler gemacht hatte, aber wer macht keine? –, daß gleich im ersten, im Methodenteil von »Sein und Zeit« Worte standen, die in einen phänomenologischen

Methodenteil eigentlich nicht paßten. Da ist von »Entartung«[89] auch auf dem Felde der Phänomenologie die Rede, da wird ein bodenständiges Denken verlangt und nicht eine freischwebende Denktätigkeit;[90] also das Freischweben war – so schön der Begriff des Schwebens ist – dann in der NS-Zeit, und schon vorher (›freischwebende Intelligenz‹), das Kennzeichen der jüdischen Intelligenz: freischwebend und nicht bodenständig. In »Sein und Zeit« tauchten bereits auf die völkischen und antisemitisch aufgeladenen, dem Rassenauswahlprinzip phänomenologisch huldigenden Formeln. Das war der größte Schock an dem faszinierenden Buch. Und noch jetzt, wenn ich es wieder mitteile, ist es für mich ein gewisser Schock, daß man es so mitteilen muß; es hat sich noch immer nicht verändert, das Buch ist noch immer so. Das teilt es ja mit der Wirklichkeit nur zum Teil, die sich ja so verändert, daß die Hypothesen darüber, wo das jeweils Verdrängte wiederkehrt, gar nicht so schnell nachspringen können, wie es sich verbirgt. Also das war eigentlich der große Schock. Und nun kann ich weitergehen zu den Themen, die ich heute behandeln wollte. Nun bin ich ihn endlich los. Ich dachte immer: Sprichst du ihn aus, sprichst du ihn nicht aus? Also ich bin froh, ich habe ihn ausgesprochen.

Aber ich muß noch einen Schock aussprechen, damit ich auch ihn ein für allemal verbal ad acta gelegt habe – aber nachwirken wird er natürlich –, betreffend das Buch »Vom Ereignis«. Es ist ja sehr sorgfältig stilisiert, und der Autor sieht sich als den überbietenden und übertrumpfenden Philosophen, der damit der vulgären nazistischen Denk- und Organisationsfront etwas entgegenhält, wo sie denkend nie hingelangt. Aber es gibt Lapsus, immer wieder taucht plötzlich ›Bodenlosigkeit‹ auf, immer wieder ist plötzlich der negativste Begriff: ›Entwurzelung‹.[91] Dann bekommt auch er Konkurrenz: neben ›Entwurzelung‹ findet sich dann die ›Zersetzung‹[92] (auf sie stand in der Tat hohe Strafen in jener Zeit). Und einmal an einer Stelle gibt es einen Lapsus, der natürlich sofort die Frage stellen läßt, ob es sich um einen Lapsus handelt. Das ist im zweiten Teil: »Der Anklang«; es handelt sich um frühere Erfahrungsbegriffe – »experiri (empeiria) – »erfahren« – und dann um Vormeinungen, wie wer erfährt. Das scheint philosophiegeschichtlich zu sein, aber es kriegt plötzlich eine Akut-Zuspitzung: »Weil die neuzeitliche ›Wissenschaft‹ (Physik) mathematisch (nicht empirisch) ist, deshalb ist sie notwendig *experimentell* im Sinne des *messenden Experimentes*.« Bei der mathematischen neuen Naturwissenschaft mag irgendwo im Kopf Einstein erschienen sein, aber er spricht den Namen Einstein natürlich nicht aus. Er macht etwas ganz anderes. Und jetzt lernen Sie eine

Ersatzhandlung kennen: »Der reine Blödsinn zu sagen, das experimentelle Forschen sei nordisch-germanisch und das rationale dagegen *fremdartig*! Wir müssen uns dann schon entschließen, Newton und Leibniz zu den ›Juden‹ zu zählen.«[93] Ich weiß nicht, ob Sie es in der Geschwindigkeit mitbekommen haben: Leibniz und Newton sind mathematisch-abstrakt; sie als nicht-nordisch deswegen anzuprangern, weil das Mathematisch-Abstrakte das Fremdartige ist und dem jüdischen Genius zukomme, würde so blödsinnig sein, daß man es nur dann guten Gewissens tun könnte, wenn man beide, Leibniz und Newton, ihrerseits zu den Juden zählte. Heidegger trägt das mit Ironie vor, mit einer Ironie, der er vielleicht sogar noch das Beiwort ›zynisch‹ gegönnt hätte, wenn man ihn denn daraufhin angesprochen hätte. Wie ironisch bis hin zum Zynismus, Leibniz und Newton zu den Juden zu zählen! Aber wie nun ganz und gar nicht-ironisch und ganz und gar anders zynisch, ›die Juden‹ als die Gegenseite aufzumachen, unter die man dann auch jemand wie Leibniz und Newton hätte verrechnen müssen. Es bedarf also nicht der langen, langen Diskussionen darüber: War Heidegger Antisemit oder war er es nicht? Völlig überflüssige und unsinnige Diskussion! Die Gesellschaft, insbesondere die Gesellschaftsschicht, Gesellschaftsklasse, der Umgang, den er hatte: alles, alles das war antisemitisch, Heidegger war in keiner Weise ausgenommen. Er gehörte nicht zu denen, die dagegen protestierten, er machte es als allgemeines Bewußtsein mit. Das ist viel schlimmer, als wenn er ausgeprägt ein sozusagen stabiler Antisemit gewesen wäre. Er gehört hinein in den ganz gewöhnlichen Antisemitismus der Zeit. Und es unterläuft ihm, wenn er hier an dieser Stelle offensichtlich Einstein nicht schlechtmachen will, an den er denkt und den er nicht treffen will, den er nicht an dieser Stelle ins Spiel bringen will, etwas viel Schrecklicheres, nämlich: die große Gegenposition, die er gerade unbenannt lassen will, mit Gänsepfötchen hervorgehoben und doch nicht unschädlich gemacht, erscheint mitten in den Ausführungen, die herkommen vom Ereignis. Noch einmal und wieder so etwas wie ein Zertifikat. Die Übertrumpfung bringt die Qualität nicht heraus, die das, was da übertrumpft wird, mit dem, was da übertrumpft, verbindet. So. Jetzt ist mir endlich ganz wohl für das Fortfahren. Jetzt habe ich beides genannt: den großen Schock beim Lesen von »Sein und Zeit« und die schockierendste Stelle beim Lesen dieses Jahrhundertgeburtstagsbuches »Vom Ereignis«.

Wir können jetzt also uns der Sache wieder so zuwenden, wie ich es heute angekündigt hatte, aber nicht mehr durchführen kann. Das wäre jetzt mein Vorschlag für unser weiteres Vorgehen: alle Male Einzelpassagen,

Einzelfiguren, Einzelthemen so zu erörtern, daß sie diese Formulierung ›Vom Ereignis‹ ein Stück weit deutlicher machen, das heißt, den Ereignischarakter ein Stück weit lesbarer machen, der da von Heidegger behauptet wird. Ich will das das nächste Mal unter drei Gesichtspunkten tun, die ich heute schon mit dem sachten, aber berechtigten Vorbehalt, ob ich noch dazu kommen würde, angekündigt hatte: einmal unter dem, der zu einer Realexistenzbestimmung ja gehört (wie er es noch in »Kant und das Problem der Metaphysik« ausgedrückt hatte), des immer vorhandenen, ›obzwar meist verborgenen Erzitterns alles Existierens‹.[94] Was wird daraus unter dem Vorzeichen vom Ereignis? Zweitens das Wort selber und seine Karriere. Warum wird es gerade tauglich? Warum muß es Ereignis sein? Und das wird uns wieder ein Stück weit in den von ihm intendierten Ereignischarakter einführen. Heidegger hat zu der Zeit, wo er dieses hier schreibt, verschiedene Wörter in Gebrauch wie ›Geschehen‹, ›Geschehnis‹, »Grundgeschehen«,[95] aber er tilgt sie im Wortsinne später um des Ereignisses willen – etwas, was, soweit ich sehe, auch in der Heidegger-Philologie nicht bemerkt worden ist. Ich nehme darum immer die Originalausgaben bei allen Sachen. Also, wenn Sie die Hölderlininterpretation in der Spätausgabe lesen, dann bemerken Sie nicht, daß da eine Tilgung, eine Vereinheitlichung, eine Uniformierung in Sachen des Ereignisbegriffsgebrauches stattgefunden hat. Ich werde Sie nächstes Mal darauf hinweisen, und wir werden diskutieren müssen, warum das passiert und was da passiert. Und endlich möchte ich den Aufbau des Buches »Vom Ereignis« klarmachen an dem, was er selber – Stichwort ›Fuge‹, ›Fug‹, ›Fügung‹ und ›Verfügung‹ – über den Aufbau sagt. Das ist dann in dem Buch das eigentliche Methodenkapitel; das ist in dem ersten Teil, »Vorblick«, der Paragraph 39.

Das also als selbstgestellte Aufgabe für die kommenden Male. Ich muß Sie um Entschuldigung bitten, daß ich jetzt hier quasi biographisch verfahren bin, aber es gehörte ein Stück weit auch zur Entlastung hinzu, denn seit ich mich jetzt mit diesem Stoff, nun in der zweiten Vorlesung schon, beschäftige, sind mir die vielen, vielen Abwehrreaktionen akademischer Lehrer im Ohr, die da meinten, daß ich ihrem verehrten Lehrer Unrecht getan habe. Ich wollte mich noch einmal vergewissern und Sie an dieser Vergewisserung teilhaben lassen.

Dritte Vorlesung
gehalten am 10. Mai 1990

Es ist jetzt schwierig für mich fortzufahren. Ich war gestern schockiert, wie man es nur dem Tod gegenüber ist, durch die Nachricht vom Tod von Nono, also Luigi Nono ist gestern gestorben. Und ich möchte eigentlich nicht anfangen, also nicht fortfahren heute, ohne wenigstens ein paar Worte als Nachruf zu sprechen.

Nono ist für mich, je länger desto mehr, der authentischste Komponist und eigentlich auch der sympathischste Artist unter den Komponisten geworden. Als ich ihn das erste Mal sah, war das in einer sehr skurrilen Situation: Festwochenkonzert 1978, Berlin noch auf dem illuminierten Höhepunkt seiner Inselexistenz. Der Dirigent, Claudio Abbado, hatte durchgesetzt, daß sein Freund, der an sich in Berlin als persona non grata nicht oder kaum aufgeführte Nono, mit dem ersten Teil dieses Konzertes zu Ton und Wort kam, und beider Freund, Maurizio Pollini, war in diesem ersten Teil der Pianist. Das Programm löste bei der Mehrzahl der Besucher großes Befremden aus, Befremden die Wahl des ersten Stückes betreffend, ich hoffe, daß ich es jetzt zusammenbekomme: »como una ola de fuerza y luz«, ›Wie eine Woge von Kraft und Licht‹. Es geht auf seinen Freund Luciano Cruz zurück, das ist ein junger Chilene gewesen, chilenischer Linksintellektueller und chilenischer Widerstandskämpfer in jener Zeit. Er starb mit siebenundzwanzig Jahren ganz plötzlich. Nono war damals tief getroffen und komponierte Anfang der siebziger Jahre – es ist eines seiner Hauptwerke – diese Anrufung des Toten. Es beginnt als Anrufung: dreimal kommt das ›Luciano, Luciano, Luciano‹, aber es kommt nicht in dieser Form, sondern es kommt – der erste große Eindruck dieses Konzertes – als eine Verstümmelung der Silben, die zugleich ihre Rückführung auf den emphatischen Laut, den emphatischen Vokal ist, also das U und das A und das O ist es, aus dem sich diese dreimalige Anrufung aufbaut. Die Interjektion wird zum Klagelaut der Sprache und zugleich zu dem, was die Silbenstrenge sprengt, und trägt dann in der Machart des Stückes die Verwandlungen in allen Sätzen. Das, was mir am nachhaltigsten in Erinnerung geblieben ist, ist eine Partie des dritten

Satzes, wo aus den tiefsten Lagen aller Instrumente, nur das Klavier läuft durch und die elektronisch behandelte Sopranstimme, allmählich Höhe auf Höhe gewonnen wird, der Klang entschlackt wird und am Ende dieser sehr langen Passage dann tatsächlich nur noch die allerobersten Instrumente – wenn ich mich richtig erinnere, die instrumental behandelte Stimme und die Flöte – stehen. Nono selber hatte diese Passage in diesem Stück als ›seinen langen Marsch‹ auf Luciano Cruz bezeichnet.

Das mag der Grund dafür gewesen sein, daß gleich ein zweiter langer revolutionärer Marsch das Pendant in diesem Konzert bildete, nämlich die von einem Teil der Kritik mit äußerstem Befremden aufgenommene, erstaunlichste, die ich nach Wilhelm Furtwängler je gehört habe, Wiedergabe der dritten Beethovenschen Symphonie, also der »Eroica«, wo die Stampfetänze im letzten Satz vollständig in einen solchen Marsch, der sozusagen bis zum Berg Zion führt, mit Pappeln, die dabei in die Hände klatschen, so wie der Prophet es beschreibt, umgedeutet sind. Das Publikum ratlos, die Konzertierenden selber begeistert, daß sie auf dem Höhepunkt der Karajan-Ära einmal ihre Instrumente als Instrumente behandeln durften, von der Rauhigkeit des Bodenansatzes bei den Violinen, wie auch Nono sie verlangt, bis zu den sonoren Instrumenten, also auch für die Celli, denen es ein ganz großes Vergnügen machte, ich glaube seit vielen, vielen Jahren erstmals, so spielen zu können; die Parallele frappierend. Und dann ein sehr ungehaltener, widerstrebender Mann, der sozusagen aus den Kulissen gezogen werden mußte, Nono: nicht in Feierkleidung, aber auch nicht in Proletkultaufmachung, sondern als der Artist, der aus seiner Werkstatt geholt wird, in die er eigentlich gleich wieder zurück will, in heller Windjacke und Pullover. Beide, Pollini und Abbado, mußten ihn da herausziehen. Er imitierte widerstrebend ein zwei-, dreimaliges Kopfnicken und entschwand.

Nono war einer von den wenigstens drei Schülern Schönbergs, die sich als Revolutionär verstanden. Er blieb in allerengster Bindung an das Schönbergsche Œuvre, in familiärster Bindung möchte man sagen, er hatte ja die von Thomas Mann gepriesene Schönberg-Tochter geheiratet. Er, auf den ersten Blick, so könnte man sagen, machte Schönberg exoterisch, aber so stimmt es nicht. Er hat an dem, was an Schönberg esoterisch war, niemals etwas nachgelassen. Um das näher bezeichnen zu können, muß ich die beiden anderen auch ins Feld führen. Also das ist klar: Hanns Eisler benutzt die Schönbergschen Konstruktionserfindungen als Instrument einer Aufklärung, die die Massen in Bewegung setzen sollte – so kann man es vielleicht am treffendsten bezeichnen –; und immer wieder, bis in die spätesten Marschlieder hinein, Reminiszenzen an die kompliziertesten und esoterischsten Schönbergschen Figuren. Der zweite, der, wie er selber sagt, Schönberg so verehrte, daß er, wo dieser auch nur in Zweifel gezogen wurde als der Komponist dieses Jahrhunderts, sich wie eine Bestie auf den Zweifler stürzte, auch er ein Experimentator wie Eisler: John Cage, also der amerikanische Zen-Komponist, so will ich ihn einmal kurz nennen. (Das sage ich schon darum, daß man ihn nicht mit New-Age-Komponisten verwechselt.) Der amerikanische Zen-Komponist, dessen Antwort Anfang der achtziger Jahre oder Mitte der achtziger Jahre, auf die Frage, was er als sein wichtigstes Vermächtnis für die Musik betrachte, sagte, daß es ihm gelungen sei, gezeigt zu haben, wie sich eine intentionslose Musik realisieren lasse. Das ist vielleicht der Kern, das Zentrum der Cageschen Instrumentalmusik, nicht so sehr das, was immer dafür ausgegeben wird: daß der Zufall einbezogen wird, mit ihm experimentiert wird; sondern das so weit getriebene Aleatorische, daß es alle seine Reservate sprengt. Alles um Cage herum, alle Klänge wurden durch das Werk hindurchgeschleust; intentionslos, das war die Funktion der Musik, die Welt in dieser Weise neu erfahrbar zu machen.

Nono stand beiden mit charakteristischer Veränderung gegenüber. Er machte nicht mit Hilfe der Schönbergschen Entdeckungen eine aufklärerische Musik, die die Massen in Bewegung setzen sollte, sondern vertraute darauf, daß in seiner Musik – ich werde gleich versuchen, es an zwei Stücken zu erläutern, die ich für sein Vermächtnis halte – Aufklärung als etwas erfahren wird, was als Fünkchen in den Massen und der ihnen entsprechenden Tonmasse selber steckt. Nicht sie durch die Kompositionen hindurchlaufen zu lassen, sondern sie so zu rekonstruieren, und zwar nicht nur mit instrumentalen, sondern immer auch mit vokalen und elektronischen Mitteln der, zunächst so gesagt: Verzerrung des Vokalen und des Instrumentalen, daß die Funken herausspringen. Die Intention ist es, diesen Funken sozusagen das Herausspringen möglich zu machen. Zu gleicher Zeit bedeutet das aber, daß die Massen nicht in Marsch gesetzt werden, sondern daß sie erst einmal in Denkbewegung gesetzt werden sollen, ohne die jede Art von Marsch sinnlos wäre. Also eine Anti-Massenpropagandamusik, und damit direkt hineingegangen in Fabriken, in Organisationen; also Nono, von Anfang an Mitglied der italienischen KP, sich als Revolutionär verstehend und zu gleicher Zeit realisierend, daß er dort niemals im Zentrum stand, aber für sich reklamierend, daß das, wo er stand, eigentlich das Zentrum sei. Eine Form der Überbietung, die nichts zu tun hat mit den Überbietungen, von denen wir hier in der kolloquialen Heidegger-Vorlesung sprechen. Sie hat nämlich nichts zu tun damit, daß das ›Man‹ beiseite geschoben würde, um einem eigentlichen Selbstsein, einem vom Sein selbst bestimmten, zum Durchbruch zu verhelfen, sondern im Gegenteil: nichts jemals kann durchbrechen, nirgends können Funken fliegen, wenn es nicht die sind in dem ›Man‹ selbst, um diese Denkfigur, diese Sprachfigur zu Ende zu führen.

Das hatte Konsequenzen, die sehr weit reichen in der Bearbeitung des Materials. Wenn ich es auf eine Formel zuspitzen soll, dann hat Nono das elektronische Medium, die elektronische Veränderung vorhandener Klänge als ein Instrument der Erinnerung benutzt. Mit Hilfe dieser Klänge war es ihm möglich, das, was eben schon gesagt, eben schon gelaufen war, eben schon gesungen war, noch einmal, aber nun mit allen Dimensionen der Erinnerung hochzurufen. Also der Versuch, die elektronische Bearbeitung der Musik als Instrument zu gebrauchen für Erinnerung, was zu gleicher Zeit aber bedeutet, daß nicht nur Schönberg sein Lehrer war, sondern auch die ganze italienische Tradition. Denn was da erinnerungsmächtig wurde, war nicht das konstruktive Element, sondern der Affekt. Das heißt, Nono stand in einer unerhörten Weise – steht, denn das wird ja nicht verschwinden – in der Tradition der italienischen Oper, auch wenn nur eine Anzahl seiner Kompositionen für die Opernbühne bestimmt waren, wie zum Beispiel, als berühmteste dieser Art, die »Intolleranza«. Elektronisch, Erinnerung des Affektes, und zwar mit zwei Richtungen: als Klage und als Empörung. Und wenn dann die Empörung verschwand, nicht zugelassen wurde, nicht durchhaltbar war, dann doch immer als Widerstehensmacht, er also nicht nur der *resistenza* verpflichtet, sondern ein Komponist der *Résistance* – das gegenüber dem Optimismus Eislers und dem Indifferentismus Cages eigentlich das entscheidende Moment der Differenz.

Von den zwei Stücken, den erstaunlichen Stücken, die ich als sein Vermächtnis bezeichnen würde, hat das eine seinen Siegeszug durch die Kammerorchester angetreten, also das Streichquartett »Fragmente – Stille, an Diotima«. Sehr charakteristisch für ihn, daß hier die Erinnerung nicht der elektronischen Verfremdung übertragen wird, sondern Texten, Hölderlin-Texten, die über den Noten stehen, aber nicht gesungen werden, gespielt werden können sie schon gar nicht, sie sollen während des Spiels gelesen werden und nicht aus dem Gedächtnis verschwinden. Als ich dieses Stück für eine Musiksendung auszugsweise aufnehmen wollte, schickte mir der Sender von zwei anderen Rundfunkanstalten zwei Aufnahmen, und zu meiner immensen Überraschung sah ich oder richtiger hörte ich, daß bei dem eine halbe Stunde keineswegs überschreitenden Stück die Differenz der beiden Aufnahmen zehn Minuten betrug. Das ist unglaublich viel auf diese Länge. Nun muß man sagen, es sind tatsächlich, und das möchte ich noch einmal zu einem Vergleich benutzen, die Löcher komponiert, die Momente der Stille. Nono hat auch sehr viel an Alban Berg gelernt, und zwar gelernt in den Experimenten des Verdichtens einer Partitur. Hier ist die Verdichtung durch genau das besorgt, was Adorno als ›Momente des Verstummens‹[96] bezeichnet hatte. Aber es sind jetzt nicht nur Momente des Verstummens, diese komponierten Löcher. Er hat, um sie zu bezeichnen, eine Notation (er hat viele Notationen erfunden, diese hier ist besonders charakteristisch) von Pausen gemacht, die durch Übereinandersetzung kleiner Figuren gesteigert werden können, von kleinen bis zu, vierfach übereinander gesetzt, ganz großen Pausen. Und das, was dort erscheint, sind jeweils Dach- oder Brückenformen, Dachformen ist vielleicht richtiger gesagt, ›coronae‹, Kronen, ist sein Wort dafür: rechteckige für die langen Pausen, für die mittleren gerundete, und spitze für die kurzen. Samt und sonders sind es aber nicht Zeichen für Löcher, sondern Zeichen für sozusagen geschlagene Bögen. Die kurze Aufnahme machte das Stück nicht nur luftlos, sondern fast kann man sagen: belanglos, das Material war ohne Spannung präsentiert. Die lange Aufnahme machte es zu einer der spannendsten Wiedergaben eines Streichquartettes überhaupt, die ich kenne. Und das Eigentümliche war, daß diese Löcher nicht die Musik aus sich hervorkommen ließen, also nicht sozusagen kosmogonische Löcher waren, so wie das wiederum in der ostasiatischen Musik und Kompositionstechnik angestrebt wird, sondern daß sie eigentlich die Spannung hörbar machten, die begonnen hatte, ehe das Quartett zu spielen begann, und die weiterlief, nachdem das Quartett zu spielen aufgehört hatte. Diese Spannung stellte sich ein, und in sie traten ein die verschiedenen Figuren, die im kleinen Bau und im größeren Bau wieder sehr nahe waren den alten Schönbergschen Techniken, also auch insofern ein Stück der Reminiszenz. Vor allen Dingen aber war das Erstaunliche, daß jetzt darauf gesetzt wurde, daß revolutionäre Masse oder Heideggersches ›Man‹ überhaupt erst dann zu sich kommen könnten, wenn sie, bis zum Alleräußersten differenziert und mit der allerleisesten Stimme, zu sprechen anhöben.

Ich hatte damals, Mitte der achtziger Jahre, in einer langen Unterhaltung mit ihm[97] über einen Stoff, der ihn damals zentral beschäftigte, den Prometheusstoff, wo ja seine letzte, ja, soll man sagen: Bühnen- oder Oratoriumsarbeit, also der »Prometeo« daraus hervorgegangen ist; ich hatte damals in dieser langen Unterhaltung eine sehr denkwürdige und ich finde, weit über das, was die Verwendung des Prometheusstoffs betrifft, hinausgehende, eigentlich ihn – so wie das Cage-Wort vorhin Cage, so dieses Nono – charakterisierende Antwort gekriegt. Mir war wichtig an dem Prometheus – und er wollte den Stoff kennenlernen in seinen verschiedenen Richtungen –, daß da jemand ist, der – älterer Natur als die Götter, also Titanensohn, und auch älterer Rechtsnatur als die Götter, Themis ist die Titanin, die ihn geboren hat – sich nicht fügt den bei Aischylos als KZ-Schergen gezeichneten beiden Dienern des Zeus, die ihn an den Kaukasus schmieden: Bia und Kratos, Kraft und Gewalt, aber eine andere Kraft als die in dem »como una ola de fuerza y luz«; daß er sich nicht fügt, und daß das nicht nur der Widerstand einer mythischen Figur, eines auf sie sich berufenden Menschengeschlechtes und vielleicht eines dieses vertretenden Gattungsexemplars, eines empirischen Individuums, sein könnte; sondern daß gleich danach der große Klagegesang seiner Schwestern bei Aischylos im zweiten Akt, seiner titanischen Schwestern, der Okeanostöchter kommt, die die Klage der Natur um ihn als ihresgleichen anstimmen, und zwar um ihn als einen, der ein Wissen hat, das er nicht preisgeben will, weil es in den Händen des herrschenden Göttergeschlechtes diesem zur Befestigung seiner Herrschaft dienen würde, er allein wüßte ja den Nachfolger des Zeus – so die Motivation bei Aischylos –; daß er also als eine Protestfigur genommen werden müsse, die den Anspruch des Naturrechts transportiert, und nicht bloß als ein Ursprungsheros der Erfindungen, ein Trickster, und wie immer er eingeordnet worden ist in einer unübersehbaren Geschichte seiner Interpretationen. Nono fügte dem etwas hinzu, was der Herkunft nach eine Benjaminsche Formulierung ist, er fügte es so hinzu, daß er selber, sozusagen wie in einer seiner Kompositionen, die Worte silbenartig variierend hervorbrachte, nämlich »eine *schwache* messianische Kraft«.[98] Das sei das, was er mit Prometheus in Verbindung bringe, und um deretwillen er sich mit dem prometheischen Stoff beschäftige. Diese »*schwache* messianische Kraft« ist exakt die Intention, die herauszuholen in den späten Kompositionen, so in dem Quartett, ihn von dem bloßen Durchlaufen der Realität, die in Klänge gepackt und erinnert wird, aber ihn auch von dem falschen Optimismus, zu sagen: jetzt setze ich etwas in Bewegung, so mitreißend kann ich die Affekte komponieren, unterscheidet. Das hat ihn fähig gemacht – und wieder ist es etwas ganz anderes als der Kult der ›Herkunft‹, mit der der Heimatphilosoph Heidegger prunkt –, seiner Geburtsstadt ein Denkmal zu setzen, wie es in gegenwärtigen artistischen Hervorbringungen sehr selten geworden ist. Er hat, nachdem ihn und Pollini sehr schwere Verluste in der allernächsten Verwandtschaft getroffen hatten, die »Lagune« komponiert. Er war ja Venezianer, sehr typischer Venezianer, mit der Distanz gegenüber Festlanditalien, und trotzdem in Venedig auch in Distanz, eben sich auf der Giudecca niederlassend und nicht in den innerstädtischen sestieri. Er war Venezianer und sozusagen bekennender Venezianer. Jedesmal ging er dorthin zurück, und nur die die Ähnlichkeit von Berlin mit Venedig brachte ihn dazu, längere Zeit hier in Berlin zu sein; ich meine nicht nur die Brücken und nicht nur die Insel, sondern diese Existenz in einer gewissen Distanz, die ja viele dazu gebracht hat, hier zu arbeiten. Frage: ob das Zentrum die Distanz ermöglicht? Also Rom ist ja dadurch kunstlos geworden, daß es in einem so weitreichenden Sinne Zentrum werden konnte oder werden mußte. Zurück. ›… sofferte onde serene …‹, so heißt dieses Erinnerungsstück. Wenn ich Ihnen eine Beerdigung auszurichten hätte, würde ich das dort spielen lassen. Er hat es den Pollinis gewidmet. Pollini hat es gespielt, zweimal gespielt, um es als Stück produzieren zu können, dann sind die Töne behandelt worden, und dann hat er auf dem Hintergrunde die Glocken seiner Stadt darin, die er ständig hört. Aber das sind nun keineswegs nur die Kirchenglocken, sondern das sind die Bimmelglöckchen, die an Nebeltagen den Vaporetti die akustische Orientierung erlauben, auf jedem Pfahl klingen sie anders. Und von der Giudecca aus hört man da ein gestuftes Geklingel nach beiden Seiten hin. Und es sind die Wellen komponiert, die im Titel sind. Den Titel kann man schlecht übersetzen: erlittene vielleicht, sofferte, dann onde, Wellen, und schließlich heitere, serene; also die Wellen in der Mitte. Zwischen der Erfahrung von Schmerz und der Erfahrung der heiteren Lagune sind sie ondulatorisch dazwischen, fluoreszieren sie. Das Merkwürdige ist, und das ist das erste Mal nach Vivaldi, daß wieder die Bewegung der Lagune komponiert worden ist. Und wenn Sie das sich klarmachen an diesem Stück – es ist nicht lang, es dauert vielleicht eine Viertelstunde bis zwanzig Minuten und es ist wunderschön –, dann hören Sie plötzlich diese Figuren in dem ganzen Œuvre von Nono, hören sie auch in dem Streichquartett, hören sie auch in der Anrufung des Luciano Cruz. Es ist dann plötzlich so etwas wie ein Kontrapunkt zu allem, was er gemacht hat; aber es ist einer, der ihm die Welt erschlossen hat und nicht das Wasser, jetzt im Vergleich zum ›Gebirg‹ bei Heidegger, also er ist nicht ein Heimatkomponist dadurch geworden. Es könnte mit dieser Wiederbelebung der Klänge tatsächlich ein Stück sein, das die Totengondeln geleitet, auch die Klangbehandlung der späten Lisztschen Klavierstücke ist von Nono wieder aufgegriffen worden. Aber die Töne sind sozusagen aufgebrochen, und es bewegt sich nicht in der Horizontalen nur, sondern es geht zurück auch in diesem Stück in die Erinnerung, die mitspielt; es sind auch hier die Affekte der Oper in die Konstruktion einer untergegangenen und darum gerade festzuhaltenden, zu verwandelnden, und darum gerade erneuerungsfähigen Welt gesetzt. Also, was als Requiem in diesem Stück geschrieben ist, ist so etwas wie eine Trostkomposition über den Tod hinaus, auch darum das geeignete Stück zum Andenken an ihn nach seinem eigenen Tod. Ich mache einen Einschnitt.

Ich dachte, man kann nicht einfach eine solche zentrale oder, wie soll ich es sagen, mit so viel Bindekraft versehene Figur – denn das ist er zweifellos gewesen, er hat auch musikalisch unglaubliche Schulgegensätze, vertreten durch Personen, die ihm anhingen, sich eigentlich nicht miteinander vertrugen, zusammenzubringen vermocht – wortlos an sich vorbeiziehen lassen. Er war eine der stärksten Bindekräfte der italienischen Musik, nicht nur der italienischen Musik, aber dort ist er so empfunden worden. Und ich kann mir denken, daß sein Nachruhm ihn auch einmal für die europäische und die Weltmusik so empfinden lassen wird. Also man kann eigentlich nicht zur Tagesordnung übergehen, ohne einen Augenblick zurückzudenken und das heißt dann auch, vorzudenken, was für Aufführungen es dann geben wird. Und das heißt dann auch, sich zu überlegen, wie es weitergehen kann mit der Musik als einer humanen Kunst. Dafür einen der entscheidenden Vorschläge gemacht zu haben, ist Nonos Ruhm. Er hat sich nicht unter das schamanistische Getrommel gebeugt, er hat auch nicht gedacht, daß es möglich sein müßte, ganz von vorn anzufangen, denn dann gibt es kein Anfangen. Er war einer der großen Dialektiker der neuen Musik.

Wir haben es hier zu tun mit dem entschiedensten Widersacher der Dialektik in diesem Jahrhundert, also Martin Heidegger. Es gab Versuche bei eigentlich allen Kathederpropheten der zwanziger Jahre, der Philosophie eine fundamentale Dimension zurückzuerobern: das konnte der Kosmos sein wie bei Scheler, das konnte das Volk und das Volkstum sein, oder es konnte die kosmische Aufladung dessen sein, so wie bei den Münchener Kosmikern;[99] das konnten die Prophezeiungen sein, die für künftige Gesellschaften von den religiösen Sozialisten bis zu den Vertretern der neuen Ontologie reichten (denn auch sie wollten eine Gesellschaftsstabilität, natürlich als Zukunftshoffnung, statt nur eine stabile Einsicht in Schichten und Gefüge des Seins); und das war natürlich auch – man muß sie auch unter die Katherphilosophen rechnen – die Hoffnung des Wiener Kreises, durch Sprachreinigung so weitgehend eine Seelen- und Geistesreinigung herbeizuführen, daß das Zweideutige und gar Schmutzige von nun an aus der Philosophie verbannt sei und dann auch bald aus dem Benehmen der Völker. Auch die

Phänomenologie wollte alles das, was sie erschaute, in einer gewaltlosen Harmonie, nach Reinigung oberflächlicher Zwistigkeiten, die eben ausgeschaltet wurden in der phänomenologischen Reduktion, vor sich haben. Auch sie hatte eine Idee von Ding-Frieden, wenn ich es einmal so nennen soll: ein Reich der Phänomene, wo es keine Geltungskonkurrenzen gab. Heidegger übertrumpfte sie alle. Aus der Kathederprophetie machte er das Seherische als die Synthese aller Denkbemühungen: die philosophische, die religionshistorische, auch die eigene biographische Übertrumpfung, im Namen eines Staates, den er sich nicht selber ausgesucht hatte, der ihm verordnet worden war von der Instanz, zu deren Künder er nun wurde. Das war der Gestus, mit dem er die Veränderung in der Philosophie betreiben wollte: die harte phänomenologische Arbeit, wo gerungen wird, wo Wege gegangen werden, wo man mit Hand erheben etwas aufzeigt, wo man sich mit den Sachen selbst befaßt, sich auf sie einläßt – die merkwürdigsten Worte erscheinen in diesem Zusammenhang, bis hin zum Durchkneten –, alles dieses wird beiseite geschoben, von nun an nicht mehr Arbeit, sondern von nun an der Seher im Auftrag. Das zeichnet sich ab in dem Buch, mit dem wir uns hier beschäftigen: »Vom Ereignis«. Über das Ereignis – so weit wäre es ein Reden drüber; vom Ereignis her – so weit bezeichnet es bereits die Richtung vom Auftraggeber zu dem, der kündet.

Ich will heute trotzdem zunächst ein paar Worte über den Ereignisbegriff sagen, werde dann, wie vorgesehen (so weit wie ich gedacht hatte, komme ich nun natürlich nicht), sprechen über das erste Wort, das wir, Heideggersch gesprochen, uns als Leitwort ausgesucht haben, über das ›Erzittern‹, über die Karriere, die dieses Wort in Heideggers Schriften bis hin zur ›Ereignis‹-Schrift, und dann in dieser noch einmal, macht, will dann von dorther auf den Stichwortgeber Hölderlin zu sprechen kommen, den er neben Nietzsche als die für ihn entscheidende Position heranzieht, und endlich – aber ich sehe schon, daß das erst ein späteres Mal gelingen wird – auf seinen an Stelle des Systems tretenden neuen Systembegriff, die ›Fuge‹. ›Fuge‹, ›Gefüge‹, ›Verfügung‹, das sind die drei Annotationen, in denen sich dieser Komplex ›Fuge‹ bei ihm bewegt. – Zunächst ein paar Worte *über* das Ereignis, nicht *vom* Ereignis her.

Es ist eines der Worte, die sprachlich ins Schillern geraten und von der sehr simplen Verwendung, die sie ursprünglich haben, wegdirigiert werden; es war aber noch lange nicht vorgezeichnet, daß sie bis dorthin kommen würden, wo Heidegger dieses Wort ansiedelt. Ereignis war zunächst ein Wort der sinnlichen Erkenntnis; ›Eräugnis‹ (von ›eräugen‹)

war die ursprüngliche Form, also man erspäht etwas. Was heißt hier ursprünglich? So wird dieses Wort in den Jahrhunderten der europäischen Aufklärung gebraucht.[100] Es wird genauso als Vorgang genommen wie die Erkenntnis auch. Es heißt selbstverständlich *die* Eräugnis zunächst, und das, was man dann erspäht, ist dann ein einzelnes Eräugnis, so wie das, was man in der Erkenntnis erkennt, ein einzelnes Erkenntnis ist. Kant macht noch die Unterscheidung durchgängig: die Erkenntnis und das Erkenntnis. Die Erkenntnis ist jene besondere Erfahrenskategorie, die Sicherheit mit dem Erfahrungsvorgang verbindet, weswegen man fragen muß: Wo kommt diese Sicherheit her? Und dann stoßen wir darauf, daß Erfahrung nach immer den gleichen Regeln produziert wird und das Subjekt selber diese Sicherheit der Erkenntnis verbürgt, wenn Erfahrung erkenntnisförmig ist.[101] Was mit den Erfahrungen sein könnte, die nicht erkenntnisförmig sind, wird bei Kant im Laufe der Betrachtung ausgespart. Eräugnis: das Eräugen von etwas, das einzelne Eräugte dann das Eräugnis. In dieser Bedeutung taucht das Wort gehäuft in Texten des siebzehnten und achtzehnten Jahrhunderts auf.

Dann passiert etwas, was man sich nur dadurch erklären kann, daß ein anderes Wort, das aktivisch gebraucht wird, nämlich ›eignen‹, diesem Wort in die Quere kommt. Eignen: etwas sich zu eigen machen. Statt ›eräugen‹ und ›ereigen‹ zu sagen, was man anfangs, wenn Sie im Grimmschen ›Wörterbuch‹ nachschlagen,[102] noch tat, heißt es eines Tages, mit dem eingesetzten ›n‹, ›ereignen‹, ›sich ereignen‹. Etwas ereignet sich, das ist dann schon nicht mehr nur etwas, was man eräugen kann, sondern nun ist die Frage: Wird das auch jemandes Eigentum?, nicht mehr ohne weiteres abzuweisen. Im Ereignis selber kann man die Spuren davon nicht finden, denn es müßte Ereignis heißen, auch wenn es nur von eräugen kommt, und es muß Ereignis heißen, wenn es von eignen und ereignen kommt. Heidegger wird es später als den Verschnitt von eräugen und ereignen nehmen und wird mit dem Ereignis verbinden, daß es sich etwas ganz und gar zu eigen macht, daß es diejenigen, die es betrifft, vereignet – plötzlich wird es dadurch zu einer totalisierenden Instanz. Zur gleichen Zeit, in der totale Verpflichtungen und totale Verfügungen allgemeiner Wortgebrauch sind, alle Zeitungen sind voll davon, tritt ihnen konkurrierend die totale Vereignung durch das Ereignis zur Seite. So können Sie es nachlesen in den auf diese Zeit zurückreichenden Aufzeichnungen, die später gesammelt sind in dem Buch »Unterwegs zur Sprache«.[103]

Wann dem Wort die merkwürdige historische Färbung zukommt, die zugleich die normale Historie überfärbt und sie dadurch übertrifft, ist schwer zu sagen, also daß Ereignis ein historisches Ereignis wird, nun aber ein Ereignis, das in der historischen Sphäre nicht aufgeht. Vielleicht ist schuld daran das Goethesche alchimistische Sprachspiel am Ende von »Faust II«, wo der Chorus mysticus sagt: »Alles Vergängliche/Ist nur ein Gleichnis«.[104] Das ist, wenn Sie so wollen, Neoplatonismus: als gleichnishaft rückt es ein in Strukturen, die es als endliches Geschehen nicht mehr so tödlich ernst nehmen lassen. Nun die seltsame Formulierung: »Das Unzulängliche,/Hier wirds Ereignis«.[105] ›Unzulänglich‹ bedeutet für Goethe das gleiche wie für uns; die Interpreten, die da versucht haben hineinzugeheimnissen: das, wo man nicht heranlangen kann, sind sprachlich sicher auf dem, Heideggersch gesagt, Holzweg. Also das Unzulängliche, das, was unzulänglich ist, wird hier sichtbar gemacht auf der Bühne – es ist ja auch ein Stück Selbstdarstellung des Theaters in diesen letzten vier Versen und insofern die Wiederaufnahme des Vorspiels auf dem Theater, so daß es ein Stück Theatertheorie gibt. Aber: nicht nur wird das Unzulängliche auf die Bretter gebracht und Sie können es sich betrachten, eräugen, sondern hier wirds Ereignis, hier wird gerade das Unzulängliche etwas, was die endlichen Dimensionen sprengt: dann wäre es eine Ausführung dessen, was vorher vom Gleichnischarakter des Vergänglichen gesagt wurde. Es kommt aber noch eine besondere Konnotation hinzu, denn es geht ja weiter: »Das Unbeschreibliche« – das, was man, wollte man es nur berichten, niemals entsprechend vermitteln könnte –, »Hier ists getan«,[106] also wieder ein Stück Goethescher Dramaturgie: was nur geschrieben noch nicht alles wäre, ist gespielt dennoch alles. Aber es geht darüber hinaus. So wie es bei Faust vorher hieß: »Im Anfang war die *Tat*!«,[107] bezieht sich das auch auf seinen Freiland-Traum der großen demokratischen Gesellschaft, der allerdings eine vertrackte Illusion und Fiktion ist, denn das, was Faust darauf bezieht, ist das Geräusch der Lemuren, die ihm die Grube graben, in die er hineingelegt wird, also eine Umkehrung dieser so oft nach dem Krieg benutzten Zeilen: »Solch ein Gewimmel möcht ich sehn,/Auf freiem Grund mit freiem Volke stehn!«[108] et cetera, in eine veritable Totenbeschwörung. Der alte Faust stirbt als Illusionist, nachdem er vorher noch kriminell geworden ist, indem er die Befehle guthieß zum Abräumen der Hütte mit den Alten und dem Fremdling dort und zu einer Meliorisation, die zugleich eine Zerstörung der lange gewachsenen Strukturen war. Aber Goethe schreibt nicht – »heimisch in einer langen Herkunft«[109] – als Ursprungstheoretiker oder -praktiker hier, sondern er schreibt völlig desillusioniert: das Alte war nicht zu halten in diesem Werk der äußeren und inneren Kolonisation, und das Neue ist nichts wert: es ist ein

Totengräberunternehmen und nicht die Heraufkunft einer demokratischen Gesellschaft. Weiter kann man nicht ausgestiegen sein aus der bestehenden Gesellschaft als Goethe. Wenn er am Ende so formuliert – also noch einmal: »Das Unbeschreibliche,/Hier ists getan« –, so kriegt das zu gleicher Zeit einen Schreckenszug. Und nun die Endformulierung, mit der er die vorher Ausgeschiedenen plötzlich zu Rettern macht: »Das ewig Weibliche/Zieht uns hinan.«[110] Das ist in einem revueartigen Schluß (ich habe es einmal näher geschildert[111]), der zwischen Zynismus und Heiterkeit, heiterem Glasperlenspiel – wenn man so will – schwankt: ein großes Fragezeichen hinter die positive Interpretation des Ereignisbegriffs in diesem Zusammenhang. Auf jeden Fall – und darauf wollte ich hinaus – ist ein Moment von Sprengkraft in diesen Begriff gesetzt. Daß das Unzulängliche hier Ereignis wird, macht es noch nicht positiv, aber läßt es andererseits über die bloße Aufführung auf den Brettern hinaus die Aufmerksamkeit des Zuschauers und des Hörers für sich gewinnen. Es schwankt zwischen ›Hier wirds dennoch Ereignis‹ und ›Hier wirds *Ereignis*‹; nun brauchen wir nicht weiter zu fragen, was es eigentlich ist.

Das hängt diesem Wortgebrauch dann in Zukunft an. Die historischen Ereignisse, wie wir sie bei Goebbels dann noch 1934 in der Schilderung der historischen Ereignisse von 1933 kennenlernten, also dieses »Vom Kaiserhof zur Reichskanzlei«, sind einerseits bemerkenswerte Momente in der Geschichte und sind andererseits etwas, was diesen Geschichtsprozeß selber umkrempelt oder ›umwälzt‹ – das ist der Goebbelsche Begriff. Die Ereigniskategorie wird sperrig und ist schon sperrig gegenüber den Konditionen, den Realkonditionen und auch den Sprachkonditionen, das heißt den sprachlichen Konditionalsätzen. (Der Satz: Wenn das und das, dann resultiert daraus ein Ereignis, ergibt keinen Sinn. Mir ist völlig unklar, warum heute so verbreitet ist dieser Anglizismus: Etwas macht einen Sinn oder macht keinen Sinn. Also den Sinn, an den man ohnehin nicht glaubt, in die Produktionssphäre ziehen, durch die er dann vielleicht doch noch hergestellt werden könnte, das ist die einzige Erklärung, die ich dafür habe. Also gebrauchen Sie es nicht! Es ist eine so törichte Redewendung, wenn etwas »Sinn macht« oder »nicht Sinn macht«; machen Sie lieber etwas anderes anstelle dessen.) Wenn also später Heidegger in der Beschreibung der Nützlichkeit des Ereignisbegriffs für sein Denken hervorheben wird, daß es sich unter keine Konditionen verrechnen läßt, dann ist das auch schon vorgebildet, es wird nur noch einmal übertrumpft werden, indem die historischen Konditionen und die sprachlichen Konditionen allesamt auf Vorläufigkeit, beide, verrechnet werden. Die Konditionen, um die es sich jetzt dreht, sind die des

›Seienden selbst‹ oder des ›Seienden im ganzen‹. Auch sie gelten nicht mehr. Das gesamte ontologische Kategoriensystem wird außer Kraft gesetzt, auch es gilt nicht mehr. Auch das, wovon die Philosophie in ihren Letztbegründungen sprach, wird durch die Rede vom Ereignis überholt.

Das hat zwei affektive Begleitumstände, mit denen ich diesen Vorspruch beenden will. Der eine ist, daß das Ereignis gegenüber den Konditionen auftritt wie die Katastrophe in einer geordneten und gewohnten Welt: Ereignis als ein Deckwort für Katastrophe; und der zweite ist, daß uns via dieser Verknüpfung mit dem Wort ›eignen‹, der ›Vereignung‹, der ›Übereignung‹, eingeredet werden soll, daß – ich sage es jetzt einmal mit abstruser Zuspitzung – nichts sich so sehr um uns kümmert wie gerade die Katastrophe, die uns sich zu eigen macht. Das heißt: es gibt einen Affekt mit der positiven Besetzung des Wortes ›Sorge‹ am Ende seiner Philosophie, wo die Sorgestruktur des Daseins plötzlich zu einer Besorgnisstruktur nicht nur des Menschen in bezug auf das Sein, sondern auch des Seins in bezug auf den Menschen umstilisiert wird. Das Ereignis, das alle Konditionen bricht, wird zugleich als Geschenk ausgegeben werden. Soweit im Vorblick zu der Verwendung dieses Ereignisbegriffs, also *über* das Ereignis, und das ist gerade das, was Heidegger nicht will. Wenn man denn vom Ereignis spricht, dann v o n i h m h e r u n d n i c h t ü b e r e s.

Über die Qualität des Zitterns wird in dem Buch »Kant und das Problem der Metaphysik« noch geredet. Da heißt es: »Die so, d.h. fundamentalontologisch verstandene ›Angst‹ nimmt der ›Sorge‹ von Grund aus die Harmlosigkeit einer kategorialen Struktur. Sie gibt ihr die dem Grundexistenzial notwendig eigene Schärfe und bestimmt so die Endlichkeit im Dasein nicht als vorhandene Eigenschaft, sondern als das ständige, obzwar meist verborgene Erzittern alles Existierenden.«[112] ›Grundexistenzial‹ ist eine Existenzkategorie. Es ist nicht eine beliebige Existenzkategorie, es ist das Grundexistenzial. Ich hatte ja vorige Stunde Ihnen einen kleinen biographischen Überblick über meine frühere Beschäftigung mit Heidegger gegeben. Als Grundexistenzial gehört es in »Sein und Zeit«, wenn man es näher bestimmen will als Grundbefindlichkeit, zu den Fundamentalbestimmungen des sich immer schon in irgendeiner Weise ›befindenden‹ Seins. Sich-immer-schon-befinden bedeutet nicht nur: Man findet es wo – dann wäre es nur ›vorhanden‹ –, sondern bedeutet – als würde es antworten auf die Frage: Wie befinden Sie sich heute? –: Meine Grundbefindlichkeit, das Dasein nämlich, ist Angst. Diese Grundbefindlichkeit wird – sie werden gleich sehen, warum ich dieses Stückchen Begriffsanamnese machen muß – in »Was ist

Metaphysik?«, der Freiburger Antrittsvorlesung von 1929, als ›Grundstimmung‹[113] oder ›Grundgestimmtsein‹ bezeichnet. Da ist auch schon etwas passiert, daß von der Grundbefindlichkeit zur Grundstimmung übergegangen worden ist. Und das ist mehr, als wenn anstelle der Frage: Wie befinden Sie sich?, die Frage käme: Wie sind Sie heute gestimmt? In was für einer Stimmung sind Sie heute? Denn das ›Gestimmtsein‹,[114] in ganz anderem Maße, setzt ein noch unbekanntes Subjekt voraus, das da stimmt. Das heißt: für unser Wort Stimmung (im Deutschen auch Laune lange Zeit, im achtzehnten Jahrhundert; das kommt von ›luna‹) war es dann der Mond, der die Stimmungen vergab, lunatisch war das ganze Stimmungswesen.[115] So können Sie es in der Literatur des achtzehnten Jahrhunderts zuhauf lesen. Wir sind gespannt, wer jetzt ›stimmt‹, wer einen jetzt in eine Grundgestimmtheit einstimmt. Wenn die Angst Grundstimmung ist, können wir sie eigentlich nicht reduzieren auf den, der sich da ängstigt, was bei der Grundbefindlichkeit immer noch vergleichsweise leicht möglich gewesen wäre. So, um die Veränderung kenntlich zu machen, hin zu der Freiburger Antrittsvorlesung.

In der Tat heißt es dann dort auch charakteristischerweise nicht mehr wie in »Sein und Zeit«, daß das Dasein sich vor dem In-der-Welt-sein und um das In-der-Welt-sein ängstige. Es macht sich Sorgen um das In-der-Welt-sein, und es ängstigt sich davor. Jetzt wird scheinbar radikalisiert die Abwertung dessen, worum es sich da Sorge macht, in der Freiburger Antrittsvorlesung. Da heißt es, das Dasein ängstigt sich v o r dem Nichts und u m das Nichts.[116] Aber wir bemerken schon, was das eigentlich sagen möchte: Solange es sich noch vor dem Nichts ängstigt, hängt es an dem Seienden, von dem es sich noch nicht abgestoßen hat, einschließlich seiner als empirischer Existenz. In dem Augenblick, wo es sich *um* das Nichts ängstigt, ängstigt es sich um das Sein; das heißt, es hat ein ganz anderes Liebesobjekt gefunden, und nun eines, das seine Liebe auf eine überhaupt nicht vorhersehbare Weise erwidert. Das heißt, nicht so ganz nicht vorhersehbar, denn in dem theologischen Gnadenstatus ist etwas von dieser Art der Erwiderung vorgezeichnet. Von daher hätte man es wissen können. Und so ist es denn auch. Das Sein, um das sich das Dasein sorgt, wird nun selber zu dem schenkenden und dem gebenden, und nicht zuletzt dies, daß es überhaupt als Dasein west, Dasein gibt – das wäre noch die alte Frage: Warum ist überhaupt Seiendes und nicht vielmehr Nichts? Aber daß es wesen kann als Dasein, und zwar wesen kann als diese erwiderte Liebe, die eigentlich eine vorweggegangene, schenkende Liebe ist, wahrnehmend und nicht wahrnehmend – das ist jetzt die eigentliche Leistung dieses Geschenks.

Ich gehe jetzt nicht weiter in der Wiedergabe dieser nicht so sehr komplizierten und erst gar nicht so sehr raffinierten und erst recht nicht allzusehr sublimierten Mystik, sondern ich lese noch einmal den Satz. Also: »Die so, d.h. fundamentalontologisch verstandene ›Angst‹ nimmt der ›Sorge‹ von Grund aus die Harmlosigkeit einer kategorialen Struktur. Sie gibt ihr die dem Grundexistenzial notwendig eigene Schärfe« – das Grundexistenzial wird in diesem Buch aufgeladen mit Begriffen, mit denen die Bewegung 1933 begrüßt wurde bei Heidegger – »und bestimmt so die Endlichkeit im Dasein nicht als vorhandene Eigenschaft« – also nicht die Qualität eines Seienden –, »sondern als« – und nun kommt eigentlich ein Rückfall, über den sich Heidegger vielleicht später geärgert haben wird, denn, ich deutete es schon an, so könnte nun auch ein Verhaltenszoologe reden – »das ständige, obzwar meist verborgene Erzittern alles Existierenden.«[117] Das ist noch ›über‹ geredet, de existentia geredet: »das ständige, obzwar meist verborgene Erzittern«. Es ist das Erzittern der sich ängstigenden Kreatur, so kennen wir es aus der theologischen Tradition, und so wird, ohne viele Umschweife, Angst hier noch in dem Kantbuch bestimmt.

Nun machen wir einen Sprung, der wirklich nur über eine ganz kurze Spanne geht. Das Kantbuch erscheint 1929, und kurz danach beginnen die Aufzeichnungen ›Vom Ereignis‹. Und das Erzittern wendet sich nicht mehr an die Objekte, die da zittern, auch wenn es keine Objekte sind, sondern vom Erzittern heißt es jetzt: »Allein, die Grundstimmung« – wir denken, das ist noch die Angst, aber wir denken nicht mehr richtig – »*stimmt* das Da-sein und damit das *Denken* als Entwurf der Wahrheit des Seyns im Wort und Begriff.«[118] (Und Sein wird, um es ursprünglicher zu bezeichnen, hier und von nun an schon mit ›y‹ geschrieben.) Jetzt merken wir schon, daß, wenn die Grundstimmung ›stimmt‹ – der Beleg für das, was ich vorhin sagte –, man mit ›Stimmen‹ aus der Befindlichkeitssphäre, die noch zu sehr an den einzelnen Objekten oder Subjekten klebt, sprachlich ein Stück herausgetreten ist. »... im Wort und Begriff«: in jedem Wort und in jedem Begriff wird es gestimmt. Wort- und Begriffsgebrauch sind nicht mehr ganz in Ihrer Macht. Es heißt hier zwar noch nicht: Die Sprache spricht, das wird es kurz danach dann auch heißen, aber Sie zweifeln hier schon an der Aktivität des Begreifens, des Zugreifens, des conceptus, und dieser Zweifel erstreckt sich schon auf die ganze Sprache. Jetzt die Zitter-Bestimmung, direkt danach: »Die Stimmung« wird nämlich hergestellt von ganz anderswo her, sie »ist die Versprühung der Erzitterung des Seyns als Ereignis im Da-sein.«[119] Die Stimmung ist Produkt eines Sprühvorganges. – Der Geist sprüht in der

Tradition. Wir sagen manchmal noch: »jemand sprüht geradezu« in der Unterhaltung. Das ist dann von daher genommen, daß der Geist selber als ein Sprühwesen gedeutet wird. Das hat in der Tradition unterschiedliche Herkünfte: er sprüht eigentlich mit allen Organen, vor allen Dingen aber als *logos spermatikos*, also es ist die Samenversprühung, in deren Bilde er in der frühen Gnosis vorzugsweise gedacht wird. Und das geht zurück auf eine lange mythologische Tradition, wo Sie gerade den Dionysos erscheinen sehen, umgeben von solchen Samensprühfädchen, die Sie natürlich umdeuten können in Vegetatives. Aber wenn das dann in einen Kessel geht und aus dem Kessel wieder heraus – und so entsteht der Urmensch –, dann ist diese Art der Umdeutung ins Vegetative auch nicht mehr zulässig. Das heißt: es wird aus einer biologischen Versprühung eine Geistversprühung. – Und diese Geistversprühung hier ist nichts anderes als das, was sich mitteilt aus einem zitternden Sein. Das Sein selber zittert. Zittern ist nun nicht mehr negativ. Aber es wird nicht vom Sein gesagt, daß es zittere, sondern das wird gleich in eine Titulatur eingepaßt: »Die Stimmung ist die Versprühung der Erzitterung des Seyns«. Die »Versprühung der Erzitterung«, das ist eine auf den ersten Blick unsinnige Sprachbildung. Sie sehen, mit welch bürokratischer Kompetenzzuweisung hier gearbeitet wird: das Sein als die Macht der Erzitterung, nicht mehr das zitternde Dasein, die zitternde Kreatur. Selbst dieses Privileg, Angst zu haben und selber zittern zu können, wird ihr genommen. Das Sein also als das Subjekt der Erzitterung. Und damit diese Erzitterung nicht auf dieses Subjekt beschränkt bleibt, gilt die Versprühung jetzt als die Vermittlungskategorie, die die Erzitterung des Seins vermittelt. Und dieses, daß es heißt »Versprühung« und nicht ›das Versprühen‹, bezeichnet sie eben als Kategorie: vermittelt, und zwar so vermittelt, daß es uns in eine Grundstimmung versetzt. Wir sind gestimmt, weil die Erzitterung des Seins mittels Versprühung sich uns mitteilt, sonst wären wir nicht gestimmt, das ist der erste Teil dieses Satzgebildes. Und das, was ich so beschrieben habe, wird hier definitorisch bestimmt »als Ereignis im Da-sein«. Nur dadurch, daß wir durch Stimmung kraft Versprühung an der Erzitterung teilhaben – ich sage es noch einmal mit aller von Heidegger gebotenen Umständlichkeit –, nur kraft dessen ist das Ereignis, das sonst bei sich bliebe, gar nicht zu uns her käme, uns gar nicht berührte, plötzlich, in einer zunächst ganz offengelassenen Weise, im Dasein. Aber ganz offengelassen doch nicht, denn das Dasein ist mit einem Bindestrich geschrieben: »im Da-sein.« »Die Versprühung der Erzitterung des Seyns« ist als Ereignis nicht im Da, darum auch nicht im Daseienden, sondern lediglich im Da-sein des Daseienden. Das wird Ihnen jetzt zunächst noch schleierhaft erscheinen, aber Sie werden nach einiger Zeit sehen, wie primitiv und selbstverständlich im Grunde dieses gedacht ist. Das Da des Daseins ist der Ort, an dem sich etwas ereignet. Damit wäre Heidegger nicht über das hinaus, was in der expressionistischen Dichtung der Zeit erscheint. Aber wie kann aus dem Da ein Da-sein werden? Was hält das Da im Sein? Wie west das Da im Da-sein? Lediglich durch die Erzitterung, die aus der Versprühung, nein, lediglich aus der Stimmung, die aus der »Versprühung der Erzitterung des Seyns als Ereignis im Da-sein« herrührt. Halten wir es im Augenblick fest, ohne es weiter verstehen zu wollen und machen wir einen Sprung, um zu sehen, was daraus noch wird.

Auf Seite 239 heißt es: »Wagen wir das unmittelbare Wort: Das Seyn« – das eben noch das Subjekt der Erzitterung war, ist es nun auch nicht mehr – »ist die Erzitterung des Götterns«.[120] Wiederum ein anderes Subjekt, das ›Göttern‹ (ich göttere, du götterst, er göttert, wir göttern, ihr göttert, sie göttern). Und das Verbalsubstantiv ist ›das Göttern‹. Natürlich ist das eine Gewaltsamkeit des Wortgebrauches, das brauche ich nicht zu betonen. Aber wenn Sie jetzt denken, daß das Göttern das ist, was die Götter tun, haben Sie sich ebenfalls geirrt. Das Göttern ist nämlich der Vorgang, der die Götter hervorbringt. Die Götter wären nicht, wären sie nicht ergöttert. Also, es ist immer die gleiche Denkfigur. Sie sehen, wie weit wir jetzt schon gekommen sind: aus der zitternden Kreatur, die es ja gibt – das können wir aus Erfahrung sagen –, wird ein Zittern, das eigentlich ihrer Struktur zukommt, so daß sie daran schon nicht mehr so ganz teilhat. Strukturell kommt es ihr zu, ob sie nun real zittert oder nicht. Wenn sie real zittert, erfüllt sie diese ihre Struktur, wenn sie real nicht zittert, erfüllt sie im defizienten Modus diese Struktur auch. Also sie vermag nichts über die Struktur; nicht zu zittern ist nicht mehr ein Sieg über das Zittern, genauso wie das Zittern nicht mehr sozusagen das Sich-Fallenlassen aus einem vorgeblichen Zustand des Nichtzitterns ist. Was immer Sie tun: es wird gezittert, weil das zu der Struktur gehört: sie ist, ob mit präsentem oder defizientem Modus, das Erzittern. Das ist schon eine kleine Abschwächung des realen Zitterns, von dem im Zusammenhang dieser Struktur immerhin noch die Rede war in dem, was ich Ihnen aus dem Kantbuch vorgelesen hatte. Jetzt ist es nicht mehr nur die Struktur des Zitterns, sondern das Sein – also etwas, was nicht Sie sind, womit Sie zunächst überhaupt keine Berührung haben –, was alle zittern gemacht hat, was sozusagen das Subjekt der Erzitterung ist. Und nur seiner Vermittlungsgnade verdanken Sie es, daß Sie kraft Versprühung dieser

Erzitterung in Ihrem »Da-sein« gestimmt sind. Das, was das Sein dort versprüht, ist aber, wie wir jetzt erfahren, nicht einmal etwas, was es eigentlich zu eigen hat, sondern es selber hört auf, Subjekt zu sein, es ist selber in seinem Erzittern – ›Maya‹ wäre es, Schein, zu sagen: das Sein erzittert, hieße das jetzt, in eine andere Sprache übertragen – nichts anderes als die Erzitterung eines Vorgangs, der, wenn man ihn aussprechen will, ein Wagnis bedeutet (›Wagen wir das Wort‹), nämlich des ›Götterns‹. Während eines Vorgangs, in dem die Götter hervorgebracht werden sollen, ist das heftige Erzittern dieses Vorgangs so, daß es den Schein erweckt, als sei das Sein das Subjekt der Erzitterung und teile sich durch Versprühung dem gestimmten Dasein mit, das nun jegliches Recht, für sich noch Zittern in Anspruch zu nehmen, verloren hat. Warum Erzitterung des Götterns?, fragen wir. In Klammern kommt gleich eine Definition wie in einem juristischen Lehrbuch, nämlich: »Das Sein ist die Erzitterung des Götterns (des Vorklangs der Götterentscheidung über ihren Gott).«[121] Die Götter haben sich noch nicht für den Gott entschieden, den sie göttern wollen. Der Vorklang dessen, daß sie sich entscheiden wollen, ist diese Erzitterung des Götterns. Werden sie sich entscheiden oder nicht, ist die nächste Frage, die Sie sich stellen.

Wiederum ein paar Seiten weiter, in dem 127. Paragraphen über »Die Zerklüftung«, heißt es: Wir müssen »die Zerklüftung« – wie soll man es jetzt sagen?, ich nenne es einmal den kategorialen Polytheismus des Seins, die vielen Kategorien, unter denen wir Sein denken – »zu denken versuchen aus jenem Grundwesen des Seyns, kraft dessen es das Entscheidungsreich für den Kampf der Götter ist. Dieser Kampf spielt um ihre Ankunft und Flucht, in welchem Kampf die Götter erst göttern und ihren Gott zur Entscheidung stellen.«[122] Also, Sie wohnen einem veritablen Götterkampf bei. Ankunft, nun ja; aber Flucht, da muß was vorhergegangen sein, das im Augenblick hier nicht zur Sprache kommt, weil es unfein wäre, davon zu reden. Aber es ist ein veritabler Götterkampf dort: die einen fliehen, die anderen behaupten das Feld. Das ist sozusagen Heidegger-Titanomachie, oder das ist der Kampf der Stiergötter in der indischen Tradition,[123] ein veritabler Götterkampf. Und in diesem Götterkampf geht es hoch her. Und daß sie sich um die Vorherrschaft streiten, daß einer von ihnen es sein muß, oder daß sie einen gemeinsam hervorbringen müssen – das wissen wir hier noch nicht so ganz genau –, das ist das Göttern. Das Göttern mit dieser Bewegung ist offensichtlich der Begleitumstand heftiger Auseinandersetzungen, aber nun nicht mehr hier unten: im Anschluß Österreichs, des Sudetenlandes, des Protektorats Böhmen und Mähren, der östlicheren Ostprovinzen, der Ukraine und was weiß ich noch, nicht mehr im Zweiten Weltkrieg also, sondern dort oben. Und das ist hier alles Reflex des Reflexes, eines Reflexes von dem, was sich dort, nun wagt man nicht einmal zu sagen: abspielt, sondern man muß wohl sagen: erst noch vorbereitet. Also, wir dürfen auf noch sehr viel mehr gefaßt sein, auch wenn das noch gar nicht so weit ist. Aber der Seher läßt uns etwas voraussehen, was dann wirklich Katastrophe und Wahl des einen Gottes zugleich wäre; das ist alles noch Vorspiel, so wie überhaupt alles Vorspiel ist in der Philosophie dieses Buches »Vom Ereignis«. In Heideggers Philosophie insgesamt kommt es niemals weiter als bis zu diesem Kreisen um den heiligen Berg des Seins. Wenn Sie sich ihm nähern: am nächsten Morgen wachen Sie auf, und er ist wieder genauso weit entfernt – alles Vorspiel. Und hier sehen wir: Vorspiel für einen Moment, den wir uns nach den Begriffen, die vorher gebraucht sind, als Katastrophe vorstellen müssen, wenn denn die Götter in dieser ihrer heftigen Auseinandersetzung endlich zum Zuge kommen. Das Sein also ist nicht selber das zitternde, sondern es »ist die Erzitterung dieses Götterns, die Erzitterung als die Erbreitung des Zeit-Spiel-Raumes, in dem sie selbst als die Verweigerung ihrer Lichtung (das Da) sich er-eignet.«[124]

Zeit und Sein, Sein und Zeit: das, wovon in dem Hauptwerk die Rede war, was später umgekehrt gelesen werden wird, was natürlich von den Lesern von Anfang an auf die historischen Umstände bezogen wurde: Was für eine Zeit und was für ein Sein! –, also Zeit und Sein hängen zusammen, das schien ja die abstrakteste Formulierung dessen zu sein, daß eine Philosophie nicht zeitenthoben ist, und nun gar in einer großen Zeit nicht zeitenthoben sein dürfe. So mußte es ja verstanden werden. Und das berechtigt dann ja auch 1936 Löwith, Heidegger in Rom auf den Kopf zu zu sagen – ich komme auf diese Stelle Anfang der nächsten Stunde zu sprechen –, daß es ja Unsinn sei, seine Philosophie nur äußerlich mit dem Nationalsozialismus in Verbindung zu bringen. Löwith, der ja in Deutschland nicht mehr existieren kann, staunt nur darüber, daß es Heidegger nicht peinlich ist, das Parteiabzeichen in seiner Gegenwart ununterbrochen zu tragen. Also, Löwith sagt Heidegger auf den Kopf zu, daß das alles nicht träfe, sondern daß tatsächlich seine Philosophie substantiell der Nationalsozialismus sei, und Heidegger bejaht und sagt: Genauso ist es.[125] Also, genauso versuchen wir ja auch hier ihn zu verstehen.

Nun stellen Sie sich vor, in dieser Zeit beginnt die Entlastung bereits, von der ich hier spreche. Aber diese Entlastung ist nicht nur Verlagerung in eine andere Sphäre, sondern ist Übertrumpfung in der Weise, daß das, was hier geschieht, alles, alles nur ein Reflex von dem Geschehen dort ist. In dem Götterkampf wird der eine Gott erst noch erzittert. Daran hat teil – was für eine Abfolge von Mythen! – das Sein, daran haben wir teil. Was auf dem Schlachtfeld von Troja geschieht, ist nur ein Reflex von dem, was in der Etage darüber passiert, in der Götterversammlung. So wäre die Übersetzung dieser Stellen hier. Und den einen Gott gibt es noch gar nicht: das ist die Übertrumpfung des christlichen Gottes und des Gottes der Bücher Mose, oder wenigstens für einige in jener Zeit noch dieser. Trotz aller Trennungen zwischen Christentum und Judentum, christlichen Evangelien und Altem Testament, das dann nicht mehr Altes Testament ist, gibt es ja immerhin noch einige, die sagen, das sei *ein* Gott. Aber dieser Gott ist ja noch gar nicht da. Also dieser Gott wird auch übertrumpft durch den, der erst noch kommen wird. Und alles, was jetzt Geschichte ist, ist nichts anderes als ein Reflex des Getöses der Vorbereitung dieses Kommens. Das steht hier mit unverklausulierten Worten zunächst da.

Nun muß ich noch etwas dazu sagen. Wenn man sich diesem Kommen gegenüber sozusagen angemessen bewegen will, muß man auch angemessene Verrichtungen machen. Ich zitiere Seite 230; dort steht: »Im anderen Anfang« – etwas, was uns zunächst noch ein völlig unklarer Begriff ist – »wird alles Seiende dem Seyn geopfert, und von da aus erhält erst das Seiende als solches seine Wahrheit.«[126] Das heißt: in dieser Zeit, in der diese großen Vorbotenereignisse stattfinden, diese Heideggersche Überwindung des Polytheismus sich ankündigt, ist alles Seiende ausschließlich dann in der Wahrheit, wenn es dem Sein geopfert wird. Das ist die aller-, allerüberspitzteste und totalisierteste Form des Opferrituals. Es *ist* in der Tat alles Seiende zum Opfer bestimmt. Das wissen wir ja seit dem Spruch des Anaximander, das brauchte Heidegger nur zu aktivieren. Aber jetzt kommt eine Zuspitzung, auf die wir eigentlich nicht gefaßt waren, auch von Anaximander her nicht gefaßt waren, wo das als strafprozessuale Einrichtung vorgeführt wird: ›Woher alles (Seiende nämlich) seinen Anfang hat, dahinein hat es auch sein Vergehen. Denn sie müssen alle untereinander Strafe und Buße zahlen nach der Zeit Ordnung‹.[127] Also Existenz ist sozusagen ›Aufschub‹, und alles fällt wieder zurück, ist sozusagen Opfer gegenüber dem Sein. Aber hier passiert nun noch etwas anderes, was von daher nicht zu erwarten war, nämlich: »und von da aus erhält erst« – nämlich: daß »alles Seiende dem Seyn geopfert« wird – »das Seiende als solches seine Wahrheit«. Wahrheit erst in dem Augenblick, wo etwas sich nicht mehr dagegen sträubt (und es zum Beispiel mit anderen Bestimmungen kaschiert), daß es eigentlich Opferstoff ist. Die Wahrheit und die Einsicht in die Unumgänglichkeit des Opfers sind hier einfach gleichgeschaltet. Das ist die schrecklichste Wahrheitsstelle im ganzen Opus Heideggers, nicht nur in diesem Buch: daß, wo wir nicht Opfer sind und alles um uns, wir in der Unwahrheit sind; aber eigentlich *sind* wir Opfer, und das heißt, sich nicht dagegen sperren, sich da nichts vormachen, das läßt uns und alles Seiende erst in die Wahrheit rücken. – Gibt es eine Möglichkeit, aus diesem Zusammenhang, seiend unter Seiendem zu sein, herauszukommen? Es gibt eine, und das ist dieses seherische Verhalten zum Sein, das zunächst nur ›Wenige‹ und ›Seltene‹[128] (das sind Überschriften hier bei Heidegger, nicht von mir gewählte Begriffe) haben, und wovon nirgends gesagt wird, ob es jemals mehr als Wenige und Auserwählte haben werden. Das ist also die Gegenposition zu dem, was ich anfangs in der Nachrede auf Nono als die Nonosche Kompositionspraxis und -theorie skizzierte. Da handelt es sich um die »*schwache* messianische Kraft«, das Fünkchen in allem und nicht um den Opferstatus von allem. Ich sage, hier ist etwas – und das darf ich Ihnen nun als letztes heute noch kurz lösen –, was Ihnen als Bindeglied fehlt.

Bisher war ohne weitere Erklärung vom ›anderen Anfang‹ die Rede. Die Verbindung stellt sich sehr leicht ein, auch wenn sie Ihnen im Augenblick weit hergeholt zu sein scheint, wenn wir die Frage, die ich vorhin ausgeschaltet hatte, wieder einschalten, nämlich: Was ist jetzt die Grundstimmung, die vorher die Angst war? Das Kapitelchen über die »Grundstimmung« beginnt mit zwei Aperçus, die aber strikt gebaut und parallelisiert sind: »Im ersten Anfang: das Er-staunen. Im anderen Anfang: das Er-ahnen.«[129] Im ersten Anfang der Philosophie, wie bei den Vorsokratikern und dann bei Platon expressis verbis, das E r s t a u n e n .

Von Heidegger wird das nicht so gesehen, wie wir es sehen sollten – ich sage es nur ganz überspringend. Wo Platon das Staunen, das *thaumazein* als Pathos des Philosophen einführt, ist das keine helle Stelle, sondern eine ganz dunkle Stelle in seinem Werk, im »Theaitet«. Denn ›der hat richtig genealogisiert‹, heißt es dort gleich weiter, ›der die Iris eine Tochter des Thaumas nannte‹.[130] Die Iris, der Regenbogen also, und der geht aus der wilden Wassertiefe – das ist Thaumas in der mythologischen Genealogie, das ist der Titan der wilden Wassertiefe – hoch bis zu den Göttern oder, für Platon, zur Welt der Ideen. Das heißt, das Pathos des Philosophen, sein Leiden, von dem er erlöst werden will, ist gerade das Staunen. Und in der Stelle davor wird der Philosoph auch in äußerste Bedrängnis gebracht, indem er erkennt, daß etwas, was eben noch wenig war, im nächsten Augenblick viel ist, etwas, was eben noch viel war, im nächsten Augenblick wenig ist.[131] Es gibt keine Gewißheit, er fühlt sich an der Nase herumgeführt und er fühlt sich einem ›Schwindel‹[132]

ausgesetzt und er fühlt sich zu gleicher Zeit erstarren gemacht.[133] Und aus diesen pathischen Zuständen will er heraus, weg aus dem, was staunen heißt, nämlich zur sicheren Kenntnis, zur Einung mit den Ideen. Das ist dort wirklich der Sinn dieser Stelle und nicht der Goldschnittsinn, zu sagen, daß alles Denken mit dem Staunen angefangen hat. Da ist es die große Wendung zur Welt: die offenen Augen, die offenen Münder, nun kann es herein – das ist nicht der Punkt –, die offenen Ohren nicht zu vergessen, die bei Heidegger die Hauptrolle spielen, denn daher kommt das Hören und Vernehmen; und nur wer ganz und gar hört auf seine Herkunft, nämlich die des Seins zuletzt, benimmt sich als ›Höriger seiner Herkunft‹. Sie sehen, selbst solch ein Wort wird umgedreht, umgewendet: hörig zu sein wird zum Ehrentitel der Existenz.

Also: »Im ersten Anfang: das Er-staunen. Im anderen Anfang: das Er-ahnen.« Das ist nun der Anfang, für den zunächst das Sein verantwortlich zu sein scheint, aber dann stellt sich heraus: auch das ist es nicht, es ist eigentlich das Göttern als das Herbeizittern des einen Gottes. Das meinte ich mit dem Seherischen. Das ist jetzt die Grundstimmung. Das heißt: dieses durch Versprühung an der Erzitterung des Seins Teilnehmen ist nicht mehr Angst – die hat nur derjenige, der sich vor der Initiation ängstigt, der sagt, das sei Angst; Angst ist dann nur Angst vor der Angst, das also, als das Tillich einmal zutreffend die Neurose charakterisiert hatte[134] –, sondern eigentlich ist dieses Erzittern ein Erahnen, eigentlich bin ich schon ein bestimmtes Instrument, wenn ich so weit bin, wie ich Sie jetzt am Ende dieser Stunde gebracht habe. Und dieses Erahnen richtet sich auf das, was ich eben geschildert habe, nämlich die Heraufkunft eines Gottes, der noch nicht ist – noch tobt der Götterkampf. Und in diesem anderen Anfang, in dem es ein Erahnen ist und nicht ein Erstaunen, »wird alles Seiende dem Sein geopfert, und von da aus erhält erst das Seiende als solches seine Wahrheit.«[135]

Was das mit Heideggers damaliger Hölderlin-Adaptation – Hölderlin als sein Prophet und Vorgänger, den er zugleich auslegt, als dessen Sprachrohr er sich zugleich geriert – zu tun hat, darüber dann nächstes Mal.

Vierte Vorlesung
gehalten am 17. Mai 1990

[ ]
Wir hatten das letzte Mal nur zur Hälfte von dem kommen können, was ich mir vorgenommen hatte, aus nicht vorhersehbarem und schlimmem Grund – ich hatte einen Nachruf auf Nono gehalten. Aber es hat uns trotzdem nicht abgeführt von dem, was wir hier tun. Denn immerhin gibt es ja die Verkehrung von eigentlichem und nicht-eigentlichem Sein. Das eigentliche Sein: Menschen experimentieren und versuchen, sich redend zu verständigen, sich kritisch mit ihren eigenen Entwürfen und Traditionen auseinanderzusetzen, zumal wenn diese in akute Zerstörung einmünden und das auch noch als Selbstzerstörung begrüßt und mit deren Genuß sozusagen belohnt wird. In dieser Situation dann als das uneigentliche Sein das ›Man‹ (denn es ist diese Situation durchaus schon 1927, als »Sein und Zeit« erscheint) auszustatten und als eigentliches Sein eben die Entleerung zu bezeichnen, die kollektiv selbstzerstörungsanfällig macht, ist ja der zentrale politische Vorwurf, den man ihm machen muß in direkter Korrespondenz mit dem Vorwurf, den man der nationalsozialistischen Bewegung als Großexperiment dieser Art machen muß – wenn es denn einen Sinn hat, historischen Bewegungen einen Vorwurf zu machen; aber jedem einzelnen empirischen Subjekt hat man ihn zu machen, das in dieser Weise sich von der Bewegung ergreifen lassen wollte, es getan hat und auf diese Weise bewegt war. Wenn wir also die Spitze des Vorwurfs und der Kritik an Heidegger so charakterisieren, dann müssen wir sagen, daß es bei Nono genau umgekehrt war: in Stoffen, die eigentlich doch keine anderen waren, steckte die Neugier auch in der Klage, auch in den dargestellten Aktionen der Selbstzerstörung, die sich gegen die Entleerung sträubt.

Wir wohnen hier einem nach wie vor aktuellen ›Ereignis‹ bei – jetzt gebrauche ich einmal dieses Wort –, nämlich der Weise, wie sich auf dem Höhepunkte der Erfolge des Nationalsozialismus Heidegger zu dessen ihn übertrumpfenden, weil von der eigenen Behandlung durch diese Bewegung enttäuschten, Bekenner, der er bleibt, derart entwickelt, daß nun seine Philosophie das Eigentliche, das Wesentliche und nicht mehr nur das Periphere, das Zufällige auch einer derartigen Bewegung ausdrücken soll. Wir haben es mit Dokumenten aus den Jahren 1936 bis 1938 zu tun, also von der Olympiade bis zum vollzogenen Anschluß der ›Ostmark‹; der Krieg steht bevor. Ich bin in der Ausdrucksweise dieser Zeit; sie geht ja durch das Heideggersche Œuvre hindurch. Es ist zu fragen, ob das Völkische schon seine Erfüllung gefunden hat, oder ob man nicht auch das Völkische noch ganz anders und ganz neu und nicht vielleicht noch viel tiefer gegenüber dem bestehenden Kult des Völkischen denken sollte. Das ist ein Kult, auf den ich heute in Kürze zu kommen habe. Es ist die Frage, ob in einem solchen Unternehmen dann nicht auch Religion neu zu bestimmen ist – Heidegger versucht es –, ob das Denken dann nicht ein anderes Ziel zu bekommen hat als in der bisherigen Geschichte der Gattung. Heidegger behauptet es und führt uns dieses exemplarisch seinem Anspruch nach vor.

Ich muß hier immer zwischen der objektiven Darstellung und dem Mitgehen mit diesen in ständigem Subjektwechsel, Subjekttausch befindlichen Meditationen schwanken. Das ist nicht nur nicht kompliziert, sondern es wird hoffentlich auch nicht dem Mißverständnis ausgesetzt, als böge ich zeitweilig ein, um dann wieder auszuscheren. Sie müssen leider, wenn Sie irgend etwas verstehen wollen, sich immer ein Stück weit da hineinbegeben, und es ist immer das große Problem, daß Sie nur tangiert da wieder hervorkommen, wenn überhaupt. Also: Wie viele, die zeitweise, trotz anfänglichem Naserümpfen, nach dem Krieg Heidegger zu studieren begannen, wurden eine Zeitlang seine Apostel! Das ist alles nicht so schlimm, das ist selbstverständlich. Das geht so, wie es jedem mit seinen Lehrern geht: die Abstoßungen können ja nur sein, wenn vorher ein Stück weit mitgegangen worden ist. Viel schlimmer ist, daß das, was uns hier vorgeführt wird – und das ist jetzt das, was ich mir, und damit Schluß der Vorrede, als Ziel für diese Vorlesung gesetzt habe –, gerade indem es Exklusivität und Exquisitheit behauptet, gerade darin immer wieder das allgemeine, gar nicht exquisite und gar nicht abgehobene Bewußtsein, und zwar mit kollektiver Verbindlichkeit, formuliert.

Sie werden die Erfahrung machen, daß dieses auch soziologisch als Arbeitshypothese ernst zu nehmen ist. Wo immer Sie auf Schichten oder Personen stoßen, die für sich eine elitäre Rolle beanspruchen, werden Sie bemerken, daß, mit leichter Vertauschung von Vorzeichen und Requisiten, das Elitäre und das Allerallgemeinste übereinstimmen. Dazwischen bewegen sich die mittleren Allgemeinheiten, die Vermittlungsunternehmungen, die dieses nicht wahrhaben wollen, die in die Bestimmungen

Vierte Vorlesung 73

eingreifen wollen. Ich will es jetzt nicht ausführen, ich will nur darauf aufmerksam machen: wo immer die Abhebung sichtbar wird, ist es nichts als der ganz allgemeine Drogenzauber – auf diese kurze Formel könnte ich es auch bringen.

Ich hatte dann vergangenes Mal noch einmal die Subjektwechsel geschildert an Heideggers Verwendung des Wortes ›erzittern‹, und ich hatte noch einmal etwas von außen über dieses Wort ›Ereignis‹ gesagt, also *vom* Ereignis, oder man müßte richtiger sagen: *vom* oder *über* gesprochen (was wir hier ja auch tun), ›de‹, über die Sache, sie objektivierend, und nicht aus diesem Unerhörten – was, je näher es bestimmt wird, desto ferner rückt – heraus, wie Heidegger es suggeriert. Wir hatten gesehen, daß es schon ein Wort ist, das sich dazu anbietet: ›eräugen‹, eigentlich die sinnliche Wahrnehmung eines aktiven Fernsinnes. Aber dann kommt das Wort ›eigen‹ und ›eignen‹ dem in die Quere, etwas sich zu eigen machen oder jemandem zu eigen werden; und in dem Wort ›sich ereignen‹ geht dieses beides zusammen: das ist etwas Eigentümliches und es bietet sich der Betrachtung dar. In der normalen früheren Anwendung ist die sinnliche Vermittlung ›die‹ Ereignis, so wie ›die‹ Erfahrung und ›die‹ Erkenntnis, und das einzelne Produkt ist ›das‹ Ereignis, so wie etwa auch ›das‹ Erkenntnis als spezielle Urteilsfindung bis heute in der Rechtssprache. Aber die Sphären verwischen sich; schon in Goethes Chorus mysticus, am Ende von »Faust II«: »Das Unzulängliche,/Hier wirds Ereignis«,[136] ist beides da; hier wird es auf die Bretter gestellt. Also das Vorspiel auf dem Theater wird am Ende durch eine kleine Goethesche Dramaturgie eingeholt. Und zweitens: hier wird es etwas ganz Unerhörtes, das nur noch in Gleichnissen wiedergegeben werden kann, allerdings sich zuletzt weiblichem Eingriff verdankt als etwas, was auch zur Erlösung bestimmt ist. So in dem Chorus mysticus am Ende bei Goethe. Und dieses sich weiblichem Einfluß verdanken ist durchaus nicht elitär: es sind die drei großen Sünderinnen der christlichen Religion, zu denen Gretchen jetzt als dritte zählt. Davor ist es die große Sünderin aus dem Lukas-Evangelium und eine Sünderin aus dem Johannes-Evangelium[137]: sie fügen sich zusammen. Das ist also trotzdem Volkes Stimme und nicht ein elitärer Hochruf. Aber Volk kann man auch schon wieder nicht mehr sagen angesichts dessen, was diesem Wort dann passiert ist in der jüngeren Geschichte.

Wenn Heidegger es gebraucht, ist es schon so aufgeladen, es ist kein elitärer Wortgebrauch. Ich hatte Ihnen zitiert aus diesem ›Ereignis‹-Buch von Goebbels, der 1934 die Geschichte der Machtergreifung in Tagebuchform schreibt, »Vom Kaiserhof« (das ist nicht der kaiserliche Hof, das war das Hotel am Potsdamer und Anhalter Bahnhof, in dem die NS-Größen während der Wahlkämpfe abstiegen) »zur Reichskanzlei«. Alles, was er schreibt, sei »durchbebt von den heißen Erregungen, die die Ereignisse selbst mit sich brachten, und die jeden mitrissen, der an ihnen tätigen Anteil nahm. Sie sind vom Augenblick gefärbt und auf das stärkste beeindruckt.«[138] Der Augenblick und die Ereignismetapher – schon gut existentialistisch zusammen, dazu die »heißen Erregungen«. Und dann noch ein paar Wörter in dem Zusammenhang als Reizwörter gebracht: die ›Umwälzung‹ (nicht ›Kehre‹ sagt er, ›Umwälzung‹ sagt er), der ›Opfergang‹ (da stimmt es wieder direkt überein), ›Gottes Hand‹ (Gottes ›Winke‹ sind es dann eher bei Heidegger), und ein ›weisender Stern‹ (dem ›Stern‹ werden wir heute noch zweimal begegnen, bei Heidegger und bei Nietzsche). Dieser ›weisende Stern‹ hat hier aber einen direkten Namen oder einen direkten Titel, er heißt: ›der Führer‹. Und wenn man sich darauf einläßt, ist man auch eine elitäre Gruppe, nämlich eine ›treue Verschwörerschaft‹. Das waren die Vokabeln dort. Das ist nicht sehr weit entfernt, es bedarf nur einer gewissen Reinigung und einer gewissen Zuspitzung.

Daß Ereignis dann nicht nur Ausdruck für eine viel fundamentalere Umwälzung ist, die sich mit allem Seiendem ereignet, gewinnt in jener Zeit bei Heidegger zusätzlich schon den Katastrophencharakter. Es sind Eingriffe – wir werden das heute noch einmal sehen –, die aus Götterkämpfen resultieren, und dementsprechend ist es sehr einleuchtend, wenn er in einem Aufsatz kurz nach 1945, nämlich in dem über den »Spruch des Anaximander« – und das ist einem 1946 niedergeschriebenen Abhandlungstext entnommen –, schreibt: »Jedesmal, wenn das Sein in seinem Geschick an sich hält« – wenn es also dort in jener Sphäre so etwas wie einen Ruck gibt; woher er rührt, erfahren wir nicht, das unterliegt ja nicht unserer Verfügung –, »ereignet sich jäh und unversehens Welt.« Hier also springt dann etwas ins Dasein, unter Umständen unter schrecklichen Vorzeichen. »Jede Epoche der Weltgeschichte ist eine Epoche der Irre.«[139] Was hier jeweils ankommt (also aus dem »Spruch des Anaximander«), ist gegen Verzerrung, Verkehrung nicht gefeit. Das große Problem: Wie kann dann doch zureichend davon geredet werden? Dieses Problem wird so gelöst wie immer in der Geschichte der Religionen: nicht jemand, der sich bemüht, das zu erfassen, wird zureichend reden können, sondern nur jemand, der davon erfaßt ist. Das, was in der kleinen Bewegung – damit meine ich jetzt die NS-Bewegung – so beschrieben werden kann und beschrieben wird, das gilt auch von dieser großen Bewegung. Wer so erfaßt ist, ist der Prophet, er redet aus Vollmacht, er ist in Anspruch genommen von einer Macht, die alle anderen Mächte übertrumpft. Es ist nur zu einsichtig, daß er in seiner Sprache mit seinen Denkfiguren ebenfalls alles übertrumpfen oder – mit dem Wort, das uns wieder in den ökonomischen Bereich zurückholt, an den wir heute und immer auch denken sollten – überbieten will. Übertrumpfung und Überbietung selber nicht eine des Erkennens, sondern eine der Vollmacht von Anfang an, solange dieser Prozeß läuft. Ich hatte Ihnen gezeigt: die Überbietung gegenüber aller bisherigen Philosophie; gegenüber der Geschichte der Religionen, den bisherigen Götterkämpfen, auch gegenüber dem Christentum, gegenüber jeglicher Offenbarungsreligion; das ist auch im Politischen so: diese Bewegung gegenüber jenen Bewegungen. Und das ist nun auch so in seinem eigenen Œuvre. Das ist sozusagen der Ersatz für Kritik, daß man genötigt ist, sich selbst immer wieder Wunden beizufügen, sich selbst immer wieder zu martern: das war es jedesmal noch nicht gewesen. Also diese selbstgemachte Pein, die durch das ganze Œuvre hindurchläuft, ist sozusagen die wiederkehrende, verdrängte Kritik in dem, was er nun auch sich selbst antut. Nichts falscher, als dieses als bloßes Getue zu sehen. Es ist auch nicht so, daß Selbstzerfleischung – das haben ja viele Existentialisten gedacht – vor Kitsch bewahrt. Die Tatsache, daß er so oft kitschig wird, daß es eigentlich keine realen Spannungen sind, die dort ausgehalten oder gar gehalten würden, verträgt sich sehr wohl mit selbstgemachter Tortur.

Die Überbietung an diesem Wort ›erzittern‹ – ich brauche es jetzt nicht groß zu wiederholen, ich gehe gleich auf eine Konsequenz der Sache ein –: das immer vorhandene, »obzwar meist verborgene Erzittern alles Existierenden«[140] als Existential. Da sind es noch die Subjekte. Allerdings, sie können nicht nicht erzittern, das Erzittern ist schon ein Existential, also eine Existenzkategorie; auch das Nicht-Erzittern ist dann noch ein defizienter Modus des Erzitterns. Aber das ist verbalsubstantivisch ausgedrückt: das Erzittern. – Seit der Jugendstil in dieser Jahrhundertwende versucht, die Betrachter und die Leser in seine Stimmungen einzubeziehen, triumphiert sprachlich dieses Verbalsubstantiv. Es drückt Vorgänge aus, denen sich auch der Betrachter, der Leser, der Hörer nicht entziehen kann. Das ist nicht mehr nur Schilderung, sondern das ist die sympathetische Aneignung eigener Zuständlichkeiten, um es mit einem Lieblingswort der Philosophie der Zeit zu sagen. Wenn Rilke schreibt: »Reiten, reiten, reiten, durch den Tag, durch die Nacht, durch den Tag. Reiten, reiten, reiten«,[141] heißt das, daß sich Ihre eigene Stimmung, in der es eigentlich nicht weitergeht – Frustration, entleert, ziellos –, überträgt durch Verbalsubstantive. So etwas versucht die ganze Phänomenologie uns zu suggerieren, indem sie auch ständig sich der Verbalsubstantive bedient. Und das tut hier Heidegger mit dem »Erzittern« auch noch. Das ständige Erzittern (ob Sie wollen oder nicht, wenn Sie es sich vorstellen können, müssen Sie ein bißchen anfangen, es auch zu tun), also dieses Sympathetische des Verbalsubstantivs macht er sich hier noch zunutze. – Das ist 1929. 1936 bis '38 (wir wissen ja immer nicht, wann die einzelnen Partien geschrieben sind) ist nicht mehr von dem Erzittern die Rede, sondern es heißt in »Vom Ereignis« auf Seite 21 plötzlich mit lauter ›ung‹-Endungen: »Die Stimmung ist die Versprühung der Erzitterung des Seyns als Ereignis im Da-sein.« Ich hatte darauf aufmerksam gemacht: Sprühen – das ist eine Geistvokabel –, Stimmung, das ist inzwischen nicht nur durch Heidegger, sondern viele andere Existentialphänomenologen, die es ja auch gibt zu dieser Zeit, zu einem Existential geworden, und nun zusätzlich zu einem, wo die »Grundstimmung« als, gar nicht unzureichend (eine, der sich niemand in dieser Zeit entziehen könne), bestimmt wird, nämlich als Angst. So in der Freiburger Antrittsvorlesung von 1929, in »Was ist Metaphysik?«.

Angst war 1927 und in den Jahren davor, als er an »Sein und Zeit« schrieb, noch als Grundbefindlichkeit ausgegeben worden. Das ist noch vergleichsweise positivistisch formuliert und stimmt mit Formulierungen, wie sie Alexander Pfänder (auch ein Stimmungsanalytiker jener Zeit) und wie sie Edmund Husserl gebraucht haben und wie sie Alexius Meinong noch gebraucht, überein. Damit liegt er sozusagen noch in der offiziellen Philosophensprache der Zeit. Mit dem Herausheben des Wortes ›Stimmung‹, also auch ›Grundstimmung‹, verläßt er ein Stück weit die offizielle Philosophensprache und läßt sich auf die Literatur ein; er wird es anders nennen: auf das ›denkende Dichten‹ oder das ›dichtende Sagen‹ oder das ›denkende Sagen‹ – alle diese Formulierungen erscheinen dann in den dreißiger Jahren bereits, in Büchern erst nach 1945. Aber er sagt jeweils in den Büchern, wann die Aufsätze geschrieben sind; das geht tief in die dreißiger Jahre zurück. ›Stimmung‹ ist jetzt hier an dieser Stelle nicht mehr Angst, sondern »Grundstimmung« wird zunächst so bestimmt, als ginge sie in eine andere, sozusagen kultisch weniger existentialistische Sphäre über. Das ist aber nicht der Fall. Es passiert nur dieser erste Subjekttausch, die Angst hängt hier noch (1929) an den sich Ängstigenden; und daß sie sich ängstigen, liegt daran, daß sie immer noch am Seienden hängen und nicht am Sein. Wenn sie auf das Sein blicken, dann meinen sie, dem Nichts konfrontiert zu sein. Das stimmt: sie sind dem Nichts konfrontiert, aber dieses Nichts ist das

Vierte Vorlesung

Nicht des Seienden. Sie erfahren im Seienden etwas, was Nichtseiendes ist und ohne das trotzdem Seiendes nicht sein könnte. So argumentiert Heidegger 1929. Er argumentiert noch immer in gewisser Weise von den sich ängstigenden Lebewesen aus.

Wenn hier die »Stimmung« neu bestimmt wird, geschieht das in zwei Richtungen: in einer, die zurückgreift in der Philosophiegeschichte, nämlich: »Die Grundstimmung. Im ersten Anfang: das Er-staunen.«[142] – Ich hatte darauf aufmerksam gemacht, daß hier ein Mißverständnis der Pathos-Theorie der antiken Philosophie vorliegt. Das Pathos des *thaumazein* als Philosophenpathos; das heißt: eigentlich findet der Philosoph aus dem, was ihn starr macht und zugleich zittern macht, heraus, nämlich in die Welt der Ideen, so ist das bei Platon beschrieben und gemeint im »Theaitet«. Und es ist dann erst später eine verharmlosende Interpretation, zu sagen: Nichts ist so weltoffen wie das Staunen, ich lasse durch mein staunendes Auge die Welt herein. Ich schiebe sie weg, war die Intention bei Platon dort, wo er vom Pathos des Philosophen sprach. Aber Heidegger nimmt es hier einmal so in Anspruch: »Im ersten Anfang: das Er-staunen.« – Das sind die ersten Anfänge des Denkens; das ist das Suchen nach Ursprüngen, nach *archai*. Und er treibt diese Suche weiter und überbietet sie durch einen anderen Anfang. »Der andere Anfang« wird dann ein Leitwort für das ganze Buch »Vom Ereignis«. (Ich mußte es eben nachschlagen, wie es heißt. Das kommt mir wirklich so vor wie der Kapitän, der von seiner Mutter ein Schächtelchen mitbekommen hat, das er immer nur bei großem Sturm aufmacht, und alle sind sehr neugierig, was da drin steht. Und dann ist er eines Tages tot, und der erste Offizier wagt das Schächtelchen aufzumachen, und da steht drin: Backbord links, Steuerbord rechts. An diese Geschichte mußte ich unwillkürlich denken. Und so wird es Heidegger auch manches Mal gegangen sein bei dem Verfassen seiner Sachen. Man ist ja dann eines Tages dort, wo die Worte einen zu zähmen beginnen. Und wenn man dann nicht aufpaßt, weiß man plötzlich nicht mehr, wovor man sich in acht nehmen muß, und dann vergißt man natürlich die geläufigste Vokabel.) Also, der ›andere Anfang‹ nun nicht mehr das Erstaunen, sondern jetzt mit seherischer Wendung: »das Er-ahnen.« Für das ›Erahnen‹ als Grundstimmung gilt, daß sie »die Versprühung der Erzitterung des Seyns als Ereignis im Da-sein« sei.[143] Dieses Erahnen wird nun allerdings in einem Kultzusammenhang vorgeführt, der gar nicht mehr harmlos ist, nicht nur nach dem, was Heidegger uns hier zumutet, sondern auch in dem, was es bedeutete, wenn er recht damit hätte. Dann wären nämlich die Kämpfe, die zu dieser Zeit, wo er das schreibt, auf diesem Gestirn schon teils stattfinden, teils sich ankündigen, ein Nichts gegenüber den Kämpfen, die noch bevorstehen. Also das ›Erahnen‹.

Zu diesem Erahnen – es ist eigentlich ein Ausdruck von einer Wendung auf Künftiges zu, also ein Vorweg-Ahnen – gehört nun, daß man an einer Erzitterung des S e i n s teilhat; man selber hat nicht einmal mehr das Privileg zu zittern, das hat jetzt das Sein: »Versprühung der Erzitterung des Seyns«. Warum Erzitterung? Es ist auch kein medialer Vorgang mehr. Es ist einerseits die Titulatur dieses besonderen Vorgangs (das ist die Erzitterung), und es ist andererseits etwas, was jetzt selber Ereignischarakter bekommt; Erzitterung des Seins nicht mehr das ständig weiter sich so Ereignende, sondern d a s Ereignis, d i e Erzitterung. Einerseits Titulatur und andererseits Singularität. Es kommt aber noch etwas Drittes hinein, was Heidegger vielleicht, weil er sich bis zum Ende der Abfassung dieses Buches nicht darüber klargeworden ist, wie er es eigentlich ansetzen soll, dazu geführt hat, daß er das nicht veröffentlicht hat: Erzitterung wird in einer Ambivalenz belassen. Ambivalenzen sind einerseits realistisch, andererseits für eine Philosophie, die von einer anderen Position aus denkt, von der aus einen etwas ereilt, etwas, was so eigentlich nicht sein sollte, was nicht als Ambivalenz sein sollte, sondern was einer Erklärung zugeführt werden sollte. Aber diese Erklärung gelingt nicht. Erzittern, Erzitterung des Seins: einerseits dieser Vorgang mit dem Sein als Subjekt und nicht mehr nur mit den zitternden Kreaturen. Andererseits ist aber die Erzitterung des Seins auch ein Vorgang, durch den das Sein überhaupt erst herbeigeholt wird: Ich erzittere es; so wie ich etwas erahne, erzittere ich es auch. Die es nun aber herbeizittern, sind die, die bei nochmaligem Subjektwechsel in dem Buch »Vom Ereignis« dann die eigentlichen Subjekte werden, nämlich die Götter. Und nun kann er sich nicht entscheiden, wer da eigentlich das Subjekt ist. Das Dilemma beginnt schon in der Zeit der Hölderlin-Vorlesungen. Eigentlich müßte er sagen, er bekommt keinen zureichenden ›Wink‹: Zittern die Götter das Sein herbei? – dabei ist ja ihr Erzittern eigentlich etwas anderes, nämlich das ›Göttern des einen Gottes‹ –, oder ist es das Sein, was sie erst befähigt zu diesem Zittern? Brauchen sie das Sein oder braucht das Sein sie?

Diese Frage war schon einmal gestellt worden. Sein über den Lehrer entsetzter Schüler Löwith, der ihn 1936 in Rom das letzte Mal gesehen hat und dort an dem einen Hölderlin-Vortrag teilnahm, während er an dem anderen Vortrag in der inzwischen antisemitischen – ausgerechnet! – ›Bibliotheca Hertziana‹ nicht teilnehmen durfte, schreibt unter dem Eindruck des damaligen Hölderlin-Vortrages, nämlich »Dichter in dürftiger Zeit«, selber nach dem Krieg einen Heidegger-Essay, nämlich

»Heidegger – Denker in dürftiger Zeit«. Und er wirft ihm dort unter anderem vor,[144] daß in dieser Frage, ob – ich sage es jetzt mit den gleichen Worten – das Sein etwas sei, was wir brauchen oder ob es uns braucht, Heidegger in den beiden Auflagen, der frühen und der späteren, eine sozusagen Fälschung gemacht habe: er habe das korrigiert, er habe da den Sinn der Sache umgedreht. Er hatte keinen Sinn der Sache umgedreht, er war damals so wenig entschieden, ob ›das Sein brauchen‹ oder ›vom Sein gebraucht‹ die angemessene Ausdrucksweise sei im Verhältnis Mensch – Sein (ich sage es völlig unterminologisch jetzt, also nicht mit seinen Begriffen), wie er es in diesem großen Manuskript »Vom Ereignis« ebenfalls nicht ist. Ebenfalls bleibt es ambivalent: Brauchen die Götter das Sein? Braucht das Sein die Götter? Allerdings ist Sein – aber dazu werden wir in dieser Stunde nicht mehr kommen – etwas, was nun so wenig substantiell vorgestellt werden kann, wie die Götter es können, es ist vielmehr eigentlich nur Ausdruck einer produktiven Differenz. Es wird sozusagen in actu als ontologische Differenz bezeichnet, vom Jahr 1929 oder '30 an, jedenfalls seit dem Erscheinen von »Vom Wesen des Grundes« (1931); aber er hat es schon vorher geschrieben, etwa zugleich mit »Sein und Zeit«, so erklärt er später.[145] Es ist nicht etwas Gefügtes und auch nicht nur etwas Verfügendes, sondern – so übersetzt er später deutschtümelnd diese Differenz – es ist »Fug« und »Fuge«; nur dadurch ist es »Verfügung«.

Wenn ich Ihnen das mit einem einzigen Satz klarmachen sollte: es ist niemals nur etwas, was erster Anfang, erster Ursprung ist. Dann müßte man nämlich fragen: Gibt es nicht noch einen früheren Ursprung oder Anfang? Er käme in dieses ganze Problem hinein – und ist ja eine Zeitlang in ihm gewesen –, in dem die Gnosis bei allen ihren Vertretern verharrt. Sondern Heidegger zeichnet mit diesem Bilde – wenn Sie sich das als Metapher einprägen würden – den Ursprung in actu,[146] diese Kluft, diesen Riß, diesen Fug, diese Differenz, aus der eigentlich erst heraustritt Seiendes, aber aus der vielleicht auch die Götter heraustreten – oder haben die Götter es herbeigezitiert? Wie gesagt, er entscheidet sich nicht. Das ist eine hochstilisierte Ausdrucksweise für die Spalte, die da klafft und aus der es ununterbrochen brodelt, die sich aber auch wieder schließen kann und alles, was da brodelt, in sich zurückholen kann. Das heißt, wer so formuliert, steht eigentlich in einem Kontext mit den Mythologien, von denen hier gar nicht die Rede ist: den Chaos und schreckliche Gemetzel stiftenden, aber dann auch wieder alles in sich verschlingenden und Ruhe nach dem Sturm repräsentierenden, zwielichtigen Muttergottheiten der archaischen westlichen und östlichen Tradition.

Das ist kein Privileg des Ostens. Im Gegenteil, der Osten hat sich schnell dazu entschlossen, neben die Kali dann so etwas wie ein Brahman oder ein Nirwana zu stellen, indem aus diesem Schlund ein großes, beruhigendes Abstraktum gemacht wird.[147] Und das hat sich auch in der westlichen Tradition so abgespielt: da ist aus der unterirdischen Gebärgöttin, von der noch Parmenides erschreckt schreibt,[148] sehr bald die ›Große Leere‹ geworden, von der die Atomisten unter den Philosophen sprechen.[149] In ihr bewegt sich alles, in ihr tritt alles zu Konstellationen zusammen, in ihr tritt auch alles wieder auseinander. Das ist dann die abstrakte Formulierung für geboren werden, teilhaben in schrecklichen Vermischungen an dieser Welt, und sterben müssen.[150] Also so hängt es zusammen. Wir dürfen darum auch annehmen, daß die großen Abstraktionen der fernöstlichen Philosophie der Versuch sind, mit dieser Angst vor einer weiblichen Schoßwelt, derer man offenbar einmal sehr bedurft hatte, derer man zu gleicher Zeit aber sehr über geworden ist, fertig zu werden. Unterdrückung, Angst vor dem Unterdrückten, Entleerung der Vorstellungen, die dort Angst bereiten – das ist ein Prozeß, den wir sehr gleichartig im Osten wie im Westen als einen historischen Prozeß beobachten können. Und auch die Reprise dieses Prozesses beschert uns noch einmal Heidegger in dem Buch »Vom Ereignis«.

Also zunächst hier noch einmal: »Die Stimmung ist die Versprühung der Erzitterung des Seyns«, so gehört es zu dem Erahnen. Aber dieses Erahnen geht keineswegs schmerzlos vor sich. Zum Erahnen im ›anderen Anfang‹ gehören alle möglichen Schrecken dazu. Das Erahnen ist nicht nur ein Heraufkommen sehen, sondern ist bereits ein in die Prozesse dessen, was da heraufkommt, Hereingerissen-Werden. Und offensichtlich wird das zugleich bejaht, was sich dort abspielt. Auf Seite 230 wird der ›andere Anfang‹ noch einmal direkt vorgestellt, und da heißt es: »Im anderen Anfang wird alles Seiende dem Seyn geopfert, und von da aus« – von dieser Opferung her – »erhält erst das Seiende als solches seine Wahrheit.« Wir sind jetzt vorbereitet, wir können uns vorstellen, daß jemand, der so argumentiert, zunächst noch einmal zurückbiegt in die Kulte und sagt: Opfern ist keineswegs etwas, was spät, wenn man anders nicht mehr durchkommt, gefordert wird – dann müssen Opfer gebracht werden für den Krieg, für den Sieg –, sondern ist etwas, was noch viel zu wenig gemacht worden ist, was erst in den Kinderschuhen steckt. So wird er später in der kleinen Schrift über den ›Feldweg‹ urteilen, daß es Opfer vor der Zeit und noch zu geringe Opfer gewesen seien.[151] Erst Totalopfer, nämlich »alles Seiende dem Seyn geopfert«, werden dem ›anderen Anfang‹ gerecht. – Plötzlich ist das Gesicht der Kali, wenn Sie so

Vierte Vorlesung

wollen: religionshistorisch gesprochen, hinter den Nirwana-Phantasien, zu denen man immerhin die Apotheose des Nichts noch hatte rechnen können, oder hinter den ganz abstrakten Ursprungsvorstellungen sichtbar. Zugleich aber sind diese Prozesse im ›anderen Anfang‹, den man erst noch erahnt, von einem Getöse begleitet, das mich ebenfalls wieder an die Schilderungen indischer Weltuntergänge und neuer Weltentstehung denken läßt, wenn dort die Göttin Maya in ihrem Namen und im Volksmundgebrauch eben diese Ambivalenz ausdrückt, von der ich hier rede: als große Muttergöttin und zugleich als Vokabel für Schein. Und die Entmächtigung dieser großen Muttergöttin wird vorgeführt auf eine Weise, die die Eva-Rippen-Schöpfung aus dem Leib des Adam bei weitem übertrumpft. Nämlich die Götter eines bestimmten Götterzeitalters – Vischnu, Schiwa, und so fort – werden angegriffen von den indischen Titanen, den Widergöttern, und sind, da sich kein Prometheus auf ihre Seite stellt, in großer Gefahr. Und daraufhin erzeugen sie mit ihren Qualitäten die Maya, die große Maya, die also sozusagen ihr glänzender, gemeinsamer Abhub ist, und diese besiegt die Widergötter in einem schrecklichen Spektakel. Sie können das nachlesen in der Schilderung, die Heinrich Zimmer in dem gleichnamigen Buch »Maya«[152] gibt. – Also diese hier beschworene Große Mutter, die für sie eintreten soll – und dieses in einem schrecklichen Untergangsgemälde, einer großen Weltuntergangsaktion dann auch tut: die Widergötter trompeten, und dabei zerspringen die Welten und alle Sphären –, wird mit einer kleinen Drehung der Geschichte als selber der ›Ersprühung des Erzitterns‹ der indischen Götter entspringend angegeben. Sie zittern in der Tat, und sie sprühen alle ihre Qualitäten auf eine Stelle, wo aus der Illusion dann auf Zeit die Realität wird, die anschließend in der Meditation wieder in die Illusion, in den bloßen Schein zurückverwandelt werden kann. Das klingt exotisch, ist aber ganz real und ganz naheliegend. Sie tun es ja alle auch. Nicht wahr, die Aufgipfelung des Schreckens: Was bleibt? Entweder sich von ihm zerreißen zu lassen oder ihn für nichtig zu erklären. Der für nichtig erklärte Schrecken kommt natürlich immer wieder. Und ein solches Übertrumpfungsbuch wie »Vom Ereignis« ist dann natürlich auch so zu beschreiben, daß es ein Prozeß ist, in dem ununterbrochen das wiederkehrt, was gerade als Schreckensqualität erfolgreich verdrängt zu sein schien.

Heidegger bewegt sich nicht nur in der NS-Bewegung, er bewegt sich auch in einer langen Auseinandersetzung mit dem heimischen Katholizismus. Vom Konvertiten Heidegger, der dann doch nicht konvertiert – das wird ihm nur nachgesagt, aber als es ihm ganz schlecht geht, sucht er seinen Bischof auf und sagt: Ich war doch eigentlich immer ein Kirchenmann –, der da schwankt zwischen den beiden Konfessionen, wird natürlich auch dieser Konfessionsstreit und der Streit um den verborgenen Gott und sein Eingreifen und der Streit um den Gnadenstatus gleich mit ausgetragen in diesem politischen Übertrumpfungs- und Überbietungsbuch. Daß das ein Amalgam ist, ein zusammengebackenes, aus den politischen und den religiösen und den denkerischen und was weiß ich noch Motiven, ist ja genau das, was dieses Buch und die anderen Heideggerschen Veröffentlichungen so sehr zu einem Kollektivbarometer, zu einem Seismographen der deutschen Volksstimmung über mehrere Jahrzehnte weg hat werden lassen. Er, der behauptete, seiner Zeit so unendlich voraus zu sein, hat sie ständig bewußtlos ausgedrückt. Also: dieses Amalgam ist das völkische Amalgam der Zeit, es ist nicht etwas dazugetan, es ist dieses explosive Gemisch aus Mutterkulten und politischen Aufmarschunternehmungen, planmäßig herbeigeführter Entleerung und adventistischer Erwartung, mit der dieses Volk und kein anderes belohnt wird. So müssen Sie es sich vorstellen. Ich werde nicht immer alle Dimensionen zugleich zur Rede bringen, oder sie jedenfalls nur antippen, aber einmal wollte ich es so gesagt haben.

Dieses große begleitende Getöse wird in sehr kitschiger Weise ausgedrückt. Aber das ist nun auch wieder ganz nahe jemandem, von dem Heidegger ebenfalls sehr zehrt und der später auch wieder von ihm zehrt (vieles in der Philosophie sind Symbiosen; der Streit und Krach zwischen den Individuen verdeckt oft die symbiotischen Beziehungen), ich meine den unerträglichen Walter F. Otto, den Tübinger Großmythologen. Sein Buch »Die Götter Griechenlands«[153] ist *das* Buch für den mythologischen Hausgebrauch. Er ist der Mann, der angab, daß er nicht führergläubig sei, sondern zeusgläubig. Und als er das einmal sagte – er pflegte das mit großer Ergriffenheit zu sagen –, sagte ihm der weniger dazu neigende Emigrant Karl Reinhardt: Dann müssen Sie ihm aber auch Stiere opfern.[154] Das hat Walter F. Otto nicht getan, aber er hat in einer seiner Nachkriegsschriften dann das Motiv der Schrift von 1933 über ›Dionysos‹ aufgegriffen: daß man, wenn man der Bewegung nicht angehört, eigentlich nicht reden könne über das, was dort geschieht; man könne eigentlich nicht mitreden über das Sein, wenn man nicht – wenn Sie es nun nicht wissen, kommen Sie wahrscheinlich nicht darauf, und man kann nur hoffen, daß es in dieser Disziplin nicht Schule gemacht hat – einmal einen Jüngling geopfert hat.[155] Also ich kenne die Vita Walter F. Ottos nicht näher. Es bleibt eine dieser Behauptungen, die unglaublich schützen sollen: Ich bin in etwas darin, wo ich niemanden zu mir reinlasse, es sei denn, ihr seid auch schon darin; aber ihr kommt auch nie wieder heraus – also diese adventistischen Gefängnisstrukturen, von denen hier ununterbrochen die Rede ist.

Jetzt muß ich den Kitsch-Satz von Seite 230 noch einmal zitieren: »Der furchtbarste Jubel muß das Sterben eines Gottes sein.« Aber welch ein Schrecken, wenn ein Gott stirbt, und zugleich welch ein Jubel. Nun, Sie wissen, wovon er hier redet. Er hat zwei Stichwortgeber in dieser Zeit: der eine ist Hölderlin, der andere ist Nietzsche. In dieser Zeit werden die ersten Nietzsche-Vorlesungen gehalten, die von 1936 bis 1942 in Auszügen dann veröffentlicht sind in den beiden Nietzsche-Bänden, und es werden die ersten Vorträge über Hölderlin gehalten. Beide werden übertrumpft, Hölderlin und Nietzsche. Welch ein furchtbarer Jubel – das ist aber ein großes Getöse – »muß das Sterben eines Gottes sein.« Bei Heidegger sind die Götter inzwischen dabei, den Vorklang »der Götterentscheidung über ihren Gott« auszuagieren. Das Sein ist jetzt nicht mehr das Subjekt des Erzitterns oder geheim vielleicht auch dessen Objekt, es wird herbeigezittert. Er kann sich da ja nicht entscheiden bis zum Ende. »Das Seyn ist die Erzitterung des Götterns (des Vorklangs der Götterentscheidung über ihren Gott).«[156] Ist das Sein das, was die Götter herbeizittert und das, was sie tun, nämlich eine Götterentscheidung im Götterkampf treffen zu müssen, oder ist das Erzittern des Seins eigentlich das Göttern der Götter? Das meine ich mit dem sich bis zum Ende nicht entscheiden können. Das wird sozusagen konträr geführt, stehengelassen in den letzten Teilen dieses Buches über den letzten Gott und über das Sein. Zum Erzittern der Götter wird nun aber noch etwas sehr Spezifisches gesagt: »Das Seyn ist die Erzitterung dieses Götterns, die Erzitterung als die Erbreitung des Zeit-Spiel-Raumes« – also der Welten, in denen wir leben –, »in dem sie selbst als die Verweigerung ihre Lichtung (das Da) sich er-eignet.«[157] Da geht es nun her und hin. Sie ereignet (das ist jetzt aktivisch gebraucht) sich ihre »Lichtung« (das ist ein Derivat der Aufklärungsmetapher), aber der freie Raum im Wald sei das, was als Nichtverborgenheit, *aletheia*, als Wahrheit seit jeher von ihm behauptet worden war. Sie macht das aber zunächst in einer Weise der »Verweigerung«. Wahrheit ist zunächst nur unter dem Verweigerungsvorzeichen zu haben. Es wird aber ein Hinweis gegeben, warum das so ist: weil sich die Götter – wäre ich Homer (da ist es eine gebräuchliche Vokabel), müßte ich sagen: noch nicht einig sind. Sie sind nämlich erst in dem »Entscheidungsreich für den Kampf der Götter«.[158] Das ist nicht mehr das Dritte Reich als das Entscheidungsreich für den Kampf der Völker, sondern jetzt: das Götterkampf-Reich als Entscheidungsreich. »Dieser Kampf spielt um ihre Ankunft und Flucht«.[159] ›Der Kampf spielt‹: das Kämpfen ist die Schreckensseite, das Spiel ist die große Indifferenz in dieser Schreckensseite. Formulierungen wie diese sind dann Leibformulierungen der jüngsten französischen Nietzsche-Rezeption geworden, die durch Heidegger hindurchgelaufen ist und durch viele ähnliche Vokabelzusammenstellungen, wie hier die von Seite 244 des Buches »Vom Ereignis«. »Dieser Kampf spielt« – er ist also sozusagen eine überweltliche Inszenierung – »um ihre Ankunft und Flucht, in welchem Kampf die Götter erst göttern und ihren Gott zur Entscheidung stellen.«[160] Sie sehen, es geht adventistisch und offensichtlich auch draufschlägerisch zu. Warum sollten sie sonst fliehen? Aber da steht nur die Vokabel Kampf. Das heißt, eigentlich sind wir jetzt erst in der Zuspitzung des Polytheismus drin. Er ist noch nicht von einem Offenbarungsgott überwunden, und diese Überwindung bezeichnet Heidegger auch als ›Verwindung‹. Das ist ein Wort, dessen Gebrauch bei ihm sehr unfreiwillig aufschlußreich ist: Ich verwinde etwas, was mir Schmerzen bereitet. (Hast du es schon verwunden? Nein, noch lange nicht.) Ich überwinde etwas – das ist ein Triumph; etwas zu verwinden heißt, daß man immer weiter damit zu tun hat. Die ›Verwindung der bisherigen Metaphysik‹ wird ihm weiter Schmerzen bereiten, und den Göttern wird offenbar auch diese ihre Entscheidung weiter Schmerzen bereiten. Aber immerhin, er hat an dieser Stelle die Möglichkeit, den Trumpf der Trümpfe auszuspielen, nämlich: dieser eine Gott, den's noch nicht hat und den er den ›letzten Gott‹ nennen wird (das ist dann das vorletzte Kapitel: »Die Zukünftigen«, »Der letzte Gott«, »Das Seyn«, hier in dem Buch »Vom Ereignis«), dieser Gott wird dann unendlich mehr sein als alle Offenbarungsgötter bisher, und er wird zugleich der eigentliche Führer, nämlich der Führer nun der Göttergesellschaften sein, nicht mehr nur ein Menschenführer. Menschenführer werden sich danach bestimmen, wieweit sie derartiges erahnen. Offenbar hat an dieser Stelle der Gefolgsmann Heidegger auch seinen eigenen Führer übertrumpft, denn dieser scheint den idealen Nationalsozialismus nicht so gefaßt zu haben, wie Heidegger ihn faßt.

1936 begegnet Löwith Heidegger das letzte Mal in Rom. Löwith schreibt darüber 1940, als er auf ein Preisausschreiben der Widener Library, Cambridge, Massachussetts, mit den Aufzeichnungen über »Mein Leben in Deutschland vor und nach 1933« antwortet. Ein Bericht, sehr sehr lohnenswert, sehr erschreckend: der Intellektuelle, der dem Arierparagraphen 1933 schon weichen muß, aus Deutschland heraus muß, erst noch in Rom bleibt, dann aus Rom entkommt nach Japan, aus Japan noch rechtzeitig vor Pearl Harbour nach Amerika entkommt, ist vollständig Heidegger-begeistert, bis es passiert. Und er sieht nichts kommen; er schreibt auch, warum er nichts kommen sehen kann. Lesen Sie es nach, es ist fast nicht zu glauben: »Ich las über Nietzsche und Dilthey, Hegel und Marx, Kierkegaard und Existenzphilosophie, philosophische Anthropologie, Soziologie und Psychoanalyse.« – Die Aufzeichnung ist sicherlich noch unvollständig; er ist schon habilitiert, er kann dies alles tun. – »Gegenüber den politischen Verhältnissen war ich indifferent, auch las ich all die Jahre hindurch keine Zeitung, und erst sehr spät nahm ich die drohende Gefahr von Hitlers Bewegung wahr. Ich war politisch so ahnungslos wie die meisten meiner Kollegen.«[161] – Ein großer Geschichtsphilosoph, und liest keine Zeitung; jemand, der Hegel bewundert, liest keine Zeitung. Die ›bürgerliche Morgenandacht‹[162] ist es ja, nach Hegels berühmten Wort, morgens die Zeitung zu lesen. Und es ist tatsächlich sozusagen die Andacht davor, daß einen Augenblick die Öffentlichkeit zu mir ins Haus kommt. Ich hab's gar nicht verdient, ich hab's aber bezahlt, also sie kommt. Man muß sich vorstellen, was es 1940/41 bedeutet – und nur ein so ehrlicher Mann wie Löwith kann es tun –, zu erklären: Ich sah es nicht kommen, ich las damals keine Zeitung. Und nun schreibt er also über den letzten Besuch bei den Heideggers, denn er kannte beide ganz nah: er hatte lange Zeit babygesittet, war nicht nur der Assistent, sondern fast jeden Tag im Haus, gehörte praktisch zur Familie. »Als ich 1936 in Rom war, hielt Heidegger dort im italienisch-deutschen Kulturinstitut einen Vortrag über Hölderlin. Er ging nachher mit mir in unsere Wohnung und war dort sichtlich betroffen von der Dürftigkeit unserer Einrichtung.« – »Hölderlin – Dichter in dürftiger Zeit«, eines seiner späteren Bücher wird heißen: »Heidegger – Denker in dürftiger Zeit«. Also dieses ›dürftig‹ aus dem Vortrag liegt ihm so bitter im Vorbewußten, daß er von der dürftigen Einrichtung spricht, die nun ein ganz kleines Moment von realer Dürftigkeit gegenüber dieser gespielten und inszenierten Dürftigkeit von Denker und Dichter in dieser Zeit hat. – »Vor allem vermißte er meine Bibliothek, die noch in Deutschland war. Am Abend begleitete ich ihn zu seinem Absteigequartier in der ›Hertziana‹, wo mich seine Frau mit steif-freundlicher Zurückhaltung begrüßte. Es war ihr wohl peinlich, sich zu erinnern, wie oft ich früher in ihrem Haus zu Gast gewesen war. Zum Abend hatte uns der Direktor des Instituts ins ›Osso buco‹ eingeladen, und man vermied politische Themen. Tags darauf unternahmen meine Frau und ich mit Heidegger, seiner Frau und seinen zwei Söhnen, die ich als Kinder oft behütet hatte, einen Ausflug nach Frascati und Tusculum. Der Tag war strahlend, und ich freute mich über dieses letzte Zusammensein trotz unvermeidlicher Hemmungen. Heidegger hatte selbst bei dieser Gelegenheit das Parteiabzeichen nicht von seinem Rock entfernt. Er trug es während seines ganzen römischen Aufenthalts, und es war ihm offenbar nicht in den Sinn gekommen, daß das Hakenkreuz nicht am Platz war, wenn er mit mir einen Tag verbrachte. Wir unterhielten uns über Italien, Freiburg und Marburg und auch über philosophische Dinge. Er war freundlich und aufmerksam, vermied aber gleich seiner Frau jede Anspielung auf die deutschen Verhältnisse und seine Stellung zu ihnen. Auf dem Rückweg wollte ich ihn zu einer freien Äußerung darüber veranlassen. Ich brachte das Gespräch auf die Kontroversen in der *Neuen Zürcher Zeitung* und erklärte ihm, daß ich sowohl mit Barths politischem Angriff wie mit Staigers Verteidigung nicht übereinstimmte, weil ich der Meinung sei, daß seine Parteinahme für den Nationalsozialismus im Wesen seiner Philosophie läge. Heidegger stimmte mir ohne Vorbehalt zu und führte mir aus, daß sein Begriff von der ›Geschichtlichkeit‹ die Grundlage für seinen politischen ›Einsatz‹ sei. Er ließ auch keinen Zweifel über seinen Glauben an Hitler; nur zwei Dinge habe er unterschätzt:« – da kommen Sie nicht drauf, wenn Sie das Buch nicht gelesen haben, und auch dann haben Sie es bestimmt gleich wieder verdrängt, so wie ich es jedesmal wieder verdränge, bis ich das Buch neu aufschlage – »die Lebenskraft der christlichen Kirchen und die Hindernisse für den Anschluß von Österreich. Er war nach wie vor überzeugt, daß der Nationalsozialismus der für Deutschland vorgezeichnete Weg sei; man müsse nur lange genug durchhalten. Bedenklich schien ihm bloß das maßlose Organisieren auf Kosten der lebendigen Kräfte. Der destruktive Radikalismus der ganzen Bewegung und der spießbürgerliche Charakter aller ihrer ›Kraft durch Freude‹-Einrichtungen fiel ihm nicht auf, weil er selbst ein radikaler Kleinbürger war. – Auf meine Bemerkung, daß ich zwar Vieles an seiner Haltung verstünde, aber eines nicht, nämlich daß er sich an ein und denselben Tisch (in der ›Akademie für deutsches Recht‹) setzen könne mit einem Individuum wie J.« – also Julius – »Streicher« – das war der Mann vom »Stürmer«, der ›Juden-Streicher‹ –, »schwieg er zunächst. Schließlich erfolgte widerwillig jene bekannte Rechtfertigung (Karl Barth hat sie in seiner *Theologischen Existenz heute* vortrefflich zusammengestellt), die darauf hinauslief, daß alles ›noch viel schlimmer‹ geworden wäre, wenn sich nicht wenigstens einige von den Wissenden dafür eingesetzt hätten. Und mit bitterem Ressentiment gegen die ›Gebildeten‹ beschloß er seine Erklärung: ›Wenn sich diese Herren nicht zu fein vorgekommen wären, um sich einzusetzen, dann wäre es anders gekommen, aber ich stand ja ganz allein.‹«[163] – Er wurde in der Tat im Stich gelassen, aber so drückt er es hier nicht aus, als er der sozusagen für immer eingesetzte Führer der Reichsdozentenschaft und der deutschen Universitäten werden wollte. Das neideten ihm dann wieder Kollegen.[164] – »›... aber ich stand ja ganz allein.‹ Auf meine Erwiderung, daß man nicht gerade ›fein‹ sein müsse, um eine Zusammenarbeit mit Streicher abzulehnen, antwortete er: über Streicher brauche man kein Wort zu verlieren, der *Stürmer* sei doch nichts anderes als Pornographie. Warum sich Hitler nicht von diesem Kerl befreie, das verstünde er nicht, er habe wohl Angst vor ihm. – Diese Antwort war typisch, denn nichts fällt den Deutschen leichter als in der Idee radikal zu sein und in allem Praktischen indifferent. Sie bringen es fertig, *alle einzelnen Fakta* zu ignorieren, um an ihrem *Begriff vom Ganzen* um so entschiedener festhalten zu können und die ›Sache‹ von der ›Person‹ zu trennen. In Wirklichkeit war aber das Programm jener ›Pornographie‹ im November 1938 restlos erfüllt und eine deutsche Realität, und niemand kann leugnen, daß Streicher und Hitler gerade in diesem Punkt eins sind. Auf die Übersendung meines Buches über Burckhardt erhielt ich ebenso wenig wie auf das ein Jahr zuvor erschienene Nietzsche-Buch je eine Zeile des Dankes oder gar eine sachliche Äußerung. Von Japan aus schrieb ich noch zweimal an Heidegger, das erste Mal wegen einer ihn selbst betreffenden Übersetzung von *Sein und Zeit* ins Japanische, das zweite Mal wegen einiger seltenen Schriften, die ich ihm in Freiburg geschenkt hatte und nun vorübergehend benötigte. Auf beide Briefe antwortete er nur noch durch Schweigen. So endete meine Beziehung zu dem Mann, der mich 1928 als den ersten und einzigen seiner Schüler in Marburg habilitiert hatte.«[165]

So, das wollte ich Ihnen nicht vorenthalten. Das gehört zu dem Pathos hier dazu. 1936 geschieht diese Überbietung. Sie geschieht, aber es ist sozusagen noch zu gleicher Zeit die Erklärung: Das wäre es eigentlich, und das gibt die Möglichkeit zu sagen, man hat nicht genug durchgehalten, man hat das Eigentliche verfehlt. Und das ist ja dann auch häufig die Rechtfertigung für alle Folgeunternehmungen: ob sich's nicht doch noch machen ließe, ob nicht doch diejenigen, die da besser durchhalten könnten, sich zusammenschließen könnten. Unterirdisch läuft in den lächerlichsten kleinen Gruppierungen natürlich diese Idee weiter. Und das, meine ich, ist wieder ein Beispiel dafür, wie die Exklusivität der Heideggerschen Überlegung und die Allgemeinheit, also das ganz und gar Exoterische und das scheinhaft Esoterische, wohl übereinstimmen. Kampf um »Ankunft und Flucht, in welchem Kampf die Götter erst göttern und ihren Gott zur Entscheidung stellen.«[166] Dieser Gott ist dann der »letzte Gott«. Das ist natürlich wieder eine Überbietung, und zwar einer Vokabel, die er von Nietzsche hat. Da ist ja der Gott tot, mit dessen Tod das von ihm vorhin zitierte große Getöse einherging. Aber Nietzsche hat nun nicht den letzten Gott, er hat den ›letzten Menschen‹.

Dieser Nietzschesche ›letzte Mensch‹ beschäftigt Heidegger während seiner Nietzsche-Vorlesungen ununterbrochen. Er wird später noch einmal resümieren – und da hat er nichts dazugelernt –, als er 1951/52 wieder Vorlesungen in Freiburg halten kann und im Wintersemester 1951/52 und Sommersemester 1952 die berühmt gewordene Vorlesung hält: »Was heißt Denken?«.[167] Es ist die gleiche Geschichte wie in »Vom Ereignis«: nicht *über* das Ereignis, sondern *vom* Ereignis her. Was heißt Denken? Nicht: Was bedeutet Denken?, sondern: Was heißt uns denken? Quid iubet? Was befiehlt uns, was heißt uns Denken? Die Antwort brauche ich nicht zu wiederholen, in dem Buch »Vom Ereignis« ist sie breit gegeben. Dort ist der ganze erste Teil Nietzsche-Vorlesung, der zweite Teil ist Parmenides-Vorlesung. Das Denken, das sich nicht heißen läßt – das sich dem verweigert, daß es ein Geschenk des Seins sei, und als Ge-denk eigentlich ein Ge-dank zu sein habe, also als Ge-denk eigentlich auch dem Sein zu danken habe, daß es denkt –, das diese Beziehung nicht kennt, ist das Denken, was die letzten Menschen betreiben. Sie haben ein ›verstellendes Vorstellen‹, sie stellen sich ihre Vorstellung vor sich hin und verstellen sich damit den Blick dorthin, wo das Denken vom Sein erfaßt wird. Sie kleben an ihren ›Gegnungen‹, die offensichtlich nicht mehr die ›Gegnet‹ sind. So wird das in der gleichen Zeit in dem Büchlein, der Meditation über die »Gelassenheit« formuliert. Er zitiert natürlich Nietzsche. Ich zitiere Ihnen Nietzsche auch ganz knapp.

»Wehe! Es kommt die Zeit, wo der Mensch nicht mehr den Pfeil seiner Sehnsucht über den Menschen hinaus wirft, und die Sehne seines Bogens verlernt hat, zu schwirren! Ich sage euch: man muß noch Chaos in sich haben, um einen tanzenden Stern gebären zu können. Ich sage euch: ihr habt noch Chaos in euch.« (Das stellt sich nachher aber als Irrtum heraus.) »Wehe! Es kommt die Zeit, wo der Mensch keinen Stern mehr gebären wird. Wehe! Es kommt die Zeit des verächtlichsten Menschen, der sich selber nicht mehr verachten kann. Seht! Ich zeige euch den *letzten Menschen*. ›Was ist Liebe? Was ist Schöpfung? Was ist Sehnsucht? Was ist Stern?‹ – so fragt der letzte Mensch und blinzelt. Die Erde ist dann klein geworden, und auf ihr hüpft der letzte Mensch, der alles klein macht. Sein Geschlecht ist unaustilgbar wie der Erdfloh; der letzte

Mensch lebt am längsten. ›Wir haben das Glück erfunden‹ – sagen die letzten Menschen und blinzeln. Sie haben die Gegenden verlassen, wo es hart war zu leben: denn man braucht Wärme. Man liebt noch den Nachbar und reibt sich an ihm: denn man braucht Wärme. Krankwerden und Mißtrauenhaben gilt ihnen sündhaft: man geht achtsam einher. Ein Tor, der noch über Steine oder Menschen stolpert! Ein wenig Gift ab und zu: das macht angenehme Träume. Und viel Gift zuletzt, zu einem angenehmen Sterben.« (Daß das bei Nietzsche alles immer Selbstanalyse ist und Selbstkritik mit, brauche ich nicht zu sagen, aber es ist vielleicht manchmal nötig darauf hinzuweisen.) »Man arbeitet noch, denn Arbeit ist eine Unterhaltung. Aber man sorgt, daß die Unterhaltung nicht angreife. Man wird nicht mehr arm und reich: beides ist zu beschwerlich. Wer will noch regieren? Wer noch gehorchen? Beides ist zu beschwerlich. Kein Hirt und *eine* Herde! Jeder will das Gleiche, jeder ist gleich: wer anders fühlt, geht freiwillig ins Irrenhaus. ›Ehemals war alle Welt irre‹ – sagen die Feinsten und blinzeln. Man ist klug und weiß alles, was geschehn ist: so hat man kein Ende zu spotten. Man zankt sich noch, aber man versöhnt sich bald – sonst verdirbt es den Magen. Man hat sein Lüstchen für den Tag und sein Lüstchen für die Nacht: aber man ehrt die Gesundheit. ›Wir haben das Glück erfunden‹ – sagen die letzten Menschen und blinzeln. – Und hier endet die erste Rede Zarathustras, welche man auch ›die Vorrede‹ heißt: denn an dieser Stelle unterbrach ihn das Geschrei und die Lust der Menge. ›Gib uns diesen letzten Menschen, oh Zarathustra‹, – so riefen sie – ›mache uns zu diesen letzten Menschen! So schenken wir dir den Übermenschen!‹ Und alles Volk jubelte und schnalzte mit der Zunge. Zarathustra aber wurde traurig und sagte zu seinem Herzen: ›Sie verstehen mich nicht: ich bin nicht der Mund für diese Ohren. Zu lange wohl lebte ich im Gebirge, zu viel horchte ich auf Bäche und Bäume: nun rede ich ihnen gleich den Ziegenhirten.‹« (Hier spricht ein Prophet.) »Unbewegt ist meine Seele und hell wie das Gebirge am Vormittag. Aber sie meinen, ich sei kalt und ein Spötter in furchtbaren Späßen. Und nun blicken sie mich an und lachen: und indem sie lachen, hassen sie mich noch. Es ist Eis in ihrem Lachen.‹«[168]

Soweit also Nietzsche. Das sind die Stellen vom ›letzten Menschen‹, dem Blinzelmenschen, und dieser Blinzelmensch ist für Heidegger der Philosoph, der die Vorstellungen erfindet, mit denen er sich den Zugang zum Sein verstellt. Deswegen blinzelt er, er kann das Sein nicht sehen. Würde er das Sein sehen, gäbe es ja eine Alternative. Gedacht ist sicher daran, daß er dann die Augen weit aufreißen würde; aber real würde es wohl bedeuten, daß er sofort mit Blindheit geschlagen würde. Da war

Platon realistischer: direkt in die Sonne schauen wollen, gibt zunächst eine Erblindung der Augen und läßt herumtorkeln. Also Nietzsche kommt gar nicht zu dieser Frage, es bleibt beim Blinzeln, beim Blinzeln der letzten Menschen. Und dieser Mensch, der anders wäre, also der Übermensch, der über diese letzten Menschen hinausginge, wird nicht angenommen in dieser Passage hier im ›Zarathustra‹. Heidegger interpretiert weiter, dieser Übermensch wäre der Übergang von der Metaphysik zu etwas anderem, Nietzsche hat nur sagen können: Übergang Übermensch. Heidegger ist – ja was? – auf der anderen Seite gelandet, zumindest hat er die Botschaft von der anderen Seite gekriegt. Heidegger ist über Nietzsches Zarathustra hinausgestiegen, indem er nicht mehr nur den abgelehnten Übermenschen denkt, sondern den anderen Anfang, das Erahnen des Erzitterns, das eigentlich das Ergöttern des nun nicht mehr letzten Menschen, sondern letzten Gottes ist. Der Vorgang ist, wiederum überbietend, übertragen von den Menschen, wo es bis zum letzten Menschen abwärts geht, zu den Göttern, wo es bis zum letzten Gott aufwärts gehen wird. Eine perfekte Überbietung. Aber er bleibt an der Nietzscheschen Figur vom Stern kleben.

Er schreibt in dieser neben dem »Feldweg« kitschigsten seiner Veröffentlichungen, nämlich diesem kleinen Bändchen »Aus der Erfahrung des Denkens«, das 1954 erscheint, wo immer links eine Poesiezeile steht mit vier Punkten dahinter, die das ›Geviert‹ ausdrücken sollen: »Wenn das frühe Morgenlicht still über den Bergen wächst«. Rechts kommen dann vier sozusagen vorsokratische Fragmente, vier Gedankensplitter, die aber zugleich aus der Erfahrung des Denkens sind. »*Die Verdüsterung der Welt erreicht nie das Licht des Seyns.*« Zweiter Aphorismus: »*Wir kommen für die Götter zu spät und zu früh für das Seyn.*« Hier biegt er einen Augenblick in die alte Polytheismusthese ein, aber wir lernen ja gerade eine neue Polytheismusthese kennen in »Vom Ereignis«. »*Dessen angefangenes Gedicht ist der Mensch.*«[169] ›Der Mensch das angefangene Gedicht des Seins‹, das klingt etwas anders als die martialischeren Töne davor. Und nun, damit Sie wissen, wo dieser Stern herkommt, er kommt direkt aus diesem fünften Kapitelchen der Vorrede des ›Zarathustra‹: »*Auf einen Stern zugehen, nur dieses.*«[170] Das wäre ja ganz hübsch formuliert, und das würde sehr ernsthaft klingen, hätte es zum Beispiel Cocteau formuliert. Es hat aber nicht Cocteau formuliert, sondern Heidegger. Und in dem Zusammenhang, in dem es hier steht, ist es der pure Kitsch, in diesem Fall Nietzsche-Kitsch, also Zarathustra-Kitsch; das heißt aus ›Zarathustra‹ so übernommen, daß es einen Augenblick klingt, als klänge es, aber das tut's doch nicht, also: Nietzsche nun verkitscht bei Heidegger. »*Denken ist die Einschränkung auf einen Gedanken, der einst wie ein Stern am Himmel der Welt stehen bleibt.*«[171]

Ich will jetzt nicht begründen, warum es unerträglich ist, so zu formulieren, aber ich will sagen, was er damit meint. Diesen einen Gedanken denken, und er könnte aus einem Gedanken zu einem »Stern« werden »am Himmel der Welt«, dazu bedarf es dieser Einschränkung: immer nur auf diesen Stern zuzugehen, der zunächst noch ein imaginärer Stern ist, der aber ein realer über der Welt werden soll. Denken also ist die Ersternung eines derartigen Sterns, wenn Sie so wollen. Das ist die Hoffnung, die sich hier ausdrückt. Und das bedeutet zugleich herausspringen aus aller Realbewegung: ökonomischer, gattungsgeschichtlicher, den Arbeitsprozessen dieser Gattung und ihren Zwängen, aus dem allem herausspringen und sagen: Denkend ließe sich der Stern erdenken, der dann über der Menschenwelt steht. Das ist die allergrößte, sozusagen religionsstifterische Überbietung, die wir hier kennenlernen: nicht nur, daß er sich erfaßt sieht, sondern daß er auch meint – und nun werden Sie besser verstehen, wenn Sie in dem Buch blättern und dort von ›Stiftung‹ und ›Gründung‹ und so weiter ununterbrochen lesen –, derjenige zu sein, der zwar für die ›Vielen‹ nur von ›Gründung‹ spricht, aber eigentlich gründet, der für die ›Vernehmenden‹ von der Hölderlinschen Stiftung spricht (»Was bleibet aber, stiften die Dichter«[172]), aber eigentlich sich selber für den Stifter hält. An dieser Stelle ist die Stufe vom Propheten zum Religionsstifter überschritten. Das wird zugleich mit gebührendem Respekt, also sagen wir: in metaphorischen Einkleidungen gebracht, aber es ist sicher das, was ihn am Leben erhalten hat. Und wiederum: das Exzeptionellste, was Sie sich überhaupt denken können – aber machen Sie einen Sprung und zeihen Sie mich nicht des Ordinären –, daß am deutschen Wesen die Welt genesen nicht nur solle sondern werde, war ja die allgemeine Sentenz. Daß ein Denken, das sich in das Zentrum dieser Bewegung setzt, wenn diejenigen, die diese Bewegung offiziell vertreten, sie zugleich verraten, weil sie es nicht radikal genug tun, dann tatsächlich die Stiftung des Heils sein könnte, ist eigentlich nur die Entsprechung.

Ich will Ihnen zum Abschluß noch das Zitat vorlesen, das zeigt, wie er sich die Realbeziehung zwischen diesen beiden Größen denkt, und zwar aus dem Kapitel über »Die Zu-Künftigen«, »Das Wesen des Volkes und Da-sein«: »Ein Volk ist *nur* Volk, wenn es in der Findung seines Gottes seine Geschichte zugeteilt erhält, jenes Gottes, der es über sich selbst hinwegzwingt und es so in das Seiende zurückstellt. Nur dann entgeht es der Gefahr, um sich selber zu kreisen und das, was nur Bedingungen seines Bestandes sind, zu seinem *Unbedingten* zu vergötzen.« – Also hier eine Absage an die Völkischen, die nicht völkisch genug sind. – »Aber wie soll es den Gott finden, wenn nicht jene sind, die *für* es verschwiegen *suchen*« – das ist jetzt Heidegger und, höflich gesagt: seinesgleichen, aber seinesgleichen gibt es nicht; also es ist der Stifter selber, der so spricht – »und als diese Sucher sogar dem Anschein nach *gegen* das *noch nicht* volkhafte ›Volk‹ stehen müssen!«[173] Das ist jetzt seine ganze Malaise: Hier stilisiert er sich als Widerstandskämpfer. Ich zitiere es nochmal: »Wie soll es den Gott finden, wenn nicht jene sind« – wenn nicht jene Denker existieren –, »die *für* es verschwiegen *suchen* und als diese Sucher« – als diese Gottsucher, das ist ja die gängige Vokabel des Expressionismus, und das ist dann von Rilke bis Groddeck und was weiß ich verbraucht worden – »sogar dem Anschein nach« – aber es ist nur Anschein – »*gegen* das *noch nicht* volkhafte ›Volk‹ stehen müssen!« Gegen das Volk, das noch nicht volkhaft genug ist, das sich nur im vordergründig Völkischen statt im eigentlich Völkischen herumtreibt, das noch nicht den Volksgott gefunden hat, sondern noch immer an Volksgötzen festhält, das noch nicht den »Sprung« gemacht hat zu dem »Zuspiel« des Seins hin, wie das wiederum in zwei Groß-Teilüberschriften dieses Buches heißt. Also, die Übertrumpfung der völkischen, die Übertrumpfung der Prophetenrolle, die Übertrumpfung der Führerqualitäten; und das Ganze zur gleichen Zeit, wenn auch hier larmoyant ausgedrückt, als selbstgemachte Pein, als Verdrängen zugleich der realen Torturen, wird uns das hier als die Tortur eines solchen gottsucherischen Denkwegs vorgespielt.

Wenn ich sage: vorgespielt, meine ich: alles, was kultisch ist, geht nicht ohne Inszenierung. Der ganze NS-Staat war eine riesige kultische Inszenierung, die Massenveranstaltungen dort machten das ästhetische zum Veranstaltungs-Subjekt.[174] Und derjenige, der hier übertrumpft, muß notwendigerweise auch das Buch »Vom Ereignis« zu einem, ob man will oder nicht, Kultbuch machen. Es ist ein Buch, das den Kult, der vorher noch Geschichte hieß, zum Praktizieren, zur Praxis hinüberführen soll, da es noch kein öffentlicher Kult ist, auch wenn er mit den geheimen Vorstellungen der Öffentlichkeit ununterbrochen hier operiert. Denn so, wie er hier schreibt, sind in den letzten Jahren davor viele Artikel in der Zeitschrift »Das Innere Reich« verfaßt. Diese Denkfigur, die ich Ihnen eben vorgeführt habe, ist die allerallgemeinste Figur dort. Wenn Sie etwas darüber in einer heutigen Veröffentlichung nachlesen wollen, so rate ich Ihnen bei Otto Köhler, »Wir Schreibmaschinentäter«,[175] nachzulesen. Es ist eine schreckliche Lektüre, aber es ist eine sehr lehrreiche Lektüre. Da geht es um die Identität der Journalisten vor 1945 und nach 1945. Und

Vierte Vorlesung

fast alle, die die Stellen hatten, die dort angegriffen werden nach 1945 und die eine neue demokratische Erziehung präsentieren sollten, waren vorher Redakteure im »Reich«. Und so wie Heidegger hier formuliert, formuliert er ein bißchen früher, ehe die Wochenzeitung »Das Reich« so formuliert. Die Wochenzeitung »Die Zeit« hat ja in Aufmachung und Anspruch auch nach 1945 versucht, das Volk so anzusprechen, wie »Das Reich« es getan hat, mit dem gleichen Trick: Jeder möge es lesen (so war es mit dem »Reich« wie bei Heidegger überhaupt) und möchte zur gleichen Zeit sich dabei einbilden, er gehört einer ganz kleinen Elite eigentlichen Denkens, eigentlichen Seins, eigentlichen Bescheidwissens an. Also daß das Volk noch ein bißchen mehr Volk zu sein hätte, können Sie im »Zeitalter des Ikaros«[176] bei Giselher Wirsing vor 1945 lesen, und Sie können es in seiner späteren Chefredakteurstätigkeit für »Christ und Welt« auch wieder nach 1945 lesen. Sie sehen, Heidegger formuliert hier durchaus auch deutsche Konstanten über 1945 hinweg.

So. Jetzt nichts weiter, kein Wort dazu. Nächstes Mal springe ich – das ist in jetzt vierzehn Tagen – dorthin, wo Sie nun in das philosophische Zentrum des Heideggerschen Œuvres eingeführt werden, nämlich – ich hatte es lange schon angekündigt, ich muß es einlösen – in die »Fuge«. Das ist sein Ausdruck anstelle von ›System‹, und das ist der Ausdruck, der an die Stelle der ontologischen Differenz tritt. Ich werde Ihnen diesen Zusammenhang in vierzehn Tagen erläutern.

Fünfte Vorlesung
gehalten am 31. Mai 1990

Ich möchte heute zunächst eine philologische Bemerkung, ein Stückchen Heidegger-Philologie im engeren Sinne machen. Das ist nötig, weil im Rahmen unseres Themas, ehe dieses Buch »Vom Ereignis« herausgekommen ist, häufig argumentiert worden ist: Das Ereignis bezeichnet etwas, was eine ganz andere und ganz neue Qualität besitzt im Vergleich zu den historischen Ereignissen, die Heidegger nie als solche benannt hat. Hinter dieser philologischen Einwendung steht natürlich etwas anderes, nämlich zu sagen: Da ist der völkische Heidegger, der eine Zeitlang mitmacht; eines Tages ist er des Mitmachens überdrüssig – wie immer die Motive dafür gewesen sein mögen –, und nun entwickelt er eine ganz andere, vom Sein her gedachte und nicht mehr mit Irrtumsmöglichkeit durch die seiende Realität hindurch ein stabiles Sein ansteuernde Philosophie. Zweierlei müßte also gezeigt werden gegen derartige Einwendungen: einmal, daß keineswegs die »Wende« oder die »Kehre« erst dort erfolgt, wo von »Wende« oder »Kehre« expressis verbis geredet wird, daß sie vielmehr nur ein Herausholen, ein zureichendes Benennen dessen ist, was das Denken gerade in der Zeit seiner politischen Tätigkeit bereits dirigiert hat; und zweitens müßte gezeigt werden, daß die Begriffe keineswegs so gegeneinander abgesetzt sind. Damit möchte ich beginnen und damit dann gleich das andere auch erledigen.

Als Heidegger 1933 Wahlpropaganda treibt, hat er eine stereotype Redewendung, die ich Ihnen in zwei Beispielen vorführe. Die eine findet sich in einer Rede: »Deutsche Männer und Frauen! Das deutsche Volk ist vom Führer zur Wahl gerufen. Der Führer aber erbittet nichts vom Volk. Er g i b t vielmehr dem Volk die unmittelbarste Möglichkeit der höchsten freien Entscheidung: ob es – das ganze Volk – sein eigenes Dasein will, oder ob es dieses n i c h t will.«[177] In der Formulierung fällt schon auf, daß sich der Führer wie das Sein benimmt, also er gibt, er schenkt. Die Entscheidung, die man trifft, ist eigentlich nicht eine selbstgetroffene, sondern sie liegt in einer geschenkten Entscheidung begründet.

Man kann da verschiedene Vokabeln anwenden, man kann sagen: Es ist vorentschieden, man kann sagen: Das Geschenk der Erschlossenheit macht erst ›Entschlossenheit‹ möglich. Das ist bereits die Redeweise von »Sein und Zeit«, die dann aufgegriffen werden wird in dem Nachlaßbuch »Vom Ereignis«. Aber die Entscheidung ist nicht etwas, was vom Subjekt kommt, sie ist dem Subjekt geschenkt; das Subjekt allerdings kann sie verfehlen. Ich fahre fort: »Diese Wahl bleibt mit allen bisherigen Wahlvorgängen schlechthin unvergleichbar.« (Also ich zitiere das auch jetzt darum so, weil wir ja auch auf unvergleichbare Wahlen zusteuern.)[178] »Das Einzigartige dieser Wahl ist die einfache Größe der in ihr zu vollziehenden Entscheidung.« ›Einfache Größe‹, ›Einfachheit‹, einfach das Sein denken oder einfach das Sein sein lassen, also das Sein Sein sein lassen, wenn Sie es ganz ausführlich sagen wollen, ist dann stehende Redewendung der Veröffentlichungen nach dem Zweiten Weltkrieg. »Die Unerbittlichkeit des Einfachen und Letzten aber duldet kein Schwanken und Zögern. Diese letzte Entscheidung greift hinaus an die äußerste Grenze des Daseins unseres Volkes. Und was ist diese Grenze?« Wiederum, es ist nicht die Grenze der daseienden Deutschen, allenfalls Auslandsdeutschtum, nicht Auslandsdeutsche, aber es kommt eine eigentlich in diesem Zusammenhang überraschende Redewendung: »Sie besteht in jener Urforderung alles Daseins, daß es sein eigenes Wesen erhalte und rette.« Es wird an der Stelle nicht ausgeführt, vor wem es zu retten ist. »Damit ist eine Schranke aufgerichtet zwischen dem, was einem Volk angesonnen werden kann und was nicht. Kraft dieses Grundgesetzes der Ehre bewahrt das Volk die Würde und die Entschiedenheit seines Wesens. Nicht Ehrgeiz, nicht Ruhmsucht, nicht blinder Eigensinn und nicht Gewaltstreben, sondern einzig der klare Wille zur unbedingten Selbstverantwortung im Ertragen und Meistern des Schicksals unseres Volkes forderte vom Führer den Austritt aus der« (in Gänsepfötchen, damit man's ja nicht ernst nimmt) »›Liga der Nationen‹. Das ist n i c h t Abkehr von der Gemeinschaft der Völker. Im Gegenteil – unser Volk stellt sich mit diesem Schritt unter jenes Wesensgesetz menschlichen Daseins, dem jedes Volk zuvorderst Gefolgschaft leisten muß, will es noch ein Volk sein.« Also auch dort ist das Führer-Gefolgschaftsprinzip das zwischen Wesensgesetz und Völkern. »Aus dieser gleichgerichteten Gefolgschaft« – ›gleichgerichtet‹: das Wort, das ich mir seinerzeit, als ich mir dieses Buch kaufte, unterstrichen habe – »gegenüber der unbedingten Forderung der Selbstverantwortung erwächst gerade erst die Möglichkeit, sich gegenseitig ernstzunehmen, um damit schon eine Gemeinschaft zu bejahen.« ›Sich gegenseitig ernst nehmen‹ heißt gleichgerichtet sein. Wir werden das nachher wiederfinden in seiner Interpretation einer berühmten Hölderlin-Stelle, ich nenne sie schon mal, damit Sie sie nachher erinnern können, nämlich: »Seit ein Gespräch wir sind«. Das ist die Stelle, die später dafür in Anspruch genommen worden ist, zu sagen: Hier hat er ja die Wendung zur Menschengemeinschaft vollzogen; also auch dort, wir werden es sehen, eine gleichgerichtete. »Der Wille zu einer wahrhaften Völkergemeinschaft hält sich ebenso fern von einer haltlosen, unverbindlichen Weltverbrüderung«, die zusätzlich noch nach einer totalisierten französischen Revolution schmecken würde, »wie von einer blinden Gewaltherrschaft.« (Einer »blinden Gewaltherrschaft«: das ist keine Absage an sehende Gewaltherrschaft, um es nur zwischen den Zeilen zu sagen.) »Jener Wille wirkt jenseits dieses Gegensatzes. Er schafft das offene und mannhafte Aufsich- und Zueinanderstehen der Völker und Staaten.« (›Offen‹ und ›mannhaft‹: Wenn Sie sich überlegen, wieviel Geschlechterspannung auf verkorkste Weise in eine solche Formulierung eingeht, dann kann es Ihnen grausen.) »Die Wahl, die jetzt das deutsche Volk vollzieht« – und nun ist es das erste Mal, daß ich Sie auf das Wort aufmerksam machen möchte –, »ist schon allein als Geschehnis – und noch unabhängig vom Ergebnis – die stärkste Bezeugung der neuen deutschen Wirklichkeit des nationalsozialistischen Staates.« Die Wahl als »Geschehnis«, unabhängig vom Ergebnis; das ›Geschehnis der Wahl‹ ist das Entscheidende. Damit hört die Wahl auf, Wahl zu sein, sie ist ein Geschehnis; im Rahmen dieser Wahl geschieht etwas. »Unser Wille zur völkischen Selbstverantwortung will, daß jedes Volk die Größe und Wahrheit seiner Bestimmung finde und bewahre. Dieser Wille ist die höchste Bürgschaft der Sicherheit der Völker; denn er bindet sich selbst an das Grundgesetz der mannhaften Achtung und unbedingten Ehre.« Warum *das* Volk, *die* Nation unbedingt dem Grundgesetz der mannhaften Achtung gehorchen muß, bleibt das Geheimnis des Redners. »Am 12. November wählt das deutsche Volk als ganzes s e i n e Zukunft.« (Dieses ›seine‹ ist nun von Heidegger gesperrt gedruckt.) »Diese ist an den Führer gebunden. Das Volk kann diese Zukunft nicht so wählen, daß es auf Grund sog. außenpolitischer Überlegungen mit Ja stimmt, ohne auch den Führer und die ihm unbedingt verschriebene Bewegung mit in dieses Ja einzubegreifen.« (Es ist keine staatliche Wahl, es ist eine Führerwahl.) »Es gibt nicht Außenpolitik und auch noch Innenpolitik, es gibt nur den einen Willen zum vollen Dasein des Staates.« Wieder die Ganzheit. Von dieser Ganzheit wissen wir nun aber schon seit »Sein und Zeit«, daß man sie immer nur hat im Vorlaufen in den eigenen Tod. Das verbürgt dort die Ganzheit des Daseins in Angst, in der man vorläuft in den eigenen Tod; so allein kann man ein Ganzes haben. Auch das würde ich bitten in diesem Zusammenhang zu erinnern. Heidegger wählt seine Vokabeln nicht blind. »Diesen Willen« – zum vollen Dasein des Staates – »hat der Führer im ganzen Volk zum vollen Erwachen gebracht«. Also: den ›Willen zum vollen Dasein zum vollen Erwachen‹ bringen. Sie sehen, wie wenig das offenbar die Überzeugung des Autors ist, sonst müßte er nicht diese Vokabeln ständig wiederholen und sich damit auch noch die Sätze kaputtmachen. »Diesen Willen hat der Führer im ganzen Volk zum vollen Erwachen gebracht und zum einzigen Entschluß« – und jetzt sehen wir ihn als den obersten Handwerker seines Volkes dastehen – »zusammengeschweißt. Keiner kann fernbleiben am Tage der Bekundung dieses Willens! Heidegger Rektor.«[179]

Das war der direkte Wahlaufruf an die deutschen Männer und Frauen. Und nun gibt es einen spezielleren, den ich Ihnen nicht ganz vorlese, dazu ist er zu lang, aus dem ich Ihnen jetzt nur zitiere, nämlich »Deutsche Lehrer und Kameraden! Deutsche Volksgenossen und Volksgenossinnen!« Das ist jetzt der Aufruf innerhalb der vormals ›pädagogischen Provinz‹. Da heißt es wiederum von dem Willen, von dem wir bis jetzt schon wissen, daß er »nicht Abkehr von der Gemeinschaft der Völker« bedeutet, »im Gegenteil: Unser Volk stellt sich mit diesem Schritt unter jenes Wesensgesetz menschlichen Seins, dem jedes Volk zuvörderst Gefolgschaft leisten muß, will es noch ein Volk sein. Gerade aus dieser gleichgerichteten Gefolgschaft gegenüber der unbedingten Forderung der Selbstverantwortung erwächst erst die Möglichkeit, sich gegenseitig ernst zu nehmen, um damit auch schon eine Gemeinschaft zu bejahen.« Jetzt kommen wieder die Phrasen von der »haltlosen, unverbindlichen Weltverbrüderung wie von einer blinden Gewaltherrschaft«. Dann kommt aber etwas, was offenbar eine spezifische Beschwichtigung sein will. Jetzt hören wir erstmals eine Gegenstimme in einem solchen Aufruf. »Was geschieht in solchem Wollen? Ist das Rückfall in die Barbarei?« Plötzlich ist die Opposition präsent in der Rede. »Nein! Es ist das klare Bekenntnis zur unantastbaren Eigenständigkeit jedes Volkes. Ist das Verleugnen des Schöpfertums eines geistigen Volkes und das Zerschlagen seiner geschichtlichen Überlieferung?« Absolut berechtigte Fragen. Sie werden gerade von Kollegen Heideggers erhoben, sie stehen in den Blättern, die in dieser Zeit verboten werden. Das ist eine Ansprache, die Heidegger bei der ›Wahlkundgebung der deutschen Wissenschaft‹ machte; die ›deutsche Wissenschaft‹ machte damals eine Wahlkundgebung – einen Augenblick denkt man, man sei noch im Zeitalter der Allegorien, aber es ist viel schlimmer – am 11. November 1933. Also, alle warnenden Stimmen sind einmal schon erhoben worden: »Ist das Rückfall in die Barbarei? Nein!« »Ist das Verleugnen des Schöpfertums eines geistigen Volkes? Nein! Es ist der Aufbruch einer geläuterten und in ihre Wurzeln zurückwachsenden Jugend.« – Das nennt man nun im Wortsinne Regression: in die Wurzeln zurückwachsen. – »Ihr Wille zum Staat wird dieses Volk hart gegen sich selbst und« – nun kommt eine Redewendung, in der er auf das reflektiert, was zum Beispiel in diesem Buch, dem Band 65 der Gesamtausgabe, »Vom Ereignis« geschieht – »ehrfürchtig machen vor jedem echten Werk. Was ist das also für ein Geschehen? Das Volk gewinnt die Wahrheit seines Daseinswillens zurück, denn Wahrheit ist die Offenbarkeit dessen, was ein Volk in seinem Handeln und Wissen sicher, hell und stark macht. Aus solcher Wahrheit entspringt das echte Wissenwollen. Und dieses Wissenwollen umschreibt den Wissensanspruch. Und von da her werden schließlich die Grenzen ausgemessen, innerhalb deren echtes Fragen und Forschen sich begründen und bewähren muß. Aus solchem Ursprung entsteht uns die Wissenschaft.« Also es gibt unendlich viel unechtes Forschen und Fragen, es gibt unendlich viel Wissenwollen; das echte Wissenwollen geht gerade auf das, was hier zu einer Wahl steht, in der es nicht zur Wahl steht, in der es einem vielmehr geschenkt werden kann. Diese echte Wissenschaft »ist gebunden in die Notwendigkeit des selbstverantwortlichen völkischen Daseins. Wissenschaft ist daher die in solcher Notwendigkeit gebändigte erzieherische Leidenschaft, wissen zu wollen, um wissend zu machen. Wissend-sein aber heißt uns« – da wird das erste Mal gespielt mit dem, was in der berühmten Vorlesung »Was heißt Denken?« dem Begriff ›heißen‹ widerfährt: heißen gleich ›wird genannt‹, ›führt den Namen‹, und ›heißen‹ gleich lateinisch iubere, ›befehlen‹, ›heißen‹; das heißt, er legt uns die Verpflichtung auf und nicht nur: bedeutet für uns –, »der Dinge in Klarheit mächtig« – und nun die Frage: Was kommt?; wenn Sie es nicht wissen, können Sie es vermuten; allerdings werden Sie trotzdem einen kleinen Schock bekommen – »und zur Tat entschlossen sein.« Nun wird die Katze aus dem antisemitischen Sack gelassen. »Wir haben uns losgesagt von der Vergötzung eines boden- und machtlosen Denkens«. – Das entwurzelte, das bodenlose Denken ist das der freischwebenden Intelligenz, das sind die damals gebräuchlichen Beiwörter. Man muß nicht ›Jude‹ sagen, wenn man ihn treffen will. – »Wir sehen das Ende der ihm dienstbaren Philosophie. Wir sind dessen gewiß, daß die klare Härte und die werkgerechte Sicherheit des unnachgiebigen einfachen Fragens nach dem Wesen des Seins wiederkehren.«[180] Das, was später technologisch Sachzwang genannt werden wird, ist hier schon einmal präsent. Nun ist es gebunden an das philosophische Werk, das sich zugleich als ein völkisches entpuppt. Werkgerechtigkeit ist gefordert. Diesem Werk muß man sich fügen. Wir werden in der nächsten Stunde auf die »Fuge« stoßen, die zu gleicher Zeit sein Begriff sein wird, der das Wort System ersetzt durch ein zutreffenderes Wort. ›Das Fragen nach dem Wesen des Seins‹ ist hier identisch mit dem Fragen der deutschen Wissenschaft. Das machen Sie sich bitte auch klar. Es ist nicht so, daß am deutschen Wesen die Welt genesen soll, sondern es ist so, daß das deutsche Wesen es ist, das nach dem Wesen des Seins fragt, von vornherein. Daran soll die Welt genesen. Der Umweg ist ursprungsmythisch begründet in einer viel verzwackteren Weise. Das große Geschenk ist hier nur einem einzigen ›Volkstum‹ zuteil geworden.

»Der ursprüngliche Mut in der Auseinandersetzung mit dem Seienden, an diesem entweder zu wachsen oder zu zerbrechen, ist der innerste Beweggrund des Fragens einer« – nun hören Sie es noch einmal ausgesprochen – »völkischen Wissenschaft. Denn der Mut lockt nach vorn, der Mut löst sich vom Bisherigen, der Mut wagt das Ungewohnte und Unberechenbare.« (Das ist dann nachher das Pathos des nachgelassenen, 1936 bis '39 geschriebenen Buches »Vom Ereignis«.) »Das Fragen ist uns nicht das ungebunde Spiel der Neugier«.[181] Ohne Neugier wären wir nicht, vermehrten uns auch nicht, ohne Neugier säßen wir vor allen Dingen nicht in einem Hörsaal statt in einer Höhle. Aber Neugier ist, das wissen wir ja schon von »Sein und Zeit,«[182] bei Heidegger ein defizienter Modus, also ein Modus, der eigentlich ein Defizit, einen Fehlbetrag ausdrückt, er gehört nämlich zu uneigentlichem Sein, er gehört zu den Charakteristika des ›Man-selbst‹, also des vermassten Seins. Das eigentliche Selbst ist nicht neugierig; es ist allerdings auch nicht stoisch, sondern es weiß sich von allem Seienden, auf das man neugierig sein könnte, jederzeit planmäßig zu entleeren, um auf diese Weise sich freizumachen. Denn dieses ›in der Angst das Seiende entgleiten lassen‹, wie er es in »Was ist Metaphysik?«[183] formuliert hat, um auf diese Weise vis-à-vis einem Nichts zu stehen, das sich als das Mysterienwort für Sein entpuppt, ist ein Entleerungsvorgang, und dem entspricht in Massenversammlungen die dort eingeübte Entleerung. Auch die soll ja empfänglich machen für das, was nun gleichgerichtet den Seelen eingepflanzt wird. Hier soll sich der Gleichrichter selber zu Worte melden, dieser Gleichrichter ist das Sein, die Entleerung dient der Empfangsbereitschaft.

Sie sehen, alle diese Worte, die ich eben gebraucht habe, sind technischer Natur, und zwar aus einer ganz neuen Technik, der Radiotechnik genommen: empfangsbereit, gleichgerichtet, Gleichrichter, Gleichregler, und so fort. Die Vorgänge sind nicht nur ursprungsmythischer Natur, sondern sie sind zu gleicher Zeit auch mit den avanciertesten massenmedialen Mechanismen zu Wort gebracht. Und das hat nun realiter die Durchsetzung des NS, ich lasse dahingestellt: ob begleitet oder ermöglicht, sicherlich in dieser Geschwindigkeit so ermöglicht. – Ich mußte neulich daran denken: Als der eine aufsässige Pfeifer kurz vor dem Ausbruch der Bauernaufstände im Elsaß herumgezogen ist und dort in Dörfern, in Schankstuben seine Predigten für Egalität: »Als Adam grub und Eva spann, wo blieb denn da der Edelmann?«,[184] gehalten hat, war das binnen Wochen europäischer Diskussionsstoff. Es hatte sich ohne Massenmedien von Nord bis Süd, von West bis tief in den Osten verbreitet. Das war vor der Erfindung dieser dies begünstigenden Medien. Er hat etwas ausgesprochen, was sozusagen in der Luft lag, und in dieser Weise medial verhält sich nun für die Masse des Mittelstandes Heidegger. Und der Trick ist es, daß dieser mittelständischen Masse zusätzlich eingeredet wird, sie sei das Besonderste vom Besonderen, sie könne zu eigentlicher, wesentlicher Existenz gegenüber den Vielen aufsteigen. Also die Vielen als plötzlich die wenigen Wesentlichen, denen das Erbe anvertraut wird – das ist die erstaunliche Umkehrung, das ist auch die Umkehrung, die über die Reichsrundfunksender läuft und die durch die gesamte Sendung – ›Sendung‹ jetzt auch wieder in dem anderen Sinne als Wort verwendet – des Heideggerschen Œuvre ununterbrochen eingeübt wird.

Einüben, das war noch das altertümliche Kierkegaardsche Wort, »Einübung im Christentum« etwa. Das setzte noch einige Aktivität voraus, obschon es auch darauf zielte, daß man medial wurde, daß man in ein paradoxes Denken geriet, in dem schließlich eine Umkehr unmöglich war. Das hier ist jetzt Einübung in einem außerordentlich breiten Maßstab, es ist ein letztes Mal eine solche Vokabel gebraucht, gerichtet auf Volksempfang. »Das Fragen ist uns nicht das ungebundene Spiel der Neugier. Das Fragen ist uns auch nicht das eigensinnige Beharren im Zweifeln um jeden Preis.«[185] Das tun die Philosophen älterer Couleur. Sie verschließen sich auf diese Weise dem Sendungsbewußtsein. Sendungsbewußtsein wäre nicht schlimm, wenn es tatsächlich nur der eine oder der andere Stifter einer Religion hätte, einer Sekte, einer Heilslehre. Wenn aber gesagt wird: Sendungsbewußtsein setzt dich in den Zustand, an der Stiftung teilzuhaben, in dem du eigentlich zu der ganz allgemeinen Masse gehörst, du wirst, zu ihr gehörend, aus ihr herausgerissen, du bist das Andere zu ihr – in dem Augenblick wird Sendungsbewußtsein nicht demokratisiert, sondern seinerseits im negativen Sinne der Bedeutung dieses Wortes ›vermasst‹ oder ›vervolkt‹, oder wie immer Sie das bezeichnen wollen. Aber fallen wir jetzt nicht in Heideggers eigenen Sprachgebrauch, lesen wir erst einmal weiter. »Fragen heißt uns: Sich aussetzen der Erhabenheit der Dinge und ihrer Gesetze«.[186] – ›Sich aussetzen‹ ist übrigens ein Wort, das in dieser Zeit in der Lyrik einen emphatischen Ton bekommen hatte und das nun hier in einen Zwischenbereich des denkend-dichtenden und leicht angekitschten Sagens zurückgenommen wird. Also, denken Sie beispielshalber an Rilke: »Ausgesetzt auf den Bergen des Herzens. Siehe, wie klein dort«,[187] et cetera, und andererseits ist ›aussetzen‹ gleich ›exponieren‹. Einsamkeit und äußerste Position, die andere nicht einzunehmen wagen, also das Spiel mit einem elitären Avantgardismus ist ebenfalls mit drin. »Fragen heißt uns: Sich aussetzen der Erhabenheit der Dinge« – schon hier bemerken wir, daß sie das eigentlich Dirigierende sind: nicht die ›res‹ des Lukrez,[188] sondern das, was völkisch momentan geschieht – »und ihrer Gesetze« – nicht ihrer Ursachen, sondern »ihrer Gesetze«, der neuen Gesetzmäßigkeit, des neuen Rituals: von Anfang an ist eine Ritualisierung dessen, was geschieht, im Sprachgebrauch mitgehört, mitgewollt, mitgedacht, mitzuhören –, »heißt uns: Sich nicht verschließen dem Schrecken des Ungebändigten und der Wirrnis des Dunkels.«[189] Also: offen sein für Chaos und Terror, das ist auch gleich mitgesagt.

Das, ich erinnere Sie daran, findet dann in dem Buch »Vom Ereignis« eine Formulierung mit einer geradezu kultisch-rituellen Wendung: »Im anderen Anfang« – Sie wissen noch: der eine Anfang, das ist der des Erstaunens: die herkömmliche Philosophie, auch wenn er sich dort etwas vormacht; ich hatte Platon zitiert[190] – »wird alles Seiende dem Seyn geopfert, und von da aus erhält erst das Seiende als solches seine Wahrheit.« Erst das geopferte Seiende: das, was sich selber opfert, erhält den Wahrheitsindex. »Das Seyn aber west als das Ereignis, die Augenblicksstätte der Entscheidung« – so wie wir eine vor uns haben in der Wahl; aber jetzt ist im Augenblick nicht vom Führer, sondern vom Seyn mit ›y‹ die Rede – »über Nähe und Ferne des letzten Gottes. Hier ist in der unumgänglichen Gewöhnlichkeit des Seienden das Seyn das Ungewöhnlichste; und diese Befremdung des Seyns ist nicht eine Erscheinungsweise desselben, sondern es selbst. Der Ungewöhnlichkeit des Seyns entspricht im Gründungsbereich seiner Wahrheit, d.h. im Da-sein, die Einzigkeit des Todes. Der furchtbarste Jubel muß das Sterben eines Gottes sein. Nur der Mensch ›hat‹« – in Gänsepfötchen, denn das ist kein Haben – »die Auszeichnung, vor dem Tod zu stehen, weil der Mensch inständig ist im Seyn: Der Tod das höchste Zeugnis des Seyns.«[191]

»Der furchtbarste Jubel muß das Sterben eines Gottes sein«: das ist diese Chaosbeschwörung, Terror und Chaos; dem soll man sich öffnen in einem unbeschreiblichen Jubel. Sie sehen, wie das alles im Grunde genommen ein finsteres Amalgam ist: da ist Nietzsche zusammengebraut mit der Propaganda der bündischen Jugend seiner Zeit, und das wird angerührt mit der aktuellen NS-Sprachregelung und vorgetragen mit dem Tonfall größerer Tiefe, also dem Tonfall dessen, der als ein anderer Prophet, ein anderer Verkündiger als die kleinen Ortsgruppenleiter oder mittelkleinen Gauleiter auftritt. Er tritt hier als der sozusagen geistige Volksleiter auf. Wenn man sich das klarmacht, dann kann man besser den Sturz verstehen, den es bedeutet, einsehen zu müssen, daß für diese Figur, also den Staatspropheten, das Staatsorakel, kein Bedürfnis ist. Es gibt viele Höfe – so viele auch wieder nicht –, die sich bis in unsere Zeit hinein ein Staatsorakel gehalten haben, also der priesterliche Hof in Tibet zum Beispiel hatte solch eines bis zu dem Moment, in dem er aufhörte zu existieren. Hier wird angestrebt, solch eine Institution noch einmal einzuführen, also sozusagen den ›Vorahner‹ einzurichten.

Ich glaube, ich sollte zu dem Wort einmal etwas sagen, damit Sie sehen, wie wenig sprachlich die Erhabenheit hält, auch in der Geschichte. Wenn Sie auf Wortwurzeln achten und versuchen, dort die Ehrfurcht zu erzielen, dann gelingt das nur bei sehr parteiischer Auswahl. Ein so aufgeladenes Wort wie ›ahnen‹ ist durchaus parallel dem, was ein technisch unverfängliches Wort wie *afficere* im Lateinischen mit Ihrem derzeitigen Slangwortgebrauch des Anmachens verbindet. Also *afficere* ist ja die Übersetzung von ›anmachen‹: es macht einen etwas an, ›sinnliche Erregungen‹ zum Beispiel sind die Affizierungen, Kant gebraucht dieses Wort als Lieblingswort. Es ist so unbestimmt, man weiß nicht, was dort eigentlich affiziert. Und genauso verhält es sich mit dem Wort ›ahnen‹. Schon die Sprachwissenschaft des achtzehnten Jahrhunderts hat herausgefunden, und es stimmt, daß das eigentlich nichts anderes ist als ein ›anen‹, ›anen‹ von der Präposition ›an‹; das, was an einen herankommt, was einen affiziert, das wird in diesem Slangausdruck ›anen‹: das ›ant mich‹ oder ›das ant mir‹, gefaßt. Das wird dann später mit etwas ehrfurchtsvollerer Dehnung gesprochen, also aus dem ›anen‹ wird dann ein ›ahnen‹.[192] So nahe liegt die vermeintliche Distingiertheit (*afficere*) oder gar Erhabenheit (ahnen) der Sprache an der ganz ordinären, unmittelbar handgreiflichen, vom eigenen Körper (auf den ja, wie spätestens Cassirer ausführlich gezeigt hat,[193] aller präpositionale Wortgebrauch zurückverweist) gewonnenen Redewendung. Also das Ahnen ist das, was an einen herankommt. Und das ist dann auch die Wendung, die Heidegger dem gibt. Das Ahnen behält es. Ich ahne etwas, was auf mich zukommt, mein Ahnen ist nicht eigentlich die Bewegung, die vorläuft; es ist keine Aktivität, sondern mein

Ahnen ist ein überscharfes Sensorium für Sich-Näherndes, oder ein sehr breit aufgespanntes Sensorium, also es ist sozusagen ein Radarausdruck und nicht der Ausdruck einer Geheimaktivität. Das nur einmal nebenher. Ich will nicht weiter ablenken. Ich fahre fort.

Also: »Sich nicht verschließen dem Schrecken des Ungebändigten und der Wirrnis des Dunkels«. Wieder geht es an die Adresse einer Außenwelt: in Kauf nehmen, darin gerade die Zeichen sehen für etwas Neues, was sich gebiert. »Um dieses Fragens willen allerdings fragen wir«. – Sehen Sie: es sind immer die gleichen Figuren. Ich interpretiere mal ein Stückchen solcher Rede, als wäre das ein philosophischer Text, und der ist es. Der ist es schrecklicherweise, schrecklicherweise für die Philosophie und schrecklicherweise für Heidegger. Also: Wir fragen um dieses Fragens willen, wir stellen die Seinsfrage, um befähigt zu werden, die Seinsfrage zu stellen. Das meine ich, wenn ich sage: Ich stelle die Seinsfrage. Und was bekomme ich für eine Antwort auf sie? – die Ausarbeitung der Seinsfrage, exemplarisch vorgeführt so schon in Heideggers »Sein und Zeit«. Das Buch unternimmt, die Seinsfrage zu stellen, und die Antwort, die es gibt, ist die Ausarbeitung der Seinsfrage. Das eigentliche Fragen antwortet auf das Fragen, das Fragen wird um des eigentlichen Fragens willen gestellt. Das Fragen, das nicht eigentliches Fragen ist, sucht Antworten, kriegt Antworten. Sie sehen, hier wird auch zweideutig verfahren mit seinem Lehrer, mit Husserl, der ja den intentionalen Gegenstand und den Erfüllungsgegenstand bei allen Akten, zumal natürlich Fragen, schied. Die Antwort auf die Frage ist noch nicht der Erfüllungsgegenstand der Frage. So weit ist das noch eine Husserlsche Figur: um des Fragens willen fragen, also um des eigentlichen Fragens willen, das als Ziel des Fragens ausgegeben wird, fragen. Aber dann ist es zugleich eine Abwehr der Husserlschen Ausarbeitung der Phänomenologie, denn dieses eigentliche Fragen ist ja für Husserl ein völlig unabgeschlossener Horizont phänomenologischer Forschung. Da ist sozusagen die Menschengesellschaft in den sie vertretenden phänomenologischen Forschern unterwegs und findet kein Ende; es wird immer mehr und immer mehr ein unendliches Forschungsprojekt. Und Husserl schwankt dann dazwischen, zu sagen: Ich will aber das Eigentliche finden und ich bin verzweifelt, daß ich es immer wieder in neuen Distinktionen zerbröseln sehe, und der anderen Seite, also dem Pathos Giordano Brunos zu Beginn der Neuzeit: Was für eine unglaubliche Erweiterung, was für ein Reichtum, aus diesem einen kleinen Planetensystem den Blick in eine Unendlichkeit von Sternensystemen zu machen. Das ist wirklich noch das Schwanken bei Husserl: Ich will einen Grund legen, und alles zerfällt. Das ist durchaus expressionistischer Art, denken Sie an Rilke: »Uns überfüllts. Wir ordnens. Es zerfällt./Wir ordnens wieder und zerfallen selbst.«[194] Solcher Gebrauch von Wörtern ist ja immer in den Köpfen der Bildungsschicht in jener Zeit. Und andererseits: Was für eine Stärke, so in die Weite gehen zu können und zu sagen: Auch wenn ich nur einen Schnips von alledem selber herausfinden werde, es ist schon ein Teil in einem großen, unendlichen, nicht abschließbaren, gemeinsamen Werk, das auch diese meine Kleinstaktion mit auflädt. – Also: »Um dieses Fragens willen allerdings fragen wir und stehen n i c h t zu Diensten den Müdegewordenen und ihrer behäbigen Sucht nach bequemen Antworten«. Die »Sucht nach bequemen Antworten«. Wir würden ja denken: es ist eine Sucht, unablässig nach dem Fragen zu fragen, aber hier ist die Sucht etwas, was zum Negativ des eigentlich süchtigen, dieses eigentlich nicht zu Ende kommenden, einerseits Weite vorspiegelnden, andererseits regressiven Prozesses gehört. »Wir wissen, der fragende Mut, Abgründe des Daseins zu erfahren und Abgründe des Daseins auszuhalten, ist an sich schon h ö h e r e Antwort als jede allzu billige Auskunft künstlich gebauter Gedankensysteme.«[195] Es ist also wiederum ein Echtheitszeichen, daß man Abgründe des Daseins aushält, 1933. Diese feigen Intellektuellen, die da das Land teils verlassen und sich nicht erschlagen lassen wollen, und andere, die darüber sich entrüsten, was ihnen widerfährt. Sie sehen, wie recht Löwith hatte, als er sagte: es identifiziert sich die Philosophie mit dem politischen Denken, es ist nicht zweierlei.

Nun fragen wir uns natürlich, was an Stelle eines künstlich gebauten, intellektuellen Gedankensystems tritt, und das dann ist exakt die Stelle, an der die Antwort: die »Fuge«, gegeben wird. Mit der »Fuge« werden wir uns, ich sagte es schon, bald zu beschäftigen haben. ›Höhere Antwort‹: das Tiefere ist das Höhere, Ursprungsmythos und Idealismus sind im Grunde eins. Die Suche nach den Ursprüngen ist zugleich die Erhöhung dieser Ursprünge. Die idealistische Ansetzung der Ursprünge und ihre schreckensvolle Vertiefung sind ein und der gleiche Akt. Natürlich kann das auseinandertreten, aber wehe, wenn wir unter zwei Gesetzmäßigkeiten plötzlich stehen. Auch sonst in der Sprache sind hoch und tief häufig das gleiche Wort. »Vom Gegensinn der Urworte« heißt die kleine Notiz bei Freud. Denken Sie an das lateinische altus, was ›hoch‹ und ›tief‹ heißt, denken Sie an das deutsche ›Boden‹, den Sie unter den Füßen haben und unter dem Dach über dem Kopf; also es sind lauter Begriffe, die zeigen, daß der erhöhte Ursprung und der durch Tiefe legitimierte Ursprung ein und der gleiche sind. Und das, was Sie sozusagen in der Vertikalen ununterbrochen machen, auch gedanklich machen, das tun Sie in der

Horizontalen leider auch: das ist also der Ursprung hinter Ihnen in der Geschichtstiefe, den Sie nach vorn klappen, damit Sie einen Echtheitsbeweis dadurch bekommen, daß Sie die Zukunft, die auf Sie zukommt, verschlingt. Also ob Sie sagen: Ich opfere mich für die Zukunft, oder ob Sie sagen: Ich opfere mich für die Ursprünge hinter mir, das ist ein und das gleiche. Wenn die Zukunft nach dem Modell gebaut ist wie die Ursprünge, denen Sie entronnen sind und in die Sie hineinlaufen, dann ist die Zukunft nichts wert; und wenn die Ideale nichts anderes sind als die Ursprünge, die einen in Chaos und Schrecken zurückfallen lassen, dann sind auch die Ideale nichts wert. Ich wollte nur einmal sagen, daß das tatsächlich ein Mechanismus ist, den mitzubekommen wichtiger ist als herauszufinden, was irgendein bestimmtes Kunstwort in irgendeinem bestimmten, kunstvollen Zusammenhang meint.

»Und so bekennen wir, denen die Bewahrung des Wissenwollens unseres Volkes künftig anvertraut sein soll: Die nationalsozialistische Revolution ist nicht bloß die Übernahme einer vorhandenen Macht im Staat durch eine andere dazu hinreichend angewachsene Partei« – dann stünde sie ja weiter in diesem Parteiengezänk, wie das damals allgemein gebrauchte Wort lautet –, »sondern diese Revolution bringt die völlige Umwälzung unseres deutschen Daseins.« Hier ist also nun tatsächlich die Kehre: von dem Streit zwischen sich behauptenden, einzelnen seienden Parteien, zu einer – die große Umwälzung – völlig anderen Art des Ergriffenseins: »Von nun an fordert jedwedes Ding Entscheidung und alles Tun Verantwortung.« »Von nun an«: also es hat auch ein Moment des Komischen. Aber darauf will ich gar nicht eingehen. Ich will nur sagen: von nun an sind andere Entscheidungen und eine andere Verantwortung gefragt als das, was man bis dahin Entscheidung nannte und Verantwortung. Hier sind wir schon wieder an diesem Mechanismus des ständigen Übertrumpfens und Überbietens; denn insgeheim ist nicht der Sinn des Satzes: ›Jetzt handelt verantwortungsvoll‹, sondern: ›Jetzt handelt mit einer anderen Verantwortung‹; nicht: ›Jetzt entscheidet euch‹, sondern: ›Jetzt lernt erst einmal, was eigentlich Entscheidung ist‹. Wir hatten es ja vorhin schon gehabt: ein Geschenk, das einem zuteil wird, und nicht die mühselige Alternativlösung, der man schließlich selber zustimmt. »Wenn der Wille zur Selbstverantwortung das Gesetz des Miteinanderseins der Völker wird, dann kann und muß jedes Volk für jedes andere Volk Lehrmeister sein« – und nun kommt wieder eine pseudopoetische Wendung: »Lehrmeister sein«, der nachgestellte, in diesem Fall dreifache Genitiv – »des Reichtums und der Kraft aller großen Taten und Werke menschlichen Seins.« Jedes Volk für

Fünfte Vorlesung

jedes andere. Das nehmen wir nun nicht mehr ab, nachdem vorher das Völkische so zugespitzt gebraucht worden war: »Lehrmeister sein des Reichtums und der Kraft aller großen Taten und Werke menschlichen Seins«. Und nun kommt die Wendung, mit der ich dann den Sprung zu Heideggers Hölderlin-Interpretationen machen möchte, um mit dieser philologischen Vorbemerkung beim Ereignis zu landen. »Die Wahl, die jetzt das deutsche Volk zu vollziehen hat, ist schon allein als Geschehnis, noch ganz unabhängig vom Ergebnis« – genauso wie in der anderen Rede –, »die stärkste Bekundung der neuen deutschen Wirklichkeit des nationalsozialistischen Staates. Unser Wille zur völkischen Selbstverantwortung will, daß jedes Volk die Größe und Wahrheit seiner Bestimmung finde und bewahre. Dieser Wille ist höchste Bürgschaft des Friedens der Völker, denn er bindet sich selbst an das Grundgesetz der mannhaften Achtung und der unbedingten Ehre. Diesen Willen hat der Führer im ganzen Volke zum vollen Erwachen gebracht und zu einem einzigen Entschluß zusammengeschweißt. Keiner kann fernbleiben am Tage der Bekundung dieses Willens. Heil Hitler!«[196]

Sie sehen, er verschmäht es nicht, die gleichen Wendungen stereotyp wieder zu verwenden, auch wenn er in dieser Rede schon einige Gegentöne beschwichtigt, die er sich als Scheinvorhaltungen vorher selber nennt. Zurück zu dem Satz, mit dem wir das Jahr 1933 verlassen wollen. »Die Wahl, die jetzt das deutsche Volk zu vollziehen hat«: nicht, daß das deutsche Volk wählt, es hat eine Wahl zu vollziehen. Es ist die bürokratische Ausdrucksweise auch ganz selbstverständlich in dieses philosophische Quid pro quo, in diese Pseudo-Denkunternehmung hier eingewandert: eine Wahl, die das Volk zu vollziehen hat. Der Vollzug dessen – auch in der Rilkeschen Sprachphilosophie wimmelt es von Vollzügen – hat, da man nicht genau weiß, welch imaginäres Amt hier zur Bekräftigung aufgeboten ist, einen viel konstitutiveren Sinn, als würde bloß eine Tätigkeit beschrieben. Also: »Die Wahl, die jetzt das deutsche Volk zu vollziehen hat, ist schon allein als Geschehnis« – ›geschehen‹, ›Geschehnis‹ –, »noch ganz unabhängig vom Ergebnis, die stärkste Bekundung der neuen deutschen Wirklichkeit des nationalsozialistischen Staates.«[197] ›Neue deutsche Wirklichkeit‹, ›stärkste Bekundung‹; sie bekundet sich in einem Geschehnis, das unabhängig davon ist, daß es sich hier um eine Wahl handelt. Also die Abwertung der Wahl ist das sozusagen objektive, das äußere, das auf den Umgang mit Seiendem bezogene Moment dieser Aussagen. Abwertung der Wahl und die Aufwertung des Geschehnisses, das sich hierin bekundet und das über den Wahlvorgang weit hinausgreift. Das bitte ich Sie festzuhalten.

Springen wir über zu Hölderlin. Wenn jemand argumentiert, daß Heidegger mit der Verwendung des Wortes ›Ereignis‹ sich das Philosophische vorbehalten hat, wo das Sein selber die Fügung eines derartigen Ereignisses besorgt – das Wort ›Fügung‹ ist dafür vorbehalten in der Passage über ›Fug‹, ›Fuge‹, ›Verfügung‹, ›Fügung‹, die wir vielleicht doch noch heute kennenlernen werden –, dann sollte man sich klarmachen, was geschieht: objektiv, sozusagen sachlich, handelt es sich um eine Abwertung der Wahl, aber etwas ganz anderes geschieht, ein Geschehnis, das weit darüber hinausgreift. Es fragt sich, warum diese Worte nicht auch dort stehen, nicht auch dort bleiben, wo er von der NS-Wirklichkeit weg das eigentliche Subjekt der Ereignisse in die Seinsgeschichte oder den Hölderlinschen Götterhimmel verlagert. Wenn wir die Ausgabe »Erläuterungen zu Hölderlins Dichtung« nehmen (Copyright 1951, aber es ist bereits die zweite Auflage), dann sehen wir an prononcierter Stelle tatsächlich dort das Wort ›Ereignis‹ stehen.[198] Wenn wir aber auf die Texte zurückgehen, die noch in der NS-Zeit veröffentlicht worden sind, dann steht das Wort ›Ereignis‹ dort in der Tat noch nicht. Der entscheidende Text, in dem das Wort ›Ereignis‹ in der späten Klostermann-Ausgabe steht, ist »Hölderlin und das Wesen der Dichtung«. Dieser Text erscheint im Dezember 1936, und es ist genau die Rede, die Löwith in Rom gehört hat; schon darum finde ich es wichtig, Ihnen ganz kurz diese Rede zu skizzieren. Denn sie war ja die Vorgabe für die Unterhaltung, die ich Ihnen das vorige Mal skizziert hatte. In dieser Rede, um das zunächst simpel vorwegzunehmen, steht an prononciertem Ort einmal: »Der Satz: Die Sprache sei das Grundgeschehnis des menschlichen Daseins, hat damit« – wir werden sehen, womit – »seine Deutung und Begründung erhalten.«[199] Und dann noch einmal: »Die Sprache ist nicht ein verfügbares Werkzeug, sondern dasjenige Geschehen, das über die höchste Möglichkeit des Menschseins verfügt.«[200]

1936 ist sie gedruckt, und zwar in »Das Innere Reich. Zeitschrift für Dichtung, Kunst und deutsches Leben«, herausgegeben von Paul Alverdes und Karl Benno von Mechow. Im Dezember-Heft wird diese Rede aus Rom abgedruckt. Da heißt es »geschehen« und »Geschehnis«. In der Wiederauflage, nachdem also 1936 bis '39 Heideggers Buch vom ›Ereignis‹ geschrieben ist, wird dieses Wort als das angemessene in die Redaktion früherer Texte eingetragen. Das heißt, es gibt nicht eine Wende, einen Abbruch, wo man sagt: Für das eine war ›Geschehen‹ reserviert und für das andere wird ›Ereignis‹ gesagt, sondern nachdem die Ereignisvokabel sich für ihn selber durchgesetzt hat, trägt er sie rückwirkend in Passagen ein, in denen er noch ›Geschehen‹ und ›Geschehnis‹

gesagt hatte, ganz genau so, wie wir es eben aus den von mir vorgelesenen Wahlaufrufen von 1933 kennengelernt haben. Die Kontinuität ist voll da, nur daß die verbalsubstantivische Wendung ›das Geschehen‹ – und auch die von Mal zu Mal wechselnde Bedeutung der Geschehnisse, die als Teil eines solchen Geschehens wichtiger sind als das, was sie objektiv, ontisch also, bedeuten – der überhöhten Einmaligkeit Platz macht: Es ist Ereignis, und es ist nun auch dort Ereignis, wo bisher nur von Geschehen oder Geschehnis die Rede war. Es gibt keinen Schnitt, es ist ein Übergang mit nachträglicher Redaktion, und das ist am deutlichsten kenntlich in »Hölderlin und das Wesen der Dichtung«. Aus zwei Gründen will ich Ihnen diesen einen Aufsatz, diese eine Rede in Auswahl zitieren: einerseits weil es die Rede ist, bei der es Löwith schauderte, und zweitens, weil es die Rede ist, an die in der Nachkriegs-Heidegger-Rezeption sich die Vorstellung einer Wendung zur aufgeschlossenen Diskussion, zum Verlassen des solipsistischen Standortes, zur Gemeinsamkeit, die nicht mehr mit völkischer Gemeinschaft zu verwechseln sei, geknüpft hat.

Also ich zitiere »Hölderlin und das Wesen der Dichtung«. Er tastet sich voran an ›fünf Leitworten‹, kurzen Hölderlin-Zitaten. Einmal: »Dichten: ›Diss unschuldigste aller Geschäfte‹.«[201] Warum überhaupt ›Dichten‹? Warum Hölderlin? Die Antwort ist leicht: »Hölderlin ist uns in einem ausgezeichneten Sinne der Dichter des Dichters.«[202] Das ist das, was er für sich als Auszeichnung in Anspruch nimmt: der Denker dessen zu sein, was Denken ist; also die Reflexion auf alles bisherige Denken, die Verabschiedung als der Weg in ein denkerisches Neuland. So könnte man es neutral zunächst benennen. Dann der zweite Entwurf, das zweite Bruchstück: »Darum ist der Güter Gefährlichstes, die Sprache dem Menschen gegeben ... damit er zeuge, was er sei ...«[203] »Inwiefern ist aber die Sprache ›das gefährlichste Gut‹?« »Sie ist die Gefahr aller Gefahren, weil sie allererst die Möglichkeit einer Gefahr schafft.« Und jetzt kommt eine Antwort, die Sie verblüffen wird: »Gefahr ist Bedrohung des Seins durch Seiendes.«[204] Das ist Gefahr. So wird 1936 argumentiert, zweibödig: das Seiende, das das Sein gefährdet, sozusagen die philosophische Gefahr; und diejenigen, die die Bewegung nicht Bewegung sein lassen wollen – auch Hölderlin wird hierfür gebraucht –, verstellen mit ihren kleinlichen Forderungen die eigentliche Bewegung, die da gemeint ist. »Nun ist aber der Mensch erst kraft der Sprache überhaupt ausgesetzt einem Offenbaren, das als Seiendes den Menschen in seinem Dasein bedrängt und befeuert und als Nichtseiendes täuscht und enttäuscht. Die Sprache schafft erst die offenbare Stätte der Seinsbedrohung und Beirrung und so die Möglichkeit des Seinsverlustes, das heißt – Gefahr.«[205] Die Sprechenden – wir können ja noch folgen – schaffen sich erst eine »offenbare Stätte« (›offenbar‹, dieses Wort taucht hier auf, und es wird direkt mit der Konnotation ›offenbaren‹ und ›Offenbarung‹ verwendet), wo man ausgesetzt ist einem Offenbaren, »das als Seiendes den Menschen in seinem Dasein bedrängt und befeuert und als Nichtseiendes täuscht und enttäuscht.« Das ist hier nicht so gesagt, wie Hegel von der Offenbarkeit, der offenbaren Religion, etwa spricht; sie braucht nicht erst eigens offenbart zu werden, sie ist offenbar. Die offenbare Religion steht dem Denker, der in die Offenbarungen eindringt, bereits offen. Es bedarf nicht der Sonderspezies der Offenbarenden. Das ist ein Gedanke vom Ende der »Phänomenologie«.[206] Hier ist nicht gemeint das Offenbare, sondern hier ist wirklich gemeint das Offenbaren. Also, ich sage es noch einmal: »Nun ist aber der Mensch erst kraft der Sprache überhaupt ausgesetzt einem Offenbaren, das als Seiendes den Menschen in seinem Dasein bedrängt und befeuert und als Nichtseiendes täuscht und enttäuscht. Die Sprache schafft erst die offenbare Stätte der Seinsbedrohung und die Beirrung und so die Möglichkeit des Seinsverlustes, das heißt – Gefahr.« Was ist die Gefahr? Sie muß sich »ständig in einen von ihr selbst erzeugten Schein stellen« (ich springe jetzt immer sehr) »und damit ihr Eigenstes« – als ob zu ›eigen‹ es noch eine Steigerung gäbe –, »das echte Sagen, gefährden.«[207] Die Gefahr der Sprache ist es, daß in dem miteinander Reden das echte Sagen verloren geht, was das Eigenste der Sprache ist. »In welchem Sinne ist nun aber dieses Gefährlichste ein ›Gut‹ für den Menschen?«[208] (Also ein Besitztum, ein Werkzeug et cetera; aber das alles ist nicht Gut in einem ursprünglicheren Sinne.) »Die Sprache ist ein Gut in einem ursprünglicheren Sinne. Sie steht dafür gut, das heißt: sie leistet Gewähr, daß der Mensch als geschichtlicher sein kann.« Wie wahr, wie seiend, also wie richtig zunächst. »Die Sprache ist nicht ein verfügbares Werkzeug, sondern dasjenige Geschehen, das über die höchste Möglichkeit des Menschseins verfügt.«[209] Jetzt werden wir schon mißtrauisch, denn wir haben ja eben, '33, drei Jahre vorher, ›Geschehen‹ gehört, und da bekundete sich das Geschehen im Zusammenhang mit einer Wahl: Ist es jetzt in die Hölderlinsche innere Emigration gegangen – das ›Innere Reich‹ legt ja diese Vermutung nahe, und so ist es dann in der Tat ausgelegt worden –, oder wird der Mensch von einer mächtigeren Potenz her gleichgerichtet, als es das Völkische bisher zu sein schien, so daß jetzt das Völkische sein eigenes Völkisches verkennen kann? Das ist ja dann das, was ich Ihnen ebenfalls aus dem Buch über das Ereignis zitiert hatte, nämlich: »Ein Volk ist *nur* Volk, wenn es in der

Findung seines Gottes seine Geschichte zugeteilt erhält«.²¹⁰ Also nicht ein Volk, das sagt: Ich bin Volk, sondern ein Volk, das sich darin findet, daß es wirklich seine Geschichte zugeteilt erhält. Und: »Wie soll es den Gott finden, wenn nicht jene sind, die *für* es verschwiegen *suchen*« – also die Denker wie Heidegger – »und als diese Sucher sogar dem Anschein nach *gegen* das *noch nicht* volkhafte ›Volk‹ stehen müssen!«²¹¹ Also: das NS-Volk, das deutsche Volk dieser Zeit noch nicht volkhaft genug; so entsteht der Anschein, daß er unvölkisch sei, wenn er das wahrhaft Völkische sucht. Das ist die Attitüde des verschmähten Liebhabers, das ist die Attitüde dessen, dem man diese Volkssuche nicht offiziell angeboten hat, und nun muß er sie in Zurückgezogenheit tun. Aber es ist eine splendid isolation, also er kann beispielshalber nach Rom fahren und dort einen solchen Vortrag halten wie den über Hölderlin.

Die Sprache also jetzt »dasjenige Geschehen, das über die höchste Möglichkeit des Menschseins verfügt.« Und da heißt es dann später: Sie ist das Ereignis, das über die höchste Möglichkeit des Menschseins verfügt, die wiederum, wir wissen es von vorhin, zugleich seine tiefste ist. Bei Hölderlin heißt es: »Seit ein Gespräch wir sind / Und hören können voneinander.«²¹² Das ist jetzt das nächste Wort, das er sich vornimmt. Und jetzt wohnen Sie einer atemberaubenden Übung bei: das ›voneinander hören‹ wird um seinen Sinn gebracht. Also: »Die Einheit eines Gesprächs besteht darin, daß jeweils im wesentlichen Wort das Eine und Selbe offenbar ist« – das ist das ›gleichgerichtet‹ von vorhin –, »worauf wir uns einigen, auf Grund dessen wir einig und so eigentlich wir selbst sind. Das Gespräch und seine Einheit trägt unser Dasein.« »Wo e i n Gespräch sein soll, muß das wesentliche Wort auf das Eine und Selbe bezogen bleiben.« Wehe, wenn ein Gespräch entsteht, wo nicht auf das Eine und Selbe das eine wesentliche Wort, das Sie alle gleichgerichtet zu sprechen haben, bezogen ist. »Das Eine und Selbe aber kann nur offenbar sein im Lichte eines Bleibenden und Ständigen. Beständigkeit und Bleiben kommen jedoch nur dann zum Vorschein, wenn Beharren und Gegenwart aufleuchten. Das aber geschieht in dem Augenblick, da die Zeit in ihren Erstreckungen sich öffnet.«²¹³ Hier wird also eine Offenbarung beschrieben, die man fähig sein muß zu ergreifen. Und das Volk, das das nicht vermag, das ist eigentlich schon abgefallen von seinem Volkstum, und eigentlich geschieht ihm recht, wenn es dafür bestraft wird. Das ist wie mit dem ›arbeitenden Tier‹, das ist »dem Taumel seiner Gemächte überlassen, damit es sich selbst zerreiße und in das nichtige Nichts vernichte.« Das war diese schreckliche Formulierung aus den Thesen zur »Überwindung der Metaphysik«, die in den »Vorträgen und Aufsätzen«²¹⁴ abgedruckt sind.

In einer anderen Schrift über Hölderlin (wieder eine Rede, Hölderlins Hymne »Wie wenn am Feiertage ...«, auch noch in der NS-Zeit gehalten) heißt es ganz am Ende: »Hölderlins Wort sagt das Heilige und nennt so den einmaligen Zeit-Raum der anfänglichen Entscheidung für das Wesensgefüge der künftigen Geschichte der Götter und der« – nicht Menschen, sondern jetzt ist auch der Volksbegriff noch einmal überhöht worden – »Menschentümer.«[215] Das Menschentum, die Menschentümer; Menschentümer, die erst sich erfahren durch Offenbarung des Heiligen, und Hölderlin hier als Prophet, bei dem so etwas geschehen ist. Ich fahre fort: »Seit ein Gespräch wir sind – hat der Mensch viel erfahren und der Götter viele genannt.«[216] Bei Hölderlin heißt es: »Viel hat erfahren der Mensch./Der Himmlischen viele genannt,/Seit ein Gespräch wir sind/Und hören können voneinander.«[217] Also, wir erfahren voneinander, wie verschiedene Götter wir haben, das ist zunächst, ohne weiter auf Hölderlins Vers einzugehen, der mitgeteilte, mitteilbare Sinn. Was macht Heidegger daraus? »Seit ein Gespräch wir sind – hat der Mensch viel erfahren und der Götter viele genannt«. Das ist noch ganz richtig paraphrasiert. »Seitdem die Sprache eigentlich als Gespräch geschieht, kommen die Götter zu Wort und erscheint eine Welt.« – »[K]ommen die Götter zu Wort«, das ist schon zweideutig: Reden wir von ihnen oder kommen sie zu Wort? – »Aber wiederum gilt es zu sehen: die Gegenwart der Götter und das Erscheinen der Welt sind nicht erst eine Folge des Geschehnisses der Sprache, sondern sie sind damit gleichzeitig. Und das so sehr, daß im Nennen der Götter und im Wort-Werden der Welt gerade das eigentliche Gespräch besteht, das wir selbst sind.« Jetzt hat sich dieses Gespräch schon sehr reduziert auf einen allerhöchsten Denkanspruch, in dem die erscheinende Sprache sich als gleichzeitig erscheinendes Aussprechorgan der Götter entpuppt. »Aber die Götter können nur dann ins Wort kommen, wenn sie selbst uns ansprechen und unter ihren Anspruch stellen.«[218] Jetzt ist das mit dem Nennen der Götter also ein Antworten. Wiederum, wir müssen sagen: das hat zwar nicht Hölderlin hier gesagt, aber das haben die Religionen der Menschheit natürlich gesagt. Die Götter haben sich offenbart, und nun konnte man sie benennen bis auf den einen Gott, der, nach seinem Namen gefragt, sagte, das ist eine unzureichende Frageweise: »Ich werde sein, der ich sein werde«[219] (so also in der Sinaioffenbarung), und natürlich auch bis auf die Fragen nach Gott, die beantwortet werden mit irgendwelchen Gesten oder mit abweichenden Erzählungen. Also ich spiele an auf zen-buddhistische Koans. Es gibt keine Benennung, die der Erfahrung von Göttlichem gerecht würde. Aber hier wäre das Quälende nicht da, wenn nicht behauptet würde, sie kommen, sie wollen genannt sein. Ich fahre fort: »Aber die Götter können nur dann ins Wort kommen, wenn sie selbst uns ansprechen und unter ihren Anspruch stellen. Das Wort, das die Götter nennt, ist immer Antwort auf solchen Anspruch. Diese Antwort entspringt jeweils aus der Verantwortung eines Schicksals. Indem die Götter unser Dasein zur Sprache bringen, rücken wir erst ein in den Bereich der Entscheidung darüber, ob wir uns den Göttern zusagen oder ob wir uns ihnen versagen.«[220] Jetzt muß plötzlich Hölderlin und dieser unschuldig klare Vers: »Viel hat erfahren der Mensch./Der Himmlischen viele genannt,/Seit ein Gespräch wir sind/Und hören können voneinander«, dafür herhalten, daß wir dank der Götter einrücken in den Bereich der Entscheidung und das in der Verantwortung eines Schicksals. Die Worte kommen uns alle ungeheuer bekannt vor. Wir haben sie ja gerade aus zwei Reden, die er anläßlich einer Wahl hielt, in der es nicht um eine Wahl ging, gehört. Es sind die gleichen Worte wieder, nun ist es das etwas angehobenere oder etwas vertieftere Schicksal. »Von hier aus ermessen wir erst ganz, was es heißt: ›Seit ein Gespräch wir sind ...‹ Seit die Götter uns ins Gespräch bringen, seit der Zeit ist es die Zeit, seitdem ist der Grund unseres Daseins ein Gespräch. Der Satz, die Sprache sei das Grundgeschehnis des menschlichen Daseins, hat damit seine Deutung und Begründung erhalten.«[221] Also, wir sind gar kein Gespräch, sondern die Götter bringen uns ins Gespräch, und das ist – ›indem wir erst in den Bereich der Entscheidung darüber einrücken, ob wir uns den Göttern zusagen oder ob wir uns ihnen versagen‹ – nichts anderes als das Schicksal, das uns da zugemutet wird. Es ist genau wie in der Anrufung des Führers mit seinem Geschenk, es ist genauso das Schicksal, die Zumutung, die Entscheidung hier wie dort.

Nun kommt das nächste Wort: »Wer vollzieht jenes Nennen der Götter?«[222] Und nun ist es nicht mehr der Leitphilosoph, der für die deutsche Wissenschaft die Vorrednerrolle hat, sondern nun ist es Hölderlins Dichter: »Was bleibet aber, stiften die Dichter.« »Aber kann das Bleibende denn gestiftet werden?«, wird scheinhaft gefragt. »Ist es nicht das immer schon Vorhandene? Nein! Gerade das Bleibende muß gegen den Fortriß zum Stehen gebracht werden; das Einfache muß der Verwirrung abgerungen, das Maß dem Maßlosen vorgesetzt werden.«[223] Ich überspringe jeweils, sonst wäre es unendlich lang hier. »Das Maß liegt nicht im Maßlosen.« (Eine Theorie zweier Welten, zweier Wahrheiten; auf die werden wir im Zusammenhang mit der Vorgeschichte der ›Fuge‹ unter dem Stichwort ontologische Differenz kommen.) »Den Grund finden wir nie im Abgrund.«[224] Also, was hier gesagt wird, wäre schrecklich, wenn es stimmte; es stimmt nicht. Denn hätte der Abgrund nicht teil am Grund, hätte das Maß nicht teil am Maßlosen, dann wäre, wenn Sie so wollen, in einer solchen manichäischen Welt tatsächlich der Abgrund verloren, es wäre alles Maßlose von vornherein preisgegeben. Das wäre eine Verwerfungsformel der allerschrecklichsten Art. Es ist in der Tat die Absage an jegliche Dialektik. Das adventistische Denken, das hier durchbricht, ist eine fundamentale Absage an Dialektik: es verwirft unendlich vieles als maßlos. Was dagegen als ›Maß‹ und ›Zucht‹, und später wird es heißen ›Fug‹ und ›Ruch‹ im Gegensatz zu Ruchlosigkeit und Unfug et cetera, aufgeboten werden wird, das hat die ›befeuernde Einfachheit und Härte‹, wie sie zu den kriegerischen Unternehmungen des Volkes in jener Zeit paßt. Maßlos ist das, was wir ›zivilisiert‹ nennen würden in diesem Zusammenhang, und Abgrund ist das, was zurückgewiesen wird im Namen eines Gründens, das sich durch die Götterkämpfe und Göttertode hindurch vollzieht und mit großem Kultgetöse einhergeht, von dem das Kriegsgetöse der Zeit so etwas wie ein irdischer Ableger ist. So müssen Sie sich diese neue Heideggersche Mytho-Ontologie vorstellen. Und dann sehen Sie, wie dort plötzlich umgedacht wird, also der Abgrund ist dann ein solcher Abgrund, wie er in der Nachkriegsgeschichte etwa in dem geflügelten Wort eines ›Abgrunds von Landesverrat‹ beschworen worden ist. Darin kann kein Grund sein. Und die Maßlosigkeit ist die der, ja, Exzeßdenker oder der nicht auf den einen Stern zugehenden – ›nur dieses‹ – monomanen Denker, also die Maßlosigkeit, alles zugleich in Ordnung kriegen wollen zum Beispiel. Die Worte, mit denen Hölderlin hier contra Hölderlin verwendet wird, sind zum Teil auch gegen den Wortgebrauch, den wir ihnen normalerweise zudenken. Aber das stimmt ins System nur allzu gut hinein, denn das ist der ›Man‹-Wortgebrauch, das ist der ordinäre Wortgebrauch derer, die sich nicht zum eigentlichen Selbstdenken aufgerafft haben. »Den Grund finden wir nie im Abgrund.« Also wehe jedem Versuch, eine Psychoanalyse zu treiben. Das wäre von vornherein zum Scheitern verurteilt, genauso wie das »arbeitende Tier«, das »dem Taumel seiner Gemächte überlassen« ist, damit es sich zerreißt. »Das Sein ist niemals ein Seiendes.«[225] Das ist jetzt die zentrale Aussage, die ich Sie festzuhalten bitte, die uns die ganze nächste Stunde über noch beschäftigen wird. Was bedeutet es, daß es eine ontische und eine ontologische Wahrheit gibt? Was bedeutet es, daß das Sein niemals Seiendes, das Seiende niemals Sein ist? Warum diese Trennung, die als die besonders tiefe Einsicht ausgegeben wird?

Sie wäre nicht besonders tief, sondern traditionell sehr wohl bekannt, wenn man sagte: Das ist eben die Differenz von Schöpfer und Geschöpf.

Niemals sind die Geschöpfe der Schöpfer, das wäre also augustinisch. Das könnte einen großen Effekt machen, wenn die Ontologie so verliefe wie die Suche nach dem Schöpfer bei Augustinus in den »Confessiones« verläuft. Er fragt die Bestien des Landes und des Meeres und er fragt die belebte und die unbelebte Natur, und er geht schließlich zurück in die ›weiten Hallen‹[226] seiner Erinnerung – also er begibt sich auf Introspektionsexpedition. Und überall und alles antwortet ihm: »Non sumus deus, et: ›ipse fecit nos‹«,[227] also ›Wir sind nicht Gott, aber er hat uns geschaffen‹. Wäre es nur diese Unterscheidung, wäre es sozusagen das Aufbrechen der alten christlich augustinischen Formeln, die dann auf die des Alten Testamentes zurückgehen, Heidegger spränge hier als sozusagen Uralttheologe aus der Neuontologie heraus. Wenn ich so formuliere, dann ist schon deutlich, daß wir ihm nicht nur weitere Motive, sondern auch noch andere Denkfiguren hier zumuten beziehungsweise abhören müssen. Also: »Den Grund finden wir nie im Abgrund. Das Sein ist niemals ein Seiendes. Weil aber Sein und Wesen der Dinge nie errechnet und aus dem Vorhandenen abgeleitet werden können, müssen sie frei geschaffen, gesetzt und geschenkt werden. Solche freie Schenkung ist Stiftung.«[228] Stiftung als freie Schenkung, nicht von hier, sondern von dort; nur das Volk hat's nicht begriffen, und nun muß er's mit Hölderlin so halten.

Das letzte Wort, mit dem ich schließen muß heute: »Voll Verdienst, doch dichterisch wohnet/Der Mensch auf dieser Erde.«[229] Heidegger argumentiert sehr kurz: »Hölderlin dichtet das Wesen der Dichtung – aber nicht im Sinne eines zeitlos gültigen Begriffes. Dieses Wesen der Dichtung gehört in eine bestimmte Zeit. Aber nicht so, daß es sich dieser Zeit als einer schon bestehenden nur gemäß machte. Sondern indem Hölderlin das Wesen der Dichtung neu stiftet, bestimmt er erst eine neue Zeit. Es ist die Zeit der entflohenen Götter u n d des kommenden Gottes.«[230] Von Ankunft und Flucht war im Götterkampf die Rede (das hatte ich Ihnen vor vierzehn Tagen zitiert) dort, wo die Götter erst ihren einen, letzten Gott ergöttern. Ich erinnere Sie daran, daß der ›letzte Mensch‹ Nietzsches mit seinem Blinzeln, der dem Übermenschen gegenübergestellt wird, hier gleich zweimal überboten wird: einmal nicht Übermensch, der ist nur ein Übergang zu dem, was nachher im Sinne aller bisherigen Subjekt-Denkversuche die radikale »Entmenschung«[231] ist, so auf der letzten Seite des Buches »Vom Ereignis«. Und gesucht wird erst noch, und ist noch nicht gefunden, ›der letzte Gott‹; im Übergang zwischen den fliehenden Göttern, die ihn aber hoffentlich doch bereits gegöttert haben, ist Ahnung des letzten Gottes, also in irgendeiner Weise kündigt er sich schon an. Das Christentum oder welche Offenbarungsreligion auch immer, haben noch nicht den einen Gott gebracht. Hölderlin ist schon im Blick auf ihn, Heidegger setzt diesen Blick fort. »Das ist die dürftige Zeit, weil sie in einem gedoppelten Mangel und Nicht steht: im Nichtmehr der entflohenen Götter und im Nochnicht des Kommenden.«[232] »Dürftig ist die Zeit und deshalb überreich ihr Dichter – so reich, daß er oft im Gedenken an die Gewesenen und im Erharren des Kommenden erlahmen und in dieser scheinbaren Leere nur schlafen möchte. Aber er hält stand im Nichts dieser Nacht. Indem der Dichter so in der höchsten Vereinzelung auf seine Bestimmung bei sich selbst bleibt, erwirkt er stellvertretend und deshalb wahrhaft seinem Volke die Wahrheit.«[233]

Das ist der alliterierende Satz, mit dem die Identifizierung Heideggers mit Hölderlin vollzogen wird. Das ist diese Stellvertretung, für die er von nun an für sich das dichtende Sagen und Denken in Anspruch nimmt. Das ist, wie gesagt, der Rom-Vortrag 1936. Er sagt dem Volk, wie es eigentlich volkhaft werden könnte, er sagt der Bewegung, was sie eigentlich will, hofft, daß diese Impulse, wie er sie, obschon in ›dürftiger Zeit‹, weiter verspürt, wieder erstarken mögen. Aber dazwischen bedarf es des Ausharrens in ›dürftiger Zeit‹. Grund für Löwith, der das gehört hat, sein Heidegger-Büchlein nach dem Krieg zu überschreiben: »Heidegger – Denker in dürftiger Zeit?«. Also, das ist dann die Adaptation, oder Adoption kann man hier geradezu sagen, des Dichters Hölderlin in dürftiger Zeit als Identifikationsfigur Heideggers.

Das sollte eigentlich heute nur die Hälfte der Stunde sein, aber Sie sehen, wie kurz die Stunden sind. Das gehört auch mit zu diesem Problem von Denkern und Dichtern in dürftiger Zeit. Wir werden es nicht so einfach beseitigen können, genausowenig wie diese hier mich und vielleicht auch Sie verfolgenden Identifikationen, die selbstgemachten. Das gleiche Vokabular, die gleichen Denkfiguren: immer ein wenig tiefer, ein wenig höher gelegt, immer wieder die Möglichkeit, daß *die* hier dem *dort* nachkommen, immer wieder der Appell daran, daß es ihnen gelingen möge. Und jegliches katastrophale, in Tod und Massenmord endende politische Geschick, angesichts der Katastrophenwendungen im ›Ereignis‹-Buch, also die schrecklichen Umwälzungen mit ihrem Kultgetöse beim Sterben jeweils eines Gottes, gerechtfertigt als Teil der Initiation in etwas, was immer noch ein Stück weiter, immer wieder noch ein Stück weiter vorausgeschoben wird. Aus der realen Nähe ist die Ahnung des Kommenden geworden. Die Realopfer sind noch zu wenig: das ganze Seiende muß dem Sein geopfert werden. Wir haben es ja eben gelesen. Noch zu wenig haben sich hinausgeworfen in dieses Ausgesetztsein diejenigen, die die Geschicke des Volkes in der Hand haben. Aber eine Ahnung davon bleibt aufgezeichnet in den Schriften des Denkers, und »Vom Ereignis« ist die geschichtstheologische Überhöhung dieses identifikatorischen Zusammenhangs. Ich fahre dann nächstes Mal mit der ›Fuge‹ fort.

Sechste Vorlesung
gehalten am 7. Juni 1990

[ ]
Was ich mir vorgenommen habe, wird für einige von Ihnen vielleicht eine kompliziertere philosophische Unternehmung sein oder auf den ersten Blick als eine solche erscheinen. Aber dabei wird es nicht stehenbleiben. Mir ist nicht darum zu tun, hier ein möglichst genaues Bild der Differenzen zwischen einem Seinsdenker und anderen Seinsdenkern zu zeigen. Wenn ich jemand aus der für Heidegger zeitgenössischen Philosophie hinzuziehe, wie heute wahrscheinlich Nicolai Hartmann, tue ich es, um auf allgemeinere Probleme aufmerksam zu machen. Heidegger wird sich uns heute wahrscheinlich in mehrere Teile zerlegen, und es wird für uns dann wichtig sein, zu fragen: Wie gehören sie zusammen? Das wird uns dann noch einige Zeit, die nächsten Stunden jedenfalls, beschäftigen.

Ich hatte das letzte Mal so etwas wie eine philologische Schlinge geknüpft, also eine, in der miteinander verschlungen sind die Wahlaufrufe, die Aufrufe zum Volksentscheid, zu den großen Herbstwahlen 1933, nachdem die Entscheidung für den nationalsozialistischen Staat schon gefallen war – aber nun geht es um die Grundentscheidung, nun geht es um das ›Grundgeschehnis‹, nun geht es für Heidegger um etwas, was allein dadurch, daß es ein solches Geschehnis ist, seine Bedeutung hat, den ›Sinn‹ hat, um das Wort jetzt das erste Mal zu gebrauchen –, und die Hölderlin-Interpretationen von 1936. Da ist der Vortrag, den er in Rom hält, als der schon halb emigrierte Löwith dort ist, der Löwith dazu befähigt, zu sagen, daß der Nationalsozialismus im Wesen seiner Philosophie liege, was Heidegger ihm bestätigt. Ineinander verschlungen ist das dadurch, daß die Figuren gleich sind, daß wir lediglich fragen können: Ist das, wovon 1933 geredet wurde, jetzt in eine andere Dimension verlegt? Ist es tiefer oder höher angesetzt? Hat er sich abgewendet von den Akteuren auf der politischen Bühne, oder sieht er sie jetzt als die Sendboten eines höher oder tiefer plazierten Schicksals? Also das Problem ist: Hat es sich 1933 um eine Verkörperung gehandelt, an die er nun nicht mehr glaubt, oder ist es das gleiche Prinzip von Verkörperungen und dann wieder sich entkörperndem Schicksal geblieben? Und schon wenn wir sagen: Verkörperungen, wird es ja schwankend: Ist es eine in der Realität, oder ist es eine nur im Gedanken, im Kopf, nur in der Ahnung? Ist, wenn Heidegger ein adventistischer Denker ist, der dort etwas kommen sieht, er unter die Propheten zu rechnen (so sein Selbstverständnis), oder stimmt Tillichs Diktum, daß er mit der Ontologie als der abstraktesten Form der Lehre vom Ursprung dann folgerichtig unter die Ursprungsdenker gerechnet werden müßte?[234] Oder ist er gegenüber einer solchen Distinktion ein neuer Typ? Aber nützen uns überhaupt solche Distinktionen etwas, wenn wir verstehen wollen, was dort passiert? In begrenztem Maße schon, aber sie sind nicht das Ziel, das wir hier erkennen wollen.

Ich wiederhole noch einmal kurz diese philologische Schlinge. Ich zähle einfach auf, was dort war: der erste, begrenztere Wahlaufruf war 1933. Der Führer gibt »die Möglichkeit der höchsten freien Entscheidung«,[235] er schenkt sozusagen das, was nicht über ihn entscheiden soll, sondern überhaupt erst durch ihn zur Entscheidung gestellt werden kann. Kein Vergleich mit sonstigen Wahlvorgängen, kein Schwanken, kein Zögern. Unerbittlich ist das Einfache und Letzte in einem derartigen Geschehen präsent. Die äußerste Grenze des Daseins wird erreicht, also das, was in »Sein und Zeit« im Vorlaufen in den eigenen Tod Grenzen finden und Ganzheit bedeutet hatte. Erste verräterische Worte: »Nicht Ehrgeiz, nicht Ruhmsucht, nicht blinder Eigensinn und nicht Gewaltstreben«[236] diktieren das Geschehen, also das können wir als einen Katalog zeitgenössischer Vorwürfe lesen. Dann Willfährigkeit gegenüber einem Schicksalsgesetz, und zwar in gleichgerichteter Gefolgschaft. Das Prinzip von Führer und Gefolgschaft gilt auch für das Schicksal, leitet das Schicksal. Zu gleicher Zeit ist in vielen anderen gleichgerichteten Begriffen diese Kontamination von gesellschaftlichem Zwang und technischen Möglichkeiten der Zeit. Von da kommt es ja: gleichgerichtet, gleichgeschaltet, das sind neue Vokabeln aus der Sprache der neuen Massenmedien dieser Zeit. Dann: ›offenes und mannhaftes Aufsich- und Zueinanderstehen‹[237] – Ausdruck verdrängter, verkappte Sexualität mit homoerotischem Touch in derartige Kameraderie. Und schließlich: »Die Wahl, die jetzt das deutsche Volk vollzieht, ist allein« schon »als Geschehnis ... die stärkste Bekundung der neuen deutschen Wirklichkeit des nationalsozialistischen Staates.«[238] ›Allein schon als Geschehnis‹: das ist nun eine Wendung – darauf will ich jetzt, weil wir mit dergleichen Zusammenhängen in den nächsten Stunden noch zu tun haben werden, das erste Mal hinweisen –, die deutlich dem lutherischen Arsenal der reformatorischen Theologie entspringt. Es heißt nicht sola fide, ›allein durch den Glauben‹, es heißt nicht sola gratia, ›allein durch die Gnade‹, aber Glaube und Gnade sind ja auf einen Nenner gebracht in dieser Formel ›allein schon als Geschehen‹. Zu gleicher Zeit ist damit die Frage nach, wie man heute sagen würde: politologischen Erwägungen, staatsbürgerlichen Interessen als flach beiseite gewischt, als so flach wie der Staat sich mit allen seinen Aktionen, der übliche Staat, erweist gegenüber dem sola fide und sola gratia in der lutherischen Reformation. ›Stärkste Bezeugung der neuen deutschen Wirklichkeit des nationalsozialistischen Staates‹, nicht des deutschen nationalsozialistischen Staates, sondern ›neue deutsche Wirklichkeit‹. Die deutsche Wirklichkeit hat sich erneuert, der nationalsozialistische Staat bekundet das nur. Darin ›einbegriffen das Ja zum Führer und der ihm unbedingt verschriebenen Bewegung‹.[239] Wieder ein verräterisches Wort, auf das ich letztes Mal so noch nicht aufmerksam gemacht hatte. Dieses ›verschreiben‹ ist ja nicht die Freudsche Fehlleistung, sondern das ist das, was der macht, der einen Teufelspakt schließt: er verschreibt sich jeweils jemandem; auf diese Weise ist es eine verschriebene Bewegung. Also auf die Karikatur des Paktes, die Unterwerfung, die Einseitigkeit in diesem Wort ›verschreiben‹, wollte ich noch einmal aufmerksam machen. Der Führer hat »diesen Willen«, nämlich zum vollen Dasein des Staates, »im ganzen Volk zum vollen Erwachen gebracht und zu e i n e m einzigen Entschluß zusammengeschweißt.«[240] Er also die reale Synthese in dem, was hier geschieht. Das war die erste Rede.

In der zweiten Rede, »Deutsche Lehrer und Kameraden!«, treten noch ein paar Stichworte dazu. Zunächst einmal die Präsenz der Einwände in dieser Zeit: »Ist das Rückfall in Barbarei? Nein!« »Ist das Einbruch der Gesetzlosigkeit? Nein!« »Ist das Verleugnen des Schöpfertums eines geistigen Volkes und das Zerschlagen seiner geschichtlichen Überlieferung? Nein!« Wir wissen von Freud, daß das ›Nein‹ sozusagen das Zertifikat aus dem Unbewußten ist, mit dem eigentlich das bejaht wird, was man sich dort als Frage stellt; bejaht und abgelehnt, hochgebracht, weil er es nicht verschweigen kann und zu gleicher Zeit mit dem ablehnenden ›Nein‹ bedacht. »Aufbruch einer geläuterten und in ihre Wurzeln zurückwachsenden Jugend«.[241] Das ›in ihre Wurzeln zurückwachsen‹ ist der hübscheste Ausdruck für Regression, den ich in den letzten Menschenaltern in der Literatur gefunden habe; also ›zurückwachsen in die Wurzeln‹, dies die Erneuerung der Jugend. Und dazu gehört dann seins dazu, nämlich das ›echte Werk‹, vor dem eine solche Jugend dann Respekt haben wird. Hatte sie nicht. Das war das Problem für das Sich-Zurückziehen respektive Tieferlegen der Fundamente, das war das persönliche Führungsproblem für Heidegger.

Fortsetzung in der zweiten Rede: Neubestimmung der Wahrheit, nämlich das, »was ein Volk in seinem Handeln und Wissen sicher, hell und stark macht«. Wahrheit wird also ganz auf das Volk bezogen. Daraus entspringt alle Wissenschaft. Nur so ist sie »der Dinge in Klarheit mächtig und zur Tat entschlossen«, nur so ist sie »losgesagt von der Vergötzung eines boden- und machtlosen Denkens«, also frei von der jüdischen Intelligenz. »Wir sehen das Ende der ihm«, diesem boden- und machtlosen Denken, »dienstbaren Philosophie. Wir sind dessen gewiß, daß die klare Härte und die werkgerechte Sicherheit des unnachgiebigen Fragens nach dem Wesen des Seins wiederkehren«. ›Unnachgiebiges Fragen nach dem Wesen des Seins‹, und dem wird sofort entgegengestellt eine Aufräumungs- und Bewährungsprobe, die man hier auf dem Boden des Seienden noch zu leisten hat, nämlich: »Der ursprüngliche Mut in der Auseinandersetzung mit dem Seienden an diesem entweder zu wachsen oder zu zerbrechen« – das sind die reaktionären Umstände, die sich gegen das Geschehen stemmen –, »ist der innerste Beweggrund des Fragens einer völkischen Wissenschaft«. Und um diese, und nur um diese, handelt es sich. Das Seinsdenken wird hier unmittelbar in eins gesetzt mit völkischer Wissenschaft. Die völkische Wissenschaft wird dann noch einmal nach zwei Seiten hin charakterisiert: »Fragen heißt uns: Sich aussetzen der Erhabenheit der Dinge und ihrer Gesetze«.[242] Das ist wiederum das, was jetzt gerade völkisch geschieht. Und wir sehen, wie recht ich hatte, oder wie recht er oben hatte mit dem, was von ihm, mit ›Nein‹ versehen, präsentiert worden war, also: »Rückfall in Barbarei?« Ungeist? Traditionseinbruch in Gesetzlosigkeit, Zerschlagen der geschichtlichen Überlieferung? Hier erscheint es jetzt positiv: nicht nur ›sich aussetzen der Erhabenheit der Dinge und ihrer Gesetze‹, sondern sich »nicht verschließen dem Schrecken des Ungebändigten und der Wirrnis des Dunkels«. Umschreibung für Terror und Chaos, die jetzt realiter herbeizitiert werden als Dignitätsbeweis dafür, daß es sich wirklich um ein derartiges Geschehen handelt. »Um dieses Fragens« – nämlich nach dem Wesen des Seins – »willen fragen wir und stehen nicht zu Diensten den Müdegewordenen und ihrer behäbigen Sucht nach bequemen Antworten. Wir wissen, der fragende Mut, Abgründe des Daseins zu erfahren und Abgründe des Daseins auszuhalten, ist an sich schon höhere Antwort als jede allzu billige Auskunft künstlich gebauter Gedankensysteme.« Die Fragen sind schon die Antwort, und das in eins mit der »völlige[n] Umwälzung unseres deutschen Daseins. Von nun an fordert jedwedes Ding Entscheidung und alles Tun Verantwortung. ... Die Wahl ... ist schon allein als Geschehnis ... die stärkste Bekundung der neuen deutschen Wirklichkeit des nationalsozialistischen Staates«.²⁴³ Also wie eine Gebetsformel wird noch einmal das vom ersten Mal wiederholt, und das nun das zweite Mal auch noch von mir wiederholt, nur daß Sie's für das Folgende jetzt im Ohr haben.

Ich sagte: die Wahlaufrufe verschlungen mit der Hölderlin-Interpretation von 1936. Da sieht es so aus, als sei es jetzt nur die innere Emigration. »Das Innere Reich. Zeitschrift für Dichtung, Kunst und deutsches Leben«, so war ja der Titel der Schrift. Fünf Leitworte von Hölderlin, unter dem Stichwort »Hölderlin und das Wesen der Dichtung«. Was kann man sich Abseitigeres denken? Aber natürlich, mit einem gewissen Abstand mündet es wieder in die Beschwörung des wahren Deutschtums und eines Geschehens, das nun noch grundsätzlicher als »Grundgeschehnis« gefaßt wird. Ich hatte das vorige Mal diese Schlinge geknüpft, um zu zeigen: es ist nicht so, daß er in den Hölderlin-Aufsätzen in ein anderes Vokabular springt – jetzt wird das Ereignis wichtig, es ist ja das Jahr, wo das Buch »Vom Ereignis« begonnen wird –, es bleibt bei den gleichen Vokabeln: ›Geschehnis‹, ›Grundgeschehnis‹, wie in den Wahlaufrufen. Erst später wird die Sprachregelung vollzogen, wird der Tonfall noch apodiktischer gemacht, indem in dem unveränderten Nachdruck die Interpunktion wechselt: viele Kommata werden jetzt durch Punkte ersetzt. Wir werden nachher gleich ein Beispiel dafür als Ausgangszitat für unsere folgenden Überlegungen haben. Und es wird nun ›Ereignis‹ oder ›höchstes Ereignis‹ gesagt anstelle von ›Geschehen‹ und ›Grundgeschehen‹. Es kriegt jetzt die Einmaligkeit und die transzendente Weihe: das, was die kategorialen Zuständigkeiten sprengt, was keine Konditionen mehr duldet. ›Geschehen‹ und ›Geschehnis‹ war noch medial, Ereignis wird konditionenfrei gebraucht und behauptet als das, was Konditionen sprengt und setzt. Da hieß es bei Hölderlin: »Dichten: ›Diss unschuldigste aller Geschäfte‹«; also Heidegger bemüht sich dann natürlich auch, den originalen, etwas altertümelnden Wortlaut zu bringen, dadurch wird Hölderlin gleich in die Nähe des Altdeutschen gerückt. Eigentlich handelt es sich für Hölderlin um ein Spiel. Aber dieses Spiel nicht als unverbindliches Spielen im Rahmen der in dieser Zeit erprobten Ernstfälle, sondern das Spiel als ein Rahmen, in dem sich diese auch bewegen. Sie sehen, wie nahe es schon von hier aus liegt, Heidegger später für jene Spieltheorien heranzuziehen, also für jene Theorien, in denen die Subjekte ausgeschaltet werden und es sich um eine Universalspiel-Realität handelt.

Die Sprache andererseits, derer sich der Dichter bedient, ist »der Güter Gefährlichstes«.[244] Sie gefährdet nämlich ihr »Eigenstes, das echte Sagen«.[245] Das »echte Sagen«, in dem, wie es später heißen wird, »die Sprache spricht«, in dem ›das Sein sich bekundet‹, nicht das Miteinanderreden der Geschwätzigen und Neugierigen, noch gar deren Miteinanderreden im Parlament oder in der philosophischen Diskussion. Dementsprechend kann gesagt werden, daß Hölderlins nächstes Wort: »Seit ein Gespräch wir sind«, nachdem nämlich der Götter viele genannt worden sind in diesem Zusammenhang bei Hölderlin, eigentlich ein Geschehen ist, das »über die höchste Möglichkeit des Menschseins« verfügt,[246] denn dieses Gespräch ist nicht unser Miteinandersprechen, sondern es ist eines, das die Götter zur Sprache bringen. Sie fordern die Benennungen heraus, und sie veranlassen in dem, was er hier Gespräch nennt, das echte Sagen. Und dieses ›echte Sagen‹ wird dann für ihn später zu jenem dichtenden Denken, denkenden Dichten werden, ein geklitterter Oberbegriff, in dem er und Hölderlin dann als Protagonisten (als Johannes der Täufer, und natürlich immer noch ein zweiter Johannes der Täufer, das Heil kommt ja von der anderen Seite), also als ein früherer und als ein neuerer Prophet miteinander kommunizieren. Das ›Grundgeschehnis‹ ist jetzt eines, das merkwürdigerweise zum Stehen gebracht wird, so scheint es, wenn wir es wiederfinden unter dem vierten Leitwort: »Was bleibet aber, stiften die Dichter.« Also ein »Grundgeschehnis«, wobei ›der Grund nie im Abgrund gefunden werden kann, Sein niemals ein Seiendes ist‹.[247] Wir werden dieses Zitat uns gleich ausführlicher ansehen, es ist dann unser Absprungbrett für die folgenden Erwägungen. Wir werden mißtrauisch und sagen zunächst: hier ist offensichtlich die Dialektik sistiert, denn was nützt uns ein Grund, den wir nicht im Abgrund finden? Was nützt uns die Rede vom Abgrund, wenn das nicht unmittelbar mit Grund zu tun haben soll? Warum diese Unterscheidung? Keiner der christlichen Theologen wäre damit einverstanden gewesen, und Hegel hätte den christlichen Theologen in diesem Falle Beifall genickt.

Letztes Wort. Wozu »Dichter in dürftiger Zeit?« Wer kann ein Grundgeschehnis zum Stehen bringen? Also: »Was bleibet aber, stiften die Dichter«, und zwar stellvertretend und deshalb wahrhaft für das Volk: derjenige, der sich aufs Schenken, Stiften und Gründen versteht; das ist der Dichter in dieser Interpretation. Soweit also die Wiederholung der Worte vom letzten Mal. Es sieht so aus, als sei er damit von der politischen Bewegung weg in die poetische und poetologische Sprache, in die Ontologie der Sprache statt die Ontologie der Führer-Gefolgschaftsstrukturen in der gleichzeitigen Realität, hinübergewechselt. Aber ich sagte schon: das ist fiktiv. Es sind nicht nur die gleichen Begriffe, es sind nicht nur die gleichen Figuren, es sind auch die gleichen Erwartungen, auch wenn jetzt offenbleiben muß, ob sie besser aufgehoben sind bei den Denkfunktionären als bei den politischen Funktionären, besser bei den poetischen als bei denen, die für den Rechtsstatus des neuen Reiches zu sorgen haben.

Wir wollen uns heute angucken, was eigentlich mit einem Rückgriff wie dem auf Hölderlin passiert. – Zunächst eine seltsame Erwägung. Ich hatte gesagt: wenn er übertrumpft, steht er damit auch in dem Fahrwasser dessen, was real passiert, auch dort übertrumpft *die* Bewegung alle anderen Bewegungen. Diese Realität der Übertrumpfung als sozusagen Ausweis *der* Bewegung dirigiert auch ihn in seinen eigenen Übertrumpfungsvornahmen, oder, werden wir deutlicher sagen müssen, es scheint sich um einen sehr realen Zug der deutschen Wirklichkeit dieser Zeit zu handeln. Wir werden das näher zu bestimmen haben, was in solchen Übertrumpfungen eigentlich vor sich geht. Ich sage jetzt nur ein einziges Stichwort aus einem späteren Büchlein von ihm (einem Drei-, Vierseiten-Aufsatz, er ist aber als Separatum erschienen), nämlich »Der Feldweg«. Dort heißt es, daß die Opfer zu früh und noch zu wenig gewesen seien.[248] Die Übertrumpfung scheint mir im Rahmen eines Opferrituals angesetzt werden zu müssen, dies jetzt vorgreifend bestimmt. – Dann bemerken wir, wenn wir die Vokabeln uns ansehen, daß sie zwischen zwei Polen schwanken, die wir eigentlich für unvereinbar hielten: einerseits sehr starre Begriffe bis hin zum puren Formalismus, also das »Sich-vorweg-sein – im-schon-sein-in … – als Sein-bei«[249] als die allgemeine, von jeder Ausfüllung eines solchen Schemas völlig unabhängige Sorgestruktur bestimmt in »Sein und Zeit«, und andererseits das Insistieren auf Geschehen und Bewegung.

Ehe wir uns das noch selber näher erklärt haben, fällt uns aber auf, daß das zum NS-Staat und der NS-Bewegung dazu gehört. Einerseits das Insistieren auf Bewegung, *die* Bewegung im Gegensatz zu allen anderen, und andererseits die Starre von Ritualen neoklassizistischer Architektur, die Sprödigkeit der dekorationslosen Totentempel und überall errichteten Mahnmale, also die Härte und Unveränderlichkeit des damit beschworenen Dritten Reiches als ewiges Reich und Totenreich zugleich, und simultan damit die Bewegung. Es ist zu wenig, sage ich einmal vorweggreifend, wenn man sagt, das sei auf der Seite der Architektur ja lediglich die Inszenierung, das Bühnenbild, in dem sich Bewegung entfalten kann.[250] Es ist durchaus dieses Zugleich: hier marschierende Massen und dort an ihrem Ort stehende Pylonen mit Schalen darauf und Feuer nach oben; hier die absolute Starre der Figuren ohne Stand- und Spielbein, also ohne Kontrapost, die absolute Starre der Aufmarschierten, und dann die Bewegung des mit der SA imaginierten Volksheeres. Es gehört zusammen. Und wehe denjenigen, die das eine gegen das andere ausspielen wollten, also wehe Röhm und seinen Anhängern in der SA, als sie die permanente Revolution gegen die Starre des inzwischen etablierten Systems ins Feld führten. Sie mußten sämtlich dran glauben. Die Balance, aber Balance ist jetzt das falsche Wort, also das Simultané von Totenstarre und Bewegung durfte nicht zugunsten der einen oder der anderen Seite entschieden werden. Was das bedeutet, ist eine der Fragen, die wir in den nächsten Stunden klären müssen. Wiederum hängt das zusammen – sage ich einmal vorweg – mit Eigentümlichkeiten aller Opferrituale. Aber halten wir fest: Wer Heidegger liest, stößt auf ein geradezu bürokratisch starres Vokabular und zu gleicher Zeit die Behauptung eines Geschehens, das denjenigen, der denkt, erfaßt. Das hat seine Vorläufer, das ist nicht erst bei Heidegger so. Das ist bei dem Erlebnisstrom auf der einen Seite und der anderen Seite bei diesem entsetzlichen Begriffsgerüst der Husserlschen Schriften ganz ebenso. Bei Heidegger wird es bis zum Extrem geführt, und in der NS-Bewegung ebenfalls bis zum Extrem.

Ich nehme jetzt ein Zitat, von dem aus wir einen etwas komplizierteren philosophischen, philosophiehistorischen, fast sollte ich sagen: Rundgang veranstalten müssen, wir müssen nämlich auf eine Reihe von Vokabeln achten und uns dann fragen, wie weit Heidegger mit diesen Vokabeln in seiner Zeit unter den gleichzeitigen Seinsdenkern anerkannt wurde oder nicht: ob das etwas Neues bei ihm war oder nicht, wo das Neue stak. Also es wird etwas komplizierter, aber Sie werden sehen, daß es einleuchtend bleibt.

In dem Aufsatz über »Hölderlin und das Wesen der Dichtung« heißt es: »Dichtung ist worthafte Stiftung des Seins.« »Worthafte Stiftung« gegenüber anderen Stiftungen. Ein schreckliches Wort; kaum kann ein Wort Dichtung ferner sein als das Wort ›worthaft‹, also »Dichtung ist worthafte Stiftung des Seins«. Und jetzt kommen eine Reihe völlig parallel geschalteter Bekundungen, die hier noch mit Kommata zunächst voneinander abgesetzt sind, so daß das Ganze einen vergleichsweise bewegten Eindruck macht. Später werden sie in der Buchausgabe der Hölderlin-Interpretationen starr, Hauptsatz neben Hauptsatz, stehen. Achten Sie bitte auf die Parallelisierung. »Dichtung ist worthafte Stiftung des Seins. Was bleibt, wird daher nie aus dem Vergänglichen geschöpft.«

Bleibendes und Vergängliches sind zwei Bereiche. Aus dem Vergänglichen kann ich nichts Bleibendes schöpfen. Verwerfung also dieser unreinen Wannen und Brunnen, dieser unreinen Quellen, Verwerfung damit der historischen Unternehmungen der letzten zwei Jahrhunderte. Das ist nur auf den ersten Blick Historismus, was hier verworfen wird. Es ist auf den zweiten Blick gerade die Geschichte, als deren Denker er sich inauguriert. Das wird uns noch sehr beschäftigen müssen.»Was bleibt, wird daher nie aus dem Vergänglichen geschöpft. Das Einfache läßt sich nie unmittelbar aus dem Verworrenen aufgreifen. Das Maß liegt nicht im Maßlosen. Den Grund finden wir nie im Abgrund. Das Sein ist niemals ein Seiendes.«[251]

Wer in der Philosophiegeschichte einen Schlenker zurück machen will, wird darauf aufmerksam werden, daß diese Trennung ihn an ein berühmtes Muster erinnert, nämlich das der Kantischen Antinomientafel,[252] wo es eine Reihe ähnlicher Bestimmungen gibt, wie zum Beispiel die des einen, einfachen Wesens, das es geben müsse; damit steht und fällt die einfache Seele, damit steht und fällt die Unsterblichkeit. Auf der anderen Seite das Komplizierte, was sich niemals in so etwas Einfaches auflösen läßt, also der Stoff der Kausalgesetzen unterworfenen Welt. Auf der einen Seite der Anfang von allem, auf der anderen Seite das Anfangslose eines unübersehbaren Weltgetriebes; auf der einen Seite die festen Grenzen, auf der anderen Seite Grenzenlosigkeit. Also wir haben das ›Maß‹ hier und das ›Maßlose‹ und wir haben das ›Einfache‹ und das ›Verworrene‹. Und auf der einen Seite eben, wenn man alles zusammennimmt – ich will jetzt nicht alle vier Antinomien durchgehen –, das Unbedingte und auf der anderen Seite die Bedingtheit. Bei Kant steht auf der einen Seite das ganze Arsenal der alten Theologie, und auf der Seite, die so maßlos und verworren und grenzenlos und anfangs- und endlos erscheint und so Kompliziertes und nichts Einfaches kennt, steht das Pathos der modernen Wissenschaft, dem er sich selber verpflichtet sieht. Da ist es möglich, zu forschen und zu Ergebnissen zu kommen. Links sind es die alten Fragen, die alten Antworten, die er in dieser Scheidung in seiner Antinomientafel sozusagen mit Respekt auf die andere Seite setzt. Die Lösung der Antinomien ist die, daß diese beiden Reiche nichts miteinander zu tun haben. Hier haben sie auch nichts miteinander zu tun. Aber hier wird von einem anderen Konflikt geredet, obschon es noch die auf die alten antinomischen Begriffe verrechenbaren Gegensatzpaare sind.

Ich wiederhole: ›Bleibendes‹, ›Vergängliches‹, ›Einfaches‹, ›Verworrenes‹, ›Maß‹, ›Maßlosigkeit‹, ›Grund‹, ›Abgrund‹, ›Sein‹, ›Seiendes‹. Jetzt können

Sie das auf einer Seite, und natürlich auch auf der anderen Seite, hochlesen, und dann haben Sie den ganzen späten Heidegger hier schon 1936. Dann steht auf der Seite der ›Verworrenheit‹ folgendes: vergänglich, verworren, maßlos, Abgrund, Seiendes. Also das Seiende ist maßlos, ist verworren, ist der Abgrund. In diesem Abgrund des Seienden können wir niemals etwas Bleibendes finden, niemals Maß finden, niemals können wir im Seienden das Sein finden, im Abgrund den Grund; die Verwerfung dieser Wirklichkeit, die Kant zu seinem ganzen Unternehmen beflügelt hatte, und auf der anderen Seite die Installierung. Aber nun fragen wir uns: Wird jetzt etwas Altes installiert, oder wird etwas Neues wie alt, also gleichsam als wäre es alt, installiert? Das wird uns jetzt sehr beschäftigen. Auf der anderen Seite also ein Sein, das zugleich als ›Grund‹ ausgegeben wird. Immer kommt links (wenn wir in unserer Schrift es anschreiben, das erste) die Verworrenheitsseite und dann rechts die stabile Seite. Bei Kant war es übrigens gerade umgekehrt, da war links die stabile Seite und rechts war die reale Instabilität der Welt der Erscheinungen, der Welt des Bedingten, so daß wir sehen können, daß insgeheim bei Kant in der Anordnung so etwas wie eine Fortschrittsprinzip drin ist, wenn wir dem Duktus der Schrift folgen. (Darauf sei nur in Klammern hingewiesen.) Also wir sehen: Abgrund, Seiendes, Maßloses, das ist jetzt nicht die Fortschrittsseite, sondern das ist jetzt die Seite, vor der man sich zu bewahren hat im Einfachen, im Maß, im Grund, im Sein. Die Erwägungen, die hier in der Hölderlin-Interpretation dem Dichter ermöglichen sollen, das Bleibende zu stiften, aber als Sprachrohr eines Grundes, der natürlich nicht er selber ist, greifen eine Reihe von Begriffen auf, die in einer der früheren Heideggerschen Schriften, keineswegs Frühschriften, das erste Mal in diesem Zusammenhang vorgeführt worden sind. Das erste Mal ist eine Dichotomie von Sein und Seiendem, im Zusammenhang der Frage nach dem Grund, vorgeführt worden in einer Schrift, »Vom Wesen des Grundes«, die zwar erst 1931 erscheint, aber ein Copyright in der zweiten Auflage von 1929 hat; also gleichzeitig mit »Vom Wesen der Metaphysik« entsteht dieses »Vom Wesen des Grundes«.

Als Heidegger dieses Buch später nach dem Krieg noch einmal herausgibt, wird er eine kleine Einleitung machen, in der er auf die Gleichzeitigkeit dieser beiden Sachen hinweist, nämlich da wird er schreiben: »Die Abhandlung ›Vom Wesen des Grundes‹ entstand im Jahre 1928, gleichzeitig mit der Vorlesung ›Was ist Metaphysik?‹. Diese bedenkt das Nichts, jene nennt die ontologische Differenz.«[253] Das ist das berühmte Zauberwort, das ich jetzt sehr schnell auf einen, wenn Sie so wollen, es real übersetzenden Begriffsvorschlag bringen möchte, also Sein ist nicht gleich Seiendes,

Seiendes nicht gleich Sein, das ist *die* fundamentale, hier ontologisch genannte Differenz. Wir werden uns das etwas näher ansehen müssen.

In der Abhandlung »Vom Wesen des Grundes« wird, ehe die ontologische Differenz eingeführt wird, noch eine vergleichsweise herkömmliche Differenzierung gemacht, herkömmlich in jener Zeit, und sie wird so gemacht, daß es noch eine Balancierung in der Anschreibung der Differenz gibt. Es wird ein doppelter Wahrheitsbegriff erörtert. Wir werden wieder in der Philosophiehistorie hellhörig und auch ein wenig skeptisch, denn diesen doppelten Wahrheitsbegriff hatte es ja sozusagen als Triebkraft für die Ausarbeitung der scholastischen Systeme im hohen Mittelalter bereits gegeben: die Offenbarungswahrheit, aus den Evangelien und weiteren hinzugezogenen kanonischen Schriften geschöpft, und die sozusagen natürliche Vernunftwahrheit, aus Aristoteles und weiteren hinzugezogenen antiken Schriftstellern geschöpft. Das Grundproblem aller scholastischen Systeme war, wie lassen sich diese zwei Wahrheiten dennoch in Übereinstimmung bringen. Uns interessiert jetzt nicht, in welcher Weise eine Konvergenz bei zugleich nicht überlappenden Teilen hergestellt wurde; uns interessiert nur, daß diese beiden Wahrheiten damals bedeuteten: Glaubenswahrheit und Denkwahrheit, und die Gefahr bestand, daß man mit der natürlichen Vernunft das System der Glaubenswahrheiten sprengen und außer Kraft setzen könnte. Die scholastischen Systeme waren der Versuch, zu demonstrieren, daß die Vernunftwahrheit eigentlich bis zu einem gewissen Grade dazu dient, die Glaubenswahrheiten zu stützen. Was darüber hinausreicht, demonstriert gerade das Nicht-Weiterreichen der Vernunft vor der Offenbarungswahrheit, aber die abdankende Vernunft ist zugleich eine dieser Offenbarungswahrheit dienende Vernunft, um es einmal in ganz primitiven Sätzen zu sagen. Heidegger hatte eine gediegene scholastische Ausbildung hinter sich und hätte gerne eine katholische Priesterstelle bekleidet. Aber er war physisch zu schwach für die Exerzitien dort. Dann entschied er sich dafür, ein Stipendium anzunehmen, das ihn für scholastische Philosophie verpflichtete, also für die Verkündigung der Glaubenswahrheiten via Philosophie. Und dann brach er – sola fide, sola gratia – unter dem Eindruck Luthers, mit dem er sich zu beschäftigen begann, mit der thomistischen Philosophie, aber nicht mit dem katholischen Glauben, was ihm nach 1945 weiter die Unterstützung seines Freiburger Bischofs sicherte. Also wir werden erwarten, daß wir beides: die scholastischen Reminiszenzen einerseits und natürlich auch den Protestantismus, wiederfinden in seinen Denkfiguren. Ich mache die Klammer zu.

Zwei Wahrheiten: ontische Wahrheit, ontologische Wahrheit. Sie werden hier noch miteinander harmonisiert. Was ist ontische Wahrheit? Und was ist das Problem, weswegen man überhaupt dorthin kommen muß? Das Problem ist das der nicht-prädikativen Wahrheit. Das ist verständlich, auch wenn Sie nicht Philosophie studieren. Prädikative Wahrheit ist Aussagewahrheit. Prädikate werden in jeder Aussage – das ist geradezu der Sinn ihrer Bestimmung – dem, wovon etwas ausgesagt wird, verliehen, respektive sie werden von ihm ausgesagt, beziehungsweise sie verknüpfen sich mit ihm, je nachdem wie Sie diese Sache sich vorstellen. Also Aussagewahrheit, Satzwahrheit: das, was normalerweise die Verknüpfung von Logik und Erkenntnistheorie als den Grund einer jeden Theorie der Wahrheit notwendig macht. Das ist ja die Verknüpfung bei gleichzeitiger Unterscheidung zwischen beiden, die Kant in seinen beiden Kategorientafeln[254] (das ist nicht die Antinomientafel, von der ich vorhin sprach) vorgenommen hat, wo er zeigt, daß die Erkenntniskategorien in gewisser Weise die sachhaltige Fortsetzung der logischen Kategorien oder, umgekehrt, die logischen Kategorien die Realabstraktion von den sachhaltigen Kategorien sind. Sie können also Kant, wenn Sie so wollen, idealistisch oder realistisch lesen, je nachdem wie Sie die Beziehung des einen auf das andere bestimmen. Aber halten wir bitte das Problem fest, sich nicht zufriedenzugeben mit der prädikativen Wahrheit. Das ist das gleiche Problem, mit dem »Was ist Metaphysik?« im Grunde genommen beginnt, die zu kurz zielenden Aussagen, wenn wir Metaphysik bestimmen wollen, ohne uns in eine die Aussagewahrheit überschreitende exemplarische metaphysische Frage selber einzulassen. Das war die Ausgangsposition in »Was ist Metaphysik?«.

Hier wird jetzt so argumentiert: »Die Satzwahrheit ist in einer *ursprünglicheren Wahrheit* (Unverborgenheit), in der vorprädikativen Offenbarkeit *von Seiendem* gewurzelt, die *ontische Wahrheit* genannt sei.«[255] Die Wahrheit spielt mit der Übersetzung des griechischen Wortes *aletheia*. *Aletheia* heißt Wahrheit, wie Sie wissen. *Lanthanein, lanthanomai* – Lethe, daher kennen Sie es noch: der Strom der Unterwelt –, das ist also verbergen, sich verbergen, sich entziehen, auch verborgen sein, auch vergessen sein – das alles kann gemeint sein. *Aletheia* heißt also Nichtverborgenheit, Unverborgenheit. Sie ist ›gewurzelt‹, aus dieser Sphäre kommen wir hier nie raus: Ursprünge, Wurzeln, das zieht sich durch alle Abhandlungen vom Anfang bis zum Ende hin. Wurzellosigkeit, Verlust der Ursprungsbindung, also sozusagen die Philosophie der vaterlandslosen Gesellen, das ist dann die andere Seite, die von daher unter Dauerkritik steht. Die ›ursprünglichere Wahrheit‹ wird zunächst ›ontische Wahrheit‹ genannt.

»Den verschiedenen Arten und Bezirken des Seienden gemäß wandelt sich der Charakter seiner möglichen Offenbarkeit und der zugehörigen Weisen des auslegenden Bestimmens.« Also in der Welt des Vorhandenen: die Entdecktheit. Was ist von Vorhandenem entdeckt, was nicht? Vieles ist vorhanden, was noch nicht entdeckt ist, einiges ist entdeckt, obschon man sich fragen kann: Ist es wirklich schon entdeckt? »So unterscheidet sich z.B. die Wahrheit von Vorhandenem (z.B. der materiellen Dinge) als *Entdecktheit* spezifisch von der Wahrheit des Seienden, das wir selbst sind, der *Erschlossenheit* des existierenden Daseins.« Sie sehen, die Erschlossenheit (es ist schon erschlossen) geht dem vorweg, daß es sich nun selber in der Erschlossenheit bewegt, indem es sich entschließt. Die Entschlossenheit wurzelt hier schon in einer tieferen Erschlossenheit; das ist nicht erst in den Wahlreden so. »So vielfältig aber die Unterschiede dieser beiden Arten ontischer Wahrheit sein mögen, für alle vorprädikative Offenbarkeit gilt« – also für alle, ehe sich das zu Aussagewahrheiten verfestigt, Unverborgenheit von Horizonten, so können wir es jetzt auch umschreiben –, »daß das Offenbarmachen *primär* nie den Charakter eines bloßen Vorstellens (Anschauens) hat, selbst nicht in der ›ästhetischen‹ Betrachtung.«[256] Das wird später die Verwerfung des Vorstellens als einer Verstellung, ›verstellendes Vorstellen‹. Und verstellendes Vorstellen im großen Maße ist dann das, was die Technik macht, indem sie ein ›Ge-stell‹ macht, und in diesem Gestell ist das ›vorstellende Verstellen‹, das ›verstellende Vorstellen‹ immer zugleich ein Nachstellen nach etwas, also eine Jagd auf immer wieder anderes verstellend Vorgestelltes, wenn Sie so wollen. Sie sehen, daß dieser ganze spätere unitarische Sprachzauber hier schon in der Schrift von 1928 vorgebildet ist, die als eigene Abhandlung erscheint kurz nach 1930.

Also es ist so, »daß das Offenbarmachen *primär* nie den Charakter eines bloßen Vorstellens (Anschauens) hat, selbst nicht in der ›ästhetischen‹ Betrachtung. Die Kennzeichnung der vorprädikativen Wahrheit als Anschauen legt sich *deshalb* gern nahe, weil die ontische und vermeintlich eigentliche Wahrheit zuvörderst als Satzwahrheit, d.i. als ›*Vorstellungs-verbindung*‹ bestimmt wird.« Vorstellungen also gehen dem voraus. Sie werden dann in Sätzen nach logischen Gesetzen miteinander verbunden. Aber: das »*dieser*« Vorstellungsverbindung »gegenüber Einfachere« wäre »ein verbindungsfreies, schlichtes Vorstellen«. Das hat seine »Funktion« für die »*Vergegenständlichung*«.[257] Aber das Offenbaren selbst, das ontische Offenbaren war bisher Vorgeplänkel, in dem er die Grundprobleme des Empiriokritizismus, zu dem ja noch seine eigenen Lehrer gehörten, sozusagen vom Tisch fegt. Da handelte es sich ja darum, wie

Vorstellungen übertragen werden in Satzwahrheit, und geht damit nicht Psychologie jedesmal ein in die Satzwahrheit? Muß man diese Art der Empirie, die das sagt, nicht heftig kritisieren? Darum Empiriokritizismus, darum die Empiriokritizisten als diejenigen, die eigentlich alle das tun, was Husserl dann so großen Stils und so rigoros betreibt, daß er sich wiederum gegen die Empiriokritizisten wenden kann, nämlich zu sagen: Hier sind Vorstellungen, und die übertragen wir jetzt in Sätze. Nun müssen wir aber darauf achten, daß der sozusagen psychologische Filter der Vorstellungen entpsychologisiert wird in der Übertragung in Sätze, die Wahrheitskriterien unterliegen, sonst psychologisieren wir, sind den Zweideutigkeiten, sind der Ambivalenz verfallen. Und das war der Dämon um die Jahrhundertwende: *so* ambivalent dachte, empfand, urteilte man in allem, daß man ambivalenzfrei denken, urteilen, leben wollte, wenigstens in der Philosophie, darum also diese schreckliche Anstrengung der Entpsychologisierung. Thomas Mann nennt das Zeitalter rechtens ein psychologisches, ein »nervöses Zeitalter«,[258] also das vom Fin de siècle bis unmittelbar nach dem Ersten Weltkrieg, und damit trifft er auch die große Literatur seiner Zeit und ja auch die großen Denkunternehmungen seiner Zeit; also Freud hier wirklich nur als klassisches Beispiel. Thomas Mann ist der Antipode der Psychologisierungsfeindschaft der Phänomenologen, die alles Psychologisieren fürchten und hassen, so als wäre es der Dämon per se, der da auftaucht. Und er *ist* es ja auch: in dem Psychologisieren tauchen ja die empirischen Subjekte und ihre gesellschaftlichen Beziehungen miteinander auf, und die eben sollen unkenntlich gemacht werden, sollen ausgeschaltet werden aus der Satzwahrheit. Es sieht also hier jetzt so aus, wenn ich die nächsten Sätze vorlese, als müßten wir Heidegger ganz auf die Seite der großen realistischen Neuerung verrechnen, denn so setzt es sich hier fort: »Das ontische Offenbaren selbst aber geschieht im stimmungsmäßigen und triebhaften Sichbefinden inmitten von Seiendem und in den hierin mitgegründeten strebensmäßigen und willentlichen Verhaltungen zum Seienden.«[259]

Stimmung, Trieb, Willen, Streben: alles scheint plötzlich präsent zu sein und den Ton für die Offenbarung ontischer Wahrheit anzugeben. Wir müssen auf die Stimmungen achten, sie offenbaren uns die ontische Wirklichkeit, das Seiende ganz anders als stimmungsfreie Sätze; wir müssen auf das Triebhafte achten. Also, es scheint hier nur noch ein kleiner Weg von ihm zu beispielshalber der Psychoanalyse zu sein. Aber der Schein trügt. Denn was nun mit dem Stimmungshaften und Triebmäßigen und Willentlichen und Strebenden gemacht wird, ist, daß es in Begriffe gefaßt wird, die ihrerseits Stimmungen, Willen, Trieb et cetera ausschließen. Es wird also so bewältigt, wie wir das in »Sein und Zeit« als Sorgestruktur unter dem Titel des »Sich-vorweg-sein – im-schon-sein-in ... – als Sein-bei« zusammengefaßt sahen. Gemeint ist dieses alles: das Gestimmtsein, und zwar in Angst, getrieben zu sein, Entscheidungen treffen zu müssen, schuldbewußt zu sein und darum sich willensmäßig durchringen zu müssen, zu Entscheidungen zu streben – so zum Beispiel unterwegs zum Sein nach einer immer besseren Ausarbeitung der Seinsfrage, und dieses Streben nie wirklich befriedigen zu können. Damit ist das unschädlich gemacht, was hier als Eigensphäre beschworen zu sein scheint. Aber auch das noch nur nebenbei zunächst.

Wir bewegen uns in der ontischen Wahrheit, und sie scheint anerkannt zu sein, auch wenn sie, sozusagen in Begriffen, die sie erjagen, ehe sie gefährlich werden kann, schon storniert worden ist. »Das ontische Offenbaren selbst aber geschieht im stimmungsmäßigen und triebhaften Sichbefinden inmitten von Seiendem und in den hierin mitgegründeten strebensmäßigen und willentlichen Verhaltungen zum Seienden. Doch selbst diese vermöchten nicht, weder als vorprädikative noch als prädikativ sich auslegende, Seiendes an ihm selbst zugänglich zu machen« – was heißt jetzt »Seiendes an ihm selbst zugänglich zu machen«?, Seiendes in seinem Sein zugänglich zu machen, sagen wir erst einmal als simpelste Übersetzung –, »wenn ihr Offenbaren nicht schon immer zuvor erleuchtet und geführt wäre durch ein Verständnis des Seins (Seinsverfassung: Was- und Wie-sein) des Seienden.«[260] Also der alte Scholastiker bricht wieder durch, obschon er hier grundlegende Neuerungen bringen will. Sie sehen, hier ist auch schon diese Bewegung, die sich mit dem nicht zufrieden gibt, was war, und die Starre der Begriffsdefinitionen selbst in einem solchen Text als ein Simultané, das des Aufschlusses bedarf. Das wollen wir ja machen. Wir wollen da einen Aufschluß geben, der sowohl philosophisch als auch, sagen wir: gesellschaftspolitisch befriedigt. Also wir haben hier auch schon diese Verquickung, und wir haben auch schon das Tieferlegen der Fundamente. Die ontische Wahrheit wäre gar nichts wert, es würde ihr nicht gelingen, »Seiendes an ihm selbst zugänglich zu machen« (selbst wenn es offenbar ist, wenn es unverborgen ist, wäre es immer noch nicht als solches zugänglich), wenn da nicht immer schon zuvor eine andere Erleuchtung wäre. Und das wird jetzt zunächst ganz formal so benannt: »*Enthülltheit des Seins ermöglicht erst Offenbarkeit von Seiendem.*«[261] Hier ist ein Mysterienausdruck gewählt: Enthülltheit. Die nackte Wahrheit ist nicht, weil sie so naturaliter nackt ist, Wahrheit, sondern weil sie, die vorher verhüllt war, sich enthüllt hat. Das ist die Metaphorik, die die Jahrtausende der Mysterienkulte durchläuft: nicht das

Nackte an sich – das war dann der Irrtum der Adamiten und der Freikörperkultur, die samt und sonders in mehr oder minder reizlosen Spätunternehmungen landeten –, sondern die Enthüllung ist es, die einen vis-à-vis der Wahrheit sein läßt. Das hat seine psychoanalytische Seite ganz genauso, wie es hier als ontologischer Primärvorgang behauptet wird: »*Enthülltheit des Seins ermöglicht erst Offenbarkeit von Seiendem.*« Wenn sich das verschleierte Sein enthüllt, dann erst ist es möglich, daß Seiendes in seinen Horizonten offenbar ist. Hier wird sehr formal vorausgesetzt, daß es eine Seinsoffenbarung mit Erleuchtungseffekt gibt, die der Offenbarkeit von Seiendem vorherläuft.

Und nun wird zwei Seiten später eine Definition gemacht, die enorme Folgen angerichtet hat, nicht nur in Heideggers Werk, sondern auch in der zeitgenössischen Philosophie, also etwa die Verwendung des Begriffs ›différence‹ in der französischen Philosophie. Sie kommt ja von Heideggers ›Differenz‹ her. Heidegger sagt: »Die möglichen Stufen und Abwandlungen der ontologischen Wahrheit im weiteren Sinne verraten zugleich den Reichtum dessen, was als ursprüngliche Wahrheit aller ontischen zugrunde liegt.«[262] Hier ist er noch gut Husserlsch: ein Gefüge, das klar gesehen ist, zeigt dahinter viele unklare Gefüge, die es nun Stück für Stück wieder zu erobern gilt: die ontische Wahrheit mit ihrem Pluralismus; plötzlich gibt es in der ontologischen hier auch einen Pluralismus. Den wird es später nicht mehr geben, beziehungsweise wird es ihn in dem Buch »Vom Ereignis« noch in einem ganz spezifischen mythologisierten Nachhall geben, das ist die ›Zerklüftung des Seins‹. Das ist der Nachhall dessen, was hier noch in traditioneller phänomenologischer, also Husserl-Sprache heißt: die »möglichen Stufen und Abwandlungen der ontologischen Wahrheit im weiteren Sinne«. Und Sie sehen, wie dramatisch das später werden wird, wenn die Mythologie triumphiert. Stufen und Abwandlungen, das ist noch etwas Harmloses; Zerklüftung, das ist etwas, was viel mehr in die Integrität des Seinszusammenhanges selber eingreift, also ihn in ganz anderer Weise den Schicksalsschlägen auszusetzen scheint. Die ontische Wahrheit ist schon reich, wie reich muß da die ontologische sein?, um es jetzt mal primitiv zu sagen. »Unverborgenheit des Seins aber ist immer Wahrheit des Seins *von* Seiendem, mag dieses wirklich sein oder nicht.«[263] Wirklich oder real oder ideal? Das betone ich jetzt einmal, weil wir Anfang der nächsten Stunde einen Zeitgenossen zu Wort kommen lassen wollen, nämlich Nicolai Hartmann mit seinem ebenfalls sich als fundamental verstehenden ersten Band seines ontologischen Hauptwerkes, »Zur Grundlegung der Ontologie«.

Das erscheint 1935 und hat ein Kapitel der Heidegger-Kritik, das ich Ihnen später zitieren möchte, weil es für die Ausarbeitung unserer eigenen Fragestellung nützlich ist.

Also: »Unverborgenheit des Seins aber ist immer Wahrheit des Seins *von* Seiendem. Umgekehrt liegt in der Unverborgenheit von Seiendem je schon eine solche seines Seins.« Das meinte ich damit, daß hier noch balanciert wird: ›Unverborgenheit des Seins von Seiendem‹, kein Seiendes, ohne daß sein Sein, in gewisser Weise Unverborgenheit, unverborgen wäre, keine Unverborgenheit des Seins, wenn sie nicht an einem Seienden klebt, um es jetzt einfach einmal drastisch zu sagen. Offenbar scheint das eine auf das andere hier noch angewiesen zu sein. »Ontische und ontologische Wahrheit betreffen je verschieden *Seiendes in* seinem Sein und *Sein von* Seiendem.«²⁶⁴ Sie betreffen Seiendes in seinem Sein und sie betreffen Sein von Seiendem. So scharf scheinen Seiendes und Sein hier noch nicht getrennt zu sein wie dort, wo wir in dieser Stunde ausgegangen sind, nämlich: »Das Sein ist niemals ein Seiendes.«²⁶⁵ Natürlich wird auch hier nicht gesagt, daß Sein ein Seiendes sei, oder daß jemals Seiendes Sein sei; Seiendes, das behauptete, Sein zu sein, das wäre Vergötzung für Heidegger und die ganze protestantische Kirche, und wäre das auch schon eigentlich in allen Religionen, die ihren Gott vor der begrenzten Dinglichkeit bewahren wollen. Und Seiendes ohne Sein, das wäre hilflos, das wäre verloren, ihm käme nicht etwas zu, was es mit allen anderen Seienden verbindet. Trotzdem ist das hier noch sehr schulmäßig und sehr abstrakt und kongruent formuliert. Und Heidegger sagt dann auch: »Sie gehören« (Seiendes und Sein) »wesenhaft zusammen auf Grund« (nämlich Seiendes in seinem Sein und Sein von Seiendem) »ihres Bezugs zum *Unterschied von Sein und Seiendem*«.²⁶⁶ Mysterienhafter kann man es nicht ausdrücken. Das Sein von Seiendem und das Seiende in seinem Bezug zum Sein gehören – es sind ja nur zwei Aspekte, die wohlgemerkt das gleiche ausdrücken – wesenhaft zusammen, und zwar »auf Grund ihres Bezugs zum *Unterschied von Sein und Seiendem*«. Wieso ist ihr Bezug zum Unterschied von Sein und Seiendem nicht identisch mit diesem Verhältnis, Sein von Seiendem und Seiendes in seinem Sein zu sein? Das ist, wenn man das aufmerksam liest, eine Frage, vor der man erstarrt, das heißt, es gibt an dieser Stelle eine sehr merkwürdige reservatio. Die Verhältnisbestimmung – ich sage das jetzt einmal aus der Sprache herausspringend, die hier ist –, die er uns soeben vorgetragen hat von Sein und Seiendem, ist eine, in der man noch jeweils auf das Sein in seinen Verhältnissen starrt; und wenn dann gesagt wird, daß der Unterschied, auf den man hinaus will, von Sein und Seiendem einer ist, der einen eigenen Bezugsgrund hat, dann ist plötzlich der Ort, von dem aus das Verhältnis von Sein und Seiendem bestimmt wird, nicht mehr der gleiche, der in den ganzen vorherigen Überlegungen eingenommen worden war. Das heißt, ohne daß ihn der Sprechende schon eingenommen hatte, wird ein anderer Ort postuliert, von dem aus der Bezugsgrund feststellbar oder benennbar wäre. Etwas, was wie eine sprachliche und gedankliche Unsauberkeit wirkt beim ersten Lesen, beim zweiten Lesen entpuppt sie sich als die Postulierung der Einnahme eines fundamental anderen Bezugsstandpunktes zu dem, wovon eben die Rede war. Dieser Bezugsstandpunkt wird dann auch mit einem sehr formalen Wort etwas später bezeichnet, nämlich: ›Wir suchen ja den Grund des Bezuges zum Unterschied von Sein und Seiendem‹.[267] Warum können wir uns überhaupt auf den Unterschied beziehen?, heißt das. Was gibt es dafür für einen Grund, daß wir uns auf den Unterschied beziehen können? Das leuchtet aus dem Unterschied selber noch nicht ein. Und die Frage nach dem Wesen dieses Grundes wird am Ende zum Transzendenzproblem. Das ist also die Einnahme eines anderen Ortes. Und ganz am Ende der Abhandlung heißt es dann: »Das Wesen der Endlichkeit des Daseins enthüllt sich aber in der *Transzendenz als der Freiheit zum Grunde*.«[268] Was also, um überhaupt den Grund einer solchen Beziehung bestimmen zu können, ein Transzendenzproblem ist, das dreht sich plötzlich am Ende als Denkfigur noch einmal um. Da heißt es dann: ›Transzendenz als Freiheit zum Grunde‹. Lassen wir es einen Augenblick so stehen. Sie merken schon, daß er versucht, die traditionellen Begriffe alle in Bewegung zu setzen.

Um meine Zeit nicht zu sehr zu überschreiten, werde ich jetzt den Nicolai-Hartmann-Vergleich vorbereiten, der nicht ein Vergleich ist, sondern ein kräftiger Vorwurf, der natürlich von Heidegger mit einem ebenso heftigen Vorwurf beantwortet wird oder schon beantwortet ist. Im Grunde genommen wendet sich das, was ich Ihnen eben vorgelesen habe, bereits gegen Nicolai Hartmann. Wenn Sie fragen: Wen meint er denn nun mit diesen Bestimmungen hier unmittelbar? Er meint da Nicolai Hartmann, der sein Kollege in Marburg war und eine förmliche Philosophie vertrat, während Heidegger sich als der Mann mit Skiausrüstung seinen Hörern einprägte und auch auf diese Weise schon etwas Jugendbewegtes und Jugendbündnerisches noch vor der NS-Zeit in den Hörsaal trug. Ich werde darauf einzugehen jetzt verzichten. Das werde ich nächstes Mal machen, aber ich will Ihnen sagen, worauf die Sache hinausläuft. Diese Differenz von Sein des Seienden und Seiendem in seinem Bezug zum Sein, diese ontologische Differenz, die, wenn man sie feststellen will, eines Bezugspunktes bedarf, der selber einerseits als Transzendenz angestrebt wird und andererseits nur in der Transzendenz eingenommen werden kann und wieder zurückstrahlen kann – da ist also auch die ganze Kehre in formaler Weise schon da, wenn Sie sich das richtig ansehen –, diese seltsame Unterscheidung trennt in einer Weise Sein und Seiendes mit doppelter Wahrheit voneinander, daß man sich fragt: Wie wird diese ontologische Differenz später benannt werden? Warum wird sie postuliert? Als was wird sie später erscheinen?

Jetzt mache ich einen Sprung – das hätte ich heute, wären die zwei Stunden vier Stunden gewesen, sehr viel langsamer gemacht – und nenne Ihnen gleich in einem Zitat aus dem Buch »Vom Ereignis« die Weise, wie das später erscheint, nämlich auf Seite 230. Da ist dieser Positionswechsel inzwischen mit einem eigenen Prädikat versehen worden und heißt: ›Der andere Anfang‹; er ist also ein Erahnen dessen, was dem anderen Anfang vom Ereignis her entspricht. Und da heißt es: »Im anderen Anfang wird alles Seiende dem Seyn geopfert, und von da aus erhält erst das Seiende als solches seine Wahrheit.«[269] Hier ist die ontische Wahrheit, die das Seiende erhält (also hier bezeichnet als ›seine Wahrheit‹), die, Opferstoff zu sein, Opfer zu sein; geopfert werden zu können oder zu müssen – das bleibt offen: es wird geopfert. Und das ist auch für ein Opferritual das einzig Richtige. Wenn man fragt: ob muß oder kann, dann funktioniert's schon nicht mehr. Also hier »wird alles Seiende dem Seyn geopfert, und von da aus erst« – das ist jetzt die ontologische Wahrheit: Opferwahrheit – »erhält das Seiende als solches seine Wahrheit.« Das ist die ontische Wahrheit, Opfer zu sein. So zunächst einmal genauso primitiv, aber genauso deutlich gesagt, wie es hier steht. Und nun brauchen wir eine Übersetzung dessen, was ontologische Differenz heißt. Das ist das letzte, was ich heute noch machen will, und damit setze ich dann, unter Einbeziehung Nicolai Hartmanns, das nächste Mal an. Wir brauchen eine Übersetzung für ontologische Differenz.

Wenn wir uns hier schon in einem Opferritual befinden, dann scheint ein an sich sehr einleuchtender Gedanke noch zu kurz und zu harmlos zu sein, nämlich der, den ich Ihnen – Stichwort Tillich: ›Sozialistische Entscheidung‹ – benannt hatte: die ontologische Rede vom Sein als letzte, abstrakteste Form des Ursprungsmythos.[270] Das würde ja nur bedeuten (und es stimmt ja; und es stimmt ja auch für Nicolai Hartmann, und es stimmt für Scheler, und es stimmt in gewisser Weise für Tillich selber, der es hier konstatiert, es stimmt für alle Ontologen dieses Äons; den können Sie recht lang anlegen): Hier ist ein Ursprung, der mich gebiert und der mich wieder verschlingt; hier ist ein Ursprung, den ich stofflich bestimme als Wasser, als Luft oder als was immer (obschon das niemals eine stoffliche Bestimmung war, sondern immer ein Symbol für dynamisch wirkende Mächte, Schoßmächte in gewisser Weise), und es stimmt, daß ich dann sagen kann: Das, was eigentlich Ursprung ist von allem, benenne ich jetzt ganz abstrakt. Ich kann das so abstrakt machen wie Anaximander und sagen: ›Das, woher allen Dingen, allem Seienden sein Entstehen, dahinein ist ihm wieder auch sein Vergehen‹,[271] und dann kann ich das auch Ursprung nennen. Ich kann aber auch sagen: Das Sein, das alles aus sich entläßt und alles wieder in sich zurücknimmt, das Sein, das alles umfaßt, in dem alles entsteht und wieder vergeht, das ist der abstrakte Ursprung. Das ist ja ganz richtig so.

Aber hier mit der ontologischen Differenz sind wir einen kleinen entscheidenden Schritt weiter. Das, was so harmlos eingeführt wird als ontologische Differenz und was hier plötzlich so unvermutet wenige Jahre später als Opferritual erscheint, das ist, auf die ontologische Differenz zurückbezogen, der Ursprung in actu. Das ist das, was der Ursprung macht. Die ontologische Differenz wird hier bei Heidegger, wo er sie zuerst einführt, noch als eine ›Gabelung‹[272] bezeichnet. ›Gabelung‹ ist ein harmloser topographischer Begriff. Gabelung ist zu gleicher Zeit auch die Schoß- und Ursprungsfigur in praktisch allen Mysterienkulten; auch der Dreiweg, an dem der Vater von Ödipus erschlagen wird, ist eine solche Gabelung. Aber hier passiert sehr viel mehr: hier wird der Ursprung vorgeführt, wie er seine Opfer kriegt. Die ontologische Differenz ist der Ursprung in actu. Das ist die Behauptung, die ich hier zunächst aufstellen möchte, damit wir weiterkommen können und damit Sie auch eine kleine Direktion haben, worauf ich hinaus will. Und als dieser in Aktion beobachtete Ursprung ist er für den, der das ›andenkt‹, natürlich unendlich viel mehr – und mit dieser Überlegung möchte ich heute schließen – als alle symbolische Redeweise uns präsentieren kann. Diejenigen von Ihnen, die meine Symbol-Vorlesungen gehört haben, werden sich erinnern, daß ich dort gezeigt habe, wie die Symbole Ursprünge repräsentieren und wie sie dies repräsentieren, daß ein Ursprung, der in Aktion ist, etwas hervorbringt, etwas wieder zu sich zurückholt.[273] Das ist diese sich ängstigende Schoßphantasie der Philosophie in allen ihren Spielarten: vom Taoismus über das buddhistische Denken, bis hin zu dem griechischen Seinsdenken, das sind lauter abstrakte Schöße, die da hervorbringen und wieder zurückschlingen; darum sage ich: dieses Beängstigen darin. Einerseits möchte man ja wieder in den Schoß zurück (also Sie sehen die Jünglinge, die da ›zurückwachsen in ihre Wurzeln‹ bei Heidegger;

Regressionssymbol hatte ich dazu gesagt); andererseits, wenn es endgültig ist, gibt es nicht ein zweites Leben. Also: die Ursprünge in actu symbolisiert, repräsentiert durch Symbole – das ist das, wogegen Heidegger in seinem ganzen Werk eine emphatische Erwartung setzt, die auch das übertrumpft, nämlich nun ›andenkend‹, und zwar im Denken der ontologischen Differenz, tatsächlich auf den Ursprung in actu zu treffen. Die reale NS-Zeit schien es zu sein. Der zu ihr gehörige Krieg war eine unglaubliche Bestätigung für denjenigen, der an einer solchen ursprungskultischen Philosophie festhalten wollte. Aber es war immer noch zu wenig, es war immer noch nicht Opfer genug. Auf den Ursprung wirklich in actu und nicht nur in stellvertretenden Aktionen, die dann dafür wieder symbolisch wären und nicht mehr, stößt der ›Andenkende‹, der die ontologische Differenz durchführt bis zu den Bestimmungen, die sie in dem Buch »Vom Ereignis«, und dann auch in dem Vorwort und Nachwort von »Was ist Metaphysik?«, erhalten wird.

Wenigstens bis zu diesem Punkt wollte ich heute kommen. Aber warum ist das so wichtig? Neue Ontologen sind sie ja in dieser Zeit in ihrem Selbstverständnis alle, neue Ontologien sind die Losung dieser Zeit. Heidegger meint, die anderen neuen Ontologen auch zu übertrumpfen, indem er bis zu diesem Ursprung in actu hin denkt. Die Frage ist: Wie verträgt sich das mit dem adventistischen geschichtsphilosophischen Denken? Was ist das für ein Typus, der als Prophet des Ursprungs in actu auftritt? Ist das nicht das Gegenteil von Prophetismus? Und die andere Frage bleibt natürlich auch: Wer so bis an den Ursprung in actu rührt oder meint bis in diese imaginäre Schreckensszenerie vorgedrungen zu sein, um es mal mit aller gebotenen Distanz zu sagen, der hat ja nicht nur Philosophien übertrumpft, sondern er meint auch – und wie das nun zusammengeht, wird unser Hauptinteresse in der nächsten Stunde sein – die Frage nach dem Sinn von Sein beantwortet zu haben. Also, die Ausarbeitung der Seinsfrage war ja in »Sein und Zeit« vorläufig, weil man noch unterwegs auf dem Weg zur Frage nach dem Sinn von Sein ist. Meine zweite Behauptung ist, daß der Ursprung in actu an dieser Stelle als Sinn von Sein steht. Warum das mit einem Male so wichtig ist, darüber werden wir dann zusammenhängend in der nächsten Stunde sprechen.

Siebente Vorlesung
gehalten am 14. Juni 1990

[ ]
Wir waren das letzte Mal stehengeblieben in der Erörterung der ontologischen Differenz bei Heidegger. Ontologische Differenz ist ein Wort, das zunächst aus der technischen Sphäre der Ontologie zu stammen scheint und das dann zu d e m übertrumpfenden Regressionsbegriff innerhalb des Heideggerschen Denkens wird. Wenigstens drei spezifische Formen von Regression haben wir in den letzten beiden Stunden kennengelernt: einmal die gewollte anthropologische Regression, also das ›Zurückwachsen in die eigenen Wurzeln‹,[274] das, was er von den deutschen Jünglingen forderte respektive bei ihnen gerade geschehen sah; dann zweitens das, womit er sich regressiv verhält gegenüber der progressiven Ansetzung der Kategorien in der Kantischen Antinomientafel[275]: die philosophische Regression par excellence; und endlich die, die erklärend aufs Ganze geht, daß nämlich in der ontologischen Differenz es gelingt, *an*zudenken, nicht nur symbolisch *über* ihn zu denken, sondern anzudenken, den Ursprung in actu. Nicht nur ist Ontologie, mit der Formulierung Tillichs aus der ›Sozialistischen Entscheidung‹, die letzte, abstrakteste Form des Ursprungsmythos,[276] sondern Ontologie wird hier umgewandelt in eine kultische Veranstaltung, in der es gelingt, auch noch diese Schranke des Symbolisierens, die sich den Regressionsversuchen in den Weg stellt, zu überwinden. Man kann es natürlich auch anders überwinden: man kann in den Vulkan springen, man kann sich den Bauch durchschneiden (so in der japanischen Nachkriegszeit[277]), das alles sind Möglichkeiten der Rückkehr; hier ist vorgezeichnet eine gedankliche Möglichkeit, die die Sphäre des Gedanklichen vorgeblich sprengt.

Ich setze mit der Wiederholung noch einmal an bei der Kantischen Antinomientafel. Ich hatte Ihnen gesagt, links steht eigentlich nichts anderes, als was auch bei Heidegger links steht in den antinomisch gebauten Sätzen, die ich Ihnen aus der Frühveröffentlichung im ›Inneren Reich‹, dieser Abhandlung über »Hölderlin und das Wesen der Dichtung«, vorgelesen hatte. Bei Kant aber ist die Richtung die gegenteilige. Kant ordnet die Antinomien unbewußt so, wie jeder verfährt in einer von links nach rechts schreibenden Schriftzivilisation; beispielshalber verfährt der Freskenmaler selbstverständlich so. Sie könnten in Padua in der Scrovegni-Kapelle[278] die Giotto-Fresken gar nicht entschlüsseln, wenn diese von rechts nach links angeordnet wären; es wäre eine verkehrte Welt, Sie könnten sie nicht als Geschichte lesen. In einer Zeit der Inschriftensetzung, auch in unserer Zivilisation jetzt im weiteren Sinne (ich meine die griechische Spielart), werden Inschriften ja noch weitgehend so gesetzt wie man pflügt: *boustrophedon*, also hin und her; und Tempelfronten oder Aedikulen in Tempeln, die Dreiecksgiebel zumal, die Personen und Handlung zeigen, sind so gebaut, daß sie von dem Hin und Her der Schrift abweichen und die Aufgipfelung in der Mitte zeigen, auf die von beiden Seiten zugearbeitet wird. Aber in dem Augenblick, wo es sich dann doch wieder um ein Geschehen handelt, das erzählt werden soll, und nicht um einen Mythos, der die Tempelgründung unten oben wiederholt im Giebeldreieck, taucht, wie bei Vasen, die übliche Schriftform, unabhängig von der Inschriftenanschreibung, auf, also umlaufend von links nach rechts, auch für die dortigen.

Bei Kant ist es so, daß auf der linken Seite die alten Thesen stehen, die der Theologie, die er außer Kraft setzt, und einer Philosophie, die dieser unterliegt – die vier Grundthesen der Überschaubarkeit einer göttlich geordneten Welt. Erste These: Sie hat einen Anfang in der Zeit und ein Ende in der Zeit und feste Grenzen. Zweite These: Sie ist zusammengesetzt aus Einfachem, nichts, was nicht zuletzt auf Einfaches zurückführbar wäre, so wie Ihr komplizierter Seelenhaushalt zum Beispiel auch auf die einfache, unsterbliche Seele. Dritte These, links: Es gibt eine Kausalität aus Freiheit, Gott kann eingreifen in den von ihm so gesetzten Weltlauf, er ist nicht abhängig von ihm; auch die Heiligen können die Naturgesetze außer Kraft setzen und tun es jederzeit. Und vierte These: Es gibt ein absolut notwendiges Wesen, also den Schöpfer selber, er ist nicht innerhalb der Faktizität angesiedelt als eine occasio, sondern er ist absolut notwendig, ihr also vorgeordnet mit allem, was daraus folgt.[279]

Auf der rechten Seite steht das, was jedesmal von links nach rechts als Fortschritt erscheint, als fortschreitende Geschichte, als Bruch mit der Tradition und Begründung einer neuen Tradition, die nun nicht erst Kant begründet, die er aber auf den Begriff bringt, nämlich die des naturwissenschaftlichen, naturforscherischen Zeitalters; also alles das, was daraus springt, als Fortschritt rechts in Leserichtung. Nichts ist zuletzt einfach, die Komplikationen setzen sich unendlich fort, dementsprechend

Siebente Vorlesung 143

hat schon in der ersten These die Welt weder Anfang noch Ende und der Raum ist grenzenlos. In der dritten These unterliegt alles der Kausalität, die nicht eine aus Freiheit ist, sondern die der Naturgesetze, die keine Abweichung kennen, nicht einmal sie dulden würden, also auch nicht für Heilige oder das Eingreifen Gottes. Und dementsprechend gibt es ihn auch nicht, nämlich dieses absolut notwendige Wesen, es existiert nicht; alles ist, wenn Sie so wollen, den Abhängigkeiten des Zufalls oder der Gesetzlichkeit unterworfen. Das ist für denjenigen, der auf der linken Seite beharrt, erschreckend, derjenige, der auf die rechte Seite vertraut, meistert dieses Erschrecken mit dem Pathos einer unersättlichen Neugier, einer nicht nachlassenden Betriebsamkeit. Kant indiziert als das Interesse daran, an der linken Seite festzuhalten, vornehmlich Faulheit und Trägheit des Denkens.[280] Das, was auf der rechten Seite wirkt, ist, beteiligt zu sein an einem realen Fortschritt in der Erkenntnis der Kausalzusammenhänge der Welt. Natürlich läßt der Philosoph, der dieses erkennt, sich eine Hintertür offen: das ist die, daß er die ewige Gesetzlichkeit eines solchen anfangs- und endlosen Fortschreitens als das Apriori, das der philosophischen Einsicht zu formulieren glückt, für sich in Anspruch nimmt. Soweit dieses Kantische Gebilde.

Und nun sehen wir die perfekte Regression in dieser Stelle, die eigentlich nichts anderes als eine Paraphrase der Kantischen Antinomientafel ist, die ohne diese ganz undenkbar wäre, auch die Formulierungen wären so nicht denkbar. Ich staune immer, warum so etwas nicht den Philosophiehistoriker mehr beschäftigt, zu sehen, wo einer wirklich den anderen paraphrasiert, um sich von ihm abzusetzen und die Richtung umzudrehen. Hier ist die Kantische Leserichtung umgedreht. In den »Erläuterungen zu Hölderlins Dichtung« heißt es: »Was bleibt, wird daher nie aus dem Vergänglichen geschöpft«. Also Anfangs- und Endlosigkeit sind ›schlechte Unendlichkeit‹, mit Hegels späterem Wort,[281] sind Vergänglichkeit. »Das Einfache« – der zweiten These und Antithese, die es nicht duldet – »läßt sich nie unmittelbar aus dem Verworrenen aufgreifen«, aber ich muß zum Einfachen zurück, ich darf nicht im Verworrenen bleiben. Dieses, daß es nichts Einfaches gibt (das, was Kant noch mit dem gebräuchlichen Wort ›kompliziert‹ bezeichnete), das ist hier das ›Verworrene‹. »Das Maß liegt nicht im Maßlosen«, noch einmal das Gleiche, aber schon hinüberspielend zu demjenigen, der Maß zu halten und einzurichten weiß. »Den Grund«, das absolut notwendige Wesen, »finden wir nie im Abgrund«, denn dieser Abgrund ist nichts anderes, sage ich jetzt erläuternd, als die rechte Seite des nächsten Satzes. »Das Sein«, also dieser ferne Begriff eines absolut notwendigen Wesens, »ist niemals ein Seiendes. Weil aber Sein und Wesen der Dinge nie errechnet und aus dem Vorhandenen abgeleitet werden können« – da also diese Kausalitätsforschung, die zuletzt eine der errechnenden Deduktion und real ebenso wie der logischen Ableitung ist, und das war es ja beides für Kant –, »müssen sie frei geschaffen« – jetzt haben wir die Kausalität aus Freiheit, die linke Seite der dritten These und Antithese –, »gesetzt und geschenkt werden. Solche freie Schenkung ist Stiftung«[282] – also etwas, was für uns der Inbegriff des nun nicht mehr Umstößlichen ist und seine sakrale Bedeutung auch durch die Zeiten mitschleppt.

Das Wort selber macht deutlich, wie ältere Zustände überformt werden. Stift ist nicht dieses dumme kleine Gebilde, das wir heute damit bezeichnen: vom Stift im Kontor bis zu dem, den man über das Ohr gesteckt trägt, sondern Stift ist Pfahl. Die ursprüngliche Bedeutung ist die der großen Totempfähle, die die Stämme eingerammt hatten, auch auf dem später deutschsprachigen Boden, und an deren Stelle werden dann die Stifte, die nun nicht mehr Totempfähle sind, sondern die in der christianisierten Welt diesen Namen führen, errichtet. Sie sind dann die eigentlichen Gründungen anstelle jener Gründungen. Und dieses Gründen geht dann in das Wort ›Stiften‹ mit der Spezialbedeutung von Stiftung, etwa in einer Stiftungsuniversität, über. Derjenige, der diese Wortwechsel an Urkunden herausgefunden und nachgeprüft hat, ist übrigens Rosenstock-Huessy gewesen, der das sehr spannende Buch über die europäischen Revolutionen geschrieben hat,[283] zur Selbstverständigung und als eine Art gegengeschichtsphilosophischen Entwurf zu dem »Untergang des Abendlandes« seinerzeit von Spengler.[284]

Das Schlußwort des Gedichtes »Andenken« bei Hölderlin lautet also: »Was bleibet aber, stiften die Dichter.« Solche freie Schenkung wie hier ist Stiftung. Und für diese Stiftung bedarf es sozusagen eines medial Dazwischengeschalteten: des Dichters Hölderlin, des Andenkers Heidegger. ›Andenken‹ kriegt in der Interpretation, die ich Ihnen hier als realistisch anzubieten versuche, tatsächlich eine weiterreichende Bedeutung, als sie es hat, wenn man feinsinnig Heideggers Andenken- mit Benjamins Eingedenken-Begriff[285] vergleicht. Da gibt es keinen Bezug. Was er versucht, ist nicht, Andenken zu wahren, sondern tatsächlich heranzudenken an, wie ich das letzte Mal Ihnen am Ende empfohlen hatte, den Ursprung in actu. Ich wollte Ihnen jetzt nur noch einmal diese Regression vorführen: das Zurück von der rechten Seite des Fortschritts in der Kantischen Antinomientafel zur linken Seite und, damit nicht ein neues Ausbrechen nach rechts erfolgt, die Befestigung dieser linken Seite durch Stiftung und Gründung. In dem Teil, der mit »Gründung« überschrieben ist im

›Ereignis‹-Buch, können Sie dann (das ist Teil fünf: »Die Gründung«) das Erforderliche über Stiftung nachlesen. Philosophische Regression also auf der linken Seite der Antinomientafel.

Nun ist Regression in dieser Zeit der explodierenden Unübersichtlichkeit, um dem mal eine Bezeichnung zu geben, und der sich zugleich verbreiternden Angst, daß man darin zu Schaden kommen könne – Weltkrieg, Inflation, die neuen auftrumpfenden faschistischen Regime, denen sich die alten mit Mimikry so gut wie möglich anzugleichen versuchen, um vom Umsturz bewahrt zu bleiben –, nicht beschränkbar auf eine solche Denkfigur. Sie taucht überall auf, sie ist auch in der Darstellung dessen, was sich da vorbereitet, Trumpf. Also denken Sie etwa an die Regression in der Szene des Aufenthaltes der Gefährten des Odysseus bei der Circe und deren Verwandlung in Schweine, nun in der neuen Odyssee, also in dem einen Tag, der den neuen Weltlauf begleitet, in dem »Ulysses« von James Joyce.[286] Das ist ja die ausgeführteste Regressionsdarstellung in der zählenden neueren Literatur. Aber Sie haben Regression nicht nur in der Realität, die versucht mit Stammeszeichen zurückzufinden zu einem ritualisierten Reich, das älter ist als die Geschichtswelt. Denken Sie daran, wie Verbände überall auftreten in den faschistischen Regimes mit eben derartigen Zeichen, mit Uralritualen; da lodern wieder die Holzstöße, da lodern bald nicht nur die Holzstöße, da werden die Runen wieder salonfähig, keineswegs nur in NS-Deutschland; da zeigen die Worte, womit wir es zu tun haben: Fähnlein, Stamm, Rotte, beliebig viele ließen sich hinzufügen, wenn Sie etwa in den Rängen der nationalsozialistischen Organisationen nachgucken; und da ist das natürlich überall auch in den begleitenden Denkbildern so. Tillich trägt in der ›Sozialistischen Entscheidung‹ die zeitgenössischen Züge der politischen Romantik zusammen,[287] und die politische Romantik ist ein derartiger Regressionsversuch.

Ich will heute, um das, was an Heidegger fasziniert hat, deutlicher zu machen, den Heideggerschen Regressionsversuch mit einem formalistisch-ontologischen der gleichen Zeit verknüpfen, und zwar aus einem sehr handfesten Grund. Der Mann, den ich hier im Auge habe, Nicolai Hartmann, versteht sich zeitlebens als Heidegger-Konkurrent, und Heidegger argumentiert viel häufiger, als Sie dies für möglich hielten, wenn Sie der Nicolai Hartmann- oder der Heidegger-Literatur vertrauten, contra Nicolai Hartmann. Fundamentalphilosophie sei es, die er durch seine Ontologie vorbereite, heißt es bei Nicolai Hartmann, Fundamentalontologie heißt es bei Heidegger. Und selbstverständlich nehmen sie dann eben auch direkt aufeinander Bezug. Während Heidegger die Erneuerung der Ontologie anstrebt und einen Weg über die bisherigen Ontologien einschlägt, formuliert Nicolai Hartmann 1942, in der gleichen Zeit, in der Heidegger bereits vorgeblich in die innere Emigration gewandert ist, in dem von ihm herausgegebenen Handbuch für »Systematische Philosophie«, »Neue Wege der Ontologie«.[288] Neue Wege der Ontologie gab es natürlich das ganze Jahrhundert hindurch schon: so hatte sich Scheler verstanden, so hatte sich, auch wenn das nicht der bevorzugte Titel war, eigentlich Husserl verstanden; Meinong hatte sich in jedem Fall so verstanden. Nicolai Hartmann war Scheler-Nachahmer, zumindest ohne Einschränkung in seiner Ethik, die eine ausgezogene, auseinandergezogene und verdünnte Reprise der Schelerschen Ethik ist. Das sind alles Texte, die Sie heute wahrscheinlich nicht mehr lesen und die Sie wahrscheinlich auch nicht mehr interessieren werden. Aber ich will heute auf drei der Hartmannschen Texte kurz zurückkommen. Auch Nicolai Hartmann – wir werden es gleich sehen – beharrt auf einer Regression mit Heilsanspruch. Sie ist anders als die Heideggersche, aber auch sie zeigt ein zeittypisches Verhalten als Motiv in der von ihm angestrebten Ontologie, obschon sich Nicolai Hartmann distanziert von allem zeittypischen Verhalten.

Zur Vorbereitung greife ich auf das Jahr 1900 zurück. Da erscheint, als Jahrhundert-Veröffentlichung kann man fast sagen, denn die Folgen dieser dünnen Rede sind unübersehbar, und nicht nur in Deutschland, im Separatdruck die Rede, die am 1. Mai 1894 der Begründer – und Nestor bleibt er also notwendigerweise – der südwestdeutschen Schule des Neukantianismus, Windelband, zum Antritt seines Rekorats an der neuen Reichsuniversität, der Kaiser-Wilhelms-Universität Straßburg gehalten hat. Elsaß-Lothringen war keinem der suzeränen deutschen Fürstentümer zugeschlagen worden, sondern sollte sie zusammenschweißen als die gemeinsame Beute, an der sie alle Mitschuld hatten, also das Reichsland Elsaß-Lothringen. – Ich kann den Namen der Reichsuniversität Elsaß-Lothringen nicht hören, ohne daß mir immer wieder eine Geschichte in den Sinn kommt, die so bezeichnend ist für eine bestimmte Mentalität, die sich mit der Gründung dieses zweiten Reichs verknüpft hat, also des Reichs von 1870/71, daß ich sie hier erzählen möchte. Bei einer seiner Geburtstagsfeiern erzählte Leisegang, der hier erster Philosophieordinarius an dieser Universität wurde, von einem der ihm nachgehendsten Erlebnisse seiner Kindheit. Sein Vater war Prediger oder Pfarrer am Münster der Hauptstadt des Reichslandes, also am Straßburger Münster, und am

Sedantag waren die Emporen des Münsters besetzt von deutschem Militär, das dort – Thron und Altar auf dem Höhepunkte ihrer Spätvereinigung – dem Gottesdienst in Formation zu lauschen hatte. Und der überwältigende Eindruck, etwas, was die Kirchenfenster und das, was diese als Eindruck machten, übertraf, war das unglaublich sich verstärkende Geglitzer der geputzten und ausgerichtet nebeneinander stehenden Helme, auf die das Licht fiel und sich vielhundert- oder vieltausendfach brach. Eine illuminierte Ordnung, die dem alten Mann, der davon erzählte (ich will jetzt kein negatives Wort über Leisegang sagen), tatsächlich die Tränen der Erinnerung in die Augen trieb: die ausgerichteten, Licht widerspiegelnden Helme, sozusagen die leibhaftig gewordenen Symbole im Münster. Wenn Thron und Altar der symbolischen Gleichschaltung bedürfen, so war sie hier in ganz handgreiflicher Form vorgeführt.

Also 1894 die Rede zum Antritt seines Rektorats an der Reichsuniversität, die benannt ist nach Kaiser Wilhelm, dem Reichsgründer. Das ist zu einer Zeit, wo der Versuch Wilhelms II., seinen Großvater als Wilhelm den Einzigen zu verehren, schon gescheitert ist; aber trotzdem ist es eindeutig, daß, wenn Kaiser Wilhelm gesagt wird, es dieser Wilhelm I. ist, während, wenn Kaiser Wilhelm II. gesagt werden sollte, dieses nicht mehr gesagt werden kann, sondern gesagt werden muß: ›der Kaiser‹; die Zusätzlichbenennung, *welcher* es ist, wäre auch da schon, in der Literatur oder der Umgangssprache, eine Distanzierung gewesen. »Geschichte und Naturwissenschaft« heißt das Thema Windelbands. Sie werden gleich sehen, warum es hier für uns auch sonst eine Bedeutung hat, und auch die Heidegger-Philologen werden aufhorchen. Windelband wehrt sich gegen die damals schon üblich gewordene Trennung von Naturwissenschaften und Geisteswissenschaften. Wer so argumentiert, macht etwas, was Windelband – wir können ihm darin guten Gewissens folgen – für fiktiv hält: er betreibt das Wegziehen der Erfahrungsgrundlage unter diesem Stichwort Geisteswissenschaften. Windelband sähe es lieber, wenn insgesamt von Erfahrungswissenschaften geredet würde; Geisteswissenschaften sind nicht weniger Erfahrungswissenschaften als Naturwissenschaften. Und tatsächlich hat er mit dem Anspruch, dies durchzuführen, das bis heute lesenswerteste »Lehrbuch der Geschichte der Philosophie«[289] geschrieben. Also, wenn Sie es nicht haben, würde ich es mir kaufen. Obschon der Gang durch die Philosophiegeschichte ganz konventionell ist, ist er mit sehr viel mehr Problematik – Problembewußtsein nennt man so etwas heute – geschildert als in den meisten Kompendien, vom kleinen Schwegler[290] bis zu denen, die heute üblich sind. Erfahrungswissenschaften sollten es beide sein, und dann seien die

einen ›Gesetzeswissenschaften‹ und die anderen – Sie werden es nach der Ankündigung schon erraten haben – ›Ereigniswissenschaften‹.
Am Ende dieser Rede heißt es: »Das Gesetz und das Ereignis bleiben als letzte, inkommensurable Größen unserer Weltvorstellung nebeneinander bestehen.«[291] Gesetz und Ereignis sind nicht ganz auf einer Ebene ontologisch angesiedelt, würde, wenn er hierauf reflektieren müßte, Nicolai Hartmann sagen. Denn es kann zwar so aussehen, daß ein Ereignis den Gesetzeszusammenhang sprengt, aber in Wirklichkeit ist es etwas, was nur nicht ableitbar ist aus dem Gesetzeszusammenhang. Umgekehrt kann keinerlei Gesetzeszusammenhang aus Ereignissen abgeleitet werden. Trotzdem hat das Ereignis, das, was sich so nahelegt, daß man es eigentlich gar nicht mehr auszuführen braucht, dem Gesetz gegenüber als Vorzug die Singularität, und an dieser als einer erlebbaren hängt offenbar insgeheim das Herz des an sich sehr nüchternen Berichterstatters. Er, der wirklich nichts gegen die griechische Antike einzuwenden hat, ist trotzdem zu einer Sottise genötigt. Er schreibt: »In der Einmaligkeit, der Unvergleichlichkeit des Gegenstandes wurzeln alle unsere Wertgefühle«; es gibt also keine Verbindung von Wert und Gesetz, nur von Ereignis und Wert. »Wie aber alle lebendige Wertbeurteilung des Menschen an der Einzigkeit des Objekts hängt« – da ist er nüchtern wie Freud: das ist ein Objekt, dieser einzigartige Mensch oder auch die Wertvorstellung, die wir ihm zuschreiben –, »das erweist sich vor allem in unserer Beziehung zu den Persönlichkeiten«; nicht zu den Personen. Sie sind dadurch, daß sie so einzigartig sind, dadurch, daß sie jeweils ein Ereignis sind, auch schon ein bißchen angehoben, sie haben bereits etwas Personkonstitutives bekommen, sie sind schon Persönlichkeit. »Ist es nicht ein unerträglicher Gedanke, daß ein geliebtes, ein verehrtes Wesen auch nur noch einmal ganz ebenso existiere? ist es nicht schreckhaft, unausdenkbar, daß von uns selbst mit dieser unserer individuellen Eigenart noch ein zweites Exemplar in der Wirklichkeit vorhanden sein sollte? Daher das Grauenhafte, das Gespenstige in der Vorstellung des Doppelgängers – auch bei noch so großer zeitlicher Entfernung. Es ist mir immer peinlich gewesen« – jetzt kommt die Sottise –, »daß ein so geschmackvolles und feinfühliges Volk wie das griechische ...«[292] (›Geschmackvoll und feinfühlig‹, das bleibt bei Windelband von dem Kult übrig – denken Sie etwa an das ›Bildnis des Dorian Gray‹ von Wilde, der Mode des übersensibilisierten als des eigentlich modernen Menschen; oder denken Sie an Huysmans »À rebours«,[293] »Wider den Strich«: derjenige, der zwar nicht mehr eingreifen kann, aber das nicht mehr Überschaubare – darum kann er nicht eingreifen, weil es nicht überschaubar ist – doch als einen Kosmos von

Sensationen genießt; Sensationen jetzt im sinnlichsten Sinne: die Farben, die Duftwahrnehmungen, die Tastwahrnehmungen, die Décadence der Sensibilisierung. Also wenn Windelband so formuliert, will er sagen, daß die Griechen ein modernes Volk gewesen sind, dazu dieser Kommentar.) Also: »Es ist mir immer peinlich gewesen, daß ein so geschmackvolles und feinfühliges Volk wie das griechische die durch seine ganze Philosophie hindurchgehende Lehre sich hat gefallen lassen, wonach in der periodischen Wiederkehr aller Dinge auch die Persönlichkeit mit allem ihren Tun und Leiden wiederkehren soll. Und was so vom individuellen Menschenleben gilt, das gilt erst recht von der Gesamtheit des geschichtlichen Prozesses: er hat nur Wert, wenn er einmalig ist. Dies ist das Prinzip, welches die christliche Philosophie in der Patristik siegreich gegen den Hellenismus behauptet hat. Im Mittelpunkt ihrer Weltansicht standen von vornherein der Fall und die Erlösung des Menschengeschlechts als einmalige Tatsachen. Das war die erste große und starke Empfindung für das unveräußerliche metaphysische Recht der Historik, das Vergangene in dieser seiner einmaligen unwiederholbaren Wirklichkeit für die Erinnerung der Menschheit festzuhalten.«[294] Die Gretchenfrage in diesem Vortrag ist: »Es fragt sich: was ist für den Gesamtzweck unserer Erkenntnis wertvoller, das Wissen um die Gesetze oder das um die Ereignisse? das Verständnis des allgemeinen zeitlosen Wesens oder der einzelnen zeitlichen Erscheinungen? Und es ist von vornherein klar, daß diese Frage nur aus einer Besinnung auf die letzten Ziele der wissenschaftlichen Arbeit entschieden werden kann. Nur flüchtig streife ich hier die äußerliche Beurteilung nach der Utilität. Vor ihr sind beide Denkrichtungen gleichmäßig zu rechtfertigen«.[295] Ich überspringe jetzt einiges. »Aber nicht solcher Nutzen ist es, wonach wir fragen: hier handelt es sich um den inneren Wissenswert«.[296]

Das, was ich Ihnen vorher vorgelesen hatte, macht es jetzt überflüssig, daß ich Ihnen die allmähliche Entwicklung der Antwort vorführe. Es ist klar, daß Windelband sich für das Einmalige, nicht bloß Gattungshafte, für das Ereignis und seine Erlebnisqualität ausspricht. Der nüchterne Windelband schlägt sich auf diese Seite. Die beiden Seiten, die er hier vorführt, und die nicht mit Natur- und Geisteswissenschaft identisch sind – innerhalb der Erfahrungswissenschaften: Gesetzeswissenschaft als Gesetzeserfahrung, die ausgearbeitet wird, und Ereigniswissenschaft als Ereigniserfahrung, die ausgearbeitet wird –, also diese Unterscheidung läßt selbstverständlich auch den Geisteswissenschaftler frei, sich mit Gesetzen zu befassen. Aber er geht an der romantischen Einmaligkeit – denn von daher kommt ja dieses Pathos des Einzigartigen eines

Volkes, einer Nation, eines ganzen Geschichtsverlaufes, hier eines jeden einzelnen Ereignisses – vorbei.

Diejenigen, die wir jetzt gleich miteinander polemisieren sehen werden, nämlich Nicolai Hartmann und Heidegger, würden von Windelband nach seiner Unterscheidung verrechnet werden müssen auf den Gesetzeswissenschaftler Nicolai Hartmann und den Ereigniswissenschaftler Heidegger. Nicolai Hartmann entwickelt eine Ontologie, die ebenfalls, von ihm selbst so bezeichnet, regressive Züge hat. Also er sagt, es sei ein Zurück notwendig, ein sehr merkwürdiges Zurück, bei einer sehr eigentümlichen Form der Gesetzeserkenntnis. 1931 hält Nicolai Hartmann einen Vortrag über das Problem der Realitätsgegebenheit, »Zum Problem der Realitätsgegebenheit«. Ich werde nachher etwas daraus zitieren. Es ist der existentialistischste Vortrag, den der Stoiker Hartmann in seinem Leben gehalten hat, aber es ist ein Existentialismus, der absolut konsequenzenlos bleibt, es ist genau der stoische Existentialismus, den die Zeitgenossen im Mißverständnis von »Sein und Zeit« der Heideggerschen Philosophie immer unterstellt haben. Ich zitiere jetzt aus einem Buch, das das erste in der Reihe seiner ausgearbeiteten Fundamentalphilosophie ist. Es heißt »Zur Grundlegung der Ontologie« und enthält vier große Abhandlungen: »Vom Seienden als Seienden überhaupt«, das ist der Kern dieser ganzen neuen Ontologie; dann »Das Verhältnis von Dasein und Sosein«; dann »Die Gegebenheit des realen Seins«; und dann »Problem und Stellung des idealen Seins«. Die zusammenfassende Antwort, die er in diesem Buch gibt, kann man sehr simpel und so entsetzlich formal bestimmen, wie er selbst das meint, nämlich: Es gibt eine Disjunktion und eine Konjunktion in der Bestimmung aller Seinsweisen und Seinsmomente; jedes Sein hat zugleich das Moment des Daseins und das Moment des Soseins, und zwar unabhängig davon, ob es – und das ist nun die Alternative – entweder reales oder ideales Sein ist. Das ist die Antwort in der »Grundlegung der Ontologie«. Aber nicht dieser Antwort wegen – ich finde, wenn man ein Buch vorstellt, muß man auch sagen, was in ihm steht – zitiere ich jetzt aus dem Buch; ich glaube, es bedarf keiner besonderen Erläuterung. Ob ich von realem Sein oder idealem Sein spreche, von nur Gedachtem oder von Wirklichem, ich kann von nichts sprechen, ohne daß ich ihm zugleich ein Dasein und ein Sosein zuspreche. Das ist, wie die Philosophie Studierenden unter Ihnen wahrscheinlich sofort gespürt haben werden, anti-Husserl. Husserl reduziert in seiner Erkenntnis auf die Soseinssphäre, und er scheidet die Daseinssphäre aus. Nicolai Hartmann sagt: Dieses geht nicht; ob bloß die Vorstellung, die wir uns machen, oder ob die Realität: Dasein und Sosein gehören immer dazu, auf diese Weise komme ich nicht heran an die Realität. Damit ist zugleich etwas Zweites impliziert, was uns jetzt näher heranführt an seine Regression: jemand, der so wie Husserl scheidet – es ist hier keine explizite, aber das ganze Buch hindurch eine implizite Husserl-Kritik –, ist hoffnungslos einem Scheinfortschritt in der Ontologie unterworfen, der schon sehr lange währt, spätestens seit der Zeit der scholastischen Systeme. Wiederum werden wir hellhörig. Es gibt ja auch eine Scheinentwicklung unter dem Stichwort ›Seinsvergessenheit‹ bei Heidegger, aus der man erwachen soll, damit man endlich wieder das Sein andenken kann. Hier bei Hartmann ist es die – er bedient sich einer alten scholastischen Unterscheidung – intentio obliqua. Wenn Sie ›obliquus‹ in einem lateinischen Text lesen, heißt das simpel ›schief‹. Intentio obliqua ist die schiefe Intention, schief ist die Intention, die wieder auf sich selber als den intendierenden und als den intentionalen Akt in dieser Intention zurückblickt. Also schief ist alle Erkenntnistheorie. Keine Spur eines Gedankens daran, daß sie die Autonomiesymbole bereitgestellt hatte und selber als höchstes Autonomiesymbol bezeichnet werden konnte in der feudal-absolutistischen Welt, sondern: intentio obliqua die Rückbiegung der Blickrichtung auf das eigene Tun. Sie ahnen schon, was der Weg der neuen Ontologie ist, nämlich diese Reflexion, diese schiefe Reflexion sein zu lassen und wieder intentio recta walten zu lassen, also direkt auf den Zusammenhang der Realität zuzugehen. Nicolai Hartmann argumentiert: Das ist ein Zurück zur alten intentio directa; aber es gibt kein Zurück, auch die Regression – soweit ist er realistisch – ist nicht davon freizusprechen, daß sie eine Wiedereinsetzung der intentio recta nach Durchgang durch lange, lange Perioden der Vorherrschaft der intentio obliqua sei.[297] Also, die wiedergewonnene Naivität ist nicht identisch mit der alten verlorenen Regression auf den alten Realismus – das ist der neue Realismus. Zurück zu den alten Wegen der Ontologie – das sind die ›Neuen Wege der Ontologie‹, wie der Titel dieser programmatischen Veröffentlichung von 1942 lautet.

Das Buch »Zur Grundlegung der Ontologie«, in dem er dieses erstmals nachdrücklich ausführt und in dem von dem Existentialismus (dem seiner von mir noch nicht zitierten Rede vor der Generalversammlung der Kant-Gesellschaft seiner Zeit, »Zum Problem der Realitätsgegebenheit«) dieses Problems der Realitätsgegebenheit noch nichts zu spüren ist oder, richtiger gesagt: nichts mehr zu spüren ist, erscheint im Jahre 1935. Ihm folgt das über »Möglichkeit und Wirklichkeit« und dann das über den »Aufbau der realen Welt«.[298] Während der NS-Zeit arbeitet Nicolai Hartmann seine Ontologie aus. Die »Grundlegung der Ontologie« ist noch verhältnismäßig schmal, die folgenden Bücher werden jeweils umfangreicher. »Der Aufbau der realen Welt« ist dann bereits ein Wälzer. Also wir haben parallel zu der Zeit, in der Heidegger rückschaltet auf das Ereignis, den letzten naiven Universalienrealisten, Nicolai Hartmann, vor uns, der mit intentio recta den Problemen des Seins zu Leibe rückt. Und ohne die geringste Sottise, aber mit wirklich naivem Erstaunen vermerkt er in seiner Heidegger-Kritik (das ist im ersten Teil der ersten Abhandlung unter der Überschrift »Zweites Kapitel. Ein heutiger Versuch. Fehler im Ansatz«[299]), daß Heidegger, indem er auf die Frage nach dem Sinn von Sein hinauswolle, die Frage nach dem Sein verlassen habe.

Ich muß das leider etwas deutlicher machen am Text. Nicolai Hartmann: »›Sinn‹ ist ein vieldeutiges Wort. ›Sinn von Sein‹ kann die Wortbedeutung von ›Sein‹ meinen.« (Ich überspringe immer zwischendurch.) »Es kann auch so etwas wie der logische Sinn des Begriffs ›Sein‹ gemeint sein.« Also entweder Nominaldefinition oder aber Wesensdefinition: mit ersterer wendet er sich gegen die Sprachanalytiker jener Zeit, mit zweiter gegen Husserl und alle Phänomenologen. »Dann sieht es die Sinnfrage auf eine Wesensdefinition ab; die Gewinnung einer solchen ist aber bei Begriffen höchster Allgemeinheit nicht möglich.« Er bleibt also in dem alten Schema, daß eine definitio nur möglich ist, wenn genus proximum und differentia specifica angegeben werden können. Das ist aber nicht möglich bei dem höchsten Begriff, bei Sein. Das ist übrigens das Argument, das Heidegger für sein Vorgehen auch gebraucht, das hier Nicolai Hartmann gegen ihn wendet. Das nimmt Heidegger sich als Berechtigungstopos dafür, die Seinsfrage anders zu stellen als definitorisch. »Schließlich kann ›Sinn‹ auch eine metaphysische Bedeutung haben und die verborgene innere Bestimmung von etwas meinen, kraft deren es auf eine sinngebende Instanz (etwa einen Wert) bezogen oder auf sie hin angelegt ist. Dann aber wäre mit der Formel ›Sinn von Sein‹ die ontologische Fragestellung ganz verlassen. In den beiden ersteren Fällen also ist in Wahrheit gar nicht nach dem Sinn des ›Seins selbst‹ gefragt, sondern nur nach dem Sinn eines Wortes resp. eines Begriffs. Das ist zwar sehr bescheiden, aber zu wenig für den Anspruch der Ontologie. Denn diese fragt nicht nach Worten und Begriffen, sondern nach dem Seienden als Seienden. Im dritten Falle betrifft die Frage freilich das Seiende, aber nicht als Seiendes, sondern als Sinnträger (Bestimmungsträger) im metaphysischen Verstande.« Ich überspringe wieder. »Allgemein läßt sich sagen: die scheinbar sinnklärende Frage nach dem ›Sinn von Sein‹ ist in ihrer Vieldeutigkeit durchaus sinnverwirrend. In ihren unschuldigen Bedeutungen ist sie überflüssig« – also als sprachanalytische oder als phänomenologische Wesensbestimmung erstrebende Frage –, »in ihrer allein gehaltvollen Bedeutung ist sie irreführend. Dazu aber kommt noch eine dreifache Erwägung.« Ich mache es kurz. Die zusätzliche Erwägung wäre einerseits, dann auch nach dem Sinn von Sinn fragen zu müssen; zweitens dann auch nach dem Sein von Sinn fragen zu müssen; und drittens, daß Sinn unter allen Umständen etwas ist, was nur jeweils für ein bestimmtes Subjekt beansprucht werden kann, das in etwas einen Sinn sieht, für das etwas einen Sinn hat. Sinn an sich und Sinn als solcher ist Widersinn. Aber darin, daß dieser Widersinn von Heidegger behauptet wird, liege nun – womit Nicolai Hartmann ganz und gar an der Heideggerschen Philosophie vorbeiläuft, obschon er meint, den Kern damit zu treffen (eine Argumentation, die auch in späteren Auseinandersetzungen immer wieder auftaucht) – »der Grund, warum Heideggers ›Welt‹ eine auf den Einzelmenschen relative (›je meinige‹) ist. Das Abgleiten der Seinsfrage in die Sinnfrage läßt es anders nicht zu.«[300] So zu formulieren hat bei Nicolai Hartmann noch einen zusätzlichen, objektiv ehrenwerten Hintergrund, den ich auch noch kurz antippen will: »Zur Kritik dieser Position wird im folgenden noch mancherlei zu sagen sein. Man könnte sich das Eingehen auf sie sparen, wenn es sich dabei um die allgemeine Seinsfrage handelte. Denn diese ist hier grundsätzlich umgangen« – das haben wir eben gehört –, »ist also auf ihrem Boden auch gar nicht diskutierbar. Aber es handelt sich nicht um das theoretisch Allgemeinste allein. Die Heideggersche Existenzial-Analyse entfaltet vielmehr eine bestimmte Auffassung vom geistigen Sein. Und diese läuft darauf hinaus, alles überindividuell Geistige, allen objektiven Geist, von Grund aus – schon durch die Einseitigkeit der Phänomenbeschreibung – zu entkräften und zu entrechten; das Individuum und seine private Entscheidung allein behält Recht« – welch ein Mißverständnis: »das Individuum und seine private Entscheidung«; und trotzdem, wie richtig gesehen, daß der objektive Geist der Tradition hier eine radikale Brechung erfahren soll, zumindest nach Heideggers eigenem Anspruch –, »alles Gemeinsame, Übernehmbare und Tradierbare wird als das Uneigentliche und Unechte ausgeschaltet.« Hier klingt natürlich bei Nicolai Hartmann, der lange Zeit Heideggers engster Konkurrent, Kollege gewesen ist, der Eindruck der Wahlreden nach, die erst knapp einhalb Jahre vor Drucklegung gehalten worden sind. Dies dürfte gleichzeitig geschrieben sein. »Diese Auffassung gibt nicht nur das Wertvollste preis, was die deutsche

Philosophie in ihrer Blütezeit (von Kant bis Hegel) zur Einsicht gebracht hat. Sie macht vielmehr die höchste Seinsschicht, die des geschichtlichen Geistes, geradezu ungreifbar; und da die Besonderungen des Seienden in der Welt nicht isoliert dastehen, sondern in mannigfachen Beziehungen und nur aus diesen heraus verstanden werden können, so vernichtet die Verkennung einer Seinsschicht mittelbar auch das Verständnis der anderen.«[301] Heidegger ist nicht Realist, wie er, Nicolai Hartmann, für sich beansprucht, sondern er ist Privatmann, der privat nach dem Sinn von Sein fragt. Welch eine Verkennung in einer Zeit, in der der Schock der Sinnlosigkeit so allgemein ist, daß wenn jemand das Wort Sinn in dieser Zeit gebraucht, man selbstverständlich hört, was ihn dazu veranlaßt hat, es zu gebrauchen: nämlich Sinnlosigkeit, Angst davor, daß alles keinen Sinn haben könnte! Das ist ja der Leim, das ist ja die Suggestivkraft bei Heidegger, daß er auf diese Verzweiflungsfrage, deren Ausarbeitung jedesmal unsere höchste Aufmerksamkeit beanspruchen kann, eine Antwort geben zu können behauptet; das geht bis hin zu Beckett und Adorno; und an dieser Stelle ist natürlich keine Differenz zwischen Heidegger und Adorno, wohl aber in der Intention, was dazu zu sagen wäre –, also was für eine Verkennung, hier das für eine private Frage zu erklären; was für ein ›Realismus‹, der dieses als privat abfertigen kann!

Nun muß ich gleich sagen – sonst fürchte ich, bleibt alles in der Folge der Vorlesung (denn ich muß mich heute auf diesen Nicolai-Hartmann-Exkurs beschränken) unverständlich –, was eigentlich Nicolai Hartmanns, sagen wir: philosophische Vision ist. Die ist natürlich nicht identisch mit der Antwort, die hier in der Ausarbeitung einer Reihe von Fragen ich Ihnen vorhin vorzeichnete, daß alles sowohl soseiend wie daseiend ist, aber alternativ: entweder real oder ideal. Sie sehen, daß, wer so argumentiert, sich auch schon die Utopie vom Hals gehalten hat. Wenn entweder real oder ideal, dann kann es keine Utopien geben, die auch an nur einem Stückchen der Realität klebten oder in ihm als Erfüllungsvorwegnahmen gesehen werden könnten. Er ist also auch aus der ganzen, sagen wir: christlichen plus, sagen wir: altisraelischen Tradition ausgebrochen, dahinter noch zurückgegangen mit seiner intentio recta, wenn sie zu dieser Alternative bei gleichzeitiger Bejahung von Da- und Soseiendem, also dieser Sphärentrennung, gelangt. Aber die Vision, die er hat, ist eine andere. Sie ist die Schichtung der Realität, die Realität hat quasi geologischen Charakter, sie hat nicht einen zeitlichen Charakter. Was er abwehrt bei Heidegger, ist die von ihm unter dem Decknamen des Privaten eigentlich gemeinte Geschichtsphilosophie. Was er dagegen protegiert ist ein Schichtenaufbau der realen Welt, der so aussieht, vier

Schichten sind es (das ist gute alte mythologische Tradition, der Realist ist hier Mythologe): die anorganische und die organische, die seelische und die geistige. Diese Schichten verhalten sich zueinander so, daß jeweils zwei, symmetrisch, einander überformen, aber das Paket der zweiten zwei ruht auf dem Paket der ersten zwei auf. Hier bauen sie nur aufeinander auf. Also, um es direkt zu sagen – Sie können es sich mit einigem Vorstellungsvermögen selber sagen, ich brauche es nicht auszuführen im einzelnen –: Die organische Schicht überformt das Anorganische, das in alle ihre Kavernen eindringt; ein Überformungsverhältnis; die geistige Schicht überformt die seelische Schicht, die in alle geistigen Wesenheiten eindringt; aber die seelisch-geistigen Schichten ruhen beide als klassischer Oberbau auf dem anorganisch-organischen Unterbau auf. Das ist die Nicolai Hartmannsche Schichtenlehre. Und nun gibt es ein Forschungsziel in ihr, nämlich zu sehen – ich sage es jetzt mal unspezifisch, er macht das alles sehr viel differenzierter und sehr viel undifferenzierter zugleich; differenzierter, indem es viele, viele Begriffe sind, undifferenziert, indem es immer nur die eine Denkfigur ist –, wie weit diese Kategorien gehen. Gehen sie etwa durch alle vier Schichten durch oder nur durch drei, oder nur durch zwei oder nur durch eine? Welche sind die neuen innerhalb oberer Schichten, die in den unteren noch nicht vorhanden waren? Welche bleiben in den oberen Schichten, die in den unteren schon anzutreffen waren? Das ist dann die durchgeführte Kategorialanalyse des Aufbaus der realen Welt. So viel, möge es damit sein Bewenden haben, in Retrospektive über Nicolai Hartmann.

Also, er verkennt hier ein sehr allgemeines Bewußtsein der geschichtsphilosophischen – um es gleich auf den metatheoretischen Begriff zu bringen – Ohnmacht, von der zugleich behauptet wird, daß ihr ein Sinn abzugewinnen sei; auf diese simple Formel kann man ja all die Versuche in der ersten Hälfte dieses Jahrhunderts bringen. Und er sieht nicht, daß Heidegger gerade als Geschichtsphilosoph beansprucht, ein kollektiv-verbindliches geschichtsphilosophisches Subjekt zu sein; ohne das hätte er ja nicht den Lehranspruch für das neue, das Dritte Reich für sich behaupten können, und ohne das hätte er nicht in die Schmollwinkel-Verbannung zu gehen brauchen, um es nun übertrumpfend von sich aus zu tun. Nicolai Hartmann sagt: Hier ist die Seinsfrage verlassen. Die Seinsfrage ist dort, wo nach dem Sein von Seiendem gefragt wird. Die klassische und unüberbietbare Formulierung dafür habe Aristoteles gegeben: *on he on*, also ›seiend als seiend‹.[302] Das war die Frage nach dem Seienden in seinem Sein. Sie sehen, wie das, was bei Heidegger dort formuliert war – womit ich das vorige Mal eingesetzt hatte und das nächste

Mal wieder fortfahren werde, nämlich mit der erstmaligen Vorführung der ontologischen Differenz in der Abhandlung »Vom Wesen des Grundes« –, in direkter Auseinandersetzung mit Nicolai Hartmann so formuliert ist. In der Zeit, wo Heidegger das schreibt, lehren sie im gleichen Hörsaal, begegnen sich mehrfach in der Woche, die Studenten erzählen hier und dort wieder zurück, was dieser für eine und jener für eine Ontologie macht. Also Heidegger konkurriert sozusagen, ohne jeweils mit dem Partner zu sprechen; es ist keine einzige Unterhaltung zwischen Nicolai Hartmann und Heidegger überliefert, obschon beide Schwärme von Anhängern hatten. Gut, das ist aber gut philosophisch, und das kann ich sehr wohl verstehen. Es gibt da keine Kooperation, es gibt kein Teamwork (also ich weiß nicht, wie man das sonst noch nennt), es gibt tatsächlich nur dieses, ohne Nennung jeweils des anderen Namens. Das hier ist die große Ausnahme, daß in »Zur Grundlegung der Ontologie« Heidegger direkt kritisiert wird, aber auch nicht als Heidegger, sondern als ein verfehlter Ansatz: »Ein heutiger Versuch. Fehler im Ansatz.« Also es ist die Aburteilung in der Kapitelüberschrift, und er steht exemplarisch für einen verfehlten Versuch.

Dieses Sein im Seienden, dieses Seiend-sein, so wie es als ein Paar vorgeführt wird, hatten wir letztes Mal in der Verhandlung der ontologischen Differenz gesehen: »je verschieden *Seiendes in* seinem Sein und *Sein von* Seiendem«.[303] Das ist die Heideggersche Formulierung. Und das verwirft das, was aus dem Heidegger ebenfalls so sehr sympathischen *on he on* des Aristoteles von Nicolai Hartmann gemacht wird, als transzendenzlos. Sein Transzendenzbegriff, so wie er in »Vom Wesen des Grundes« entwickelt wird, ist auch wieder direkt gegen die Hartmannsche Transzendenztheorie gewendet. Nicolai Hartmanns Transzendenztheorie ist das, was er zur gleichen Zeit schon entwickelt hat, was in diesem »Zum Problem der Realitätsgegebenheit« von ihm vorgeführt wird. Transzendenz ist für Nicolai Hartmann ganz einfach, daß wir in der Erfahrung auf Realität stoßen. Und zwar erfahren wir ihre Härte, und unsere Erfahrung ist, daß wir dieser Härte denkend nachgehen, nicht um zu sagen: Da war jemand hart, sondern um die Härtekategorie der Realität auszuarbeiten. Der existentialistisch formulierende Hartmann, in diesem einzigen Aufsatz, dieser einzigen Rede von 1931, spürt die Zeichen der Zeit und sagt: die müssen wir kategorial verarbeiten. Das ist die stoische Antwort auf die Zeichen der Zeit.

Ich sollte Ihnen da wenigstens ein paar Sätze vorlesen, damit Sie sehen, wie das unbewußt Arbeitende in einem Philosophen sehr viel intelligenter sein kann als das, was in den Formulierungen bewußt herausspringt. Also beispielshalber: »Es gibt aber einige Aktgruppen, in deren Gefühlston sich unmittelbar das Gewicht von Realverhältnissen ausdrückt. Mit diesen allein haben wir es hier zu tun. Die erste Gruppe dieser Art bilden die Akte des Erfahrens, Erlebens und Erleidens sowie die verwandten des Ertragens und Erliegens. Sie haben dieses Gemeinsame, daß in ihnen dem Subjekt etwas ›widerfährt‹. Es sind ausgesprochen rezeptive Akte – mit Ausnahme vielleicht des Ertragens, in dem schon die Note des Widerstandes eine Rolle spielt. Aber diese Rezeptivität ist nicht Rezeptionsform von Objekten, sondern von ›Widerfahrnissen‹. Bei diesen Akten steht das Subjekt« – jetzt spricht er wie ein heutiger Modephilosoph – »nicht im Modus des Erfassens oder Betrachtens, sondern im Modus des ›Betroffenseins‹. Es ist von den Widerfahrnissen in Mitleidenschaft gezogen und so in einem sehr buchstäblichen Sinne ›betroffen‹«. (Die Widerfahrnisse, nicht dieses oder jenes, was widerfährt.) »Es ist dasjenige, was dem Subjekt ›zustößt‹, sich ihm aufdrängt, von dem es bedrängt ist. In diesem Zustoßen, Sichaufdrängen, Bedrängen zeigt das Widerfahrnis ein Realitätsgewicht, dessen das Subjekt sich gar nicht erwehren kann«.[304] Angesichts dessen wird auch nicht der Versuch gemacht, sich dessen zu erwehren.

Die einzige, ganz kleine Widerstandsnotiz ist im Zusammenhang mit dem Ertragen. Die Akte des Erfahrens »sind ausgesprochen rezeptive Akte – mit Ausnahme vielleicht des Ertragens, in dem schon die Note des Widerstandes eine Rolle spielt.«[305] Das ist 1931. Da sieht es schon so aus, als würde es 1933 werden. Dann wird nochmal 1932 dazwischengeschaltet mit den großen Wahlniederlagen, und dann kommt der nachträgliche Triumph '33. Also hier bei der Generalprobe ist das Ertragen schon die äußerste Widerstandsaktion. Nun zum Erfahren: »Das Leben, das ich ›führe‹, besteht nur in einem einzigen großen, nie abreißenden Erfahrung-Machen – wenn schon gewiß nicht darin allein –« (sagt der weltweise Philosoph), »und der ›Erfahrene‹ ist der, welcher viel ›durchgemacht‹, das Leben kennengelernt hat – nicht als Zuschauer, sondern als Darinstehender und sich in ihm Durchfindender.« Äußerste Möglichkeit, nicht Zuschauer zu sein, ist das Sich-darin-Durchfinden. Aber: »Am fühlbarsten ist das Zustoßen im ›Erleiden‹. Wenn ich einen physischen Schlag oder Stoß erhalte, so bin ich unmittelbar und über alle Argumente drastisch belehrt über die Realität des Schlagenden oder Stoßenden.« Ich kann also auch das als Belehrung in Sachen Ontologie verstehen. »Es ist nicht so, wie gewisse Theorien meinen, daß es erst eines Kausalschlusses auf die Ursache des Schmerzzustandes bedürfte, um zu einer Vorstellung des Stoßenden zu kommen.« Was für ein sozusagen isolierender Umweg, den ja jene Theorien eigentlich meinten: Vielleicht habe ich mich doch noch geirrt? Vielleicht war er es gar nicht? Oder: Der kann's doch nicht gewesen sein, oder: Mich kann er doch nicht gemeint haben! Das steckt ja auch noch zwischen den Zeilen drin. Also surrealistisch ist Nicolai Hartmann schon, daß er die Theorien, die diese Zwischenwege offenlassen, als unrealistisch verwirft. »Diese Vorstellung vielmehr, oder richtiger die Gewißheit der Realität des Stoßenden ist im Erleiden ebenso unmittelbar wie der Schmerz gegeben. Und darum ist sie auf keine Weise wegzudisputieren. Die Reflexion auf das Kausalverhältnis ist dagegen ganz sekundär. Sie kann fehlen oder einsetzen, sie ändert nichts mehr an der vorweg empfangenen Realitätsgewißheit. Das physische Erleiden ist nur ein Grenzfall. Das Leben ist ein ständiges Ringen und Kämpfen mit Mächten jeder Art, mit Anforderungen, Pflichten, Hindernissen, Schwierigkeiten, Verwicklungen. Immer gilt es, der Sachlage Herr zu werden; und was immer an Rückschlägen, Widerständen, Mißlingen uns trifft, muß erlitten und ertragen werden« – »muß erlitten und ertragen werden«, wieder ist das die äußerste Grenze. »Alles Besiegtwerden und Unterliegen ist ein Erleiden, genau so sehr wie auch das Emporgerissen- oder Getragenwerden von fremder Kraft.«[306] Das ist hier Kritik an denjenigen, die sich den Bewegungen dieser Zeit oder *der* Bewegung anschließen. Auch das ist für ihn, für den Stoiker Nicolai Hartmann, der hier spricht, ein Erleiden. Der Philosoph kann sich nur durchfinden mit der Ölhaut, die in »De ira« schon Seneca beschrieben hat,[307] also indem er alles an sich ablaufen läßt. »Die Kraft, was immer sie sein mag, wird im Erleiden unmittelbar erfahren. Man bekommt sie zu fühlen.« Immer die Kraft des anderen, nicht die eigene. »Dieses Zu-Fühlen-Bekommen ist nichts als ein besonderer Modus des Betroffenseins. Insofern ist das Erleiden nur ein Spezialfall des sich mannigfaltig abstufenden Erfahrens«; aber der zentrale. Wo Heidegger von der Angst spricht, spricht sein Antiontologe vom Erleiden. »Wie man Situationen, Geschehnisse, Spannungen und Lösungen erlebend erfährt, indem man selbst darin steht und beteiligt ist« – die Zuspitzung, daß es ein Problem sein könnte, ob man sie noch lebend erfährt, ob man sie noch überlebt, auf die Idee kommt er noch nicht; noch handelt es sich nur um das ›erlebend Erfahren‹ –, »so auch das, was einen schicksalhaft trifft und was man zu tragen hat. Nur die Grade des Beteiligtseins und Darinstehens sind verschieden. Im Maße des Darinstehens aber ist man vom Widerfahrnis betroffen. Und im Maße des Betroffenseins« – jetzt kommt einer dieser unbewußten, den ganzen Gummipanzer des Stoizismus durchschlagenden Begriffe, den das lange schon ungeduldige Unbewußte des Philosophen Nicolai Hartmann hier nach oben befördert hat; Sie werden einen Schreck bekommen – »ist die Realität des Widerfahrnisses – der Geschehnisse, Situationen, Schicksalsschläge – eine unmittelbar ›schlagend‹ gegebene.«[308] Die ›schlagend gegebene‹ Realität, das ist die Zustandsbeschreibung 1931 bei Nicolai Hartmann. Sie verstehen jetzt, was ich meine, daß das die existentialistischste und sozusagen geschichtsphilosophischste Passage ist, die Sie in seinem ganzen Werk finden können, wenn Sie sich diesen Mammut durchzulesen getrauen. Aber das ist in der allgemeinen Kategorialanalyse des Widerfahrnisses so gehalten.

Ich zitiere jetzt nur noch einen kurzen Absatz und lasse es dann dabei bewenden. Es ist die Rede von der »Härte des Realen«. »Schicksalhaft erscheint dem Menschen der Strom des realen Geschehens, sofern er sein eigenes ungesuchtes, ungewolltes, im allgemeinen auch unverschuldetes Ausgeliefertsein an ihn empfindet. Was wir in diesem Strom andauernd erfahren, ist nichts anderes als die allgemeine ›Härte des Realen‹«: so sieht also eine Fundamentalontologie der Gegenseite, der sozusagen zeitüberdauernden, aus. Nicolai Hartmann wird *der* deutsche Philosoph der Nachkriegszeit. Alle deutschen Philosophen der Nachkriegszeit sind seine Schüler, umgeben ihn als Schwarm bei den Kongressen. 1950 stirbt Nicolai Hartmann, 1951 hat es keinen Nicolai-Hartmann-Schüler mehr gegeben – auch ein Ereignis, wenn Sie so wollen. Also, er hat die Zeit überdauert, und er hat sie überdauert mit diesem Satz: »Was wir in diesem Strome andauernd erfahren« – wo wir ausgeliefert sind, unverschuldet ausgeliefert, ungesucht, ungewollt –, »ist nichts anderes als die allgemeine ›Härte des Realen‹, der wir nichts abhandeln können. Und das empfundene Ausgeliefertsein an sie ist das unentwegt von Schritt zu Schritt uns im Leben begleitende nackte Zeugnis« – die nackte Wahrheit ist zur Protokollantin verkommen – »der Realität des Geschehens in uns selber.« Das ist der existentialistischste Satz: Das »empfundene Ausgeliefertsein an sie ist das unentwegt von Schritt zu Schritt uns im Leben begleitende nackte Zeugnis der Realität des Geschehens in uns selber. Die Härte als solche wechselt auch nicht mit dem Inhalt des Erfahrenen.« Egal, ob von links oder rechts der Schlag geführt wird, welche Kolonnen hier kommen, für den Philosophen ist es gleich. »Sie ist in den Nichtigkeiten des Alltags, die wir vielleicht als ärgerlich empfinden, dieselbe wie in den großen geschichtlichen Völkerschicksalen«. Ja? Das ist der unendliche Analogieschluß; vielleicht sollte ich noch einmal sagen: *das ist der unendliche Analogieschluß*, so wie er ja in den sozusagen neobuddhistischen – nichts gegen Buddhismus, aber alles gegen den westlichen

Neobuddhismus – Spielarten der gleichmäßigen Illumination, oder in den großen strukturellen Analogiebildungen unmittelbar, ununterbrochen, unmittelbar vor Augen geführt wird. »[I]n den Nichtigkeiten des Alltags«, also was weiß ich? Zahnziehen und vergast werden, ist ein und die gleiche Realitätshärteerfahrung, und wenn in uns selber, dann auch das Anrichten des einen oder des anderen; also KZ-Beamter und Zahnarzt sind in diesem Falle hier gleich. Die Härte ist »auch dieselbe in der Sphäre der Dinglichkeit wie in der seelischen Hintergründigkeit. Ich erfahre die Gesinnungen der Menschen gegen mich genauso unabweisbar, wie der Gefangene die Mauer, der Lastträger die Traglast empfindet. Und beides ist unabhängig vom Erkennen des Empfundenen. Es ist auch dieselbe Härte, derselbe Druck, dasselbe Ausgeliefertsein, was man der geschichtlichen Weltlage, den bestehenden sozialen Verhältnissen, den öffentlichen Zuständen jeder Art gegenüber empfindet. Man ist eingefangen in den Verhältnissen, wie sie sind; man kann sie als Übermacht oder als Bleigewicht empfinden, oder auch als tragende Macht, auf der man fußt, von der man sich vielleicht gar hochtragen läßt. Das ist nur ein« – jetzt müßten Sie Nicolai Hartmann gut kennen, wenn Sie diesen Satz hier zu Ende führen wollten! – »Unterschied des Wertvorzeichens. Ontologisch, im Sinne der erfahrenen Realität, ist es dieselbe Härte des Realen, die wir ertragen oder aber auswerten müssen.«[309] Sie sehen, es gibt doch noch eine Unterscheidung: auch wenn der Philosoph erträgt, hat er – dieses scheinalternative beziehungsweise dieses bereichernde ›oder‹ macht es uns klar – dann doch noch eine ganz besondere Aufgabe, die er erfüllen kann. Er kann diese Härte nämlich auswerten. Und wenn er sie auswertet, kommt allerdings ein sehr ebenmäßiges Ergebnis zustande: Es ist immer die gleiche Härte in uns und außer uns. Ein Zitat hieraus werde ich das nächste Mal bringen, heute nicht, weil es uns unmittelbar zu Heidegger hinführt, unmittelbar zu Heideggers Zukunftserwartung. Auch hier passiert etwas mit der Zukunft; und wir werden sehen, daß es nur einen winzigen Zungenschlag entfernt ist, aber daß dieser Zungenschlag Hartmanns Vorstellung nach zwei Welten bedeutet; unserer Vorstellung nach heute können wir nicht mehr von zwei Welten sprechen dabei.

Abschlußzitat aus der Kritik an Heidegger: »Das eine Beispiel radikaler Abweichung von der Fragestellung des Aristoteles« – nämlich statt nach dem *on he on*, dem ›seiend als seiend‹ zu fragen, nach dem Sinn von Sein zu fragen – »mag genügen, um zu erweisen, daß solche Abweichung sich rächt.« Und nun kommt etwas, was Heideggers Unternehmen mit dem gleichen Wort charakterisiert, wenn auch nicht direkt von ihm die Rede ist, wie ich es charakterisiere, nämlich als Überbietungsversuch. Aber Nicolai Hartmann braucht nicht zu folgen, weil er selber schon etwas Unüberbietbares hat, das ist nämlich die Formel des Aristoteles. »Die Formel des ›Seienden als Seienden‹ ist nicht zu überbieten« – und zwar die Geschichtsphilosophie des Nicht-Geschichtsphilosophen Nicolai Hartmann. »Sie entscheidet nichts vor, steht neutral zur Divergenz der Standpunkte und Theorien, diesseits aller Deutung.« Alle Deutung wäre schon wieder Schiefintention, intentio obliqua; diesseits aller Deutung, intentio directa, ausarbeiten die Frage nach dem Sein des Seienden. »Die Kehrseite dieser Überlegenheit aber ist, daß sie bloß formal ist, ein Schema, das der Erfüllung harrt.«[310] Nicolai Hartmanns eigener Auftrag: dieses Schema zu erfüllen, so schematisch zu erfüllen, daß dem Schema selber nichts an Inhalten zukommt, die plötzlich nicht mehr neutral zur Divergenz der Standpunkte und Theorien wären und plötzlich Deutungen herausfordern.

Ich kehre das nächste Mal, mit diesem Absprungbrett versehen, zu Martin Heidegger zurück, um zu zeigen, wie er auch philosophisch, auch in der Seinsspekulation, in einem breiten Einverständnis mit einer ganz kleinen Zusatzwendung handelt. Ich fahre damit nächstes Mal fort.

Achte Vorlesung
gehalten am 21. Juni 1990

Die Ontologie, die Heidegger ausarbeitet, ist ja nur die Angel. Wir müssen fragen: Was hängt da für ein Köder dran? Um das zu beantworten, muß ich Ihnen ein Stück weit auch das klimatische Feld, das Ambiente zeigen. Und das reicht von dem, was ich aus Goebbels' Rechenschaftsbericht »Vom Kaiserhof zur Reichskanzlei« über die nationale Erhebung bis zur Schulphilosophie seiner Zeit zitiert hatte. Es gibt zwei unter den amtierenden Philosophen in Deutschland, mit denen Heidegger zusammengebracht wird. Der eine kann dann bald nicht mehr lesen, geht in die innere Emigration, schützt bis zum Ende des Dritten Reiches seine jüdische Frau, und geht dann nach dem Ende gleich auf einen Lehrstuhl nach Basel. Ich meine Karl Jaspers. Mit ihm ist er immer in einem Atemzug genannt, so als wären es *die* beiden deutschen Existenzphilosophen. Aber sie trennen sich in ihrer beider Verhältnis zur Ontologie. Sein zweiter Gegenspieler in Sachen Ontologie, Nicolai Hartmann, von mir das letzte Mal kurz vorgestellt, liest unbeirrt bis zum Ende des Krieges seine geschichtslose Ontologie weiter, vermeint, er ist damit jenseits der Frage von Gut und Böse, und vermittelt das natürlich als Reiz dann auch der Generation, die sich gleich als eine von Hartmannianern nach 1945 begreift.

Für Jaspers ist die Zeit der Ontologie vorbei. Im gleichen Jahr, in dem die Broschüre, der Vortrag (und die Diskussion darüber) vor der Kant-Gesellschaft, »Zum Problem der Realitätsgegebenheit« von Nicolai Hartmann erscheint, formuliert Jaspers in dem Schlußteil, der »Metaphysik«, seiner monumentalen dreibändigen »Philosophie«: »Unmöglichkeit der Ontologie für uns. – Ontologie muß zerfallen.« Was für eine Beschwörung: »Ontologie muß zerfallen«! »Denn das Wissen vom Dasein ist auf Weltorientierung, das gegenständliche Wissen überhaupt ist auf mögliche Denkbestimmungen in einer Kategorienlehre begrenzt« – das zweite trifft Nicolai Hartmann, das erste ist das, was er von Max Weber gelernt hat und auch weiterführt, obschon er es übersteigt –; »das Wissen in Existenzerhellung« – das ist nun, womit er über

Max Weber hinausgegangen ist – »hat sein Wesen durch Appell an Freiheit, nicht durch Haben eines Resultats; das Wissen von Transzendenz ist als kontemplatives Sichversenken in unbeständige und vieldeutige Chiffreschrift.«[311] Transzendenz: das, was alle Philosophie und alle Religionen haben wollen; womit er als junger Mann immer liebäugelt, um es zurückzuweisen, und das er nach dem Krieg dann doch in Formeln umkreist, wie der völlig inhaltslosen vom ›Umgreifenden‹.[312] Aber auch das paßte sehr gut dann in die deutsche Nachkriegslandschaft hinein, viel besser als Jaspers in die Kriegs- und Vorkriegslandschaft hineingepaßt hat. Anders als in Chiffren ist dieses Wissen nicht zu haben; Chiffren, die in dem Augenblick, wo man sie vergegenständlicht, aufhören, auch nur symbolisch real zu sein, auch nur symbolisch Realität zu vertreten. »Auch das Wissen um die Bewegung in den inneren Haltungen meines Seins als Bewußtseins überhaupt und als möglicher Existenz ist nicht Ontologie« – das versteht sich von selbst für Philosophen, daß so etwas betrieben wird –; »vielmehr ist dieses Wissen als Klarheit in der Gliederung des Philosophierens ein Sichselbsterfassen, nicht Seinserfassen. Das Sein wird auf allen diesen Wegen unabschließbar gesucht, aber besteht nicht durch sie schon als Sein. Mit der Einsicht in die Zerrissenheit des Seins für mich, sofern ich Dasein und mögliche Existenz bin, hört daher das Verlangen nach Ontologie auf« – wenn ich einmal verstanden habe, wie zerrissen ich bin und mich in allem nur selber suche, höre ich auf, nach etwas zu suchen, was mit mir nichts zu tun hat, höre ich auf, nach Ontologie zu suchen –, »um sich in den Impuls zu verwandeln, das Sein, das ich nie als Wissen erwerben kann, durch Selbstsein zu gewinnen. Zwar handelt es sich in diesem Sichgewinnen zunächst nur um das Sein, das noch entschieden wird, um Freiheit der Existenz, nicht um Transzendenz. Aber Transzendenz ist nur diesem in Entscheidung gewonnenen Sein zugänglich. An die Stelle des Seins der Ontologie tritt das immer geschichtliche, nie schlechthin allgemeingültige Dasein der Chiffre.«[313]

Sie sehen, wie charakteristisch das schwankt. Einerseits: die Ontologie vorbei, sie muß zerfallen; an ihre Stelle tritt Besinnung der zerrissenen Existenz auf sich selbst. Jaspers hat als Psychiater angefangen. »Die Psychologie der Weltanschauungen«[314] war sein erstes großes Erfolgsbuch, aber am Herzen gelegen hat ihm immer seine »Allgemeine Psychopathologie«,[315] und sie hat er 1953 als Mammutwerk noch einmal herausgebracht. Philosophie war für ihn Existenzerhellung; Existenzerhellung leidenschaftsloser als das möglich ist in den Aktionen – also hier teilt er die Haltung Max Webers –; aber über Max Weber hinaus eine Existenzerhellung, die, wenn sie in ein klares und geläutertes, gelebtes Sein übergegangen ist, dann im Scheitern aller weiterreichenden Impulse – wiederum teilt er das mit Max Weber – doch so etwas versucht wie zu dechiffrieren. Aber die Dechiffrierung landet immer bei Chiffren, sie ist nicht eine, die die Chiffren ersetzt, das, was die Existenzrätsel hervorgerufen hat. Skeptizismus, Unentschiedenheit in diesem Her und Hin, obschon gerade dieses als Entschiedenheit ausgegeben wird. Aber zumindest ist es Absage an alle Ontologie, die als gewußte gehabt werden kann. Damit ist es aber zugleich auch etwas, was ihn in der Wirkung ohnmächtig macht: Absage an Wissen. Alles Wissen Durchgang, den man braucht, um sich abstoßen zu können: die sich selbst erhellende Existenz, das ›Umgreifende‹, wie er es später nennen wird, in dem sie sich findet, das verschiedene Namen führt; die Offenbarungsreligionen nichts anderes als eine derartige Ausarbeitung von Chiffren. Wenn sie kollektive Verbindlichkeit beanspruchen, dann betrügen sie sich selber schon um ihren existenztragenden Sinn. Soweit der damals noch skeptische und trotzdem mit einem gewissen Ergriffenheitspathos sprechende Jaspers. Er kann nichts bejahen, was in der Zeit geschieht, aber er würde so gerne etwas bejahen. Das ist ein großes Problem, auf diesen Gegensatz verwiesen zu sein. Keine Frage danach, was ihn daran eigentlich hindern könnte. Es ist ein ewiges Existenzproblem und nicht ein ewiges Problem der Ontologie. Aber natürlich, es erscheint historisch immer wieder anders, immer wieder neu: eine Zeitlang mag es sich in den Chiffren der Ontologie, eine Zeitlang in denen der Offenbarungsreligion bewegt haben, jetzt, wo die Zeit der Ontologie vorbei ist, in den Chiffren der Jaspersschen Existenzerhellung.

Nicht vorbei war die Zeit der Ontologie für die reüssierenden Philosophien der dreißiger Jahre; die staatlich angepaßten sind samt und sonders völkische Ontologien. Und dann gibt es die beiden, von denen ich sagte, daß sie immer gegeneinander geschrieben haben, immer einer den anderen gesehen hat, auch ihr kollegialer Weg hat sie lange Zeit in Marburg so eng zueinander geführt, daß es gar nicht zu vermeiden war, und ihre Schüler diskutierten mit- und gegeneinander, also Hartmann und Heidegger. Merkwürdig ist, wie Hartmann versucht, den Stoizismus mit wissenschaftlichem Fortschritt zu verknüpfen. Wissenschaftlichen Fortschritt gibt es für Heidegger nicht, Stoizismus gibt es auch nicht. Wir sehen, offensichtlich sind für Hartmann in der Zeit diese beiden Positionen sehr eng miteinander verknüpft. Ich hatte Ihnen letztes Mal seinen Stoizismus aus dem Vortrag »Zum Problem der Realitätsgegebenheit« vorgeführt, in dem er – zur gleichen Zeit, wo hier diese wohlgemeinten

Appelle von Jaspers erscheinen – die Realitätsgegebenheit als Erfahrung von Härte beschreibt, bis hin zum Schlagenden dieser Härte im buchstäblichen Sinne, als Erfahrung von Ausgeliefertsein eines Gefangenen, der aus dem Mauerverlies nicht herauskommt, und von Widerfahrnissen redet, die eigentlich zunächst die Gegenstände der Erfahrung sind. Zusätzlich zu dieser Bestimmung sagt er, daß das Äußerste, was man ihnen gegenüber als Haltung annehmen kann, das Erdulden, das Ertragen ist, und daß das dann bereits »die Note«, wie er schrieb, »des Widerstandes« hat,[316] die einzige Widerstandsnote in seiner Ontologie, die sich in der Weise fassen läßt, wie Realitätsbegegnung stattfindet. Und dann wurde gesagt, daß diese Härte allgemein ist und es kein Unterschied sei, ob die materielle Welt oder ob die Geschichte drückt: das, was in den Vokabeln, symptomatologisch gelesen, wie eine genaue Beschreibung der hochkommenden NS-Zeit wirkt, wird verrechnet unter die immer wieder, von den frühen Stoikern bis zu einem späten wie Nicolai Hartmann selbst, erfahrene allgemeine Härte des Seins. Das ist die Gegebenheit, daß man eine solche Härte erfährt; sie ist immer gegeben, so die Auskunft. Die Härte dagegen, die wir bei Heidegger aus ganz spezifischen Erfahrungen der Realität wachsen sahen, wurde zur gleichen Zeit als ein Geschenk, das einmaligen Charakter hat, charakterisiert. Auch Worte wie ›gegeben‹ und ›geschenkt‹, wie das ›Es gibt hier‹ und das ›Es gibt dort‹ sind sozusagen in den Untersuchungen der beiden gegeneinandergestellt.

Anfang der dreißiger Jahre trug er dann in der »Grundlegung der Ontologie« eine zugespitzte Heidegger-Kritik vor, die nötig wurde, weil sowohl er, Nicolai Hartmann, für seine Ontologie behauptete, Fundamentalphilosophie zu liefern, als auch Heidegger von sich behauptete, Fundamentalontologe zu sein. Also selbstverständlich: »Sein und Zeit« ist das Angriffsziel Nicolai Hartmanns. Er macht es sich vergleichsweise sehr leicht und kommt auf diese Weise zu einem sehr primitiven, wenn Sie so wollen: stocknüchternen Ergebnis. Das heißt, alles das, was in diese Nüchternheit nicht verrechenbar ist bei Heidegger, wird ausgeblendet, dem kann also auch nicht begegnet werden. Der Witz seines Argumentes, das mit einer Reihe von Unterargumenten vorgetragen wird, war: Dort, wo die Frage nach dem Sinn von Sein gestellt wird, ist die Ontologie verlassen, Ontologie sozusagen auf die schiefe Ebene geraten, Ontologie löst sich, anders als Jaspers dieses wollte, auf. Es gibt eine einzige Frage, die ernst zu nehmen ist und die aller ontologischen Forschung den Leitbegriff abzugeben hat, die in der berühmten aristotelischen Formulierung von ihm vorgetragen wird, nämlich die nach dem *on he on*, dem Seienden als Seienden. Was ist das Seiende als ein Seiendes? Wie immer diese

Achte Vorlesung

Frage beantwortet werden wird, wenn es wirklich darauf Antworten sind, handelt es sich um Ontologie. Der Formalismus dieser Frage enthebt der geschichtsphilosophischen Bemühung, vor allen Dingen aber der historischen Verstrickung. Wer die Sinnfrage stellt, wird nicht daraufhin von Nicolai Hartmann befragt, warum wohl eine solche Frage jetzt gestellt wird, sondern wird nur gefragt: Wie verhält sie sich zu dem *on he on*, dem Seienden als Seiendem? Das geschieht auf diese primitive Weise, daß gesagt wird, dann müßte man ja eigentlich bei der Sinnfrage erst einmal fragen: Was ist Sinn?, dann: Was ist Sinn von Sein? Kann Sein überhaupt Sinn haben? Und dann: Was ist Sein von Sinn? Also nicht: was ist akut Verzweiflung, weil einem alles sinnlos erscheint? Und darauf antwortet ja das Forschungspathos von Nicolai Hartmann, ohne daß er es je bemerkt hätte, gerade auch: Ich mache etwas, was nirgends von dieser Verzweiflung berührt wird, ich mache ontologische Forschung.

Jetzt verstehen wir, warum er für seine Ontologie, anders als Heidegger, aber in der Tendenz gleichermaßen, aus historischem Grund, aus historischer Nötigung eine spezifische Form der Regression empfiehlt, und zwar auch eine reflexionsfreie Regression. Seine Regression ist die zurück, nach ebenfalls jahrhundertelangen Umwegen, die auch er als Irrwege bezeichnet, zur intentio directa, zu der natürlichen Weltsicht, die nach vorn sieht und nicht zurückgebogen. Zurückgebogen sieht die intentio obliqua, also die schiefe Intention. Und von den vier Bereichen der Philosophie, die er postuliert, und die samt und sonders behaupten, eigentlich in so etwas wie ontologische Forschung einzugehen, verwirft er drei als mit der Ontologie nichts zu tun habend, weil sie intentio obliqua seien, also dieser zurückgewendete Blick. Die Logik wendet den Blick zurück auf das, was in den Sätzen, die sie formuliert, passiert; die Erkenntnistheorie wendet den Blick zurück auf das erkennende Subjekt, und, nun können Sie es erraten, die Psychologie tut es erst recht. Damit sind Psychologie, Erkenntnistheorie, Logik ausgeschieden, sie sind nicht nur nicht Ontologie, sondern sie sind zu gleicher Zeit auch nicht ›wissenschaftliche Philosophie‹,³¹⁷ Das ist das Zauberwort, das er in die Debatte wirft. Alle Wissenschaften bewegen sich erkennend auf ihre Gegenstände zu, der Fortschritt der Forschung ist das Immer-weiter-direkt-Eindringen in die Gegenstandsbereiche. Die Heisenberg-Relation, überhaupt das, was in der modernen Physik in dieser Zeit geschieht, interessiert den immer wieder physikalische Beispiele zitierenden Nicolai Hartmann offensichtlich nicht. Das ist ja der Witz in der Wahl dieser Begriffe, sie sind ja nicht wertfrei gewählt: obliquus heißt ja nicht nur ›reflexiv‹ oder ›zurückgedreht‹, sondern ›schief‹ (das ist ja ein aburteilendes, ein depravierendes

Wort), und rectus heißt nicht nur ›direkt‹, sondern auch ›richtig‹. Also die direkte Erkenntnis ist die richtige Erkenntnis, und die zurückgewendete Erkenntnis ist die schiefe Erkenntnis. Direkte Erkenntnis in der Philosophie macht gemeinsame Sache mit den europäischen Wissenschaften. Darum ist diese und nur diese Philosophie wissenschaftliche Philosophie, nicht Logik, nicht Psychologie, nicht Erkenntnistheorie. Das ist der Hartmannsche Primitivismus, nämlich diese Primitivvorstellung von Wissenschaft, die sich hier seiner wissenschaftlichen Philosophie unterlegt. Für den in intentio recta arbeitenden Philosophen ist Ontologie nichts anderes als für den Geologen die Gebirgsformationen, für den Botaniker das Reich der Pflanzen, für den Physiker die materielle Welt: sie ist die Welt der allgemeinen Seinsverhältnisse, in denen die Gesetze, und zwar Gesetze der Schichtung und der Dependenz, der Abhängigkeit der Schichten voneinander im graden Blick festgestellt werden. Ich hatte es Ihnen gesagt: das anorganische Sein überformt vom organischen, auf diesen beiden aufruhend das seelische Sein überformt vom geistigen; und nun gibt es Kategorien, die mit gradem Blick untersucht werden. Manche beginnen ganz unten und erstrecken sich bis in die alleroberst Ränge; so gibt es von ganz unten bis in die obersten Ränge Abhängigkeiten (also die Untersuchung der Dependenzkategorien ist eine, die durch alle vier Schichten hindurchgeht), andere setzen, wie die Kategorie der Freiheit, erst in einer höheren Schicht ein, manche verlieren sich in den unteren Schichten, andere werden bis in die letzten Schichten hinein überbaut – Stoff für eine unendliche kategoriale Forschung, der einzig legitime Stoff für philosophische Forschung ist bei Nicolai Hartmann wissenschaftliche Philosophie.[318]

Vielleicht interessiert es Sie, daß diese Schichtenlehre, diese Geologisierung der Realität so sehr nach 1945 zum allgemein beruhigenden Fundament eines mit ontologischen Begriffen hantierenden Denkens wurde, daß Tillich, als er den Band seiner »Systematischen Theologie« veröffentlichte, der die Lehre, theologisch gesprochen, vom Geist und, ontologisch gesprochen, vom Leben enthält (also der dritten Person der Trinität und der mit ihr gemeinten und symbolisch ausgedrückten Lebensvorgänge), die allerheftigste Gegenwehr in Zeitschriften, Redebeiträgen, Diskussionen, nach Vorträgen deswegen erfuhr, weil er diesen Schichtbegriff ablehnte und, zurückgreifend auf Nikolaus von Kues, sagte, daß das, was Hartmann Schichten nenne, »Dimensionen« der Realität seien.[319] Die Dimensionen seien dadurch charakterisiert, daß sie jedesmal die Realität als ganze repräsentierten und ineinandergriffen; das geologische Modell für eine humane Philosophie sei einfach unzureichend, sei der Versuch, sozusagen geistig zurückzuspringen ins anorganische Sein. Erbitterter Widerstand seitens der großen geologischen Beruhigung; natürlich auch und nun zugleich simple Verwerfung dieses ganzen Nicolai Hartmannschen Gebäudes durch eine durchaus mit geologischen Metaphern auch verfahrende Heideggersche Philosophie; aber die entscheidenden geologischen Metaphern sind dort Explosionen, Eruptionen, sind Auf- und Ausbrüche. Also der Expressionismus, der Nicolai Hartmann niemals heimgesucht hat – wie das möglich ist, ist das eigentliche Rätsel an der Philosophie Nicolai Hartmanns –, dieser Expressionismus wird zu einem willfährigen Instrument gemacht und weiter gebraucht durch die ganze Entwicklung Heideggers hindurch. Das will ich heute an einem klassischen Beispiel noch zeigen. – Zurück. Nicolai Hartmann argumentierte: Das ist die Verschiebung der Seinsfrage auf die Sinnfrage. Sinn immer nur bezogen auf nach Sinn fragende Menschen, Menschen sind also kein Bezugspunkt für Ontologie, die Subjekte nicht von ontologischem Interesse außer ihrer spezifischen Teilhabe an den Schichtengesetzen, also dem, was er mit Pathosform den ›Aufbau der realen Welt‹ genannt hat.

Ich hatte zusätzlich einen Sprung zurück gemacht zu einem noch veralteter erscheinenden Philosophen, Windelband, dem Haupt der südwestdeutschen Schule des Neukantianismus, der 1900 im Separatdruck seine Rektoratsrede aus Straßburg vom Jahre 1894 veröffentlicht. Sie hat einen ungeheuren Einfluß gehabt, das hatte ich schon gesagt, auf das Denken nicht nur oder weniger von Philosophen als vielmehr von Wissenschaftlern, hatte sie doch endlich eine saubere Trennung von Geschichte und Naturwissenschaft vollzogen. In der Naturwissenschaft war damit das historische Fragen ausgeschaltet, die Natur war auf diese Weise verewigt, sozusagen so verstirnt, wie das die archaischen Reiche waren, und umgekehrt brauchte sich Geschichte nicht mehr, wie es in der Folgezeit unablässig geschah, nach irgendwelchen Gesetzmäßigkeiten fragen zu lassen. Also, präventiv abgelehnt Spengler und all die geschichtsphilosophischen Entwürfe der zwanziger Jahre – samt und sonders nicht Geschichte. Das war nicht nur der Versuch, innerhalb der Erfahrungswissenschaften, wie er es nannte, einen Trennstrich zwischen Gesetzeswissenschaften dort und Ereigniswissenschaften hier zu machen. Daß ihm das Ganze nicht geheuer ist, sehen sie an den folgenden Sätzen: »Die Gesamtheit des in der Zeit Gegebenen« – Geschichte – »erscheint in unableitbarer Selbständigkeit neben der allgemeinen Gesetzmäßigkeit, nach der es sich doch vollzieht. Der Inhalt des Weltgeschehens ist nicht aus seiner Form zu begreifen.« Also es sind schon die gleichen Subjekte, deren jede Aktion man naturwissenschaftlich begründen könnte, wenn man das denn könnte, und die trotzdem völlig unableitbar nach einer Kausalität aus Freiheit handeln. »Hieran sind alle Versuche gescheitert, das Besondere aus dem Allgemeinen, das ›Viele‹ aus dem ›Einen‹, das ›Endliche‹ aus dem ›Unendlichen‹, das ›Dasein‹ aus dem ›Wesen‹ begrifflich abzuleiten.« Und nun diese sozusagen mythologische Kategorie: »Dies ist ein Riß, welchen die großen Systeme der philosophischen Welterklärung nur zu verdecken, aber nicht auszufüllen vermochten.«[320] »Dies ist ein Riß«. Genau dieser Riß wird dann von Heidegger als ontologische Differenz bezeichnet, aber nun kultisch gedacht werden, nämlich als Ursprung in actu, und er wird unter dem Stichwort »Fug« und »Fuge« dann zusätzlich eine Legitimation aus nur ihm eigener, nämlich der Opfergerechtigkeit, also nur ihm eigener Gerechtigkeit erfahren. Ich will in dieser ganzen Vorlesung das als einziges Beispiel dafür stehenlassen, wie Heidegger, der mit seiner Dissertation als Neukantianer beginnt, tatsächlich in dieser Tradition steht. Er macht sich Gedanken, was dieser ›Riß‹, den man nicht zudecken kann, denn eigentlich sei. Die Neuerung seines Denkens gegenüber dem Neukantianismus ist, daß er den Riß selber thematisiert.

Bei Kant standen (noch einmal zurück zu dem Vergleich zwischen Kants und Heideggers Formulierungen zu den noch immer gleichen Antinomien, den ich Ihnen bereits vorgetragen hatte) links die Thesen der Theologie, rechts die der neuen Naturwissenschaften. Auf der theologischen Seite gibt es Anfang der Welt, Grenzen des Raums, einfache Wesen, Kausalität aus Freiheit, und ein notwendiges Wesen. Auf der rechten Seite gibt es keine Grenzen, keinen Anfang, Unendlichkeit, nichts Einfaches, alles kompliziert, keine Kausalität aus Freiheit, sondern alles der Naturkausalität unterworfen, kein notwendiges Wesen. Der Naturforscher hat sich mit dieser unendlichen Abhängigkeit in unendlichen Komplikationen herumzuschlagen, ihm ist die einfache Lösung der linken Seite, das alte theologische Denken, verwehrt. Das sind zwei ungleichzeitige Denksysteme, die nicht einfach nebeneinandergestellt werden, sondern Kant tut so, als gäbe es hier Schichten. Das ist gewissermaßen ein Trick. Es gibt diese Realität, die die rechte Seite beschreibt und für die er die apriorischen Formen, in denen man sich über sie Rechenschaft ablegt, seinerseits als etwas, was diesem unendlichen Gewirr nicht unterliegt, formuliert. Das ist sozusagen die Offenbarungsseite seiner kritischen Philosophie. Das, was auf der linken Seite steht, ist eine Welt darüber: die Welt des Unbedingten. Man muß sie postulieren; ob ihr realiter etwas entspricht, ist damit in dem Bereich derartiger Postulate nicht auszumachen. Wir können für geordnete Verhältnisse: von Familie bis Staatswesen bis Geschichtsüberblick bis Einblick in die Natur, auf solche Postulate eigentlich nicht verzichten, aber wir sind nicht mehr Naturforscher, wenn wir so verfahren. Das ist kein Riß, sondern das ist eine Lösung dieser beiden Reiche voneinander und damit eine Lösung dieses Problems, wie sich Unbedingtes in Bedingtem zeigt: es zeigt sich gar nicht in ihm, wir gucken entweder auf das eine oder auf das andere Reich. Das eine Reich ist natürlicherweise das, in dem wir uns bewegen, auf das andere glauben wir nicht verzichten zu sollen. Das ist die Kantische Lösung.

Das, was von dieser Kantischen Lösung bei Heidegger überlebte, war durch Vorzeichenvertauschung, durch Umkehrung der Leserichtung, wenn Sie so wollen, ins Gegenteil der Kantischen Intention verkehrt, nämlich: zurück aus der Verworrenheit, niemals gibt es im Maßlosen Maß, niemals gibt es im Vergänglichen etwas, was bleibt, niemals gibt es im Abgrund Grund, Seiendes ist nicht Sein. Dieses, daß Seiendes nicht Sein ist, wäre eine einfache Negation, wenn es nicht vorher und nachher, vor dieser Formulierung und nach dieser Formulierung, bereits eine Mystifizierung jenes ›Nicht‹ gäbe, indem dieses ›Nicht‹ mit einem Mal sprachlich verwandelt wird in ein ›Zwischen‹; das »Nicht zwischen Seiendem und Sein«, so heißt es in der Abhandlung »Vom Wesen des Grundes«,[321] die gleichzeitig mit der Abhandlung »Was ist Metaphysik?« entsteht. An sich ja eine – Sie werden es mir sowohl bestätigen wie auch nachsehen – sinnlose Redewendung: Das ›Nicht‹ des Seienden, so sagt er später selber, ist das Sein, Sein ist nicht Seiendes, Seiendes ist nicht Sein. Wie komme ich dazu, aus diesem ›A ist nicht B‹ ein ›nicht‹ zwischen A und B zu postulieren? Sie könnten sagen, da ist etwas von Verlorenheitserfahrung ausgedrückt: Wenn ich mit A und B zwei Personen nehme, dann ist die Tatsache, daß sie nicht geklont sind, daß sie wirklich zwei unterschiedliche Personen sind, zugleich eine Grenze zwischen ihnen. So, in einer solchen Metapher könnte man sagen: das ›Nicht‹ zwischen dem einen und dem anderen. Aber schon, wenn man so formuliert, bemerkt man, daß dann ja Sein und Seiendes gleichrangig wären; das sind sie aber natürlich nicht. Damit verbietet sich eine solche Interpretation. Und doch ist etwas von dieser Interpretation, nämlich in den beiden Begriffen ›Seinsvergessenheit‹ und ›Seinsverlassenheit‹ natürlich präsent; Vergessenheit: wenn das Seiende sich nicht an das Sein erinnern kann, Verlassenheit: wenn das Sein selber schuld daran ist, sage ich einmal leger, daß das Seiende sich nicht an es erinnern kann, weil es nämlich verlassen ist von ihm.

Ich muß noch einmal ausholen. Ich hatte vorhin gesagt: wenn auf der einen Seite das bei Kant so steht wie bei Heidegger an sich auch, dann ist die Differenz die, daß Heidegger zu der Seite regrediert, die Kant eben verlassen hatte. Ich hatte gesagt, das paßt zu den beiden anderen Regressionen, die ich Ihnen von Heidegger mitgeteilt hatte: die, die er in der Zeit überhaupt sieht, Jünglinge, die in ihre eigenen Wurzeln zurückgewachsen sind, die Bestimmung des Neuen, daß man in die eigenen Wurzeln zurückwächst, und die Regression, in deren Interpretation wir uns jetzt befinden, nämlich die zum Ursprung in actu. Wir müssen uns die Formulierungen noch ein Stück weit genauer ansehen, die bei Heidegger an der Stelle des von Windelband deklarierten ›Risses‹ stehen. Windelbands »Riß«: eine dem moderaten Ton seiner Ausführungen nicht recht einfügbare, sozusagen mythisch aufgeladene Vokabel. Da ist ein Riß, und die Philosophie hat diesen Riß nicht zu überbrücken vermocht. Nicht mehr eine Lösung zweier Bereiche (oder ›Reiche‹ wie bei Kant), sondern jetzt ein in die Erfahrungswelt selber hineingetragener Riß. Das ist natürlich ein Mißtrauen dem gegenüber, daß es Kant gelungen wäre, durch seine Lösung: hier Einfaches und Notwendiges, dort Kompliziertes und Vielfaches, das Problem aus der Welt zu schaffen. Der Riß geht ja plötzlich – in einer Weise, die auch auf der anderen Seite nicht mehr Unbedingtheit voraussetzt, sondern genauso Realität, nämlich Gesetzesrealität – durch die Welt selber hindurch; die, sagen wir einmal: physikalische Beschwörung der Gesetzeseinheit entpuppt sich als etwas nicht minder Theologisches als die Beschwörung des eigenen Gottes. Wenn ich es in einer simplen Formel ausdrücken soll: vom Schöpfungsplan zur Weltformel der Physiker und Astronomen dieses Jahrhunderts, die zu gleicher Zeit behaupteten, die avanciertesten Theoreme der Erfassung der Wirklichkeit ausgebildet zu haben, ist plötzlich ein ganz kleiner Schritt; Schöpfungsplan und Weltformel stehen so nebeneinander, daß für die Frage nach der Ansetzung der Weltformel plötzlich die gleichen Bedenken gelten wie für die Frage nach der Ansetzung des Schöpfungsplans. Das drückt in seiner Weise Windelband schon aus, wenn er hier von diesem »Riß« spricht.

Heidegger macht, systematisch gesprochen, gegenüber der klassischen Kantischen Lösung und gegenüber dem Neukantianismus etwas sehr Neues: er thematisiert das ›Zwischen‹ zwischen jenen beiden Reichen in der Kantischen Theorie, er thematisiert den ›Riß‹ in der wissenschaftstheoretischen Überlegung Windelbands. Er macht das in einer Form, an die Nicolai Hartmann mit seinen Erwägungen gegen ihn natürlich nicht herankommt. Scheinbar wird das noch ganz vor der Frage nach dem Sinn von Sein so gemacht; scheinbar ist all das, was Nicolai Hartmann dagegen vorbringt, für diese Heideggersche Figur unerheblich. Wir werden später sehen, daß sich diese Vorbehauptung nicht aufrechterhalten läßt, denn in Wirklichkeit ist es eine mit aktueller Faszination operierende Antwort, wo der Expressionismus, der in dieser Antwort steckt, allerdings so sehr hinter schulphilosophischen Begriffen versteckt worden ist, daß man den historischen Stellenwert nur zu leicht übersieht. Unmittelbar an dem Punkt, an dem ich in der vorletzten Stunde geschlossen hatte, ehe ich den Nicolai Hartmann-Exkurs machte, um Ihnen ein Stück scheinbar geschichtsenthobener Banalphilosophie der Zeit vorzustellen und zugleich eben die geheime Gegnerschaft hier und dort, setze ich noch einmal ein.

Heidegger formuliert: »Ontische und ontologische Wahrheit betreffen je verschieden *Seiendes in* seinem Sein und *Sein von* Seiendem.«[322] »*Seiendes in* seinem Sein«: ontische Wahrheit. Das war das, was bei Windelband als die Ereignisrealität benannt wurde, das, was in der Zeit existiert, sozusagen die von ihm so formulierte ›idiographische‹ Beschreibung[323] – das ist sein Geschichtsschreibung suggerierender Begriff –; wir könnten auch phänomenologische Beschreibung sagen, das wäre dann aber nicht mehr Windelbandsch. Und auf der anderen Seite: »*Sein von* Seiendem«, das wäre in der Windelbandschen Formulierung die Gesetzesrealität gewesen. Nun gibt es eine weitere Schwierigkeit, die aber an sich ganz selbstverständlich ist, die nur, wenn Sie Historisches weiter systematisch verhandeln wollten, Ihnen als Schwierigkeit erscheinen müßte. Sie sehen, daß, bezogen auf die idiographisch faßbare Seite, die Ereignisseite, die Ereigniswissenschaften, Windelband gesagt hatte: Nur hier gibt es ein Wert-fühlen, Wert-empfinden, Wertwahrnehmung, nur hier ist etwas als wertvoll oder nicht wertvoll anzusetzen. Das, so Windelband, verdient unser allergrößtes Interesse, hier wird über Wert und Unwert entschieden. Auf der anderen Seite, auf der Gesetzesseite: nichts von Einbeziehung von Werten, wertfreie Wissenschaft, wertfreie Naturwissenschaft. Ausgerechnet das, was links einen Reichtum der wertvollen und minder wertvollen Gebilde ausmacht bei Windelband, was er unter den Begriff Ereignis rechnet, ist für Heidegger das Seiende, das niemals Sein ist. Ausgerechnet auf der anderen Seite, wo Windelband von dem indifferenten Gesetz spricht, ist für Heidegger das Sein angesiedelt, das das Schicksal alles Seienden und aller seienden Menschen ist. Seinsgeschick das alles, was vom Sein geschickt wird oder als das Sein sich schickt. Auf den ersten Augenblick scheint das ein Gegensatz zu sein, denn ganz klar ist, daß auf dieser rechten Seite, also der Gesetzesseite, eindeutig ansiedelbar Nicolai Hartmann mit seiner intentio-recta-Forschung ist. Aber andererseits, für Nicolai Hartmann wird sie ja betrieben auf der linken Seite: Im Bereich des Seienden gilt ja plötzlich dieser Riß nicht. Das ist das, was Heidegger ihm in vielen Formulierungen, wo sein Name nicht erscheint, vorwirft: daß er die entscheidende Differenz nicht kennt, daß er ohne ontologische Differenz arbeite, daß er meint, direkt aus Seiendem Seinsgesetzlichkeiten herausziehen zu können. Damit verfehle er eigentlich die Ontologie. Soweit zu der Seite des, wenn Sie so wollen, gelehrten Ontologenstreits in dieser Sache.

Aber dem nachzugehen, ist eigentlich nicht unser Interesse. Ich wollte nur auf den zunächst scheinbaren Gegensatz hinweisen, daß plötzlich Heideggers »Ereignis« verrechnet zu sein scheint auf die Seite, die bei Windelband noch die Gesetzesseite ist. Wie scheinbar das ist, sehen Sie daran, daß es ja Realität und nicht eigentlich Widerspruchsgehalt für sich beansprucht. Denn das, was nun wirklich gesetzgeberisch ist, ist das Sein in der Heideggerschen Philosophie, und das, was nun allerdings nicht mehr den Reichtum der Wirklichkeit repräsentiert, sondern bloß Seiendes in einer zuchtlosen, maßlosen, verworrenen und vergänglichen Vielheit ist und was bei Windelband Reichtum war, ist bei Heidegger das Verlassenste vom Verlassenen, sich über sich selbst täuschend, wenn es der Meinung ist, daß hier Werte gefunden werden könnten, die es festzuhalten gilt. Windelband wollte in gewisser Weise die Ereigniswirklichkeit vor Entleerung schützen, Heidegger führt sie als Voraussetzung für ein Umdenken in Sachen Sein, also ein Andenken des Seins vor. Der Existenzphilosoph Heidegger verwirft die real existierende Welt, verwirft sie in der Weise, daß er dazu auffordert, sich von ihr freizumachen, aber nicht wie der Asket, sondern in der Weise, daß man sie als bloß leer empfindet, um sich dem, was eigentlich Gesetz, Daseinsgesetz wäre, zuzuwenden. Das ist die Umkehrung: daß das, was als bloß leer, leer im Sinne von eitel, erscheint, nun all das ist, wo Neugier, Mühe, Erkenntnisfortschritt, Miteinanderreden, wissenschaftliche Methoden, Reflexion angesiedelt wären – das alles wird verworfen und steht nun auf einer sozusagen für eitel erklärten Windelbandschen Ereignisseite. Und das, was stattdessen geschieht, wo es ein indifferentes Gesetz bei Windelband war, das ist jetzt das eigentliche Ereignis. Wie es dazu kommen kann, das zu erläutern, ist nur auf dem Wege möglich, den ich jetzt eingeschlagen habe, nämlich in der Thematisierung dessen, was Windelband »Riß« genannt hat und Heidegger nun »ontologische Differenz« nennt.

»Ontische und ontologische Wahrheit betreffen je verschieden *Seiendes in* seinem Sein und *Sein von* Seiendem. Sie gehören wesenhaft zusammen« – und jetzt kommt dieser seltsame Satz – »auf Grund ihres Bezugs zum *Unterschied von Sein und Seiendem* (ontologische Differenz).«[324] Ich hatte Ende der vorletzten Stunde bereits gesagt, daß hier etwas, logisch gesprochen, ganz Unsinniges stattfindet, das man mit Mysterienworten natürlich gleich erklären kann. Da wird das, was eben noch selbstverständlich war, immer weiter weggerückt. Aber das reicht noch nicht aus, um den für Heidegger entscheidenden Schritt weiter zu machen, den ich hier angekündigt habe, nämlich dahin, daß die ontologische Differenz zum Ursprung in actu wird. Nehmen Sie bitte einmal die Worte ernst und dann im nächsten Satz noch einmal ein Wort: »*Seiendes in* seinem Sein und *Sein von* Seiendem ... gehören wesenhaft zusammen« auf einem Grund, den sie offenbar gemeinsam haben; und es handelt sich hier um das »Vom Wesen des Grundes«. Wie west dieser Grund? Antwort in dem Satz: indem er einen Bezug herstellt »zum *Unterschied von Sein und Seiendem* (ontologische Differenz).« Der Grund west, indem er beide, Sein und Seiendes, auf das, was zwischen ihnen ist, das ist der Unterschied, bezieht. Sie können sagen: Welch eine Hypostasierung, welch eine Verdinglichung eines Sprachausdruckes, daß aus dem Unterschied von beiden ein Unterschied zwischen ihnen gemacht wird. Statt zu sagen, sie unterscheiden sich, wird gesagt: Sie beziehen sich beide auf einen Unterschied. – Ich sage das darum so ausführlich, weil ich hier hoffe, noch eine zweite Fliege mit der gleichen Klappe zu schlagen, nämlich zu zeigen, wie die schwerfälligen Begriffsmechanismen der Behördensprache – da würde ja so etwas genauso ausgedrückt –, nicht erst durch Heidegger, sondern natürlich schon durch Husserl, dessen getreuer Schüler er in solchen Formulierungen bleibt, einwandern in die Mysterienphilosophie. Also ein Moment von Mysterium der Bürokratie steckt in dieser Art von Ursprungsmysterium, auf das ich Sie jetzt mit Heideggers Worten weiter hinführen möchte, schon einmal von vornherein drin. – Sie, Sein und Seiendes, unterscheiden sich, indem sie sich beide auf den Unterschied beziehen, und sie gehören, indem sie sich beide auf ihn beziehen, zusammen. Aber der Bezug auf den Unterschied ist nicht von ihnen gemacht, sondern er entspringt oder er bewegt sich auf oder er ist nur herstellbar auf einem Grund. Dieser Grund ist jetzt nicht faßbar als dieses oder jenes, sondern er ist offenbar das, was den beiderseitigen Bezug ermöglicht. Und nun hören wir den nächsten Satz (man muß das jetzt wirklich so wie in einer Predigt ausdrücken: ›Hören wir den nächsten Satz‹, denn es handelt sich um etwas Ähnliches, auch wenn es so schulphilosophisch und zu gleicher Zeit bürokratisch schief und kompliziert ausgedrückt ist): »Das dergestalt« – nämlich »auf Grund ihres Bezugs zum *Unterschied von Sein und Seiendem* (ontologische Differenz)« – »notwendig ontisch-ontologisch gegabelte Wesen von Wahrheit überhaupt«. – Ein ganz klein bißchen ist mit diesem ›gegabelt‹ schon die Freßsphäre beschworen, also daß es offenbar hier sehr schnell zu Opfern kommen wird; ein bißchen ist auch dieses pythagoreische Lebenszeichen beschworen, das Y, das die Lebenswege bezeichnet, aber im Hintergrund ist die Chiffre, die Sie aus unzähligen Vasenbildern kennen, vom Lebensbäumchen. Und das ist dann auch die Geschlechtschiffre, also das, was sich gabelt, die Chiffre, so im pythagoreischen Y, für das weibliche Geschlecht. Gabelung der Wahrheit an dieser Stelle führt auch schon ein Stück weit die Triebsphäre mit. – »Das dergestalt notwendig ontisch-ontologisch gegabelte Wesen von Wahrheit überhaupt ist nur möglich in eins« – jetzt kommt das entscheidende Wort – »mit dem Aufbrechen dieses Unterschiedes.«[325]

Sehen Sie: da haben Sie jetzt das erste Mal, 1928 schon, den Ursprung in actu. Den Unterschied gibt es nicht nur, sondern er bricht zusätzlich auch noch auf. Und nur wenn, wo, und weil er aufbricht, ist es nun möglich, daß sich gegabelte Wahrheit herstellt, ist es möglich, daß sich doppelter Bezug herstellt zu Seiendem und zu Sein. So wie die ontologische Differenz hier in der Frühschrift von 1928 erscheint (»Sein und Zeit« ist zwar schon erschienen, aber bezogen auf die späteren Mystifizierungen nach 1945 erlaube ich mir, das noch Frühschrift zu nennen), ist bereits das Sein schon entmächtigt worden, so sehr es den Vorrang vor Seiendem zu behaupten scheint, so sehr es eigentlich das Subjekt für den ist, der seine Stimme vernimmt nachher durch eine Sprache, die dem entspricht, was Seinsgeschick ist, so sehr es also als die eigentliche Seite angeordnet zu sein scheint. Es ist schon in dieser Formulierung eigentlich eine sehr vorläufige Rede, von Unterschied und Vorrang von Sein im Vergleich zu Seiendem zu reden, denn entscheidend ist, daß da der Unterschied aufbricht.

An dieser Stelle sehen Sie, wenn ich es jetzt mal in nicht-heideggersche Vokabeln kleiden darf, einen ganz anderen Vorrang, nämlich den Vorrang des Kultes vor der Mythologie. Die Mythologie mag Ihnen erzählen, was sie will: die Mythologie f r i ß t Sie nicht, im Kult riskieren Sie, gefressen zu werden. Die Mythologie mit ihren verschiedenen Erklärungsmustern steht also auch schon ein Stück in der Distanz des Variierens zu den Kulten, sie beredet schon das, was in den Kulten passiert. Und wo so beredet wird, da kann man unter Umständen schon eine Anklage wegen Gotteslästerung erfahren, so wie es den griechischen Tragikern ergangen ist, wenn sie die Mysterienweisheit in Tragödien aussprachen, die eigentlich ein Eingeweihter nicht aussprechen durfte.[326] Sie sehen wie vorläufig die Redeweise von Sein und Seiendem ist. Das ist sozusagen Heideggermythologie. Und darauf trifft ganz und gar die erläuternde Formel von Tillich in der ›Sozialistischen Entscheidung‹ zu, daß das die abstrakteste Form der philosophischen Rede vom Ursprung ist und daß Fundamentalontologie nur so weit reicht und nur insoweit erklärt werden kann, als man sie als diese abstrakte Rede vom Ursprung versteht. Aber zu der Zeit, wo Heidegger zureichend so interpretiert wird, ist er in dem, was er als Faszination behauptet, schon einen Schritt weiter, nämlich er baut in seiner Mysteriensprache mit bürokratischem Apparat so etwas wie eine Versuchsanordnung auf, in der plötzlich der aufbrechende Unterschied und nicht mehr das, was da unterschieden wird, die Aufmerksamkeit auf sich zieht, und zwar eine nicht-symbolische Aufmerksamkeit, eine nicht in Symbolen wiedergebbare Aufmerksamkeit. Das ist nicht mehr symbolisches Reden von etwas, was dazwischen aufbricht, sondern mit dem Aufbrechen des Unterschiedes wäre man, wenn man dieses direkt erführe, auch wirklich an der Sache dran. Also ›andenken‹ nicht, so sagte ich schon, als Erinnerungsvokabel, wie das – Reflexionsarbeit der Erinnerung als Stichwort – in der Tat bei Benjamin in der Zeit ist, in der er den Begriff des Eingedenkens ausarbeitet,[327] sondern ›andenken‹ – nun kann man geradezu sagen: hier an der Stelle ironischerweise triumphiert die intentio recta Nicolai Hartmanns auch bei ihm – direkt heran an diesen aufbrechenden Unterschied, bis er zuschnappt. (Allerdings wird später das Aktivitätszentrum wechseln, und das tut es dann wirklich im Wechsel mit dem Aktivitätszentrum in der NS-Bewegung selbst.) Also er ist es eigentlich, der anzieht, der ansaugt, wenn er denn aufbricht, und nicht wir sind es, die sich das vormachten, daß es so wäre, daß es da so etwas gäbe.

Heidegger wird später in den ›Beiträgen zur Philosophie‹, dort, wo er den »Sprung« thematisiert, den Unterschied zwischen einem gedachten Ursprung und einem Ursprung in Aktion sehr genau fassen. Das eine ist der »erste« und das andere ist der »andere Anfang«. Der eine Anfang ist der der ›fundamentalontologischen Besinnung‹, der andere Anfang ist der eines ganz anderen Sprunges. Ich gebe jetzt eine kurze, entscheidende Begriffserklärung. »Im ersten Anfang wird das Sein (die Seiendheit)« – das ist die Nicolai Hartmannsche Formel, also die aristotelische; Aristoteles ist ja auch für Heidegger mindestens so wichtig wie für Hartmann – »erdacht (durch das *noein* und *legein*)« – also durch das

Denken und das Reden –, »ersehen und in das Offene seines Waltens gesetzt, damit das Seiende selbst sich zeige.« Wir treffen alle Vorbereitungen für ein solches Mysterium, aber wir werden enttäuscht: in dieser Weise, in der wir denkend vorgehen, kommen wir eigentlich nicht heran. »In der Folge dieses Anfangs wird dann das Sein (die Seiendheit) die *hypóthesis*« – das ist das Druntersetzen, das Druntergesetzte, also der Grund; später, wenn es bei uns Hypothese wird, dann ist es sozusagen nur die experimentelle Ansetzung eines Grundes, und Heidegger spielt hier mit beidem, mit der *hypóthesis* als Grund und der *hypóthesis* als Hypothese –, »genauer das *anhypótheton*« (also das Grundlose des Grundes, und darum geht es ihm dann in den Vorlesungen über den Grund später), »in dessen Licht alles Seiende und Nicht-seiende anwest. Und so waltet das Seyn um des Seienden willen«, damit es also anwesen kann und wir es wahrnehmen können. »Dieser Grundbezug aber erfährt nun zwei Deutungen, die sich dann verkoppeln und vermischen: das ›Sein‹ als summum ens« – also als höchstes Seiendes, die alte scholastische Bestimmung für Gott – »wird causa prima des Seienden« – also erste Ursache gleich Bestimmung von Schöpfergott – »als ens creatum« – also als eines geschaffenen Seienden; »das Sein als essentia«, als Wesen, Idee, »idea wird das a priori der Gegenständlichkeit der Gegenstände.« Das ist jetzt in einem weit über Kant hinausgreifenden Sinne so bestimmt. Und so wird das Sein einerseits, sage ich hinzu, »das Gemeinste und Leerste und Bekannteste und zugleich das Seiendste als jene Ursache«, aber immer gedachte Ursache, immer ausgesprochener Grund, also ›das Absolute‹. In allen Abwandlungen und Verweltlichungen der Metaphysik ist dieses wieder zu erkennen: das Sein im Dienste des Seienden, auch wenn es als Ursache scheinbar die Herrschaft hat.«[328] Also in diesen ganzen Denkunternehmungen macht man sich instrumentell den Vorgang zurecht: das ist Theologie als ohnmächtige Mythologie. Hier gibt es ein *on he on*, Seiendes als Seiendes, und wir erklären uns dieses als geschaffen von einem summum ens, einem obersten Seienden. Das ist die prima causa, alles andere ist dann ens creatum. Alles das gehört unter den *einen* Anfang eines solchen die Abhängigkeitsverhältnisse und das, wovon man abhängig ist, selber konstruierenden Denkens. Es fasziniert nicht mehr, es kommt nicht in die Nähe einer Antwort auf die Frage: Wie werde ich mit Verzweiflung über die Sinnlosigkeit von allem fertig? Das, so hatten wir uns ja verabredet, ist für ihn die Frage nach dem Sinn von Sein. »Im anderen Anfang aber« – ich sage jetzt zunächst einmal an der Pointe vorbei – ist alles ganz anders. Da west das »Seyn ... als Ereignis«, nicht als etwas, was unser Erlebnis oder unser Erfahrnis wäre, oder was immer Sie aus dem

Arsenal der klassischen oder unklassischen Philosophiegeschichte da ansetzen wollen. Und wodurch markiert sich dieses ›alles ganz anders‹? »Im anderen Anfang wird alles Seiende dem Seyn geopfert, und von da aus erhält erst das Seiende als solches seine Wahrheit.«[329]

Jetzt können wir also sagen, was passiert, wenn der Unterschied aufbricht: Plötzlich wird alles Seiende dem Sein geopfert. Der Unterschied, der aufbricht, macht erst ontologische Wahrheit möglich: »von da aus« nämlich, wo »alles Seiende dem Seyn geopfert« wird, »erhält erst das Seiende als solches seine Wahrheit«; und zwar diese gedoppelte Wahrheit, diese gegabelte Wahrheit: ontische Wahrheit und ontologische Wahrheit. Erst in diesem Opferprozeß kriegt man die Wahrheit, und die erste Beschreibung dessen, was da Wahrheit ermöglicht und Opfer verlangt, ist das Aufbrechen des Unterschieds. Das ist die Kultformel. Und das, was hier als im ›ersten Anfang‹ und nicht im ›anderen Anfang‹ vorgeführt erscheint, das sind die philosophischen Konstruktionen, die so oder anders vorgetragen werden können. Da heißt es einmal »idea«, einmal heißt es »das Absolute«, einmal heißt es »summum ens«, dann heißt es »essentia«, dann ist es das »a priori«. Das sind alles Mythologien: mal wird es so – ich fahre jetzt also in dem Vergleich fort –, mal so angesprochen; das sind Variationen um das gleiche Thema. Aber mit diesen Variationen ist man immer in Distanz. Wie kriege ich die nur durch einen kultischen Akt, der mich ergreift, mögliche Nähe? Nicht mehr das Überdenken, sondern die direkte Annäherung des Andenkens, aber nicht eines Andenkens, das mir als Denksubjekt obliegt, sondern eines, das nur möglich wird, indem es da aufbricht, das ›zwischen‹ nämlich: die ontologische Differenz. Sie sehen, in welcher Weise hier ein Kultungeheuer beschworen wird mit diesem Wort ›aufbrechen‹, und Sie sehen, wie sozusagen kondensiert die Leitvokabeln des Expressionismus in diesem ›Es bricht auf‹ zusammengefaßt sind. Das alles sind ja Vokabeln, die mit ›brechen‹ zusammenhängen: aufbrechen, ausbrechen, anbrechen, Anbruch, Ausbruch, Aufbruch, alles zentrale Vokabeln der expressionistischen Bewegung. Was dort aufbricht, sind die Gehäuse, was dort aufbricht, ist zu gleicher Zeit der chaotische Ursprung, der durch diese Gehäuse festgehalten war, der sich in ihnen nicht äußern konnte. Also: Äußerung des Ursprungs gleich Zerbrechen dieser Gehäuse. Wenn Jugend aufbricht – so war es ja auch als Aufbruch charakterisiert in diesem Aufruf Heideggers, wo sie in ihre Wurzeln zurückwächst, das war ja ihr Aufbruch –, dann ist sie einerseits das Aufbrechende, das die Gehäuse des Ancien régime bricht, andererseits hat sie teil an diesem allgemeinen Aufbruch, ihr Aufbruch ist sozusagen das Aufbrechen. Wo kommt dieses ganze Vokabular her?

Es hat einerseits die Gewaltsamkeitsmomente, die allem Brechen zugehören, andererseits ist es das Von-selbst-Aufbrechen, im Pflanzenreich also das Aufbrechen einer Knospe. Es ist immer, in welcher Verbindung es auch vorgeführt wird, im Expressionismus genau das, was Heidegger hier beschreibt, nämlich der Sprung vom ersten zum anderen Anfang. Jeder, der da mit etwas bricht, etwas aufbricht, aus etwas ausbricht, hat plötzlich an einem allgemeinen Aufbruch oder Ausbruch teil. Jeder, der sich der Bewegung anschließt, wird von ihr ergriffen; das ist der Sinn, sich ihr anzuschließen. Und jemand, der so denkt, wie Heidegger hier schon den Vorschlag macht in »Vom Wesen des Grundes«, wird vom Aufbruch dieses Unterschiedes ergriffen. Das heißt, natürlich kann er dann zu den Opfern gehören, und natürlich – nun ist es Ihnen deutlich allein an diesen Vokabeln – ist es möglich, das beliebig tief in die scheinbar konkrete Realität einzusenken und zu sagen: Das ist jetzt der Aufbruch, hier der dreißigste Januar 1933, also das, was Goebbels beschreibt. Und er beschreibt es ja genauso, da sind es ja auch die Opfer. Da heißt es ja in der Tat: »Es ist in der Tat die größte geistige und politische Umwälzung aller Jahrhunderte, die sich durch uns und mit uns vollzogen hat. Es wurde uns dabei nichts geschenkt. Im Gegenteil: wir haben alles, was wir heute besitzen und unser Eigen nennen, bitter erkämpft und dafür Opfer gebracht an Gut und Blut in einem Maße, das sie auf ewig mit den großen historischen Werten verknüpfen wird, die sie als Ergebnisse zeitigten.«[330] Ohne Opfer keine Werte, und diese Opfer bringen plötzlich ein Geschehen mit uns und durch uns, es ist genau der gleiche Mechanismus. »*So war es!* Die deutsche Revolution hat von Führer und Mannschaft Opfer persönlicher und sachlicher Art gefordert, von denen sich die Öffentlichkeit bis heute gar keinen Begriff macht.«[331] Also wieder die Exklusivität des Allgemeinen, als wäre es etwas ganz Besonderes, wovon die Öffentlichkeit noch nichts weiß, was passiert, wenn plötzlich solche Opfergänge über einen kommen, als das, was einen mitgehen läßt. Die gleichen Mechanismen wie hier bei Heidegger, wenn er sagt: Hier, es bricht auf, nämlich dieser Unterschied, nur so erscheint Wahrheit, und nur, indem Seiendes dem Sein geopfert wird, wird dieser Wahrheit nachgekommen. Ich sagte: egal, in welche Scheinkonkretion es eingelagert wird, es ist immer die gleiche Figur.

Das Schreckliche ist, daß diese scheinkonkreten Einlagerungen dann das Faszinationsmoment der ganz realen Vorgänge ausmachen. Es ist ja nicht so, daß da Opferprozeduren mit aufspringendem Ursprung, aufbrechendem Unterschied, oder wie immer es real dann heißen mag, vorgenommen würden, sondern es ist ja so, daß da Machtkämpfe sind und daß geprügelt wird und daß Klassen ausgeschaltet werden sollen und daß gemordet wird, und daß das ganz Andere, das man beneidet und an das man doch nicht herankommt, vernichtet wird, ausgerottet wird. Also, von den ersten Straßenschlachten bis zur antisemitischen Endlösung, ist das ja alles nur scheinhaft das, was mit Faszinationsvokabeln hier als derart fundamentale Opferprozesse, als sozusagen Kultvorgang im Herzen des Seins ausgegeben wird. Darum ist es so leicht wie auf einer Hebebühne, wirklich wie in einer Inszenierung in einem gut eingerichteten Schauspielhaus, diese Prozedur, diese Zentralprozedur zu senken und wieder hochzuheben. Eben spielt es sich hier noch in der Volksgemeinschaft ab, dann spielt es sich dort ab in der Sphäre ohne Luft, wo es sich nicht mehr um eine konkrete Gegend, sondern um die ›Gegnet‹ handelt. Und die Gegnet, die einen ›vergegnet‹ – und das Vergegnen ist dann zugleich, daß man ihr ganz zu eigen wird, die einen also ›vereignet‹ –, ist dann plötzlich nicht mehr der totale Krieg, sondern ist dann die Präsenz eben dieses Mechanismus' jenseits der einzelnen ›Opferstätten‹, die inzwischen schon ausgebrannt sind. ›Opferstätten‹ immer in Gänsepfötchen gesagt, so wie ein unseliger Begriff: ›Holocaust‹, also Ganzopfer, auch nur in Gänsepfötchen zu sagen ist.³³² Es sind eben keine Opfer: wo gebrannt, wo erschlagen wird, ist damit noch nicht ein Opfer da; wo solche Opfermechanismen behauptet werden, sind darum noch nicht Opfer da. Das ist das Schrecklichste an dieser Exklusivsetzung dessen, was allgemein geschieht, daß sie ausgerechnet durch allgemeine Ritualisierung von Opferbräuchen das allgemeine Morden und das allgemeine, und nun nicht nur das allgemeine, sondern das ganz spezifische, das ganz spezielle, das ganz besondere Umbringen trifft. Die kultische Verbrämung, die das hat, ist dann zugleich eine – ich lasse es bei diesem einzigen Satz bewenden –, die von den realen Opferritualen die sozusagen Zivilisationspreise und spezifisch gesellschaftliche Bestätigung der jeweils herrschenden Verhältnisse übrigläßt; ob nun kapitalistische oder vorkapitalistische Opferprozeduren, macht für die Betroffenen nicht den großen Unterschied. Also rituelle Verschleierung der Realität durch etwas, was die Realität trotzdem als sozusagen sie bestätigender Mechanismus in Gang hält.

Ich werde nächstes Mal deutlicher machen, daß hier in zwei Richtungen betrogen wird: einmal, indem alles Morden sozusagen kultifiziert wird und auf diese Weise eine Weihe bekommen soll, und andererseits, indem davon abgelenkt wird, daß die realen Lebensverhältnisse weitgehend, allerdings sehr unweihevolle, Opferprozeduren darstellen. Die

Fortsetzung kultischer Opfer in einer aufgeklärten Realität wird sozusagen vor der Entdeckung bewahrt, indem das, was mit Opferungen nichts zu tun hat in der Ausführung, in der Aktion, was keinerlei rituelle, keinerlei notwendige weiterzuschleppende Opferprozedur wäre – notwendig, solange nicht durchschaut –, zusätzlich mit eben diesem Reiz der Rituale verklärt wird, die plötzlich nicht mehr einzelne sind, sondern das Ritual ganz allgemein. Es ist möglich in dieser unsinnig vermittelten, komplizierten Welt, heranzukommen an den Ursprung, der da brodelt, schlackt, ausspeit, der in Tätigkeit ist – das erscheint mir sozusagen die geheime Faszination der Heideggerschen Philosophie zu sein, das die geheime Regression –, es ist möglich, ohne den Umweg über einzelne Opferzeremonien einzuschlagen, direkt dort hinzukommen. Und das ist das eigentliche, das reale Opfer, nämlich Seiendes geopfert dem Sein. Aber das ist ein Opfer, das glücklich macht, das selig macht wie nur irgendein Mysterium. Denn es, und nur es, erlaubt ja teilzuhaben an dieser, als Aufbruch des Unterschiedes beschriebenen, plötzlich in Tätigkeit leibhaftig erfahrenen, nicht mehr nur in symbolischen Annäherungen faßbaren, ja, wie soll ich es jetzt nennen: Grundbewegung der Realität, an dem Vulkan, der sie ist. Und was, wenn nicht da hineinzuspringen, wäre tatsächlich Leben! Ich wollte Sie nur einmal darauf aufmerksam machen, daß Sie hier sozusagen ins Zentrum kommen. Das ist die Faszination dieses Zentrums, es erfaßt Sie, immer haben Sie davon gehört, immer wollten Sie gerne wissen, wo es ist, nie haben Sie sich getraut, da näher heranzudenken, plötzlich haben Sie hier die Chance. Das ist natürlich alles ein Versprechen. Aber es ist ein Versprechen von Unmittelbarkeit und Direktheit, wie man sie sonst in dieser Welt nicht mehr hat, nicht in den NS-Formationen – nun gut, sie sind hinter sich selbst zurückgefallen, das wäre die Heideggersche Kritik daran –, nun also in der ontologischen Dimension, die aber vom ›anderen‹ und nicht vom ›ersten‹ Anfang her gedacht, darum auch nicht gesehen wird, sondern sich als Greifer betätigt. Ich fahre das nächste Mal fort.

Neunte Vorlesung
gehalten am 28. Juni 1990

Wir stecken hier in der Erörterung der Heideggerschen Lehre vom Ereignis, einer Sache, die ihn seit 1933 beschäftigt, wie man unschwer nachrechnen kann, wenn man in dem Buch, das die Aufsätze zur Sprache unter dem Obertitel »Unterwegs zur Sprache« (also in Fortsetzung des Unterwegs-Engagements, das »Sein und Zeit« seinerzeit geleitet hatte) zusammenfaßt, im letzten Aufsatz, »Der Weg zur Sprache«, der 1959 geschrieben ist, die Anmerkung auf Seite 260 nachliest und zurückrechnet: »Heute, da kaum und halb Gedachtes sogleich auch schon in irgendeine Form der Veröffentlichung gejagt wird, mag es vielen unglaubwürdig erscheinen, daß der Verfasser seit mehr denn fünfundzwanzig Jahren« – wenn wir sagen: auch nur ein Jahr mehr, sind wir bei '33 angelangt – »das Wort *Ereignis* für die hier gedachte Sache in seinen Manuskripten gebraucht. Die Sache, obzwar in sich einfach, bleibt vorerst schwer zu denken, weil das Denken sich zuvor dessen entwöhnen muß, in die Meinung zu verfallen, hier werde ›das Sein‹ als Ereignis gedacht. Aber das Ereignis ist wesenhaft anderes, weil reicher als jede mögliche metaphysische Bestimmung des Seins. Dagegen läßt sich das Sein hinsichtlich seiner Wesensherkunft aus dem Ereignis denken.«[333]

Das, 1959, der erste Hinweis darauf, daß er schon in den dreißiger Jahren tatsächlich das ausbildete, was ich in der Diskussion des großen Buches (das mit Vorschußlorbeer als zweites Hauptwerk bedacht wurde, als es zum hundertsten Geburtstag erschien) charakterisieren wollte: übertrumpfend die Ereignisse der Zeit, ihr Fundament tieferlegend, keineswegs sie widerrufend, sondern in unerhörter Eintracht mit ihnen. Das ist also dieses Buch »Beiträge zur Philosophie«, Band 65 der Gesamtausgabe, Untertitel »Vom Ereignis«, und die Erklärung, die wir gleich in der ersten Stunde kennenlernten: nicht das ›vom‹ gleich ›über‹, also wie ›de‹, sondern das ›vom‹ wie ›ex‹, gleich ›vom Ereignis her‹, so sei dieses Buch konzipiert. Auf das Konzept werde ich heute, wie angekündigt, eingehen, und zwar auf dem Umweg, der uns den für die Ordnung dieses Buches charakteristischen Begriff aus dem Zentrum der frühen Heideggerschen

Philosophie – der früheren, Ende der zwanziger Jahre meine ich, also von 1936 an gerechnet ist das gar nicht so früh – verstehen läßt, nämlich der »ontologischen Differenz«.

Ich hatte die letzten zwei Stunden – das wiederhole ich jetzt nur in ein paar Sätzen – damit zugebracht, Heidegger in einen Kontext zu setzen, den er selbst sehr wohl mit Reden und Widerreden ausgefüllt hat, der heute meist übersehen wird: den der akademischen Philosophie dieses Jahrhunderts. Zu Beginn des Jahrhunderts, 1900, erscheint die Windelbandsche Rektoratsrede über »Geschichte und Naturwissenschaft«, in der er unter dem allgemeinen Nenner der Erfahrungswissenschaften diese Unterscheidung von Gesetzeswissenschaften und Ereigniswissenschaften macht. Ereigniswissenschaften sind für ihn die, die sich mit dem historischen Stoff befassen, Gesetzeswissenschaften sind ebenfalls Erfahrungswissenschaften, aber sie zielen auf von diesem Stoff unabhängige Gesetzmäßigkeiten, auf zwar für ihn charakteristische, aber aus ihm nicht ableitbare. ›Nomothetisch‹, also Setzung eines *nomos*, war das Windelbandsche Wort, ›idiographisch‹ das andere, das, das die andere Seite charakterisiert.[334] Sie sehen, wie weit das noch aus der antiken Philosophie hergenommen ist. Windelbands eigene Liebe gilt dieser unglaublichen Vielfalt, dem Reichtum des Idiographischen. Dort allein seien auch Wertungen möglich. Wenn Heidegger das Wort gebrauchen wird – erstes Indiz dafür, daß hier eine andere Form von Nomothetik herrscht, ein anderer *nomos* gesetzt werden wird –, wird er den Ereignisbegriff, den er selbst verwendet, in vollem Bewußtsein auf die Gesetzesseite setzen. Natürlich kennt er Windelband, natürlich kennt er diese Rede, er selber beginnt ja als Neukantianer. Er wird es tun, indem er genau den Reichtum des Idiographischen als das verwirft, was Seiendes ist, das niemals das Sein erreicht, das durch eine Kluft vom Sein getrennt ist. Diese Kluft wird er thematisieren. Sie ist schon bei Windelband mit einem dämonologischen Wort bedacht, es springt ganz heraus aus der sonstigen Windelbandschen Sprache, es ist der »Riß«[335] zwischen diesen beiden Wissenschaftsgebieten, den sie beide nicht erklären können. Windelband ist es unheimlich, das unerklärt stehenlassen zu müssen, er ist so korrekt, den Riß zu notieren.

Ich hatte Sie dann auf die beiden ständigen Diskussionspartner in Heideggers Schriften jener Zeit aufmerksam gemacht. Der eine ist Nicolai Hartmann, mit dessen Ontologie er sich, und zwar gerade mit den ›Neuen Wegen der Ontologie‹, die dieser einzuschlagen vorgibt, auseinandersetzt mit zahllosen, nicht als Hartmann-Kritik kenntlich gemachten Wendungen, während Hartmann in »Zur Grundlegung der Ontologie« eine direkte Kritik an Heideggers ›verfehltem Ansatz‹ einer solchen Fundamentalontologie übt. Verfehlt war er für ihn, weil er die Frage nach dem Sinn von Sein stelle, anstatt nach dem *on he on*, dem Seienden als Seiendem. Sie können jedesmal, wenn dieser aristotelische Begriff bei Heidegger auftaucht und als nicht zureichend für das Stellen der Seinsfrage bezeichnet wird, darauf schließen, daß an dieser Stelle eine implizite Nicolai-Hartmann-Kritik vorgetragen wird. Nicolai Hartmann ist auf eine ›wissenschaftliche Philosophie‹ aus. Psychologie, Logik, Erkenntnistheorie sind sämtlich nicht wissenschaftliche Philosophie, weil sie im Wortsinne reflektieren, das erkennende Bewußtsein auf sein Erkenntnisvermögen, gut kantisch, zurückwenden. Nicolai Hartmann hat auch so etwas wie eine Seinsvergessenheit zu konstatieren, er will zurück zur intentio recta (›direkt‹ und ›richtig‹ steckt in diesem Wort), statt weiter fortzufahren mit der erkenntnistheoretisch untermauerten oder sich erkenntnistheoretisch gebenden intentio obliqua (›umgewendet‹ und ›schief‹ bedeutet dieser Begriff). Weg von der Schiefheit der Moderne, zurück zur wissenschaftlichen Direktheit der Anfänge, die es fortzusetzen gilt. Das ist Hartmanns verzweifelter Versuch, sich von Erfahrungen von Sinnlosigkeit freizumachen – darum die Verpönung der Sinnfrage. Erfahrungen der Sinnlosigkeit sollen nun nicht sein, aber natürlich sind sie doch, Nicolai Hartmann notiert sie sogar in reichlichem Maße in dieser Abhandlung vor der Kant-Gesellschaft: »Zum Problem der Realitätsgegebenheit«. Ich hatte daraus zitiert. Das war eine traumatische Zusammenstellung von Erfahrungen der Vorbereitungszeit des Nationalsozialismus. Die richtigen Vokabeln drängten sich auf: ›schlagend‹ waren diese Erfahrungen an einer Stelle, wo normalerweise einem das Wort ›schlagend‹ nicht in den Sinn gekommen wäre. Aber es ist die allgemeine Härte der Realität, so wie sie sich immer und von jeher zeigt, egal ob sie sich in einem physikalischen Experiment oder in einer historischen Erfahrung äußert. Damit war die Geschichte ausgeblendet. Die Sinnfrage braucht nicht gestellt zu werden, Sinnlosigkeit braucht nicht als Schock zur Kenntnis genommen zu werden, weil diese Philosophie selbst es ist: sinn*frei*, sinn*los* ist eine dafür angemessene Bezeichnung.

Der andere Pol der Auseinandersetzung für Heidegger, unterirdisch läuft er immer mit: Jaspers. Ich hatte Ihnen aus der »Metaphysik« zitiert, dem dritten Teil des Mammutwerks, der »Philosophie« (es sind fast 1000 Seiten); aber der erste Band der ›Philosophischen Logik‹ von 1947 ist auch gleich wieder 1000 Seiten stark, die »Allgemeine Psychopathologie« ist so stark. Er schreibt ununterbrochen, auf sehr verständige Weise, gegen die Ängste an und erreicht doch niemanden, weil er nicht den

Punkt erreicht, den Heidegger erreicht, nämlich die Angstfaszination. Es fehlt, sich klarzumachen, daß der Angstgenuß die stärkste Abwehr von Ängsten ist, die diese anzuerkennen und zu gleicher Zeit umzufunktionieren versucht. Das liegt ihm unendlich fern, auf diese Weise erreicht er seine Leser nicht. Für ihn ist es klar, was Philosophie vermag: Daseinsorientierung in der Welt, dann Erkenntnis der kategorialen Zusammenhänge (mit dem ersten Max Weber, mit dem zweiten sicherlich Nicolai Hartmann an dieser Stelle gemeint; er schreibt das in der NS-Zeit), dann des weiteren der Appell an die Existenz. Sehr anrührend. Aber wie gesagt, da deren dunkle Seiten bei dem Psychiater, der er, Jaspers, auch ist, nicht vorkommen, erreicht er sein Publikum nicht. Es ist ein Vernunftappell, der Begriff der Verdrängung bleibt Jaspers fremd. Daß er gemerkt haben muß, daß da etwas fehlt, ist unschwer den zum Teil rüden Angriffen gegen Freud, von der ersten Auflage der ›Psychopathologie‹ an bis in die letzten Schriften nach dem Krieg, zu entnehmen.[336] Der sonst so vornehme und gelassene Mann, Norddeutscher, der ganz auf Distanz gegenüber den Phänomenen geht, verliert in diesen Angriffen die Contenance. Das letzte, was bleibt, ist dann das, was auf die überall beschworene Frage der Zeit, nämlich: Wie hältst du es mit der Ontologie?, eingeht und ist nun genau die Formulierung des Gegenteils von dem, was mir bei Heidegger zur Faszination zu gehören scheint, nämlich: symbolisch nur könne man von Sein reden, in Chiffrensprache es umkreisen.

Dabei passiert etwas, was ihn mit vielen teils noch bekannten, teils längst in die Vergessenheit gerutschten Denkunternehmungen der zwanziger Jahre verbindet. Es werden Typen nebeneinandergestellt; System ist nur, daß sie verzeichnet werden. Die Frage, warum diese Typen gerade der Angstbewältigung dienen sollen, wird nicht gestellt. So ist es schon in der »Psychologie der Weltanschauungen«, dem großen Frühwerk, das seinen Ruhm begründet. Die »Allgemeine Psychopathologie« in der ersten Auflage bleibt praktisch ohne Leser. Und so ist es dann noch nach dem Krieg in den Schriften, wo er die Theorie des ›Umgreifenden‹ entwirft. Das ist eine solche Chiffre für *das* Sein oder *das* Absolute oder *die* Transzendenz. Und dieses Umgreifende offenbart sich in ganz verschiedenen Aspekten, und diese stehen wieder nebeneinander, als hätte das Umgreifende nichts Besseres zu tun, als dort einen Katalog zur Auswahl anzubieten. Wie gesagt, das ist sehr allgemein in dieser Zeit. Da gibt es Leisegangs »Denkformen«,[337] da gibt es in der Psychiatrie Kraepelin oder Jaensch,[338] oder da gibt es Krankheitsbilder, die so nebeneinanderstehen, als würde der Wahn tatsächlich verschiedenen *archai* entspringen und in seiner Äußerungsform eine typologische Phänomenologie so in

Anspruch nehmen, wie die Kultur ihre nebeneinanderstehenden Wertsysteme bei Scheler etwa oder die Grundbegriffe des Verstehens bei den letzten Neukantianern.

Gegenüber diesen typologischen Ohmachtserklärungen schien die Heideggersche Philosophie eine ungeheure vereinigende, vereinheitlichende Macht für sich in Anspruch zu nehmen, und zwar nicht mehr durch den Philosophen, der die Phänomene zusammenzwingt, sondern insofern er von etwas redet, was ihn sozusagen als prophetischen Mund in Anspruch nimmt, so und nicht anders zu sprechen. Die Legitimation, die er für seine Rede in Anspruch nimmt, war das erste Faszinosum. Ich hatte gezeigt, daß auch ein solches Faszinosum natürlich ein Amalgam ist: da ist alte Theologie, da ist modernste Bürokratie in den Aufsätzen, da ist anfangs die bürokratische Vervielfältigung des Verbalsubstantivs, das es gestattet, keinen Akteur zu nennen. Und auch später, wenn dann nach einem Akteur gefragt werden wird, zieht der sich weit, weit zurück und verbirgt sich hinter indifferenten Ausdrucksweisen, wie etwa dem ›Es‹ in ›Es gibt‹. Wir werden das heute noch kennenlernen. Da ist aber noch sehr viel mehr. Man lebt in dieser Philosophie immer am Rande einer mit Faszination wahrgenommenen Katastrophe. Das äußert sich zunächst in der Rede, die mit Wörtern operiert, die den schulphilosophischen Bereich sprengen, obschon sie noch in ihm aufgeboten zu sein scheinen.

Ich will das jetzt an dem Strang noch einmal verfolgen, der den »Riß«, von dem Windelband sprach, in einer Weise thematisiert, daß die Frage nach Sinn oder Sinnlosigkeit eine überraschende, nicht-akademische Antwort erfährt, die sehr wohl Tillich recht gibt, wenn er in einer berühmten Stelle mit dazugehöriger philosophiehistorischer Anmerkung in der ›Sozialistischen Entscheidung‹ Ontologie als die letzte, abstrakteste Form des Redens vom Ursprung charakterisiert.[339] Aber, so hatte ich schon vorwegreifend gesagt, das ist nicht nur Rede vom Ursprung, das ist nicht nur mythologisches Verfahren mit Begriffen, sondern es ist mehr: es ist Kultpraxis. Und diese behauptet, nicht mehr symbolisch – wie Jaspers es formuliert hatte: chiffrenhaft – über das Sein zu reden, sondern einen unsymbolischen Realzugang zu haben; beziehungsweise ihn nicht zu haben, aber immer kurz vor ihm zu sein. Aber schon daß ich kurz vor ihm bin, bedeutet nicht, daß ich hier etwas verfehlt hätte, sondern bedeutet, daß ich in dieser Distanz noch gehalten werde. Ich spüre die andere Seite bei den vergeblichen und doch nicht nutzlosen Versuchen, sie zu haben. Haben allerdings kann ich sie nie, denn auch dieses Verhältnis dreht sich um: Ich werde von ihr gehabt oder fallengelassen;

aber Gehabt-Werden und Fallengelassen-Werden ist gleichermaßen ein Vertraulichkeitsbeweis, wenn man so sagen darf. Schließlich ist es ja jene Seite, die annimmt oder zurückstößt, die gewährt oder nicht gewährt. Ich bin immer schon in einem Kontakt unendlicher Entfernung und unbeschreiblicher Nähe. So hätte es Augustinus formulieren können, so hatte er es viele Male formuliert. Aber es handelt sich nicht um den augustinischen Gottesbegriff, es handelt sich um etwas noch Zweideutigeres als jenen. Nicht symbolisch, sondern direkt Kontakt. Wir wollen das an seiner Interpretation des Risses, also der ontologischen Differenz verfolgen.

Diese wird ja das erste Mal in der gleichzeitig mit »Was ist Metaphysik?« geschriebenen Abhandlung »Vom Wesen des Grundes« erörtert, und zwar auf eine verblüffende Weise. Ontische und ontologische Wahrheit werden zunächst als streng geschieden eingeführt. Ontische Wahrheit ist Entdecktheit des Seienden. Aber wie kann Seiendes jeweils in Bereichen entdeckt sein, wenn nicht Sein – so Heideggers Behauptung – seinerseits enthüllt wäre. Nur aufgrund vorgängiger Seinsenthüllung ist Entdecktheit von Seiendem möglich.[340] Ontologische Wahrheit geht der ontischen Wahrheit voran. Dann sieht es noch einmal so aus, als käme es zu einer Balancierung: »Ontische und ontologische Wahrheit betreffen je verschieden *Seiendes in* seinem Sein und *Sein von* Seiendem. Sie gehören wesenhaft zusammen...« Das sieht noch so aus wie Balancierung. Aber dann ist das, was da balancierend wirkt, eigentlich etwas, was in dieser frühen Schrift schon beide Seiten entmächtigt zugunsten eines Dritten, eines zunächst ganz harmlos wirkenden Akteurs. Der Satz war noch nicht zu Ende: »Sie gehören wesenhaft zusammen auf Grund« – »Vom Wesen des Grundes« heißt die Abhandlung, also wir nähern uns dem Wesen des Grundes mit dieser Formulierung an – »ihres Bezugs« – wie aufgeladen das Wort ›Bezug‹ ist, hatte ich mit einer kurzen Schlenkerbemerkung zu Rilke Ihnen notiert – »zum *Unterschied von Sein und Seiendem* (ontologische Differenz).« Unterschied von Sein und Seiendem, das ist die ontologische Differenz. Wir wundern uns über die zunächst so gespenstisch bürokratische und auf den ersten Hörblick dann auch unlogisch erscheinende Zusammenstellung: »Sie gehören wesenhaft zusammen auf Grund ihres Bezugs zum *Unterschied von Sein und Seiendem*«.[341]

Wenig später werden wir erfahren, daß die Frage nach dem Wesen des Grundes in den hier angestellten Erörterungen zum Transzendenzproblem geworden ist. Und »Freiheit zum Grunde«,[342] das werden wir am Ende dieser Abhandlung erfahren, ist nur eine andere Ausdrucksweise für Transzendenz. Wenn ich mich, so schließen wir jetzt, meinerseits einlasse auf den ›Grund des Bezugs zum Unterschied von Sein und Seiendem‹, dann transzendiere ich, zumindest in der Redeweise dieser Abhandlung, eine Realität, der es noch so sehr wichtig ist, schulmäßig zu sagen: Hier ist Entdecktheit von Seiendem, ontische Wahrheit, dort ist Enthülltheit von Sein, ontologische Wahrheit. Wenn ich das so nebeneinanderstelle, wären es ja sozusagen noch zwei Bereiche nun übergeordneter Art: einer, der auf Seiendes, der andere, der auf Sein sich bezieht, und es wäre beidesmal noch eine auf Sein, in diesem Falle zu Seiendem machende, vergegenständlichende Redeweise des Unterschiedes von Seiendem und Sein. Vorgeblich also transzendiere ich, wenn ich mich einlasse auf den Grund, und zwar den Grund des Bezugs zum Unterschied. Wie vorsichtig! Sie werden daran erinnert, daß Sie als normale, nicht konsekrierte Personen mit einer Sakralfigur, etwa einem Initianden, nicht direkt in Berührung kommen dürfen: er wäre, wie jeder andere sakrale Häuptling auch, für Sie tabu. Sie müssen enorme Vorsichtsmaßregeln anwenden, Sie müssen Umwege einschlagen, Sie müssen sich so intelligent wie Perseus benehmen, oder wie er meint, sich zu benehmen, wenn er auf Anweisung der Pallas Athene nur im Spiegel den Blick Richtung der Medusa wagt; das ist ja auch ein solches als tödlich aufgebautes Rätsel.[343] Einlassen auf den Grund des Bezugs, von dem ich noch nicht weiß, wie ich ihn herstellen könnte. Und wie das möglich wäre: darum kreist dann wenige Jahre später das ganze Buch vom Ereignis mit ›Anklang‹ und ›Vorsprung‹ und ›Zuspruch‹ und ›Gründung‹, und wie die Begriffe, die einen Bezug herstellen sollen, dort im einzelnen heißen, und zwar einen ›Bezug zum Unterschied‹. Warum ist der Unterschied so gefährlich?

Einen Geschmack davon gibt uns der nächste Satz: »Das dergestalt notwendig ontisch-ontologisch gegabelte Wesen von Wahrheit überhaupt« – ich sagte, bei gegabelten Wesen dürfen Sie alles gleich haben: die pythagoreischen, die sexuellen Konnotationen, auch die Konnotationen von dem Scheideweg der Dezision, an dem man in dieser Zeit politisch webt – »ist nur möglich in eins« – und jetzt kommt die gefährliche Wendung – »mit dem Aufbrechen dieses Unterschiedes.«[344] Der Unterschied ›bricht auf‹: expressionistische Redewendung. Was bricht sonst noch auf? In dieser Zeit dürfen wir sagen: schlicht alles – auch wenn es schon nicht mehr ganz en vogue ist, wie noch kurz vor und kurz nach dem Ersten Weltkrieg. Ich sagte Ihnen schon: aufbrechen, Aufbruch, Bruch, überhaupt brechen, anbrechen, Anbruch, das sind die Lieblingsvokabeln von dem meiststrapazierten Stamm des Expressionismus dieses Jahrhunderts. Alles, was auf sich hält, bricht auf. Gefährlich das Aufbrechen einerseits: kein vorsichtiges Öffnen. Und wir denken zugleich daran, daß hier mit

Naturbildern operiert wird: Knospen brechen auf. Und so ist es mit dem Aufbruch dort überhaupt: Nie ist es nur, daß man sich selber aus irgendeinem Gehäuse freimacht und dieses aufbricht; immer fühlt man sich zugleich von etwas, was aufbricht, mitgenommen, mitgerissen; niemals ist man selber nur noch ein Subjekt von Bewegung, immer ist man Teil einer Bewegung. Und dann, nach '33, ist das d i e Redewendung vom Nationalsozialismus: Man ist, mit Vertauschung des Bewegungssubjektes, Teil d e r Bewegung. Nur zu sagen: nationalsozialistische Bewegung, machte verdächtig und führte zu Überwachung oder zum Verhör. Es war eine distanzierende Bezeichnung. Aufbrechen also, Aufbruch. – Was fällt uns noch dazu ein? Livius beschreibt, wie im Forum eine Spalte aufbricht: die Erde bricht auf. Das bedeutet aktuelles Unheil für die Stadt Rom, denn das, was dort aufbricht, dieser Schlund, ist zu gleicher Zeit der Zugang zur Totenwelt; ein *mundus* ist (bis in unsere Zeit noch anzuschauen) an dieser Stelle eigentlich der Ort dieses Spaltenaufbruchs. Und es gibt nur eine Möglichkeit, nämlich das besänftigende Opfer: der beste Jüngling, den die Stadt hat, kostbar angetan und geschmückt als perfektes Opfertier, springt in diese Spalte, die sich über ihm schließt. Also der berühmte Sprung des Ritters Curtius. Ich habe ihn einmal ausführlich in einer anderen Veranstaltung behandelt.[345]

Auch hier bei Heidegger bricht plötzlich so etwas wie eine Spalte auf: der Unterschied beginnt zu agieren. In der Logik würde es ausreichen zu sagen: A und B unterscheiden sich als A gleich Nicht-B und B gleich Nicht-A. Natürlich ist das eine sehr unvollkommene Formel, sie unterscheiden sich eben auch nicht. Aber es ist eine sehr wirksame Formel, denn sie nimmt die Angst vor der Vermischung von A und B, die ja zum Beispiel die sein könnte vor einer Vermischung von Leben und Tod in der eigenen Existenz. Sie sehen an einem solchen Beispiel, wie entdämonisierend, angstnehmend Logik sein kann.[346] Hier jedoch wird mit der Angst operiert. Da unterscheiden sich nicht ontische und ontologische Wahrheit nur, sondern sie haben einen Unterschied, und dieser Unterschied bricht auf. Der Unterschied ist weder das eine noch das andere, der Unterschied ist ein ›Zwischen‹. Heidegger wird später (im Vorwort zur dritten Auflage, 1949) mit geradezu formalem Pathos sagen: »Die Abhandlung ›Vom Wesen des Grundes‹ … nennt die ontologische Differenz«, und: »Die ontologische Differenz ist das Nicht zwischen Seiendem und Sein.«[347] Wir sagen auch in der Umgangssprache: Wir machen einen Unterschied und werden pathetisch; jetzt steht etwas zwischen dem, was wir unterscheiden. Und wir werden auch noch ein Stück weit mysteriöser, wenn wir sagen: Es macht aber einen Unterschied, oder: Es gibt einen Unterschied. Und wir würden damit Heideggers Frage nach dem Subjekt eines solchen Satzes: Wer ist dieses Es, was da einen Unterschied gibt?, mit dieser Redeweise provozieren. Ein Stück weit dämonisieren wir, kalkuliert in unserem Interesse, eine simple Unterscheidung, indem wir das Wort Unterschied, was eigentlich ein Produkt ist, jetzt in Bewegung setzen. Wir setzen es nicht so weit in Bewegung, daß wir sagen: dieser Unterschied bricht auf.

Ich hatte das zunächst zum Anlaß genommen, um zu sagen: in diesem aufbrechenden Unterschied gewahren wir bereits den Ursprung in actu. Die Spalte, die sich da öffnet auf dem Forum, ist ja auch der Ursprung, der sein Opfer haben will. Wir wissen in diesem Fall auch recht genau, warum da ein Stück Sumpf ist, ganz und gar Ursprungsgelände, auch mit den dazugehörigen Konnotationen, also die Cloaca maxima wird da durchgeführt werden, und sie heißt wahrscheinlich nach der Venus Cloacina, die die Sumpfvenus dort war.[348] Und was die Kloake ist, das wissen Sie spätestens seit der Lektüre von Freud,[349] also eine Bezeichnung für den Genitalbereich. Hier an dieser Stelle, wo die Spalte aufbricht, hat man sich offensichtlich an einem ursprungskultischen Bereich durch Entwässerung vergriffen. Wie hätte man sonst das Forum als den Treff-, Markt-, Handels- und Beratungsplatz, der schließlich die ehrwürdigste politische Stätte der Stadt wird, die sich ja aus Angehörigen verschiedener Völker, die sich bis dahin auf den umgrenzenden Hügeln gegenseitig belagert haben und nicht grün gewesen sind – wie sonst hätte man diesen Platz des Zusammentreffens anders herstellen können? Für den Eingriff offensichtlich ist Curtius das Opfer. Wir erwarten, wenn hier der Unterschied aufbricht, auch derartige Opfer, denn wir befinden uns bereits in einem kultischen Denken. Und es wäre ja ein Rückfall hier schon, in dieser Zeit, bei Heidegger, wenn er auf sich die Jasperssche Redewendung von der symbolischen Rede vom Sein anwenden lassen müßte. Kultisch zureichend oder unzureichend ist nicht gleich symbolisch, aber Realität des Kultes ist erst dort, wo Sie als Opfer dran glauben müssen. Wenn Sie nicht ein Opfer an irgendeiner Stelle gewahren, können Sie sagen, es ist ja doch alles symbolisch. Also der Kult, der mit Leben und Tod operiert, muß an einer Stelle Ernst machen, der Unterschied muß sozusagen an einer Stelle zuschnappen.

Ich hatte dann den Sprung ein paar Jahre weiter nur gemacht, da schnappt er bereits. Und wir sehen, warum diese Trennung von Sein und Seiendem nicht eine der »Distinktion des Verstandes (ens rationis)«[350] ist, die also noch einmal verächtlich als Klammerdefinition dahintergesetzt wird. Wäre der Unterschied nur die Konstatierung der Unterscheidung zwischen zwei Sachen, dann wäre es ein solches ens rationis, also ein Verstandesding. Um ein Verstandesding handelt es sich nicht. Allerdings bin ich nun an der Stelle des Buches »Vom Ereignis«, wo ich das letzte Mal ausgesetzt hatte, in dem 117. Paragraphen: »Der Sprung«, im vierten Hauptteil, der ebenfalls »Der Sprung« genannt ist. Wir haben es in den Versuchen, sich mit anfänglichem Denken dem Ursprung anzunähern, mit lauter derartigen entia rationis zu tun. Ich hatte Ihnen eine Reihe aufgezählt: »das Sein (die Seiendheit)«, die »*hypóthesis*, genauer das *anhypótheton*«, »das ›Sein‹ als summum ens wird causa prima des Seienden als ens creatum; das Sein als essentia, idea wird das a priori der Gegenständlichkeit der Gegenstände«, »das Absolute«.[351] Lauter solche entia rationis, mit denen man in einem Denken, das auf den ›ersten Anfang‹ aus ist, diesen ersten Anfang zu umschreiben versucht.

Der »erste Anfang« ist in diesem Buch »Vom Ereignis« – und ich sage jetzt weiter in Heideggers Vorstellung – vom Ereignis her bereits übertrumpft, so wie die reale, banale NS-Wirklichkeit, die ihm zunächst die Ereigniswirklichkeit schlechthin zu sein schien, nun von der Tieferlegung des Ereignisfundamentes selber übertrumpft ist. Er denkt inzwischen statt vom ›ersten‹ vom ›anderen‹ Anfang. Wo ich vom anderen Anfang her denke, vom ganz anderen Anfang, sehen Sie, Sie sind hier auch noch in dem Bannkreis eines der gefährlichsten mythenbildenden Bücher zu Beginn dieses Jahrhunderts, nämlich Rudolf Ottos Buch vom ›Heiligen‹. Da wird auch das ›ganz Andere‹[352] beschworen, und es wird in einen erschreckend völkischen Kontext gesetzt. Jetzt ist hier der völkische Kontext noch immer da; allerdings hat sich der Autor – ich hatte Ihnen die Stellen zitiert – bereits mit dem Volk überworfen, weil es ihm nicht völkisch genug ist, weswegen er sich selber den Vorwurf wird einhandeln müssen, seinerseits nicht so völkisch zu sein, wie das Volk will. Das sind so Konkurrenzen. Also hier, wo vom ›anderen *Anfang*‹ die Rede ist, steht plötzlich auch alles in einem anderen Licht; einer anderen »Lichtung« heißt es ja immer bei ihm – mit nicht nur dem Hinweis auf Schwarzwaldberge, sondern auch mit dem Hinweis darauf, daß das Licht konstitutiv und als Produkt nicht von uns, sondern von dem her kommt, was da lichtet, was Lichtung besorgt. »Im anderen Anfang aber ist das Seiende, damit es die Lichtung, in die es hereinsteht, zugleich trage« – es ist also nicht gefahrlos, in eine solche Lichtung hineinzustehen, sie will getragen sein; und tragen heißt, mit tragischer Wendung an diesen Stellen, dann immer zugleich ertragen, ausgehalten –, »welche Lichtung west als Lichtung des Sichverbergens« – Lichtung, zu der wir zunächst

Neunte Vorlesung

keinen direkten Zugang haben. Frage: Wie verschaffen wir ihn uns? Und das, was sich da verbirgt und was als »Lichtung des Sichverbergens« zunächst west, ist: ›Seyn als Ereignis‹.[353] Das ist solch eine Redeweise, wie sie dann in der Anmerkung von 1959, die ich Ihnen am Anfang der Stunde vorlas, bereits als unzureichend verworfen wird.[354] Es heißt nachher in dem Vortrag, der in einem Separatdruck mit der Diskussion in einem Seminar zusammengesperrt unter dem Titel »Zeit und Sein« erscheint (also mit dem Anspruch, die zweite Hälfte von »Sein und Zeit« komprimiert nachzuliefern, aber ganz anders ansetzend, eben mit dem ›anderen Anfang‹ ansetzend, so wird es dort heißen), daß Zeit und Sein, beide, von etwas gegeben werden, was an der Stelle angesetzt werden muß, wo das verschwimmen machende Wörtchen ›und‹[355] steht, also etwas, was das Verhältnis erst stiftet zwischen beiden. Sie sehen, auch das ist wieder eine avancierte Redeweise von der ontologischen Differenz. Nicht Sein als Ereignis, sondern das Ereignis, was sowohl Sein wie auch Zeit, Zeit wie auch Sein sein und zeitigen läßt. Genau in dem Punkt von Sein *und* Zeit steckt das Problem, nicht im Sein und nicht in der Zeit. Auch das ›und‹ ist so etwas wie ein Deckwort für das Ereignis.

Aber der zweite Satz gibt ja gleich die Auflösung, die uns fragt: Wie komme ich denn wirklich heran?, und die uns sagt, was, wenn der Unterschied aufbricht, er eigentlich will. »Im anderen Anfang wird alles Seiende dem Seyn geopfert, und von da aus erhält erst das Seiende als solches seine Wahrheit.«[356] Das, was da aufbricht, ist die ›Opferstätte‹. – Wenn Sie bei Heidegger in den späteren Schriften Komposita mit dem Wort ›stätte‹ lesen, dann dürfen Sie – Sie werden es an der Tonfärbung merken – schlicht voraussetzen: es handelt sich wieder um eine Variation der Schlußpassagen von Hegels »Phänomenologie des Geistes«, wo Hegel von der »Schädelstätte« des Geistes spricht. Sie ist der Ort, wo das Erinnern als das ganz und gar: alles, was war, nach innen hereinziehen, ›Er-innern‹ stattfindet.[357] Das ist das kleine Ritual bei Hegel am Ende in der »Phänomenologie des Geistes«. Und indem der Ort, an dem das geschieht, als ein philosophisches Golgatha beschworen wird: ›Schädelstätte‹, heißt es dann auch angemessen, daß alles in fahlen Farben vorgetragen wird. Und dazu paßt dann auch die Champagner-Reminiszenz des Endsatzes frei nach Schiller: »aus dem Kelche dieses Geisterreiches«[358] dann die Unendlichkeit, so ist die direkte Formulierung aus dem Schillerschen Versmaß heraus, aber in die Gespensterszenerie des Schlusses der »Phänomenologie« geht es bei Hegel hinein. Das ist sehr realistisch, daß Hegel so gespenstisch formuliert, sicherlich nicht nur die Trauer, Abschied nehmen zu müssen von dem großen Entdeckungswerk und der Entdeckerfreude in der »Phänomenologie des Geistes«, sondern eben auch das zu Beklagende: Mehr hat es nicht gebracht als diese Erinnerung. – Ich sagte: Opferstätte; ›Augenblicksstätte‹[359] zum Beispiel ist solch ein Wort, das Heidegger in den dreißiger Jahren immer wieder gebraucht. Das ist nicht nur der Augenblick, der im übrigen auch der Opferaugenblick und der Transsubstantiationsaugenblick ist, wo er als Terminus erscheint in der neueren Philosophie, nämlich bei Kierkegaard, den Heidegger auch immer wieder zitiert, ohne ihn je zu zitieren – so selbstverständlich hat er ihn in seiner protestantischen Wendung des Hochwald-, Schwarzwaldkatholizismus inzwischen verinnerlicht, daß er dies tun kann. Also auch dieser Augenblick ist Opferaugenblick. Es ist tatsächlich der Augenblick, in dem die Opfer gebracht werden, die Augenblicksstätte ist Opferstätte. Hier haben wir den Ort geschildert, wo er sagt: Der Unterschied bricht auf, hier wird das Seiende dem Sein geopfert. Das Seiende wird dem Sein geopfert, es wird jedoch in den Unterschied hinein geopfert. Wie haben wir uns das vorzustellen?

Heidegger selber wird sehr zielsicher eine Kultpassage der archaischen griechischen Philosophie zur näheren Erklärung und zugleich Verklärung dieser seiner hier von mir zitierten Passagen im ›Ereignis‹-Buch, wiederum etwa zehn Jahre später, gebrauchen, nämlich in einer kurz nach dem Krieg für Emil Staiger verfaßten Abhandlung über den Satz des Anaximander. Anaximander, der große frühe Philosoph, formuliert mit philosophischen Begriffen ein Opferritual in den wenigen Fragmenten, die von ihm überkommen sind. Er hat die *archē* das *apeiron* genannt, also etwas, was keine Grenzen hat.[360] Er hat davon gesagt, daß das allein *athanaton* und *anolethron* ist, auch *agerō*.[361] *Ageros*, das heißt ›alterslos‹, es hat kein Greisenalter; *athanaton* überhaupt: ›todlos‹, *anolethron*: es kann nicht zerstört werden. Der gleiche Anaximander hat folgende berühmte Wendung, wo man sich streitet, ob einzelne Vokabeln schon in dieser Wendung gestanden haben. (Ich habe einmal in einer längeren Untersuchung plausibel zu machen versucht, daß sie alle dringestanden haben und daß es bestimmte Interessen der Altphilologen, die einzelne Vokabeln herausnehmen, gewesen sind, die sie diese haben herausnehmen lassen.[362] Ich will das jetzt nicht wiederholen. Ich meine nur, daß die ganzen Worte, die ich jetzt hier zitiere, tatsächlich anaximandrisch sind. So hat es die ganze Antike gemeint. Warum sollen wir uns klüger schätzen?) Also Anaximander, der die *archē* das *apeiron* nennt, sagt: »*ex hon de he genesis esti tois ousi*«. *Ex hon*, das ist ein Plural neutrius generis: da sind die einzelnen Ursprünge schon zu diesem nicht mehr begrenzten *apeiron* des Ursprungs gemacht. Aber der Plural neutrius generis läßt, so wie das ›Es‹ etwa später in der psychoanalytischen Instanzenlehre, erkennen, daß es als ein solcher indifferenter Begriff vorgeschoben ist. Also: »*ex hon*« – ›Woraus, aus welchem Ursprung‹ – »*he genesis esti tois ousi*« – ›die Entstehung ist dem Seienden‹ (wieder ist das Seiende neutrius generis im Plural hier gesetzt) – »*kai ten phthoran eis tauta ginesthai*« –, ›da hinein ist ihm auch das Verderben, der Untergang‹ – »*kata to chreon*« – ›gemäß‹ dem *chreon*, ›dem Brauch‹.³⁶³ Ich übersetze hier auch mit ›Brauch‹ und meine Opferbrauch, so wie im ›Jasager und Neinsager‹³⁶⁴ Brecht dieses Wort ›der alte Brauch‹, der durch einen neuen Brauch ersetzt werden muß, verwendet hat.

Ausgerechnet Heidegger sagt in dieser Abhandlung über den »Spruch des Anaximander« auch »Brauch«,³⁶⁵ und er meint mit Brauch etwas ganz anderes, nämlich dieses ›brauchen‹, was dann so etwas wie ein Draufangewiesensein, ja schließlich so etwas wie die erotische Seite der Opferbeziehung bezeichnet. Ich will es jetzt nicht näher ausführen. Ich sage noch einmal den Anfang: ›Woraus das Entstehen ist dem Seienden, da hinein ist auch sein Vergehen, gemäß‹ *to chreon*, ›dem Opferbrauch‹, »*didonai gar auta diken kai tisin allelois tes adikias kata ten tou chronou taxin*« – ›denn sie geben Strafe und Buße einander‹ – *tes adikias* (dieser Genitiv ist am selbstverständlichsten in der griechischen Sprache als Begründungsgenitiv zu übersetzen), ›wegen der Ungerechtigkeit‹, *kata ten tou chronou taxin*, ›gemäß der Ordnung der Zeit‹. ›Woher dem Seienden sein Entstehen ist, da hinein ist ihm sein Untergang, gemäß Opferbrauch, denn es‹ – also das Seiende wieder – ›gibt einander Strafe und Buße wegen seines Unrechts, seiner Ungerechtigkeit, nach Ordnung der Zeit‹.³⁶⁶ Viele Male mit der richtigen Intention zitiert, verwendet. Man hat sich immer gewundert – ob nun vorgegeben oder auch wirklich –, warum es heißt: sie müssen ›einander‹ Strafe und Buße zahlen, warum nicht wenigstens dieses *allelois* weggenommen wird. Das zeugt von Phantasielosigkeit der Vorstellung, denn wenn es sich hier tatsächlich um einen solchen Opferprozeß handelt, wo das Seiende insgesamt *kata tou chronou taxin*, also ›gemäß Ordnung der Zeit‹, also jeweils mit Aufschub wieder hinunter muß, dann wird es selbstverständlich so behandelt wie auch in der Mythologie.

Ich brauche nur an ein Beispiel, wo Sie gleich den Zusammenhang sehen, zu erinnern. Der mythische Gründer Thebens, Kadmos, der der von Zeus geliebten Schwester Europa hinterher reist – also eine phönizische Kolonie in der Gegend Thebens ist offensichtlich der historische Realgrund für diese Geschichte³⁶⁷ –, landet mit seinen Leuten in Theben, er erschlägt eine riesige Drachin – offenbar eine gottgeweihte heilige Schlange – nach entsetzlichen Kämpfen (die Kämpfe am schönsten beschrieben wieder bei Ovid im Dritten Buch in den ersten 150 Versen in den »Metamorphosen«[368]) und zieht ihr auf Geheiß der plötzlich vor ihm stehenden Pallas Athene die Zähne, sät diese Zähne in eine Furche, so daß diese nun eine gezahnte Furche ist. Das ist einer der wenigen mythologischen Ausdrücke in der antiken Tradition – von der behauptet wird, es wimmele nur so von Ausdrücken darüber – für die Vagina dentata, nun auf die Erde als die große Muttergöttin bezogen. Und aus dieser gezahnten Spalte wachsen nun viele, viele Gepanzerte hervor, die sofort übereinander herfallen, sich gegenseitig umbringen und wieder in diese Furche zurücksinken. Fünf, die diese Probe bestanden haben, wennschon blessiert, bleiben übrig. Das sind dann die auf diese Weise als autochthon, erdentsprossen ausgegebenen phönizischen Häuptlinge der neuen Kolonie Theben. Also das sind dann die edlen Geschlechter, die auf diese Weise dort aus der Erde entstanden sind. Aber das ganze gemeine Zahnvolk mußte wieder hinein in diese Furche, aus der es herausgekommen war.[369] Sie können natürlich auch die Curtius-Geschichte dieses Stückchen weiterführen und können sagen: Das Beste, was in Rom aus einer Spalte gekrochen ist, muß in diese demonstrative Spalte wieder zurück. Dann sind Sie an der mythischen Beschreibung eines solchen kultischen Opfervorgangs abermals ganz nah dran. Die Kadmos-Geschichte, die insgesamt eine große Rolle spielt in der Philosophie – noch Platon wird sich in den ›Gesetzen‹[370] etwa auf sie berufen –, ist ein Beispiel für das, wovon hier die Rede ist. Weil man sich vom Ursprung getrennt hat, weil man schuldhaft aus ihm herausgekrochen ist, muß man dann auch wieder dort hinein. Und da gehören dann in diesem sehr pessimistischen Fragment eben auch Recht und Buße dazu, denn ununterbrochen tut man, wenn man sich entfernt hat vom Ursprung, Unrecht, und alle Aktionen, die man tut, sind dann verdiente Strafe und Buße, die man sich gegenseitig zufügt. Und was dann bleibt als Trost, ist, daß diejenigen, die, indem sie Begrenzungen angenommen: sich sozusagen gegenüber dem Unbegrenzten versündigt haben, *to apeiron*, wenn sie denn wieder zurückgetaucht sind in das *apeiron*, keine Angst mehr vor dem Altern, der Zerstörung oder dem Tod zu haben brauchen. Dieses berühmte Fragment also eines über die gestundete Zeit, über die schuldhafte Entfernung vom Ursprung, das Ausreißen sozusagen vor den Ursprüngen, und die Strafe, die auf dem Fuße folgt, der man darum nicht entgehen kann, weil der Ursprung, der schnappt, gar nicht zu schnappen braucht: er hat seine Agenten, und das sind alle, die ihm entsprungen sind, gegeneinander, miteinander, untereinander – diese berühmte Geschichte wird bei Heidegger zielsicher im Zusammenhang mit seiner Opfertheorie, aber zugleich als Instrument der Verklärung für diese Opfertheorie angewendet. Das geschieht dort, wo er nun ganz anders übersetzt, nämlich in der Abhandlung über den »Spruch des Anaximander«.

Ich zitiere aus den ›Holzwegen‹, da ist das die letzte Abhandlung. (Tatsächlich sind die »Holzwege« auf dem entsprechenden Papier gedruckt, es sind ganze Holzstückchen aus diesem Papier inzwischen herausgefallen; aber der Text ist noch rekonstruierbar.) Heidegger meint, daß dieses ganze ›Woraus dem Seienden das Entstehen, da hinein das Vergehen‹, nicht anaximandrisch sei. Er findet es wahrscheinlich zu direkt, daß das Sein als ursprüngliches derart auftritt und so plan von ihm gesagt wird, das tut's. Nichts von der großen Entfernung, die er gerade in der Beschwörung der großen Nähe ständig ausspielt, um das Riskante eines solchen Vorgehens wie des vom ihm beabsichtigten zu demonstrieren. Darum fängt er an: »*didónai ... autà díken kai tísin allélois tes adikías ...* gehören lassen sie« – aus dem Geben, *didónai*, wird ein ›gehören lassen‹ – »Fug somit auch Ruch eines dem anderen«.[371] Sie sehen, wir nähern uns wieder der ontologischen Differenz. *Dike* wird mit »Fug« übersetzt, *tísis* mit »Ruch«, und nun nicht wegen *adikia* gleich Ungerechtigkeit, sondern jetzt spricht derjenige, der die neue Ontologie, die sich so auch nicht mehr nennen darf, als entstanden in der ›Verwindung‹ – ich hatte es Ihnen zitiert und erklärt – der bisherigen Metaphysik sieht. Verwindung der bisherigen Metaphysik: sie wird nicht überwunden, sondern sie wird ganz und gar ›verwunden‹. Aber daß etwas ›verwinden‹ zugleich bedeutet, mit ihm weiter verbunden zu sein, das mag unterirdisch Heideggers Wortwahl gelenkt haben, oberirdisch ist es in seiner Erklärung nicht zugelassen. Also nichts, was Sie verwunden haben, ist jemals verwunden. Sie würden nicht das Wort ›verwinden‹ gebrauchen, könnten Sie etwas verwinden. Das ist sehr platt. Ich brauche es nicht weiter auszuführen, es ist selbstverständlich. Aber angesichts solcher philosophischen Texte muß man manchmal auch etwas Selbstverständliches sagen. Also »gehören lassen sie Fug somit auch Ruch eines dem anderen (im Verwinden) des Un-Fugs.«[372] Das ist nicht wegen Ungerechtigkeit, sondern Sie sehen, Heidegger formuliert hier mit dem Opferspruch des Anaximander seine Utopie. Darum wollte ich es einmal zitieren.

Nach dem Krieg hat auch Heidegger seine kleine Utopie: aus dem Opfer wird die ›Verwindung des Un-Fugs‹: verwinden dessen, daß man die ontologische Differenz nicht gelten läßt, indem das Seiende zur Herrschaft kommt statt des Seins, gewähren lassen den Fug, nämlich die ontologische Differenz und den dazugehörigen Ruch. Ruch ist das Gegenteil von Ruchlosigkeit. Und Fug hat ja auch im Volksmund noch die altertümelnde Wendung der Schicklichkeit: Ich sage etwas mit Fug und Recht, nicht nur Recht, sondern auch Fug ist auf meiner Seite. Also, Heidegger hat in den Wörterbüchern nachgeguckt und hat gesehen, daß tatsächlich diese Begriffe hier tragen, und zwar sehr weit tragen. Fug trägt für ihn nun weiter als irgendein anderes aus diesem Zusammenhang. Ruch bedeutet für ihn, nicht ruchlos sein, also ehrfürchtig sein, Ruch ist die, sagen wir: theologisch-religiöse Reverenz, die gemacht wird von denen, die genügende Ehrfurcht gegenüber der ontologischen Differenz aufbringen. Und Fug ist die Verklärung dessen, was sie in actu tut, nämlich zuschnappen auf ihre Opfer, die dem Sein gebracht werden. Und sie sind das Seiende insgesamt, das da geopfert wird genauso wie in dem Anaximander-Satz; also Fug ist es, das für rechtens erklären. Fug, *dike*, das sind die direkt in Übersetzung synonym gebrauchten Begriffe. Das Recht, das Opferrecht wird hier mit dem Begriff ›Fug‹ bezeichnet. ›Gewähren lassen‹, das ist sozusagen die Verklärungsseite des Opfers. Auch die Leute auf dem Forum haben gewähren lassen, als der Ritter Curtius da hineinsprang. Sie haben ihm auch noch den Schmuck angelegt, mit dem er als Opfertier da hineinspringen konnte. Und das ist dann Recht und das ist dann die religiöse Reverenz. Dann verhält man sich zueinander angemessen, und dann verwindet man die Ungerechtigkeit, die der »Un-Fug« ist. Was ist denn nun dieser »Un-Fug«?

Das wird geschrieben unmittelbar nach Kriegsende, und entsprechend muß auch »Un-Fug« erklärt werden. Er geht wiederum von etwas aus, was damals die stehendste – Heideggersch gesprochen, mit falschem Superlativ – der stehenden Redensarten ist. Ich kann mich nicht erinnern, häufiger irgendeine gelesen zu haben als diese, nämlich daß alles aus den Fugen sei, oder die Welt sei aus den Fugen, die Gesellschaft ist aus den Fugen, Europa ist aus den Fugen, Deutschland ist aus den Fugen, wir waren schlicht aus den Fugen – wie hätte denn sonst so etwas passieren können? Also: die Welt aus den Fugen. Heidegger formuliert: »Der Spruch sagt eindeutig, das Anwesende sei in der *àdikía*, d.h. aus der Fuge. Das kann jedoch nicht bedeuten, es sei nicht mehr anwesend. Aber es sagt auch nicht nur, das Anwesende sei gelegentlich oder vielleicht hinsichtlich irgendeiner seiner Eigenschaften aus der Fuge. Der Spruch sagt: Das Anwesende ist als das Anwesende, das es ist, aus der Fuge.« So einfach ist es: Alles ist aus den Fugen, weil alles nicht mehr gewahr ist der ontologischen Differenz. »Zum Anwesen als solchem muß die Fuge gehören samt der Möglichkeit, aus der Fuge zu sein.«[373] (Goethe hätte gesagt nach dem Vorhergehenden: Wie wahr, wie seiend!) Also: ›Die Fuge muß zum Anwesen gehören‹. Wie könnte sonst Seiendes in seinem Sein oder Sein von Seiendem behauptet werden ohne Fuge? »Das Anwesende ist das je Weilige. Die Weile west als die übergängliche Ankunft in den Weggang. Die Weile west zwischen Hervorkommen und Hinweggehen. Zwischen diesem zwiefältigen Ab-wesen west das Anwesen alles Weiligen.« Das »Weilige« ist sein Ausdruck für die gestundete Zeit, die als Lebenszeit in diesem Opferfragment Anaximander benennt. »In dieses Zwischen ist das Je-Weilige gefügt. Dieses Zwischen ist die Fuge, der gemäß von Herkunft her zu Weggang hin das Weilende je gefügt ist. Anwesen des Weilenden schiebt sich vor in das Her von Herkunft und schiebt sich vor in das Hin von Weggang. Anwesen ist nach beiden Richtungen in das Abwesen verfügt. Anwesen west in solcher Fuge.«[374] Und kurz danach noch einmal: »Das Je-Weilige west als weilendes in der Fuge, die Anwesen in zwiefaches Abwesen verfugt.«[375] Die ontologische Differenz wird hier sozusagen zu handwerklicher Höhe erhoben. Es kriegt alles einen gemesseneren Tonfall als in dem Aufrufspathos der endenden zwanziger Jahre. Es ist auch nicht mehr hier so umweglos vom Opfern alles Seienden die Rede, wie es in den dreißiger Jahren war, und da war ja Anaximander nun tatsächlich für Heidegger in diesem Opferpassus der richtige Hintergrund. Denn er versteht ja nun in der Tat das Seiende einerseits als das, was sich vom Ursprung davongemacht hat, und andererseits nun damit rechtens als Opferstoff, in dem Zitat von Seite 230 in dem Buch »Vom Ereignis«: »Im anderen Anfang wird alles Seiende dem Seyn geopfert, und von da aus erhält erst das Seiende als solches seine Wahrheit«; erst wenn es als dieser Opferstoff angesehen ist, hat es seine Wahrheit. Jetzt ist das, was bloß ›Entdecktheit‹, in formaler Anzeige des Seienden, in »Vom Wesen des Grundes« von 1929 war, auf einen substantiellen Kern gebracht: es ist entdeckt als das, was zum Opfer taugt. Natürlich muß in allen Opfervorgängen der richtige Augenblick eingehalten werden, nicht nur die Stätte muß richtig gewählt werden, auch die Ordnung der Zeit, die dafür taugt, muß eingehalten werden.

Deswegen kann Heidegger in dem nicht nur empörendsten, sondern auch kitschigsten seiner Kleinbüchlein, nämlich dem »Feldweg«, folgendes schreiben. (»Der Feldweg«, Vittorio Klostermann, Erste Auflage 1953, 1986 bereits achte Auflage, 36. bis 45. Tausend, kostete damals schon 3,50 DM, diese sechseinhalb Seiten. Sie sehen: Kostbarkeit darf man nicht verschleudern, sonst ist sie's nicht mehr, der Tauschwert produziert den Gebrauchswert.) Ich versage es mir, diesen Kitsch, der es wirklich von der ersten bis zur letzten Zeile ist, und zwar ohne irgendeine Ausnahme, hier weiter zu zitieren. Aber ich ermächtige Sie, dieses Wort Kitsch in jeder Unterhaltung bezüglich dieser Veröffentlichung zu gebrauchen. Also, es ist am Schluß. Er ist wieder vom Ehnried zurückgekehrt zum Hofgartentor: »Matt leuchtet es im Sternenschein. Hinter dem Schloß ragt der Turm der Sankt Martinskirche. Langsam, fast zögernd verhallen elf Stundenschläge in der Nacht. Die alte Glocke, an deren Seilen oft Bubenhände sich heißgerieben« – er ist Mesnersohn –, »zittert unter den Schlägen des Stundenhammers, dessen finster-drolliges Gesicht keiner vergißt. Die Stille wird mit seinem letzten Schlag noch stiller, sie reicht bis zu jenen, die durch zwei Weltkriege vor der Zeit geopfert sind. Das Einfache ist noch einfacher geworden.«[376] Sehen Sie, nicht nur Übertrumpfung, sondern auch Festsetzen des richtigen Moments: nicht die Opfer waren falsch, der Zeitpunkt war falsch gewählt, sage ich jetzt erst einmal zunächst so platt, wie diese Redewendung hier aufgenommen werden muß. ›Geopfert worden sind vor der Zeit‹, bis zu den Toten zweier Weltkriege, die geopfert worden sind vor der Zeit. Wollte man zynisch sein, müßte man sagen: er benennt an der Stelle nicht die industriell umgebrachten Toten, die ermordeten zusätzlichen sechs Millionen, mit dem Opferausdruck, der sich heute dafür eingebürgert hat, also kein Wort vom sogenannten »Holocaust«. – Ich denke: es kann nicht sein, ich höre vorvorgestern nachts um halb zwei beim Abendessen RIAS-Nachrichten und höre, daß die zwei Präsidentinnen der beiden deutschen Staaten mit dem entsprechenden Präsidenten des Staates Israel zusammengetroffen sind, der der Einzige seiner Familie noch ist. Ich habe es mir gleich notiert, weil ich dachte, du glaubst es nachher nicht mehr, wenn du es jetzt nicht gleich aufgeschrieben hast. Und da hieß es, daß dieser israelische Politiker seine Familie durch den ›Holocaust‹ verloren hat.[377] So, das war die Ausdrucksweise. Also so: Jeder hat mal Pech, der hat sie durch den »Holocaust« verloren. Es ist kaum denkbar, daß jemand so zielsicher unterirdisch formuliert. Nicht wahr, Sie wissen alle: Da war damals dieser ›Holocaust‹, da hat er nun seine Familie verloren, nichtsdestotrotz, jetzt redet er wieder. So war der Tenor. Es war wirklich der sozusagen selbsternannte Schwamm, der da drüber wischte. Von jenem ›Holocaust‹ gleich Mord ist nicht die Rede, aber von diesem Morden gleich Opfern ist die Rede in dieser Redewendung, die ich Ihnen vorlas. Es ist ganz in der Ordnung, nur es war im falschen Moment. Also wir dürfen – dürfen wir jetzt schlußfolgern – noch Großes im richtigen Moment erwarten.

Ich werde – um Ihnen das in den Bauten, in denen man sich da immer nahekommt und dann doch wieder entfernt, plausibel zu machen – das nächste Mal unmittelbar mit der letzten Anwendung dieses Wortes ›Fug‹ beginnen, nämlich als die »Fuge«, die Heidegger dort macht, wo er den Aufbau dieses Buches »Vom Ereignis« erklärt. Das ist Seite 81 bis 83, nachdem er vorher den öffentlichen Titel, »Beiträge zur Philosophie«, abgesetzt hat von dem eigentlichen Titel »Vom Ereignis«. Was dieses »Vom Ereignis« fordert als Aufbau, ist nicht System, sondern ist ›Fuge‹, als Fuge zugleich ›Fügung‹, also Schicksalsausdruck, und das Ganze ist ›Verfügung‹. Also auch die bürokratische Besiegelung eines solchen Schicksalsausdrucks darf sprachlich nicht fehlen. Fuge, man denkt an die musikalische Form, wo die Stimmen voreinander fliehen (das kommt ja von fugare) respektive einander verfolgen; und daß diese Aktion sozusagen zum Stillstand gebracht wird und Dauer erhält, das ist ja der musikalische Sinn eines solchen Gebildes wie einer Fuge. Kristallin diese Flucht und diese Verfolgung, die beide nicht an ihr Ziel kommen und auf diese Weise in etwas Drittes verwandelt werden. So ist das Wort fuga gleich Fuge ja im musikalischen Sinne gebraucht, auch damit spielt er hier, ein Fugenschema. Aber es ist nun eines, das angemessen ist einem Denken, das herrührt von der Opferprozedur der aufbrechenden ontologischen Differenz, der die Opfer des Seienden für das Sein gebracht werden. Daran müssen wir auch denken, wenn wir den Aufbau als eine, wie er es hier skizzieren wird, sechsgliedrige Fuge uns zu Gemüte führen. Ich mache Schluß und fahre in einer Woche fort.

Zehnte Vorlesung
gehalten am 5. Juli 1990

In unserem Heidegger-Gedächtnisverfahren, also in der Diskussion des Buches und der Sache »Vom Ereignis«, hatte ich das letzte Mal schon gesagt, und das sollte ich jetzt endlich wahr machen, daß ich unmittelbar mit der Diskussion der ›Fuge‹ als das, was an Stelle des Systems zu treten habe in dem Buch »Vom Ereignis«, beginnen werde. Ich werde die Wiederholungen zum Teil ergänzen und unerledigte Fragen wenigstens für diesen einen Verfahrensweg, den wir eingeschlagen haben, noch zu erörtern trachten. Ich werde das also im Laufe der Stunde dann als Erinnerungen jeweils mit Erweiterungen einfügen; das Wort ›Fuge‹ legt das jetzt auch mir schon nahe, so zu reden. Ich will ja in diesem Semester wenigstens zeigen, wie der Weg von dem »Riß«, den Windelband konstatiert hatte, zu dem Ereignisbegriff, dem Heidegger von 1933 an besondere Aufmerksamkeit zumißt, sachlich möglich war. Daß da begrifflich eines an die Stelle des anderen tritt, das plausibel zu machen, ist schon durch die Bezugnahme immer wieder auf die gleichen Vokabeln bei den verschiedenen Autoren weiß Gott kein schwieriges Geschäft. Schwieriger ist es, Erfahrungen zu mobilisieren, die in der jeweils nächsten Generation ausgeblendet zu sein pflegen. Es ist noch zu belastend, jeweils die ältere Generation mit diesen Erfahrungen groß geworden zu wissen. Daß da enorm viel ausgeblendet wird, ist sozusagen auch im Interesse der Generationenhygiene. Jeder möchte gerne einmal einen Neuanfang haben, und wenn die Schatten einen ereilen, dann bedeutet das in gewisser Weise auch Todesnähe.

Es hat dann drittens einen ganz besonderen Grund, nämlich den, daß man bei der Philosophie, also einer Disziplin, die ja gerade versucht – und zwar dürfen Sie ruhig annehmen, gerade dann, wenn sie sagt: Zu den Sachen selbst –, sich über die Sachen zu erheben, zunächst auf Unverständnis stößt, wenn man sagt: Ihr verarbeitet hier, unter der Maßgabe erfahrungsfreier Wissenschaft, ununterbrochen ganz reale Erfahrungen; nicht das Prinzip Erfahrung, sondern ganz reale Erfahrungen. Die Worte sind samt und sonders nicht unschuldig, sie sprechen nicht nur irgendwelche indogermanische Wurzelsprache, sondern sie sprechen ihrerseits ganz gezielt von den Erfahrungen derer, die sie zuletzt in den Mund genommen haben. Sie tun es natürlich auf eine vertrackte Weise. Da wird nicht nur ausgesprochen, sondern durch Aussprechen zugleich verdrängt; da wird nicht nur verdrängt, sondern dem Verdrängten auch wieder auf vertrackte Weise der Zutritt gewährt. Diese Vorgänge deutlich zu machen, ist eigentlich erst eine angemessene Beschäftigung mit philosophischen Systemen, da derartige philosophische Systeme – ich will es mal holzschnittartig sagen – oder was an ihre Stelle tritt, also Heideggersche ›Fugen‹ oder was immer für Investigationsunternehmungen, ja samt und sonders behaupten, dem, der sie konstruiert, und dem, der den Konstruktionen folgt, eine gewisse Sicherheit zu verleihen. Ich will ein so großes Wort wie Heil jetzt vermeiden, obschon die Philosophie natürlich eine der konkurrierenden heilsgeschichtlichen Bewegungen ist, und zwar jeweils zu Zeiten, in denen alte Opferkultgesellschaften orientierungslos wurden: so in Indien, so in China, so im ganzen Vorderen Orient, so in Griechenland, so später wieder zu Beginn der christlichen Philosophie gegenüber einer neu ausbrechenden Orientierungslosigkeit in dem nun schon alten Glauben.[378] Es ist ja zwar klar, daß diese verschiedenen Philosophien alle als Heilslehren einmal begonnen haben, aber es ist nicht ganz so selbstverständlich, daß dort, wo sie sagen: Wir sind's nicht mehr, sie natürlich niemanden zur Lektüre noch gar zur Diskussion noch gar zur werbenden Verbreitung veranlassen könnten, würden sie nicht nach wie vor diesen Anspruch erheben, würden sie nicht nach wie vor eine Existenzsicherheit versprechen und nicht nur den ›Aufbau der realen Welt‹, um noch einmal das Nicolai Hartmannsche Schichtensystem-Buch im Titel zu zitieren. Das ist an sich selbstverständlich. Aber wir müssen sie genau an diesem Punkt auch sehen, wir müssen das mit zu rekonstruieren versuchen.

Und dann sehen wir sie natürlich in eine Konkurrenz mit Unternehmungen eintreten, die ähnliche Versprechungen abgeben, politische und gesellschaftliche Bewegungen jeweils der Zeit, ältere, erinnerte Vorgänge in der Gattung und ihrer Geschichte, die wieder virulent werden, weil man plötzlich aufdringlich Anlaß hat, sich ihrer zu erinnern. Und selbst wenn das alles dann keine Qualitäten mehr auszuweisen scheint, die Sicherheit versprechen, sondern nur noch nacherzählbar ist, jederzeit abreißen kann – ein Nebeneinander, das immer wieder neu gruppiert werden kann in Ansätzen eines mit derartigem Wildwuchs, wie es scheint, verfahrenden wilden Denkens –, wenn das also so ist, dann bleiben immer noch Positionen übrig, in denen das Gleiche sich wieder durchsetzt: dann ist es wenigstens eine Idee von Fortschritt oder es ist eine Idee, daß einem jetzt alles zur Verfügung steht, man eigentlich ein viel weiterreichendes Ziel erreicht hat, als das sich jemals ein Stamm hat träumen lassen; dann sind es noch immer Ordnungsunternehmungen, die dem, der sie betreibt, die Teilnahme am großen Ganzen versprechen. Aber so abstrakt ist es gar nicht. Das, was Philosophie seit den ältesten Zeiten als Großkonkurrenzunternehmen zu überwinden getrachtet hat, nämlich die Schicksalsschläge, das Schicksal, das sich als die eigentliche Ordnungsmacht erwies, sind die mit Schoß-, Webe- und Flechtqualitäten ausgestatteten Schicksalsgöttinnen, die selbst den Herren der jenseitigen Welt nur einen sehr begrenzten Freiraum ließen. Selbst solche perfekten Ordnungssysteme wie die der jeweiligen Götterhimmel, und auch wenn sie noch so patriarchal dem Stande jeweils der technischen Einsichten nachgeordnet waren, hatten etwas Unsichtbares über sich, das, wenn man es dann doch in Bildern beschwor, die alten Muttergöttinnen waren, vor denen man sich immer noch fürchtete, zu denen man immer noch insgeheim zurück wollte. Unerhört neu, daß ab und an Götter sagten: Ich bin nicht mehr abhängig davon, ich tu's selbst. Aber so, wie bei dem Jahwe der altisraelischen Tradition deutlich zu sehen, mußte er dann in seinen absconditen Formen (deus absconditus) eben diese weiblichen Schicksalsqualitäten, die den weiblichen Gottheiten zugeschriebene Schicksalsqualität, um hier keine Mißverständnisse aufkommen zu lassen, übernehmen. Das heißt, wenn man es in ein begriffliches Bild kleiden soll: angesichts der Schicksalsschläge herrscht Regressionstendenz. Und in der Verhandlung einer derartigen Regressionstendenz sind wir im Augenblick mittendrin, dort, wo wir die Heideggersche Rückkehr, das Zurück, wie er es selber an prominenten Stellen mehrfach zitiert, in den – ich sage es jetzt mal unspezifisch und unheideggersch – Seinsschoß beobachten.

Wiederum, das wäre eine sehr kleine Lösung, würden wir es nur so als Regression verhandeln. Sie ist es natürlich, und sie ist es auch zugespitzt in dem Maße, daß es sich hier nicht nur um ein mythologisierendes, sondern vornehmlich ein kultisches Denken handelt. Das Ereignis ist Kultereignis, die ontisch-ontologische Differenz ist ein Kultbegriff schon dort, wo sie als ontologische Differenz das erste Mal in »Vom Wesen des Grundes« auftaucht;[379] Ereigniskult in einer Weise, die wir noch zu bestimmen haben. Ursprungskult, und nicht nur Ursprungsmythos ganz allgemein gefaßt, ist das, was wir hier aufzuklären versuchen. Aber ich sagte, es wäre noch wenig, wenn man es nur so unter Regression bestimmen würde. Das Schlimme ist, daß allen Regressionstendenzen ein zusätzliches, sozusagen gesellschaftliches, wie sagt man heute?, interaktionelles Prinzip entspricht, nämlich das der Kumpanei. Zu den regressiven Philosophien, regressiven Denksystemen gehört in der Angst, da wieder zurück zu müssen, die Kumpanei mit allen, die eben dieser Angst unterliegen. Das ist die erste Beobachtung, die man macht. – Also, um noch einmal das Beispiel zu nehmen: Als eine Reihe von Jüngeren – und das wurde dann eine Zeitlang Mode, eine japanische Nachkriegsmode – beschlossen, wieder in den Vulkan zu springen, da waren es erst Einzelne, dann waren es immer mehr, und es mußte jeweils bei diesen Sprüngen (ich habe mir damals Berichte vorlesen und übersetzen lassen von einem japanischen Schüler) die Kette gebildet werden; nur in Kumpanei war es dann erträglich.[380] Zu gleicher Zeit ist das auch ein Schutz gegen das Ausscheren. Natürlich kann derartige Kumpanei auch übertrumpft werden, so wie in der Heideggerschen Philosophie geschehen, von den zwanziger zu den dreißiger zu den vierziger Jahren, von Station zu Station. Dann ist sie nicht mehr nur die Kumpanei der Bande, der ein gleichartiges Schicksal bereitet ist, dann ist sie Kumpanei mit den Schicksalsmächten selbst. Ich will das jetzt nicht ausführen, nicht näher belegen, denn das würde bedeuten, daß wir uns auf die Großkumpanei der NS-Zeit einlassen müßten.

Ich will noch etwas weiteres gleich anfügen, die Richtung, in der man es sozusagen bei harmloserer Betrachtung sehen kann, nämlich die des Zurücks in den Ursprung: etwas, was einem zugleich verheißt, daß man, wenn man dabei nicht unmittelbar Leben, Kopf und Verstand verliert, gestärkt wird, sich an kräftigenderen Orten aufhält, und einen Zuwachs von eben diesen Orten erfährt. Denn es sind dann nicht Orte im Stillstand, es sind Orte in Bewegung: die Quellen, das Meer, die Flamme, und wie die abstrakten Bezeichnungen für derartige Orte lauten. Sie wurden beispielshalber in der Jugendbewegung dieses Jahrhunderts gleichermaßen kultifiziert, die expressionistische Lyrik machte diese Kultifizierung mit. Es kam aufs gleiche heraus: ob Sie zu den Quellen zurückwanderten oder die Flüsse abwärts zum Meer – die Flamme, die Sie nicht immer vorfanden als in der Natur brennend, durften Sie dann, nach für Reinheit der Entzündung sorgenden Ritualen, selbst entfachen. Sie vermehrten sich sozusagen passagenartig mit ihr, indem Sie über sie wegsprangen. Das ist dann ein etwas gefahrloserer Durchgang als der, wenn Sie mit nackten Fußsohlen über den Scheiterhaufen hinweglaufen, durch die brennende Flamme hindurch. Wenn es Sie stärken soll, geht letzteres auch ohne allzu unangenehme Begleitumstände. Also das sind alles kleine Vulkansprünge. Sie wurden kultisch zelebriert, sie wurden literarisch ausgeschlachtet in einer der hemmungslosesten Kitschproduktionen der Literatur des letzten Jahrhunderts. Vieles davon ist wieder unter den verdienten Strich gerutscht. Manches davon haben Sie noch sehr präsent, beispielshalber in der leicht veredelten Form in den Heideggerschen Schriften: sich stärken mit Ursprungsmacht, ursprünglich werden, wo alles nur abgeleitet ist, ein Chaos von Abgeleitetem. Ich sage das alles zwischendurch, um Ihnen wenigstens noch ein gewisses Panorama zu geben, weil die Stunden verrinnen und ich mir ja eigentlich in der Vorlesung einige Ziele gesetzt hatte; aber ich finde, etwas deutlich zu vermitteln, ist mehr wert als nur Panoramen zu entwerfen. Trotzdem also erst einen Augenblick das Panorama.

Wenn Sie jetzt fragen: Was leistet Ursprungsdenken für die Frage nach dem Lebenssinn, sind Sie genau an der Stelle, an der die zeitgenössischen Ontologen die Heideggersche Philosophie verwarfen, weil diese Ontologie und Sinnfrage miteinander vermengte; also das, was ich Ihnen in der Nicolai Hartmannschen Reaktion schon einmal vorgeführt hatte. Wenn dann doch die Sinnfrage gestellt wurde – was immer dieses nun bedeuten mag, aber ein wenig müssen wir uns dazu jetzt auch gleich noch überlegen –, dann symbolisch. Also Chiffren, Entzifferung – ich hatte es Ihnen bei Jaspers gezeigt. Wie jeweils äußert sich das ›Umgreifende‹, das einen Sinn zu geben verspricht, in verschiedenen, miteinander in Konkurrenz stehenden, prinzipiellen Erfahrungsweisen? Jede hat ihre eigene Transzendenz. Das ›Umgreifende‹, so können wir uns symbolisch denken, gibt dem allen einen Sinn. Dieser Symbolismus hat niemandem die Sinnfrage beantwortet. Warum konnte Heidegger faszinieren? Warum war sein ursprungskultisches Denken, das sich als nicht-symbolisch verstand, eine vorgebliche Annäherung an die Sinnfrage?

Ich hatte schon einmal eine paradoxe Antwort gegeben, als ich sagte, daß die Antwort auf die Sinnfrage die Ausarbeitung der Sinnfrage sei. Das ist zunächst einmal eines der Faszinationselemente für Philosophen seiner Zeit gewesen, gesagt zu kriegen: So, du stellst die Sinnfrage und hast dich noch nicht auf die Disziplin eingelassen, die dazu nötig ist, wirklich die Sinnfrage zu stellen; also Kultvorbereitung ad infinitum. Wenn ich das so formuliere, werden Sie wahrscheinlich ein Aha-Erlebnis haben an manche Disziplinen, in denen ja auch nichts anderes passiert, als daß ununterbrochen Methodenschärfung betrieben wird, daß man fast den Eindruck gewinnen könnte, es ist schade um die so geschärften Methoden, sie in der Anwendung wieder stumpf werden zu lassen; also das Schleifen der Werkzeuge, das schon Hegel meinte, wenn er das

Schleifen des Messers statt des Gebrauchs des Messers empfahl. Bei Kultvorbereitungen sieht es noch ein bißchen anders aus. Sie wissen genau, daß jeder Schritt dieser Vorbereitung eine Annäherung ist, auch wenn Sie nicht einen Schritt näher herankommen: das Fasten, die Enthaltsamkeit, die Waschungen, Teilnahme an Prozessionen, unter Umständen jahrelange Anreise an einen Ort; eine Einführung in die Mysterien, die sozusagen um die Ecke zu haben ist, kann nicht wirksam sein. Also die unendlich langsamen Annäherungen, die zu gleicher Zeit sehr schwer hörenden und schwer sehenden Mächten immer wieder signalisieren: hier kommt ein würdiges Gefäß. Beide Seiten müssen korrespondieren, nie weiß man genau, wer sieht oder wer schiebt. Das ist genau der Eindruck, den Sie haben, wenn Sie Heideggers Buch »Vom Ereignis« kursorisch lesen. Braucht da eigentlich das Sein den Menschen? Braucht der Mensch das Sein? Nein, natürlich nicht. Es handelt sich um die Frage des Verhältnisses zwischen dem »Seyn« und dem Gott, der da ›ergöttert‹ werden muß; braucht er das »Seyn«, oder braucht das »Seyn« ihn? Beide sind noch verstrickt in ein solches Vorbereitungsunternehmen, merkwürdigerweise nachdem dieses weiter angekommen zu sein scheint an dem Ziel, auf das es zustrebt, als je zuvor in den Veröffentlichungen, nämlich in dem Buch, 1959 herausgegeben in erster Auflage: »Unterwegs zur Sprache«, ein Buch mit mehreren Aufsätzen. Ein Tarntitel, denn es handelt sich natürlich um ein Unterwegs zum Ursprung, der einen ›vereignet‹, dort, wo die Formulierungen schon beinahe ein ›Da‹ signalisieren. Und der Kult, gleich wiederum so nebenher gesagt, der mit dem Da, dem Da des Daseins, dem Sein des Da des Daseins – wie west das Da des Daseins? – gemacht wird, zeigt, daß das ›Da‹ epiphanisch ist, daß es sozusagen von Anfang an der Statthalter des Großereignisses ist: Wie west das Da? Wem verdankt sich das Da des Daseins? Also ›fast da‹ in »Unterwegs zur Sprache«; und gerade dort, wo wir sagen können: ›Fast da‹, wieder dieses auf Distanz gehende Pathos des ›Unterwegs‹. Das gleiche Pathos, mit dem auf den letzten Seiten »Sein und Zeit« schloß: unterwegs zur Ausarbeitung der Seinsfrage; und nun, 1959, ein ganzes Menschenalter später, noch immer das ›Unterwegs‹. Das meine ich mit Kultvorbereitung, aber ich will was anderes damit als Überlegung einleiten. Ich komme auf das »Unterwegs zur Sprache« heute vielleicht noch zurück.

Einleiten will ich die merkwürdige Verbindung eines solchen Unterwegs mit der sogenannten Sinnfrage. Sie werden bemerken, daß die Sinnfrage, um sich nun Heideggers expressionistischen Wortes zu bedienen, immer nur zu gewissen Zeiten ausbricht. Nachdem sie lange Zeit nicht ausgebrochen war in der christlichen Tradition, sahen wir sie in der

Zeit der Wahrheitssuche ausbrechen: zwischen verschiedenen Wahrheiten eine Klammer oder was immer für eine Bindung schaffen zu müssen, also im scholastischen Jahrhundert, das heißt vom dreizehnten bis in das vierzehnte Jahrhundert hinein;[381] dann schien sie wieder wie ausgeräumt, und eigentlich bricht sie erst wieder im vorigen Jahrhundert aus. Wie können wir das erklären? Warum stellen Romantiker sie mit einem Male? – also immer contra Sinnlosigkeit zu fragen. Wieso macht dieses Wort plötzlich, jetzt als dieses Wort, Karriere?

Wenn Sie das Wort definieren sollten, würden Sie sich wahrscheinlich sehr schwer damit tun. Es kommt nicht von dem lateinischen sensus gleich ›dieser oder jener Sinn‹ (es hat natürlich damit zu tun), es kommt von ›sinnen‹. ›Sinnen‹: ›sinnen und trachten‹, da geht man bis heute noch gedanklich auf ein Ziel zu, auf die Sinne gegen Orientierung, wenn die fünf versagen, müssen wir eben den sechsten zu Hilfe nehmen. Aber immer noch sind es Orientierungen, mit deren Hilfe Sie sich zurechtfinden, etwas finden, auf Ziele zugehen können. Das Wort ›sinnen‹, ›sinnan‹ hatte viele Jahrhunderte hindurch die Bedeutung von ›gehen‹, ›fahren‹, ›reisen‹, bis es später auf die Reise im Kopf beschränkt wurde.[382] Und in der Tat, derartige Unternehmungen sind es ja auch, die den Sinnen im engeren Sinne zugeschrieben waren. Das ist keine ganz zufällige Bedingung des Wortes und keine ganz zufällige Bedeutung. Es wird heute häufig von irgendwelchen Gegenständen oder Ereignissen oder was sonst immer, mit einem Modewort des gegenwärtigen Strukturalismus, gesagt, es handele sich um Semiophoren, also um Bedeutungsträger. Um ein Beispiel zu nehmen: Wenn Sie sich das Büchlein des glänzenden, in Paris lehrenden polnischen Historikers Pomian, dem die lesenswerteste Geschichte Europas und seiner Nationen in der jüngsten Zeit zu verdanken ist, die der Wagenbach-Verlag jetzt auf den Markt gebracht hat, angucken, nämlich das über das Sammeln, über die Sammlungen, über die Entstehung des Museums, dann finden Sie mit Nachdruck diese Unterscheidung: es gibt Gebrauchsgegenstände, die werden nicht gesammelt, und wenn ich Gegenstände sammle, auch wenn sie Gebrauchsgegenstände sind, sind sie nicht mehr zum Gebrauch bestimmt, sondern sind Semiophoren, sind Sinnträger geworden; das große Vorbild sind natürlich die Grabbeigaben.[383] Wer so scheidet, ist an sich schon, wennschon nun wieder mit Materialität seine Erwägungen beladend, dort angelangt, wo entsprechende Unterscheidungen in der Philosophie, dort zugespitzt in der Logik, gemacht worden sind. Was unterscheidet einen sinnvollen Satz von einem nicht sinnvollen? Was muß hier erfüllt sein? Was braucht im anderen Falle nicht erfüllt zu sein? Gibt es Sätze, die Sinn tragen? Gibt es

Sätze, die dies nicht tun? Unendlich viele sinnlose; Sätze, mit deren Hilfe wir uns blendend verständigen können, ganz wenige sinnvolle Sätze. Da sind wir wieder auf anderem Niveau bei dem Unterschied zwischen einer Sammlung und den Gebrauchsgegenständen angelangt.

Aber wenn wir jetzt die Frage nach dem Sinn in den Sinnfragen nicht so aufzäumen wollen, daß wir wie gebannt auf Klassifikationen starren, dann müssen wir darauf achten, wie die Worte gebraucht worden sind. Und dann stoßen wir darauf, daß im neunzehnten Jahrhundert sich mit ›Sinn‹ plötzlich zwei Wörter verbanden, die in eine so unerhörte Nähe rückten, daß wohl der Sinn oder wer sonst daran Schuld gewesen sein muß, daß sie nah beieinander platziert wurden, nämlich das ›Erleben‹ und das ›Verstehen‹. Ich habe mal ein ganz unverfängliches Zeugnis von einem der letzten nach dem Zweiten Weltkrieg noch überlebt habenden Neukantianer, Paul Hofmann, mitgebracht. Er war an der Linden-Universität, also Humboldt-Universität, nach 1945 bis zum dort nicht mehr Hinkönnen und der Gründung hier (oder vielmehr bis zu seinem Tod, ob erfroren oder verhungert, war nie zu entscheiden) 1947, mein Lehrer in Philosophie. Er hat 1929 als Antwort auf Heidegger ein Büchlein in den Kant-Studien verfaßt, »Metaphysik oder verstehende Sinn-Wissenschaft? Gedanken zur Neugründung der Philosophie im Hinblick auf Heideggers ›Sein und Zeit‹«. Ich will jetzt nicht ablenken von unserer Frage und den Zusammenhang dieses Buches zitieren, ich will nur ein, zwei Sätze vorlesen. Es erscheint ihm als ein Widerspruch, der aus Heidegger nicht herauszubringen ist, daß er einerseits dem Prinzip ›zu den Sachen selbst‹ folgt und andererseits eine hermeneutische Methode anwendet, die auf Sinnverstehen aus ist. ›Zu den Sachen selbst‹, das erscheint ihm als Jenseits der, sagen wir: subjektiven Zone des Bereichs des Sinnverstehens. Und nun kommen die Sätze, weswegen ich es Ihnen vorlese, die nicht denkbar wären, wenn der Common sense nicht im vorigen Jahrhundert: von Schleiermacher bis zu Dilthey und dann in gewisser Weise Husserl, auch in diesem Zusammenhang, so geprägt worden wäre, daß man von Selbstverständlichkeiten reden kann. »Denn was wir ›verstehen‹, ist ›Sinn‹. Das dürfte wohl auch Heidegger zugestehen. Er verkennt aber, wie mir scheint, daß ›Sinn‹ gerade das bedeutet, was im extremsten Sinne als das Gegenteil einer ›Sache‹ erlebt und verstanden wird.«[384] Hier haben Sie es als ein Beispiel einmal, gerade weil es so beiläufig, so selbstverständlich kommt: Es ist ganz selbstverständlich, daß Sinn erlebt und verstanden wird. Nun machen Sie sich klar, was dort passiert ist. Der Verstand als das Erkenntnisvermögen, das

Zehnte Vorlesung

Gegenstandserkenntnis synthetisiert (so bei Kant), wird plötzlich als die Vernunft des Sinnverstehens ausgegeben. Verstand ist dazu da, um Sinn zu verstehen. Und ein Wort, das der Kantischen Erfahrung noch ungeheuer fernstand und den Schnitt ausmacht: Erleben. Erleben ist plötzlich da als etwas, was Sinn ›erleben‹ läßt, und was man erlebt, ist nicht sich oder andere oder was weiß ich für ein Erlebnis, sondern Sinn. Sinn ist plötzlich der intentionale Sinn des Erlebens und des Verstehens. Sinnerleben und Sinnverstehen sind plötzlich die Sinnerscheinungsweisen. Es gibt – ich glaube, das ist eine zureichende Weise, es zu beschreiben – Sinnepiphanie nur im Erleben und im Verstehen. So kann man es sich am einfachsten merken. Unter der Vorgabe, hier ganz streng zu denken, wird im Grunde genommen kultisch gedacht: Sinnepiphanien; ich verstehe etwas: Sinnepiphanie. – Nicht wahr: Epiphanias, Sie wissen, was das ist, wer da erschienen ist: der Heiland, der der Welt Sinn gegeben hat. Daß die Kirchen das Fest verschieden datiert haben, hat dazu geführt, daß in unserer Konfession zu Epiphanias schon die Heiligen Drei Könige gekommen sind. Aber zunächst kam da der, um dessentwillen sie kommen. Epiphanisch im Zentralsinne dieses Wortes ist nun Heideggers Vokabel ›Ereignis‹. Und Epiphanie ist ja auch in der Ereignishausse heute – also in dieser unendlichen Ereignis-Verbrauchsgesellschaft: von der Kultur oben, Kulturereignisse, bis zur Kultur ganz unten, also ein Ereigniskult – eigentlich ein Kult des Epiphanischen, eigentlich auch eine Epiphaniesucht, es möge sich etwas ereignen. Die Differenz ist sicherlich die, daß das zwar immer noch erlebt, aber nicht mehr unbedingt verstanden werden möchte, daß das Verstehen für das Erleben der Ereigniswelt schon ausgeschaltet ist und keine entscheidende Rolle mehr spielt. Im Gegenteil: wenn nicht verständlich, kann es noch viel kräftiger erlebt werden. Das scheint manchmal die Maxime für Veranstalter und Teilnehmer zu sein. – Aber wieder zurück: Verstehen, Erleben als die Kategorien für Ereignisepiphanien, hier beiläufig notiert, aber, wie Sie mir jetzt zugestehen dürfen, zentral ausgebildet im neunzehnten Jahrhundert. Was hat das mit dem Sinn von Sinn zu tun, um die Nicolai Hartmannsche Frage noch einmal aufzugreifen?

Merkwürdig, daß Sinnverstehen und Sinnerleben offensichtlich sich verselbständigt haben, daß das Epiphanische so etwas wie eine Antwort zu sein scheint auf etwas, was vorher sich zwar auf Epiphanie gegründet hatte, aber des Epiphanischen als Begleitumstands nicht mehr bedürftig war. Ich will es einmal so skizzieren, um damit nicht zuviel Zeit zu verlieren: wenn etwas in den christlichen Jahrhunderten vor der europäischen Aufklärung Sinnträger war, dann darum, weil es in der Lebensgeschichte dessen, der hier etwas Sinnvolles auszumachen meinte, auf eine sinnstiftende Geschichte bezogen war, also die Heilsgeschichte, zugespitzt das Leben Jesu, zugespitzt die Passion. Alles das, was dem nachbildbar war oder auch in früherer Geschichte schon ein Vorgriff darauf zu sein schien, nahm teil an der Sinnstiftung dieser Geschichte. Sie war nicht für sich sinnvoll, sondern sie wurde sinnvoll dadurch, daß sie anderem, das an ihr teilhaben konnte, einen Sinn gab. Die Teilnahme aller Weltläufe an diesem Ereignis, das immer wieder in gewisser Weise redupliziert wurde, machte etwas sinnvoll im eigenen Leben, im Leben der Gesellschaft, im Leben der Institutionen. Man konnte, wenn man direkte Sinnberührung suchte, auf Pilgerschaft gehen und sich sozusagen zu den Sinnreproduktionszentren begeben: ob Compostela oder ob anderswo heute noch für andere Religionen – für alle Religionen an bestimmtem Ort: ob Rom, ob Mekka, ob eine indische Kultstätte am Ganges –, es sind sozusagen Sinnreproduktionsstätten dadurch, daß man an einem bestimmten Weg teilhat, der sich einmal ereignet hat und von nicht-übertreffbarer Bedeutung ist; allerdings mit dieser Einschränkung, daß man darüber auch nicht hinauskommen wird. Ich kann schwören, wie das viele Mystiker, Mystikerinnen getan haben, immer das noch Vollkommenere zu tun, um mich noch mehr diesem Stück Weg anzugleichen, aber ich komme eigentlich nicht darüber hinaus. Also es gibt eine, wenn Sie so wollen, mythische Zeit: ob ich sie in das Zentrum der Zeiten oder ob ich sie in die Vorgeschichte verlagere, sie kann wieder präsent gemacht werden. Aber wo sie sich verdunkelt, verlieren die Aktionen in der eigenen Zeit ihre Bedeutung, bricht die Sinnfrage auf.

Natürlich gibt es kein Privileg für diese christliche Heilsgeschichte, auch in der eigenen, der europäischen Geschichte hat es dieses nicht gegeben. Das das Kingdom of God säkularisierende Reich der Vernunft, das Kingdom of Man, war ein erster Ersatz, der zu gleicher Zeit die noch nicht erreichte, aber erreichbare Vollkommenheit in die Zukunft verlegte. Hier blieb noch so etwas wie Teilhabe an einem für die Gattung insgesamt bedeutungsvollen Weg. Und das gab allen Aktionen, die darauf sich bezogen – wissenschaftliche Forschung, wissenschaftlicher Fortschritt –, einen Sinn, weil daran teilhabend. Das alles wird im neunzehnten Jahrhundert in Frage gestellt, denn das Reich der Vernunft war trotz aller Hoffnung nicht herbeigekommen, es in einer großen Revolution und ihren Folgen herbeikommen zu machen; dies alles also in Frage gestellt im neunzehnten Jahrhundert. Und nun wird zu gleicher Zeit nach einem neuen Sinnträger gesucht, auf den man sich bei seinen eigenen Wegen berufen konnte und gerät dabei in einen Konflikt zwischen einem immer unglaubwürdiger werdenden Fortschreiten und andererseits epiphanischen Intensitätserfahrungen, so will ich es einmal kurz nennen, die dafür herhalten mußten, nicht weniger sinnvoll zu sein. Also, nachdem der Gang nach vorn sich nicht mehr glaubwürdig auf das alte Modell und auch nicht auf ein neues berufen konnte, ist es nun möglich, sozusagen in der Vertikale, in einer Aktion, die erfüllter Augenblick ist, nicht bloß Leben und ein Lebensstrom, von dem man nicht weiß, wohin er fließt, woher er kommt, diesen Strom in einem Erlebnis zu verdichten. Verdichtung, Verknotung, das sind Begriffe, die Simmel etwa für den Lebensstrom, dort, wo er sich zum Erleben kondensiert, gebraucht. Und da wird plötzlich, indem man da hineintaucht, etwas erlebt, was Lebenssinn ist, den man in den Ableitungen, den bis dahin geübten, nicht mehr verstehen konnte. Das ist also Common sense, das ist nicht etwas spezifisch Heideggersches, das ist die Abdankung vor der Geschichte als einer selber Sinn transportierenden Instanz zugunsten des Sinnverstehens in Erlebnissen. Der Lebenssinn ist sozusagen in die Subjektivität gewandert, auch in die gesellschaftliche – denn was ist ein Erlebnis, wenn ich es nicht mit anderen teile? Und was ist ein solches Erlebnis, wenn dem nicht etwas auch die Objektwelt Veränderndes entspricht? Wir sind wieder bei der Karriere des Begriffs Ereignis.

Ich wollte Ihnen nur deutlich machen – man kann so etwas nicht ableiten, man kann nur darauf hinweisen, wie bestimmte Begriffe plötzlich ihren Ort wechseln und andere Verbindlichkeiten eingehen, als sie vorher eingegangen waren –, daß die Sinnkrise nicht erst dort ausbricht, wo sie beschworen wird, nämlich nach dem Ersten Weltkrieg in diesem Jahrhundert, sondern die Verlagerung hat vorher längst stattgefunden. Heideggers Pathos des Unterwegs auf der Sinnsuche gehört in einen Kontext hinein, in dem die Bestseller des Jahrhundertbeginns schon angesiedelt waren. Also auf der Sinnsuche sind ja auch die, die nach Davos in die lichteren Höhen, die dünnere Luft gehen, also im »Zauberberg«. Der größte europäische Bucherfolg vor dem Ersten Weltkrieg – Sie kennen das Buch, wenn Sie es nicht von mir erwähnt gehört haben, mit Sicherheit nicht – in alle Sprachen übersetzt –, war der von Karl Gjellerup. Das Buch hieß »Der Pilger Kamanita«.[385] Der Pilger Kamanita war auf einer solchen Sinnsuche ebenso wie Rudyard Kiplings »Kim«, wie die Karl Mayschen Helden, wie dann eben auch noch der Heidegger von »Sein und Zeit«. Also wir müssen das auch mal in den ganz banalen Zusammenhängen sehen, in denen wir normalerweise etwas, was wir für Philosophie erklären, nicht zu sehen bereit sind. Aber, nicht wahr: keiner von den Philosophen, die Sie heute noch kennen, nennen, lesen, zitieren, sich schämen, wenn Sie's nicht gelesen haben, hätte unmöglich verbindliche Antworten weit über das Kolleg oder die Aufzeichnung für einen Freundeskreis, Briefwechsel oder dergleichen hinaus geben können, wenn er nicht die ganz banalen Strömungen der Zeit aufgegriffen und gesagt hätte: Ich gebe es in destillierterer, sozusagen in kristalliner Form wieder, bei mir kommt es in einen Schrein. Das alles sind ja Worte, die dann auch Heidegger gerne gebraucht. Die Sinnsuche wird zum Überdauern zugerichtet, obschon sie doch nur aktuell ausgelöst worden war. Das ›nur‹ ist von mir natürlich jetzt eine Maskierung. Die Frage nach dem Sinn kommt in diesen Schrein hinein darum, weil sie ausgelöst worden war, und ich will nicht, daß diese Frage in dem Augenblick explodiert, in dem sie als unbeantwortbar erscheint. Ich versuche sozusagen – und auch das begleitet ja die ganze Ereignisphilosophie – diese Explosion als ein Präparat festzuhalten, sie also weiterzutransportieren. Also: eine schwerfällige Behördensprache, die von etwas zu reden beansprucht, was da brodelt, und zwar so brodelt, daß es die Einzelerlebnisse in den Schatten stellt durch seinen Ereignischarakter.

Wenn wir es jetzt aus der Geschichte der Religionen in treffendere Begriffe übersetzen wollen, dann sehen wir, daß Heidegger mit der Rekultifizierung der Philosophie in seiner Zeit ernst macht. Natürlich ist er durch die Rekultifizierung des staatlichen Lebens begünstigt, die Rekultifizierung auch der sozusagen authentischen Künste seiner Zeit. Wie sehr das in diesen auf der Tagesordnung steht und wie sehr das umstritten ist, sehen Sie etwa an der heftigen Verurteilung Strawinskys durch den jungen Adorno in den Aufsätzen über den »Fetischcharakter in der Musik und die Regression des Hörens«, die später zusammengefaßt werden als »Philosophie der neuen Musik«[386] und 1949 unter diesem Titel erscheinen. Aber Sie könnten beliebig viele Beispiele nehmen. Kultifizierung in den Künsten, so dürfen wir sagen, seit der Romantik; seit die Künste nicht mehr selbstverständlich in einen christlichen Kultzusammenhang eingebunden waren, versuchten sie, sich selbst ihre Kulte zu schaffen.

Philosophie, die nicht mehr selbstverständlich eingebunden war in den Zusammenhang der säkularisierten christlichen Heilserwartung, in der Philosophie der europäischen Aufklärung, mußte sich ihren Kultzusammenhang selbst schaffen. Und es ist nicht falsch, wenn Sie für das neunzehnte Jahrhundert sagen: Erlebniskult setzt sich gegen den Kult der Vernunft durch, Lebenskult setzt sich gegen ein Denken durch, das der Kultifizierung noch nicht unterwerfbar zu sein scheint. Das ist das Neue Heideggers, daß er das Denken selbst rekultifizierungsfähig, die

Reflexion kultfähig zu machen versucht hat, daß, heraussprengend aus allen Ableitungszusammenhängen, der kultische Denker, so wie in jedem Kult auch, den unmittelbaren Zugang zu praktiziertem Heil findet. Und wir haben das ja ein wenig schon mit diesem Begriff des Ursprungs in actu, also in Aktion, zu bestimmen versucht. Mit dieser Behauptung kultischen Denkens ausgestattet, kann er die bloß symbolisierenden Ursprungsphilosophien platt als unreal, an der Realität vorbeigehend, sie nicht erreichend kritisieren. Und er tut es auf enorm umständliche Weise ständig. Schon der Vorwurf, den er gegen Descartes in »Sein und Zeit« erhebt,[387] ist ja im Grunde der, daß dieses Denken nicht kultfähig sei. Das ist vielleicht ein Irrtum insofern, als ja die Cartesischen »Meditationen« tatsächlich nach dem Schema der Meditation gebaut waren. Aber der Kult war nicht nur privat, eben nicht der, der in diesem Denken selbst ausgeübt wurde, sondern als Kult der Vernunft, der ich mich meditierend nähere, war er sozusagen der Oberbegriff, die gesellschaftliche Klammer für so etwas wie die Cartesische Philosophie. Die gesellschaftliche Klammer für die Heideggersche Philosophie ist zu der Zeit, wo er sie entwirft, noch nicht eine für die Philosophie anerkannte. Das ist *die* Neuerung, die er als Staatsdenker, 1933 als Staatsvordenker einzuführen versucht: Ich bin im gleichen Kultzusammenhang wie ihr. In dem Augenblick, wo er dort enttäuscht wird und man ihm sagt: Unsere Klammer ist nicht deine Klammer, in dem Augenblick widerruft er nicht, sondern sagt: Ich bleibe in diesem Kultzusammenhang, nur daß diejenigen, die mich hier ablehnen, ihn derart verengt haben, daß sie nicht verstehen, daß *ich* es bin, der die fundamentale Religion vertritt und nicht der staatliche Fundamentalismus. Das war schon vor der NS-Zeit angelegt.

Es ist, glaube ich, dem Verständnis nützlich, sich klarzumachen, daß die Fundamentalontologie – ich sage lauter Binsenwahrheiten jetzt – eine fundamentalistische Behauptung ist und daß sie auf etwas zielt, was ein Gesellschafts- oder Staatsfundamentalismus genannt zu werden verdient. Die fundamentalistischen Strömungen heute sind nicht ganz neu. Das fundamentalistische Denken hat schon in solchen Versuchen wie der Heideggerschen Fundamentalontologie begonnen. Und fundamentalistisch war auch schon der Versuch der Etablierung des Nationalsozialismus – mit einer knappen neuen Heilsgeschichte. Ich habe ihn mir mitgebracht, nämlich Goebbels. Ich kann es Ihnen mit zwei, drei Sätzen demonstrieren: »Auch dazu dient vielleicht dieses Buch, noch einmal vor aller Welt zu erhärten, wie instinktklar und fast traumwandlerisch sicher der Führer seinen Weg ging und die Bewegung durch alle Fährnisse und Bedrohungen hindurch unbeirrt und zäh den Weg zur Macht führte. Er allein hat sich niemals getäuscht, er hat immer Recht behalten. Er hat sich von der Gunst oder Ungunst des Augenblicks niemals blenden oder versuchen lassen. Er erfüllte wie ein Diener Gottes das Gesetz, das ihm aufgegeben wurde und wurde so im höchsten und besten Sinne seiner geschichtlichen Mission gerecht.«[388] Das schlägt ihn also auf die Gesetzesseite und läßt ihm zugleich eine kleine heilsgeschichtliche Strecke Wegs, die von unendlicher Bedeutung für alle wird, die ihm folgen. Die Mission hier hat auch schon ihre kleine Passionsgeschichte. Also man kommt mit all diesen Versatzstücken nicht aus. Und wenn man so intelligent in der Inszenierung von Versatzstücken ist, wie Goebbels es war, dann wird man dadurch plötzlich zu einem zitierfähigen Konkurrenten Heideggers, dem die gleiche Intelligenz nicht abgesprochen werden kann. Also die Parallelen, die ich hier gezogen habe, beruhen in der Sache selbst, um noch einmal dieses Wort ›Zu den Sachen selbst‹ zu zitieren. Und um diese Sachen eigentlich handelt es sich. Das wollte ich damit auch vorgestellt haben.

Was Paul Hofmann Heidegger vorhält: Wie verträgt sich das Sinnverstehen und Sinnerleben mit den Sachen selbst? Sie sehen, wie ihn seine akademisch-philosophische Schulung als ordentlich nachlebender, wennschon von seiner Zeit berührter und in der NS-Zeit nicht paktierender akademischer Philosoph genau an dem Punkt vorbeilaufen läßt, an dem er nicht hätte kritisieren dürfen, sondern nachdenken müssen. Also: Wie kommt es, daß ›zu den Sachen selbst‹ und Sinnerleben und Sinnverstehen tatsächlich so zusammengehören, daß das gerade die Faszination des Heideggerschen Buches »Sein und Zeit« ausmachte? Und darauf gibt es eine Antwort mit einem heute eingebürgerten Begriff, der, wenn Sie ihn an dieser Stelle sich immer wieder ins Gedächtnis rufen, Ihnen immer wieder eine Komplikation erklärt, nämlich Fundamentalismus. Das ist fundamentalistisches Denken: die Sachen selbst werden erfahren und verstanden. Aber was sind diese Sachen selbst? Was ist die Sache? Und darum kreist es nun für Heidegger das ganze Unternehmen lang.

Diese Sache ist nicht der hier, da oder dort zu erreichende, stählende, kräftigende Naturursprung, sondern *der* Ursprung, *der eine* Ursprung in actu, den das Kultdenken erreicht. Damit übertrumpft er auch Reformhäuser und Bewegungen wie die um den Monte Verità, den Freikörperkult und die Wehrsportertüchtigung, die einzelnen Jugendgruppen, Jugendbewegungen und Jugendverbände seiner Zeit. Aber das Vokabular kann er nichtsdestotrotz nicht lassen. In »Vom Ereignis«, an der Stelle, wo er das Opferritual noch einmal aufgreift, über das wir uns die letzten

Zehnte Vorlesung 217

Stunden unterhalten hatten, heißt es: Hier ist die – ich sage es jetzt paraphrasierend – »Massenhaftigkeit des Seienden«, dort erfahren wir den vollständigen »Entzug des Seins«. »Alles Öffentliche aber wird in seinen Erfolgen und Niederbrüchen schwärmen und sich jagen, um seiner Art gemäß *nichts* zu ahnen von dem, was geschieht. Nur zwischen diesem Massenwesen und den eigentlich Geopferten werden sich die Wenigen und ihre Bünde suchen und finden, um zu ahnen, daß ihnen etwas Verborgenes geschieht, jener Vorbeigang, bei aller Herauszerrung alles ›Geschehens‹ in das Schnelle, sogleich vollständig Griffige und restlos zu Verzehrende.«[389] Zwischen der Massenwelt und den realen Opfern stehen die die Opfer begreifenden Wenigen, die sich in Bünden zusammenschließen. Das ist die enorme Faszination des Bündischen, die von der Jugendbewegung bis zur SS, den Totenkopfstandarten und was weiß ich welche ihnen entsprechenden Organisationen in den anderen faschistischen Ländern Europas reicht: bündisch der Versuch, die Balilla Jugend,[390] oder wie immer sie genannt worden ist in Spanien und sonstwo, zusammenzuschließen; und bündisch nun auch hier für Heidegger der Zusammenschluß der Wenigen, ein ›Bund der Wenigen‹. Diejenigen, die das Ereignis als Opferereignis verstehen, sind zugleich diejenigen, die denkend das Opfer praktizieren. Wir haben uns das so vorzustellen, daß diejenigen, die selber nicht das Glück haben, Märtyrer zu sein, in sich, in ihrem Innenleben ununterbrochen das Martyrium zu reproduzieren haben. Das verknüpft es ja mit der sakramentalen Praktizierung des Christentums: die Nachfolge innerlich bis dahin auszudehnen, daß das blutende Herz die Martyriumsstätte in sich selber ist. Diejenigen, die nicht hier die eigentlichen Opfer sind, haben, als Bund denkend, diesen Opfervorgang zu praktizieren.

Ich hatte Ihnen jetzt, die Erinnerung beschränkt auf wenige Worte, gezeigt, daß von dem »Riß« Windelbands her gesehen, den Heidegger in Aktion setzt, die Gesetzesseite bei Heidegger zur Schicksalsseite wird, daß auf ihr der Ereignisbegriff als alles Schicksal übertrumpfend angesiedelt ist, daß seine Epiphanie den Sinn verleiht, wie ich eben in dieser kurzen Reminiszenz auf ein paar Begriffe habe plausibel machen wollen, daß das Aufbrechen des Unterschiedes, also sozusagen das Aufbrechen des Schoßes in der Lehre von der ontologischen Differenz tatsächlich als ein Zwischen wahrgenommen wird, das anfangs mit dem Bild der Gabelung noch das alte pythagoreische Kultbild des Schoßes hat, das später mit anderen Begriffen operieren wird. Also es wird dann etwa heißen, daß zwischen dem Sein und dem Seienden ein Nicht ist – das ist die abstrakteste Schoßformulierung –, und daß diesem Nicht zwischen Sein und Seiendem nachzudenken eigentlich das Unternehmen von »Vom Wesen des Grundes« gewesen sei. So in der Einleitung zur späten Wiederauflage nachzulesen: »Die ontologische Differenz ist das Nicht zwischen Seiendem und Sein.«[391] Dieses ›Nicht‹ nicht als Nicht erfahren, sondern von sich aus denken, das ist die Funktion des Wörtchens ›Vom‹ in dem Buch »Vom Ereignis«. Und für diejenigen, die in der Seinsvergessenheit verharren und nicht die Möglichkeit haben, aus ihr so die Kraft zu ziehen, daß sie in der Abwesenheit die Annäherung, den ›Ansprung‹, den ›Anklang‹ des Ereignisses vernehmen, für die bleibt sozusagen eine leere und sterile Schoßmetapher übrig.

Ich muß Ihnen das auch zitieren. Er kritisiert die Wissenschaft seiner Zeit und sagt, sie wolle »im Zeitalter der völligen Fraglosigkeit stets das ›Modernste‹. Alle Zwecke und Nutzen stehen fest, alle Mittel sind zur Hand, jede Nutznießung ist ausführbar, es gilt nur noch, Gradunterschiede der Verfeinerung zu überwinden und den Ergebnissen die größtmögliche Breite der leichtesten Nutzung zu verschaffen. Das verborgene Ziel« – und das ist jetzt eine Nietzsche-Paraphrase, aber *wie* er sie jetzt formuliert, ist das Entscheidende –, »dem all dieses und anderes zueilt, ohne das Geringste davon zu ahnen und ahnen zu können, ist der Zustand der völligen Langeweile im Umkreis der eigensten Errungenschaften, die eines Tages selbst den Charakter der Langweiligkeit nicht mehr verbergen können, falls dann noch ein Rest von Wissenskraft geblieben ist, um mindestens in diesem Zustand zu erschrecken und ihn selbst« – und jetzt kommt die Formulierung, die ich suchte – »und die darin gähnende Seinsverlassenheit des Seienden zu enthüllen.«[392] Das ist die negative Schoßmetapher: die »gähnende Seinsverlassenheit«, wo nicht mehr die ontologische Differenz, der Unterschied, die große Kluft statt der kleinen Zerklüftungen, die Fuge, der Riß, der es einmal war, der Sprung, der es später sein wird, das Nicht zwischen Seiendem und Sein aufbricht und für denjenigen, der hier die Einsicht in das Opferritual hat, tatsächlich einen anderen Anfang begründet. Also für denjenigen, dem nicht dieser kultische Zugang möglich ist, bleibt – und das gilt für die Mehrzahl der Wissenschaften seiner Zeit, so hier die Behauptung – die »gähnende Seinsverlassenheit des Seienden«. Langeweile ist nicht Langeweile vor sich hin, sondern ist sozusagen der sterile Schoß.

Und an dieser Stelle ist zu fragen: Wer hat demgegenüber das große Entsetzen aufzubringen? Das »große *Entsetzen*«, sagt er zunächst noch völlig unterminologisch, »kommt nur aus dem wesentlichen, schon im anderen *Anfang* stehenden *Wissen*, niemals aus der Ohnmacht und bloßen Ratlosigkeit.«[393] Und im Laufe des Weiterschreibens wird aus diesem

›großen Entsetzen‹ – das ja schon dadurch, daß gesagt wird: ›großes Entsetzen‹, daran erinnert, daß hier mehr dahinter stecken wird als nur, daß man sich entsetzt – das *mega chasma*, der große Schlund, die große Kluft. Das ›*mega kenon*‹, die ›Große Leere‹ (sämtlich Schoßmetaphern in der griechischen Philosophie,[394] die Heidegger so schätzt und studiert, um sich auf ihre immer älteren Zeugnisse einzulassen) signalisiert jedesmal, daß hier eigentlich eine ganz andere Größe, nicht eine negative Größe, sondern eine positive Größe, auch wenn sie ins Negative transformiert ist, dahintersteht. Und tatsächlich wird später (das geschieht dann auf Seite 481 f. der Manuskripte, die ungefähr in der Reihenfolge des Schreibens hier gesammelt sind) das plötzlich ganz anders heißen: »Das Seyn selbst muß uns aus dem Seienden heraussetzen, uns als die *im* Seienden, von diesem Belagerten« – die also vom Seienden im Seienden belagert sind – »dieser Belagerung ent-setzen.« »Diese Ent-setzung aber ereignet sich nur aus dem Seyn selbst, ja dieses ist nichts anderes als das Ent-setzende und Ent-setzliche.«[395] Da ist das ›große Entsetzen‹, mit dem er schon am Anfang spielt, eingelöst. Er hat die sprachliche Möglichkeit gefunden, es aus einer bloßen Konstatierung des sterilen Schoßes, der gähnenden Leere dort, in einen aktiven Schoß zu überführen. Die Entsetzung, die das Sein selbst vornimmt, ein Ereignis »aus dem Seyn selbst, ja dieses ist nichts anderes als das Ent-setzende und Ent-setzliche.«

Ich sprach vorhin von einer Art Pendel: Wer schiebt? Wer zieht? Mal ist es mehr hier, mal ist es mehr dort, jetzt ist es das ziehende Sein: es entsetzt einen, es greift zu, wir müssen nicht mehr hineinspringen. Es entsetzt einen aus dem Seienden, und das eigentlich ist Entsetzen. Für denjenigen, der am Seienden sich festklammert und nicht rausgerissen werden will, ist es, im banalen Sinne des Wortes, entsetzlich. Für denjenigen, der sich herausreißen läßt, ist das Sein nicht mehr das, was man fürchtet, sondern der Mechanismus, dem man seine Reverenz erweist. Ich wollte einmal zeigen, wie die Worte im Laufe der Ausarbeitung immer um Kultvorgänge kreisen, um ihre sozusagen von der Profanität her gesehen abschreckende und vom Zustand der Initiation aus gesehen plötzlich mit Befreiungsmerkmal versehene Entsetzung; das ist ja ein Akt der Befreiung, entsetzt zu werden aus der belagerten Stadt. Diese Entsetzung ist zugleich eine, die die Orte selber, an denen sie geschieht, von Orten des Zuschauens, des bloßen Mitlebens zu Kultstätten umfunktioniert.

Ein ausgesprochener Kultstättenausdruck für ihn ist Ende des Krieges in dem »Feldweggespräch über das Denken«. (Das ist nicht identisch mit dem kleinen ›Feldweg‹, den ich Ihnen das letzte Mal zitiert hatte, sondern ist ein eigener Teil in dem Büchlein über die »Gelassenheit«.) Es sprechen darin ein Forscher, ein Gelehrter und ein Lehrer, es ist also als platonischer Dialog angelegt. Und es lehrt 1944/45, wie man sich über die Gegenden erhebt, die in dieser Zeit Schreckliches durchmachen und von denen zugleich zu sagen ist, daß sie nicht behaftbar sind als diese oder jene. Nicht mehr diese Gegenden sind es, nicht mehr d i e Heimat als behaftbare Heimat (»Warum bleiben wir in der Provinz?« war der entscheidende Aufsatz in den Zeitungsartikeln über den Schwarzwald), sondern es ist etwas, was sich über sie erhebt, was sie auch übertrumpft, und er nennt es mit einem altertümlichen Wort »Gegnet«. Wenn die Gegenden entschwinden, dann ist die »Gegnet« es, die erfahren wird.[396] Und von dieser »Gegnet« heißt es dann, daß sie – letzteres können Sie sich schon denken, ohne es zu wissen – das tut, was ihr Name sagt: sie ›vergegnet‹.[397] Das heißt, sie vereignet einen in die Gegnet. Sie ist der Opferort, die Opferstätte, die überall aufgeschlagen werden kann in diesem nun, gegenüber dem »Warum bleiben wir in der Provinz?«, sozusagen mobil gewordenen immobilen Denken. Also die ›Gegnet‹ jetzt als der eigentliche Opferort, wo die Gegenden tatsächlich Ende des Krieges geopfert werden – wiederum eine Übertrumpfung in der Heideggerschen Philosophie.

Und eine solche Übertrumpfung ist nun auch die ›Fuge‹ – wenigstens am Ende will ich es zitieren, womit ich heute umweglos anfangen wollte, aber so ist das mit den Vorhaben –: »Der Entwurf hat zur Absicht das, was allein im Versuch des anfänglichen Denkens, das ein Geringes von sich selbst weiß, gewollt werden kann: eine *Fuge* dieses Denkens zu sein.«[398]

Das Wort ›Fuge‹ operiert mit drei, vier Assoziationen: einerseits der handwerklichen Solidität des Zimmermanns, also des Gefugtseins; dann mit dieser sozusagen gefrorenen Bewegung der fuga, der musikalischen Fuge, wo sich flüchtende und hinterherjagende, also die beiden Stimmen nie einholen können, sondern immer im gleichen Abstand verbleiben. Darauf gesehen ist die Fuge, egal wie geschwind Sie sie spielen, eigentlich bewegungslos, sie ist Stillstand in der Bewegung. Die Fuge unter diesem Gesichtspunkt ist wie der zenonische Pfeil in der antiken Philosophie, der auch steht in jedem Augenblick, in dem er sich bewegt.[399] So steht, jetzt Heideggersch gesprochen, die Fuge zwischen den beiden Stimmen oder ihrer Stimme, die dort geführt wird; also das Nicht-Herankommen bei ständiger Jagd dahin. Das ist offensichtlich auch das, was mit in der Verwendung dieses Begriffs Fuge, wo der unvoreingenommene Leser ja zunächst an die musikalische Seite der Sache denkt, hier genutzt wird.

Dann aber wird die Fuge hinübergespielt in das, worum es sich nun mit dem Begriff des Ereignisses der Sache nach dreht, nämlich den Unterschied, der aufbricht, die Fuge ist jetzt ein anderes Wort für ontologische Differenz. Stellvertretend ist in allen Kapiteln dieses fugisch gebauten und dadurch nicht systematischen Systementwurfs die ontologische Differenz gemeint, die jetzt hier vorgeführt wird als sich ereignend in dem Begriff Ereignis. Und endlich gibt es zugleich zwei, drei Rechtfertigungen mit diesem Begriff. Die erste Rechtfertigung hatte ich Ihnen das letzte Mal vorgeführt, nämlich unter Verwendung des Anaximander-Fragmentes, wo das, was aus dem Ursprung kommt, da wieder zurück muß, *kata to chreon* (ich hatte übersetzt: ›nach Opferbrauch‹), und das Seiende muß einander Sühne und Strafe, Buße und Strafe nach der Zeit Ordnung zahlen, so wie sich gegenseitig umbringen die Hopliten, die aus der Kadmosfurche, aus den Drachenzähnen dort gewachsen sind und wieder zurück mußten in die Furche. So hat es die Antike gesehen, so haben es viele auch später gesehen.[400] Heidegger macht aus diesem Heraus und wieder Hinein etwas, was sozusagen die positive Kultseite unterstreichen soll. Das ist für ihn kein Schrecken mehr, der Anaximander-Satz, der ja für Anaximander mit Sicherheit ein Schreckenssatz war. Der Schrecken konnte nur gemindert werden, indem man sagt: Aber das *apeiron*, in das man da wieder versinkt, ist alterslos, ist zeitlos, ist leidlos, muß nicht sterben, hat nicht den Notstand des Alters.[401] Für Heidegger ist dieses die Buße, eine Reverenz, die man leistet, der Ruch, den die Nicht-Ruchlosen einander gewähren. Und *dike* ist der Fug, *dike* ist das Recht, das diese ganze Opferprozedur begleitet, und jetzt wird die ontologische Differenz auf diese Weise zugleich mit Opfergerechtigkeitspathos versehen, als ›Fug‹. Das wird später aus dem hier verwendeten Wort ›Fuge‹. Das ist kurz nach dem Krieg geschrieben, während dies hier unmittelbar vor dem Krieg. »*An der Strenge des Gefüges* im Aufbau ist nichts nachgelassen, gleich als gälte es – und das gilt es in der Philosophie immer – das Unmögliche: die Wahrheit des Seyns in der voll entfalteten Fülle seines begründeten Wesens zu begreifen.«[402] »In der voll entfalteten Fülle« – dreifach stabgereimt – »seines begründeten Wesens« – die Fülle des begründeten, also nicht grundlosen Wesens; Wesen Verbalsubstantiv: Ich wese, du west, er west –, »des Seyns«. Anderseits ist das ›begründete Wesen‹ etwas, was vom Sein sich herleitet. Doch abermals müssen wir sehr vorsichtig sein. Heidegger sagt zwar an vielen Stellen hier in »Vom Ereignis« noch nachdrücklich, daß das Sein als Ereignis west, aber in der Anmerkung, die ich Ihnen das vorige Mal aus »Unterwegs zur Sprache« vorgelesen hatte, verwirft er das und sagt, wir dürfen uns keineswegs vorstellen, daß das Sein etwa als Ereignis west, sondern umgekehrt: in seiner Wesensherkunft, in der Herkunft seines Wesens, wie es west, verdankt sich das Sein dem Ereignis.[403] Also er korrigiert sich praktisch von Jahr zu Jahr in sehr einsichtiger Weise. Alle Erwägungen, die dem Ereignis etwas von seiner Souveränität nehmen, werden als vorläufig abgeschoben – abgewehrt. (Daß mir das Wort Abwehr nicht einfällt, liegt daran, daß es Heidegger selber an prominenter Stelle verwendet.) Und zwar sind es Abwehrmechanismen, so würde der Psychoanalytiker formulieren. Es verdankt sich der »Abwehr«, so formuliert er auf Seite 351 in »Vom Ereignis«, daß man immer wieder so redet, wie er sich selber zum Beispiel an der Stelle eben kritisiert. »Aber die bisherigen Versuche in ›Sein und Zeit‹ und den folgenden Schriften, *dieses* Wesen der Wahrheit gegen die Richtigkeit des Vor-stellens und Aussagens durchzusetzen als Grund des Da-seins selbst« – also Ereigniswahrheit –, »mußten unzureichend bleiben, weil sie immer noch aus der *Abwehr* durchgeführt sind und damit doch immer das Abgewehrte zum Richtpunkt haben und es so unmöglich machen, das Wesen der Wahrheit von Grund aus, von dem Grund, als welcher es selbst west« – das Wesen der Wahrheit nämlich –, »zu wissen.«[404] Also Abwehrmechanismen gegen das Seiende, die auch die Rede vom Sein her, oder Abwehrmechanismen im Sinne eines zu eng gefaßten Seins, die auch die Rede vom Ereignis her immer wieder fehllaufen lassen, als wäre dort von Sein die Rede.

Sie sehen, so schwer ist es, sich frei zu machen von etwas, was das große Entsetzen offenbar verdient, während das eigentliche große Entsetzen gerade die Aktion wäre, die davon frei macht. So wird mit Emanzipationsvokabeln, mit Umfunktionierung von Begriffen der Sprache, der Prozeß, den er hier als kultischen vorführt, als unendlich schwer durchsetzbar, von ständiger Abwehr bedroht, als unendliche Mühe der Vorbereitung fordernd, sozusagen real gemacht. Was derartig starke Widerstände hervorruft, wem derartige Abwehr gilt, muß etwas sein, was, wenn erreicht, Bedürfnisse befriedigt, die jenseits der Vorstellung, die immer verstellend ist, all derer liegen, die sich eingelassen haben auf Kulte, aber den wirklichen Kultabsprung in den Kult, den nun die andere Seite bereitet hat, nicht wagen. Was so schwierig war in der nationalsozialistischen Bewegung: sich wirklich ganz der Bewegung zu überlassen, also sich ganz und gar ihr zu überlassen und nicht mehr auf die eigene Macht seiner selbst als bewegten Subjektes zu pochen, hier ist es noch einmal übertrumpft in der Bewegung mit Subjekttausch, die er uns vorführt in dem Buch »Vom Ereignis«. Und da ist nun der ständige Appell an den Fugencharakter einer, der das Gefüge, das er aufbaut, als so etwas wie eine große Kultkulisse verstehbar macht: Stück für Stück muß man die Erscheinungen, die Epiphanien in immer wieder neuem Näherungsaspekt erfahren, jedesmal die Vorbereitung noch einmal eine auf das Ganze, und ruckweis kommt man nur in einem solchen Kult weiter. »Hier ist nur erlaubt die *Verfügung* über einen Weg, den ein Einzelner bahnen kann, unter Verzicht darauf, die Möglichkeit anderer und vielleicht wesentlicherer Wege zu überschauen. Der Versuch muß Klarheit darüber besitzen, daß Beides, Gefüge und Verfügen« – »Gefüge«, das er selber macht, ›Verfügung‹, die nur scheinhaft noch eine des Subjektes ist –, »eine *Fügung* des Seyns selbst bleiben« – also Schicksal von der anderen Seite –, »des Winkes und des Entzugs seiner Wahrheit, ein Nichterzwingbares. Die Fuge in diesem dreifachen Sinne muß versucht werden, damit Wesentlicheres und Geglückteres, was den Künftigen geschenkt wird, solches, daran es einen Absprung hat, den es vorläufig an- und einfügt, um es zu überwinden.« Und jetzt – das ist die große Pathosformel, mit der ich heute schließen will –: »Dieses Überwundenwerden« – unendlich viel mehr als die ›Verwindung‹ nur der Metaphysik, über die er in der gleichen Zeit Vorlesungen schreibt, mit dem schrecklichsten Deutsch, das man sich denken kann –, »wenn es ein echtes ist und notwendiges, bringt freilich das Größte: es bringt einen denkerischen Versuch erstmals geschichtlich in seiner Zukünftigkeit zum Stehen, zum Hinausstehen in die Zukunft und in die Unumgänglichkeit.«[405] Also das ist die Pathosformel für diesen neuen Denkkultversuch. Wir werden sie zu Beginn der nächsten Stunde analysieren.

Elfte Vorlesung
gehalten am 12. Juli 1990

Das ist jetzt die vorletzte Stunde in dieser Veranstaltung, und natürlich kann es auch nur zu einem vorläufigen Schluß in diesem Semester kommen. Wenn ich sage: vorläufiger Schluß, dann bedeutet es, daß ich noch überlege, ob ich mit der sozusagen Vivisektion der Heidegger-Faszination, der wiederauferstandenen, fortfahren soll im nächsten Sommer. Das muß ich noch diskutieren mit anderen im Institut, ob das günstig ist oder nicht, ob es in das Sommersemester paßt oder nicht.

Hier ist das Thema ›vom Ereignis‹ zugleich eine Demonstration einer ganz bestimmten Wendung: ›vom Ereignis her‹ gedacht. Aber wir werden wahrscheinlich heute noch sehen, daß selbst diese Wendung noch einmal übertrumpft werden wird: so wie von der ersten Hälfte von »Sein und Zeit« die viel beschworene, aber im Grunde immer schon in der Richtung des Heideggerschen Denkens, Denkansatzes liegende sogenannte Kehre erfolgt sein soll, spricht er selber nachher ausdrücklich noch einmal von einer ebensolchen, nämlich einer Kehre *im* Ereignis selbst. Vielleicht kommen wir heute noch bis dahin. Jedenfalls hatte ich mir grundsätzlich vorgenommen, heute Ihnen die – Thema der vorigen Stunde sollte es schon sein; dazu gekommen bin ich nur erst mit den ersten Präliminarien – ›Fuge‹ vorzustellen, als die er, sechsfach gefugt, dieses sein Nachlaßwerk, sein Zettelwerk versteht. Und in der nächsten, also der letzten Stunde will ich mit dem Stichwort »Gründung« erörtern, inwiefern das für ihn eine Gründung in der Wahrheit ist, das heißt, was dem Wahrheitsanspruch widerfährt in diesem Werk in Heideggers Lebensmitte.

Ich werde die beiden letzten Stunden auch dazu verwenden, jedesmal direkt, umweglos Vergleiche mit dem, sagen wir: Lebensgefühl der NS-Zeit zu machen. Das unterscheidet sich nicht von dem hier Praktizierten, nur daß es hier noch immer etwas sublimierter, etwas hochgestochener, etwas besonderer erscheinen soll, wenn so ein Wort wie ›besonders‹ sich denn steigern ließe. Ich will als Instruktion für dieses Unternehmen in den letzten beiden Stunden gleich eine Entschlüsselung vorweg vornehmen.

Wenn Heidegger vom »ersten Anfang« spricht und dann vom ›anderen Anfang‹ sprechen wird, bewegen sich beide Redeweisen im Rahmen eines anfänglichen Denkens. Beide Male also wird – das ist in dem anfänglichen Denken noch ein Rest des Expressionismus – so etwas wie Frühe suggeriert, Aufbruchsstimmung, eben anfängliches Denken und nicht die Spätzeit mit der Eule der Minerva um die philosophischen Systeme herum.[406] Das anfängliche Denken im ›ersten Anfang‹ oder im ›ersten Ursprung‹ ist eines, das auf die Anfangsbeschäftigung verweist, der er niemals ganz den Abschied gibt, die aber in dieser Zeit einer ganz anderen Konkretisierung, wie er meint, Platz gemacht hat, nämlich dem Denken der archaischen griechischen Denker. Die, wenn Sie so wollen, poetischste Formulierung in dem Buch »Vom Ereignis« findet sich dort, wo er diesem ersten anfänglichen Denken Valet sagt. Das ist Paragraph 101, im III. Teil, »Das Zuspiel«; wir werden noch einiges davon erfahren. Da heißt der Paragraph, so wie man das bei einem Gedicht auch macht, mit den ersten Worten des Textes: »*Früh her klar muß in einem sicheren Licht...*« Was hier imitiert wird, ist archaisch-griechische Parataxe, also das Nebeneinanderstellen von Wörtern. Ganz am Ende erst geht das dann in einen geordneten Satz über. »Früh her klar muß in einem sicheren Licht die große Einfachheit des *ersten* Anfangs des Denkens der Wahrheit des Seyns stehen (was es heißt und was es gründet, daß das *einai* in die *aletheia* des *logos* und des *noein* als *physis* gerückt wird.)«[407] Die antiken Vokabeln sagen hier: archaisches griechisches Denken; das war der erste Anfang: »Früh her klar muß in einem sicheren Licht«. Wir dürfen also vermuten, daß es jetzt anders und aufgewühlter zugehen wird: nicht mehr klar, nicht mehr sicheres Licht, nicht mehr diese Art von ›muß‹, und auch nicht mehr diese Art von Frühe, wie sie mit den archaischen Denkversuchen beschworen war. Also Heideggers Abschied vom ›ersten Anfang‹.

Der ›andere Anfang‹ hat ein doppeltes Gesicht. Er ist einerseits der, der in den vielen Zitaten beschworen wird, die ich Ihnen aus den Begrüßungsreden der nationalsozialistischen Bewegung aus den Jahren '33 und '34 gegeben hatte. Das ist ein anderer Anfang. Der ist nicht von selbst, er wird – wir werden solche Bilder gleich noch kennenlernen – einen Ursprung herbeiführen, der erst ›ersprungen‹ werden muß; Wille, Entscheidung, zusammengeschweißt, ein anfängliches Denken, das das ganze Volk ergreift – das sind die Vokabeln dort. Und dieser andere Anfang erscheint nun, mit anderen Vokabeln, eigentlicher und wesentlicher, als er dort verwirklicht wurde unter eben diesem nun terminologisch gewordenen Begriff in dem Buch »Vom Ereignis«, als die neue

Denkstruktur: nicht mehr der im engeren Sinne völkische Opferdienst, sondern jetzt das Opfer des Seienden für das Sein.

Ich hatte Ihnen in der vorigen Stunde in einer Art von dramatischem Überblick, was ich jetzt nicht wiederholen möchte, das Dilemma vorgeführt. Da ist – nicht zu trennen von der Geschichte der Philosophie – einmal die Behauptung, daß sie in allen ihren Stationen auf die Frage nach dem Lebenssinn antwortet. Sie säkularisiert sozusagen – wenn man denn das Philosophenmysterium eine Säkularisierung nennen will und nicht eine spezifische Heilsrichtung – die Antworten der archaischen Mysterien: Philosophie ein Mysterienkult. Und Philosophen müssen sich dann auch rechtens vorhalten lassen, daß sie die Mysterien ausplaudern. Das ist die Frage nach dem, was das Leben lebbar macht. – Ein hoher Beamter des Römischen Reiches schreibt zu der Zeit, in der die Tempel geschlossen werden und die Mysterien abgeschafft werden – Sie können das nachlesen bei Kerényi in dem Buch über die Mysterien zu Eleusis[408] –, daß, wenn Eleusis geschlossen würde, der *bios*, also das Leben, *abiotos*, ›unlebbar‹ werden würde. Ein Verzweiflungsdokument, das das Ende einer Geschichtszeit notiert, also vergleichbar den Notizen Goethes anläßlich der Kanonade von Valmy, wo der scheiternde Angriff der Feudalheere gegen das Heer der Französischen Revolution ein Ende markiert.[409] – Andererseits ist dann das Philosophenmysterium gerade ein ganz und gar reduktionistisches Wissen, etwas sehr Inhaltsloses; Formeln, die behaupten, nicht mehr von der Zeit gefressen zu werden, die in dem Augenblick, wo die Mysterien aufhören, doch weiter Bestand haben. Also das Philosophenmysterium zieht die Konsequenz aus dem Ende der Mysterien. Derjenige, der sich auf diese Formalitäten zurückzieht, hat die Möglichkeit, den Inhalten des Lebens gelassen gegenüberzustehen: Schicksalsmeisterung, indem man einen Weg einschlägt, nicht vom Schicksal getroffen zu werden. Etwas, was Philosophen, die so argumentieren, sehr wohl mit den Spielarten der Indifferenz verbindet, zum Beispiel der jüngeren Generation nach Katastrophen und Kriegen und auch in Katastrophenzeiten: wenn nicht aufgeopfert, dann hart zu werden wie Steine, oder so flüssig zu werden wie Wasser, jedenfalls die immateriellen Eigenschaften anzunehmen, die das Organische feien, auch wenn die Organismen dabei zugrunde gehen.

Nichts über das Philosophenmysterium, nur die eine Behauptung jetzt: daß Heidegger dieses reduktionistische Wissen wieder versucht in ein real existierendes Mysterium – ich wähle ausdrücklich dieses Wort – zurückzubiegen, das feiende formale Wissen wieder inhaltlich werden zu lassen, es dadurch zu beleben, daß es in einen Opferkult zurückgeführt wird. Also Remystifizierung ist das, was Sie allen seinen Schriften entnehmen können. Und das leuchtete uns ja auch sehr ein. Nur diese Notiz noch als Wiederholung und dann Schluß. Die sinnstiftenden Aktionen außerhalb der Mysterien der archaischen Stammesgeschichte bezogen sich ja immer auf Imitation, Wiederholung einer Geschichte, mit der sich die Bedeutungen sozusagen verbraucht haben: eine heroische Urgeschichte, eine christliche Zentralgeschichte, und in dieser wiederum als Zentrum die passio selber, also die Leidensgeschichte. Was daran teilhatte, hatte Bedeutung. Und in dem Maße, in dem das seine repräsentative Bedeutung einbüßte, blieb, säkularisiert, davon doch etwas übrig: wenn nicht das Reich Gottes, so das Vernunftreich. Am Weg dahin teilzuhaben, konnte dann auch allen Aktionen Sinn geben. Und wenn davon nichts mehr blieb als ein bloßer Fortschritt der Wissenschaften ohne eine Garantie des Heraufkommens des Vernunftreiches, dann konnte auch das noch so angesehen werden, daß es den stoischen Philosophen (Nicolai Hartmann war ein Beispiel dafür) in der Teilnahme daran das Leben in der Geschichte, die ihn als solche dann nichts mehr anging, erträglich machte.

Demgegenüber Heidegger – und unterirdisch der Expressionismus der ganzen ersten Hälfte dieses Jahrhunderts – als der Versuch, an einer Erneuerung teilzuhaben, die über derartige archaische Urgeschichte oder auch über Teilnahme an der passio, an der Passionsgeschichte, nicht mehr vermittelbar war, die aber im Gegenteil etwas sehr viel Unmittelbareres wollte, nämlich direkt mit den Ursprungsmächten sich zu verbünden oder direkt zu diesen zu werden in actio, zuletzt sich in den Ursprung einzulassen. Für den, der die Geschichte der Ursprünge kennt, so wie sie beschworen, gebildet, erdichtet, fingiert worden sind im Laufe der Gattungsgeschichte: ein Sprung in den Vulkan, das Hinabtauchen in die Quelle, das Hineinspringen in den Spalt, der sich auftut – in jedem Falle ist der Untergang für das Individuum der Preis, der für die Teilhabe am Ursprung gezahlt wird. Heidegger hat an dieser Bewegung teil. Ursprung heißt ja ursprünglich nichts anderes als ›erspringen‹ im Sinne von entspringen. Wahrscheinlich ist es von der Quellenmetapher überhaupt hergenommen in unserer Sprache.[410] Die griechische Sprache ist deutlicher: *archē* heißt Ursprung und Herrschaft. Also: Ursprung – in dem Sinne, in dem die ganze erste Hälfte dieses Jahrhunderts mit ursprungsmetaphorischen Bekundungen durchsetzt wird; etwas, was mit Naturursprungsverehrung in letzter Zeit wieder einmal Furore macht – als die Erneuerung, die ihren Preis fordert, nämlich: das, was sich da erneuern will, ist dranzugeben für eine derartige Erneuerung. Solange man hoffen kann, jedesmal wieder aus dem Chaos aufzuerstehen, wird das in ein sozusagen passageres Ritual umgedeutet. Aber das alles reicht nicht aus. Eigentlich handelt es sich um Totalerfassung, eigentlich ist das Totalopfer angezeigt. Das ist dann die Richtung, die Heidegger in seinen Schriften nach »Sein und Zeit« bis an sein Lebensende einschlägt. Und das kriegt eine ganze Reihe von Kultbeschwörungen in diesem Buch »Vom Ereignis« zugeschrieben, das durchaus als ein kultistisches Buch gelesen werden kann.

Ich hatte Ihnen zum Ende der vorigen Stunde das sehr charakteristische Spiel geschildert, das er mit dem Wort ›Ent-setzen‹ und ›entsetzlich‹ macht, und ich will es noch einmal in der unmittelbaren Gleichsetzung wiederholen. Das hat tatsächlich, fast kann man sagen: etwas Antizipatorisches, wenn zwischen '36 und '39 jemand bereits so schreibt, wie es die offizielle NS-Propaganda mit Durchhaltefilmen, Durchhaltebüchern, Durchhalteparolen aller Art erst in den allerletzten Kriegsjahren tut. Zunächst hatte das noch ganz harmlos geklungen, was in der Abhandlung »Vom Wesen des Grundes« als der ›aufbrechende Unterschied‹ und später im Vorwort als »das Nicht zwischen Seiendem und Sein«[411] behauptet wurde. Diesem Unterschied nicht zu folgen bedeute, daß man sich auf das Denken nicht verstehe, daß man die ontologische Differenz nicht beachte, auf die es allein ankam. Das alles sind Beschwörungen des Ursprungs in actu, der da aufbricht, der ein substantielles ›Nicht‹ ist zwischen zwei plötzlich nur noch zu seiner Statthalterschaft beschworenen Instanzen: Sein und Seiendem. – Hier heißt es, negativ zunächst, daß diejenigen, die Wissenschaft unter dem Gesichtspunkt der Modernität, der Nutznießung betreiben, eines Tages in den »Zustand der völligen Langeweile« kommen, und wenn ihnen »noch ein Rest von Wissenskraft geblieben ist, mindestens in diesem Zustand«, ihn dazu verwenden können, »zu erschrecken und ihn selbst und die darin gähnende Seinsverlassenheit des Seienden zu enthüllen.«[412] Die »gähnende Seinsverlassenheit«: sozusagen der Ursprung unter dem Vorzeichen der Entleerung, unter dem Vorzeichen der Seinsverlassenheit, vom Sein her gedacht, und Seinsvergessenheit, vom Seienden her gedacht. Die Seinsvergessenen hat das Sein verlassen, der Schoß gähnt vor sich hin, ist sozusagen leer. Das ist eine gefährliche Langeweile. Und wenn hier »erschrecken« steht, ist etwas von dieser Gefahr bereits annonciert. Und in der Tat wird so von Langeweile und gähnender Leere, gähnender Seinsvergessenheit und Seinsverlassenheit nur gesprochen, solange man nicht im ›anderen Anfang‹ ist. Der andere Anfang »kennt nicht die Erklärung des Seins durch das Seiende und weiß nichts von der Bedingnis des Seienden durch das Seyn, welche Bedingnis auch immer das Seyn an das Seiende *verdingt*«.[413] Also er weiß nicht, daß auch dieser merkwürdige Zwischenzustand, da in gähnender Langeweile zu sein, noch etwas von der Hörigkeit dem Sein gegenüber hat. Das wird eine Lieblingsvokabel in dieser Zeit für ihn: Die Wesentlichen, die immer nur die Wenigen sind, sind hörig ihrer Herkunft, und vor allem hörig ihrer Wesensherkunft, also der Herkunft vom Sein. Also diese hätten ein Bewußtsein davon, daß sie auch noch in diesem Zustand – sozusagen sich langweilende Tagelöhner des Seins – dem Sein verdingt sind. Aber das alles ist noch bloßes Vorspiel.

Ich hatte Ihnen das Nachspiel geschildert, das mit der inzwischen stattgehabten Aktion des Seinsursprunges selber zu tun hat, nämlich: statt des kleinen Erschreckens das große Entsetzen. Und dieses große Entsetzen ist eines, das Heidegger sich bis zu der Definition versteigen läßt: »Diese Entsetzung aber ereignet sich nur aus dem Seyn selbst, ja dieses ist nichts anderes als das Ent-setzende und Ent-setzliche.«[414] Das Sein als Entsetzensmacht; aber die Trennstriche dazwischen und das Spiel mit der Bedeutung, das ich Ihnen das letzte Mal schon geschildert hatte – ich brauchte sie nur zu evozieren vom Gebrauch der Sprache aus, so wie das Heidegger auch tut –, machen deutlich: das, was ›entsetzt‹, entsetzt zugleich. Es bringt einen nicht nur selber in einen entsetzten, also verrückten, außer sich geratenen Zustand, sondern es ent-setzt einen, es hilft einem aus der Not: die Besatzung einer bedrohten Stadt wird entsetzt, damit wird die Belagerung gebrochen. So argumentiert Heidegger. Diejenigen, die hier entsetzt werden, sind inmitten des Seienden belagert vom Seienden. Das Sein, das sie entsetzt, hebt sie heraus aus der Belagerung durch das Seiende, hebt sie heraus aus dem Zustand, Seiendes zu sein; hebt sie auch heraus aus dem Zustand des *on he on*, wie es bei Nicolai Hartmann beschrieben war,[415] des Seienden als Seiendem. Das Seiende als Seiendes klebt immer noch an seinem Seiendsein. Also die hier Entsetzten werden – drücken wir es zunächst mit einem Begriff der mythischen Apotheose aus – entrückt; entsetzt aus der Belagerung des Seienden, entsetzt von diesem Ort, mitten im Seienden vom Seienden belagert zu werden. Für denjenigen, der festhält am Zustand der Belagerung, ist das entsetzlich im exoterischen Sinne, ist das Sein tatsächlich das Entsetzende und Entsetzliche im allgemeinen Wortgebrauch. Für den Esoteriker, der vom Sein her selber zu der wahren Bedeutung des Opfers hinübertransportiert wird, ent-setzt wird in diesem anderen Sinne, ist das Entsetzende und Entsetzliche das Rettende. Also, wenn Sie sich einen Film wie »Kolberg«[416] aus der letzten Zeit des Dritten Reiches ansehen,

sehen Sie da auch das Spiel. Diese Worte werden nicht gebraucht, wohl aber dieser Mechanismus, der mit dem Ent-setzenden und dem Ent-setzlichen getrieben wird: Wo die Not am größten, da die Rettung am nächsten; »Wo aber Gefahr ist, wächst/Das Rettende auch.«[417] Alles Wörter, die von der Lokalpresse bis zu der feineren Durchhaltephilosophie, bis zur Heideggerschen Seinslehre verwendet wurden, mal mit, mal ohne Hölderlin. – Also das, was ich hier charakterisieren wollte: daß sich das Entsetzen unbedingt verwandeln muß in ein Entsetzt-werden, daß die Größe des Entsetzens auch schon das Indiz für die wirklich durchgreifende und alles verwandelnde Macht des Ent-setzlichen ist, das einen dort entsetzt. Das ist der Mechanismus: der Schrecken wandelt sich in Gnade, das Entsetzliche entpuppt sich als das, was einen bewahrt.

Also uralter Mysterienmechanismus: die bleckende Todesgöttin mit ihren Hauern entpuppt sich als die Lebensgöttin, die Leben Errettende. Die große Kali, der wir durch unzählige Opfer – Schädel, die wir allen abschlagen, die durch das Gebiet ihrer Heiligtümer kommen, ob sie nun als Gruppe geschlachtet, ob sie einzeln in den Hinterhalt gelockt werden; das spielt sich an Kali-Heiligtümern bis heute so ab – unsere Devotion erweisen, ist nicht nur die, die da mit Schädelchen behängt auf den Rümpfen ihrer Opfer herumtanzt, sondern ist die große Errettende, die demjenigen, der sich meditierend in sie versenkt, zum anderen Anfang wird.[418] Natürlich Differenzen, unglaubliche Differenzen! Die Möglichkeit industrieller Menschenvernichtung existiert im Umkreis der Kali-Heiligtümer nicht; eine einzige offensichtliche, aber bemerkenswerte Differenz. Der Mechanismus ist zunächst der gleiche: der Schrecken enthüllt ein anderes Gesicht, aber es bleibt das andere Gesicht des Schreckens. Und ohne den Schrecken kann ich dieses anderen Gesichtes nicht ansichtig werden. Es ist nicht möglich, seiner in einem Kult ansichtig zu werden, der den Durchgang durch die Opfer verschmäht. Sie können mir die Religionsgeschichte entgegenhalten, wo ja lauter Opferkulte in immer abstraktere Formen sublimiert werden. Ich würde dann wieder dem, der so argumentiert, entgegenhalten: aber noch in den abstraktesten Formen bleiben dies Opferkulte, und das abstrakte Opfer, mehr als jedes konkrete, tendiert dazu, Totalopfer zu sein. Also: wenn ich allen Eigensinn aufgebe und total gehorche, brauche ich nicht mehr in Abständen mir etwas, was mir wertvoll ist, abzuhacken und in eine Grube zu werfen, ich habe mich ja präsumtiv ganz geopfert. Das ist nun wiederum der Mechanismus jeglicher Initiation. Sie bedeutet nichts anderes als das Angebot des Totalopfers gleich zu Beginn. Ich lasse mich initiieren, ich habe mich total hingegeben, bin verschluckt worden, zurückgekrochen durch den Tunnel in den Busch, den

Uterus; dort hat man mich gepeinigt, stellvertretend beschnitten, und auf der anderen Seite komme ich wieder hervor. Und ich trage dies, daß ich da durchgegangen bin, zeitlebens mit mir. Ich habe mich total geopfert, es bedarf jetzt nicht mehr der kleinen einzelnen Aktionen. Natürlich, ich muß unter Umständen immer wieder die Erinnerung daran erneuern. Und so wird aus dem Leben eine Kette von Initiationen, was sich ja bis in unsere Zeit fortschleppt: alle großen einschneidenden Stationen des Lebens werden als Initiationsrituale ausstaffiert. Und natürlich bleibt so etwas doppeldeutig. Die Initiationen, die immer wieder das Totalopfer bedeuten, widerstreiten, wie Brecht es nach den Diskussionen über ›Jasager und Neinsager‹ genannt hatte, einem ›neuen Brauch‹.[419] Also: Gibt es so etwas wie Initiation ins Neue? Es war die Hoffnung, wenn Sie so wollen, aller prophetischen Bewegungen gegen ursprungsmythische Kulte. Wir können, wenn wir uns die Heideggersche Philosophie betrachten, nur sagen: Hier wird entschieden dagegengehalten, daß es derartiges gibt, alle Neuerung ist Entfernung vom Ursprung. Und so ist denn das Wort, mit dem er das Alte überbietet, nicht das Neue, sondern das Älteste. Das Älteste, das hinter uns her von vorn auf uns zukommt, so formuliert er es dann in den archaischen griechischen, philosophischen, parataktischen Worten nachgebildeten Urworten, aus der Hütte in Todtnauberg, die unter dem Titel »Aus der Erfahrung des Denkens« veröffentlicht worden sind: »*Auf einen Stern zugehen, nur dieses.*«[420] Also das Ent-setzliche und Ent-setzende als das ganz und gar Rettende. Allerdings: der, dem dies widerfährt, hat es in einem Durchgang erfahren, der ihn nicht übriggelassen hat, so wie er war; er ist aus der Belagerung mitten im Seienden durch das Seiende, er ist aus diesem Belagerungszustand ent-setzt. Das war die Formulierung, mit der ich das letzte Mal geschlossen hatte, um zu sagen: gucken wir uns den Aufbau dieses Buches noch einmal an. Denn er erhebt, das erste Mal in der Geschichte der Heideggerschen Schriften bis dahin, den Anspruch, nicht nur der ontologischen Differenz nachzudenken, sondern sie nachzubilden, ihre Wirkung in dem Aufbau des geplanten Werkes nachzubilden.

Ich hatte gesagt: zu den verschiedenen Vokabeln, mit denen sie bedacht wurde, gehörte, unter ganz bestimmter Richtung, das Wort ›Fug‹ oder ›Fuge‹. Das ist in den »Holzwegen« veröffentlicht, dort in dem »Spruch des Anaximander«, wo alles Seiende als Opferstoff dargestellt wird. Eine sehr resignative Philosophie bei Anaximander; man kann sie auch in die Geste eines Schulterzuckens übertragen. Man kann sagen: Was nutzt es? Alles muß doch dahin wieder zurück, woher es gekommen ist, bringt sich gegenseitig um, zahlt Buße und Strafe ›nach der Zeit Ordnung‹, so wie die Leute aus der Furche, von denen ich Ihnen erzählt hatte, die bei Theben aus Drachenzähnen als Drachensaat gesät worden waren. Sie müssen alle wieder zurück in die Furche, also die Kadmossaat.[421] Nichts nutzt es, unendlich viel mächtiger ist das *apeiron*, das keine Grenzen hat. Das kennt nicht Tod und Alter und ist schrecklich. Und dieses Schreckliche hat zu gleicher Zeit die Charakteristika, die man sich selber wünscht. Welch eine Resignation! Heidegger denkt diese Resignation in einen großen Gnadenbeweis um; das ist schon Nachkriegsphilosophie. Und nun ist das, was sie, die Seienden, sich gegenseitig zahlen, Recht, nicht Strafe; *dike* als ›Fug‹ übersetzt, und ›Ruch‹, so übersetzt er *tisis*.[422] Und indem man den ›Un-fug‹, also das Nichtwahrnehmen der Fuge, der ontologischen Differenz, überwindet, statt daß man für Ungerechtigkeit bestraft wird – aber so übersetzt Heidegger –, kann man Fug gewähren lassen, nämlich Recht. Das heißt, für den Aspekt des Opferrituals in der Wahrnehmung der ontologischen Differenz steht das Wort ›Fug‹ beziehungsweise ›Fuge‹.

Wenn er jetzt den Aufbau des Buches »Vom Ereignis« als Fuge beschreibt – das war das, wo wir das letzte Mal stehengeblieben waren –, so geht das, wie er selber zunächst ausführt, in einem dreifachen Sinn, nämlich erstmal »die *Strenge des Gefüges* im Aufbau«.[423] Da wird mit der handwerklichen Dignität gespielt. Das ist etwas, was die Phänomenologie in der ganzen ersten Hälfte dieses Jahrhunderts auszeichnet: lauter handwerklich verbindliche Wörter tauchen da auf. Sie sehen den antiindustriellen Zug dieser Denkrichtung, sie will, in der Produktionsweise zumindest, zurück zum alten sauberen Handwerk. Und so wird auch hier gewerkelt. Es war ja bei allem Respekt vor dem Bauhaus dessen Lebenslüge, daß Industrieprodukte so entworfen wurden, daß sie den Anschein der handwerklichen Fertigung erhielten. Also industrielle Produktion, die die Zeichen des Handwerklichen trug, Maschinen, die dieses direkt besorgten – im Grunde ein Scheinunternehmen, aber die Lösung eines Bewußtseinsproblems, wenn man einmal so sagen soll. – Wenn das nun gar nicht mehr geht, wenn nun gar nicht mehr eine solche handwerklich gediegene Fertigung halluzinierbar ist, anstelle der industriellen Produktion in einer Massengesellschaft, dann muß man Zuflucht nehmen zu dem, was nun ein großes Wort in der illuminierten spätstrukturalistischen, postmodernen Philosophie geworden ist, nämlich zur Bastelei, zur Bricolage. Dann wird Bricolage mit einem Male ein Zauberwort. Das ist ein – nicht mehr zum Handwerk zurück – so weit noch privater und individueller Zauber, wie es die Bastler mit, ja nun: allgemein gesellschaftlicher

Billigung ununterbrochen machen. Keine Industrie hat größere Umsätze als die für die Bastler. – Hier bei Heidegger die »*Strenge des Gefüges*« nun ganz und gar noch zurückgeführt auf den alten Zimmermann, der ordentlich zu bauen versteht. In der Philosophie scheint das etwas Unmögliches zu wollen, nämlich: »die Wahrheit des Seyns in der voll entfalteten Fülle seines begründeten Wesens zu begreifen.«[424] Wenn Sie von der etwas kitschigen Stabreimreihe und dem Kryptorhythmus dieses Satzes absehen, sehen Sie tatsächlich das Problem noch einmal: Wie kann ich die Wahrheit des Seins in ihrer Fülle begreifen? Schon für Platon ein unlösbares Problem: die ›Umarmung‹[425] – so heißt das Wort ja bei ihm am Ende in der Diotima-Rede im ›Gastmahl‹ – dessen, was weder Gestalt noch Farbe noch Geruch noch irgendwelche Sinnesqualität hat. Wie kann ich das umarmen? Wie kann ich ›die Wahrheit des Seyns in der voll entfalteten Fülle seines begründeten Wesens begreifen‹? Also, das Handwerk endet an dem von mir genannten platonischen, sokratischen, genauer gesagt: diotimesken Paradox.

Zweitens, nicht nur »*Strenge des Gefüges*«, sondern nun ein Moment bürokratischer Herrschaft, das eingezeichnet wird, nämlich Verfügung: »Hier ist nur erlaubt die *Verfügung* über *einen* Weg, den ein Einzelner bahnen kann«.[426] »*Verfügung*«: die Fuge, von der hier die Rede ist, als Verfügung. Verfügung in dem Doppelsinn, der einerseits bedeutet: Ich bin dessen mächtig, ich verfüge darüber, und andererseits hat sie auch etwas von Deklaration: Verfügung. Das heißt, in der Weise, in der das Wort Verfügung immer wieder auftaucht, ist noch ein Reflex der Fundamentalontologie von »Sein und Zeit«. In diesem Buch wird ja entgegen der mit Hohn und Spott bedachten (und es ist interessant, die ganzen antidemokratischen Figuren und Denkwendungen einmal aufzulisten, um gleich in der bürokratischen Sprache fortzufahren; also »Sein und Zeit« ist ein contra Weimar geschriebenes Buch) Verfassung der parlamentarischen Demokratie eine tiefergelegte Verfassung, eine Grundverfassung gesucht; und nicht die elende politische Verfaßtheit, sondern Grundverfaßtheiten, existentiale Verfaßtheiten sind das, worum es dem Autor geht. Hier also »die *Verfügung* über *einen* Weg, den ein Einzelner bahnen kann, unter Verzicht darauf, die Möglichkeit anderer und vielleicht wesentlicherer Wege zu überschauen«.[427] Die ›anderen, vielleicht wesentlicheren Wege‹, das ist nicht nur die sich selbst erhöhende Demutsgebärde, sondern das ist auch dies, daß es vielleicht doch noch Führerwege geben könnte, die unmittelbarer, nachhaltiger zum Ziel führten als diese Meditation, die allerdings für sich ja auch in Anspruch nimmt, nicht-symbolisch zu sein, sondern in unmittelbaren Kontakt mit dem Ursprung in actu zu treten.

Endlich: »Der Versuch muß Klarheit besitzen darüber, daß Beides, Gefüge und Verfügung« – hier haben Sie die handwerkliche Seite und die Verfassungs- und Erlaßseite, beides, nebeneinander –, »eine *Fügung* des Seyns selbst bleiben«,[428] daß nicht Eigenmacht sich vorschiebt, sondern Fügung gleich Schicksal, Geschicktes. (›Welche Wendung durch Gottes Fügung‹, so ist der Spruch, seit die ›Fügung‹ ein Lieblingswort der NS-Zeit geworden war, immer erinnert worden. Also am Brandenburger Tor stand: »Welch eine Wendung durch Gottes Führung«,[429] und ›durch Gottes Fügung‹ ist daraus gemacht worden.) Heidegger schwimmt mit der ›Fügung‹ – er hatte ja die ›Vorsehung‹ auch an Stelle des unmittelbaren NS-Aufbruches verwendet – auf der Woge des Wortgebrauches, wieder einmal, seiner Zeit: »*Fügung* des Seyns selbst«. Neben die bürokratische Herrschaftsmetapher tritt die Schicksalsmetapher: »des Winkes und des Entzugs seiner Wahrheit«. Aber ob gewinkt oder entzogen wird oder ob gar, wie er später noch in diesem Buche bekunden wird, zu gleicher Zeit gewinkt und entzogen wird – das ist Heideggers Formulierung von Ambivalenz –, es läßt sich nicht erzwingen. Darum endet hier dieser Satz mit der Apposition: »des Winkes und des Entzugs seiner Wahrheit, ein Nichterzwingbares.«[430] »Mit Sorgen und mit Grämen / Und mit selbsteigner Pein, / Läßt Gott sich gar nichts nehmen, / Es muß erbeten sein.«[431] Also, Sie sehen, wie die ihn, den katholischen Denker, wegen des Übertrumpfungs- und Überbietungsaspektes des Protestantismus, faszinierenden Gnadenformeln in die Schicksalsmetaphorik eingehen: das »Nichterzwingbare«, andenken, andenken, andenken – ob geschenkt wird, steht noch dahin. Nur wenn ich dies weiß, wird geschenkt. Das ist die Formel, die immer wiederkehrt. »Die Fuge in diesem dreifachen Sinne muß versucht werden« – das ist jetzt sein Experiment: Wie versuche ich diese Fuge? –, »damit Wesentlicheres und Geglückteres, was den Künftigen geschenkt wird, solches, daran es einen Absprung hat, den es vorläufig an- und einfügt, um es zu überwinden.«[432] Sie muß »versucht« werden. Und damit zugleich wird versucht, ohne daß es der so Versuchende selber in seiner Macht hat – wenn ihm aber die Gnade winkt? –, »Wesentlicheres und Geglückteres«, etwas, »was den Künftigen geschenkt wird« (ich bin gerade dabei in diesem Semester, es Ihnen weiterzureichen!), »solches, daran es einen Absprung hat, den es vorläufig an- und einfügt, um es zu überwinden.« Also auch all das, was hier steht, ist vorläufig, muß noch überwunden werden. Immer wieder gibt es die Rückfälle. Das Ganze ist noch rückfällig. Heidegger hat an prominenter Stelle in diesem Buch (ich habe es Ihnen bereits auch zitiert) davon gesprochen, daß eigentlich die Formulierungen bis hierhin immer noch der ›Abwehr‹

entspringen. Plötzlich sahen wir, in psychoanalytischer Annäherung, Abwehrmechanismen am Werk. Abgewehrt wird nun nicht ein eigener Wunsch, wird nicht verbotene Lust, sondern abgewehrt wird, daß von der anderen Seite her bereits zugegriffen wird. Noch sträubt sich Autonomie, das sind die Abwehrmechanismen. Und so werden immer wieder vorläufige Redewendungen hier stehen, die ersetzt werden müssen bis zum Ende des Buches. Also es sind lauter Dekrete und Tilgungen dieser Dekrete – alle bleiben sie in dieser Weise vorläufig.

Ich hatte Ihnen wiederum ein prominentes Beispiel dafür zitiert. Es heißt an verschiedenen Stellen in diesem Buch, daß das Ereignis als Sein west, das Ereignis sich in der Form des Seins bewegt. Wir können es auch umkehren. Ich will Ihnen gern noch einmal die Stelle vorlesen: »Heute, da kaum und halb Gedachtes sogleich auch schon in irgendeine Form der Veröffentlichung gejagt wird, mag es vielen unglaubwürdig erscheinen, daß der Verfasser seit mehr denn fünfundzwanzig Jahren das Wort *Ereignis* für die hier gedachte Sache in seinen Manuskripten gebraucht. Diese Sache, obzwar in sich einfach, bleibt vorerst schwer zu denken, weil das Denken sich zuvor dessen entwöhnen muß, in die Meinung zu verfallen, hier werde ›das Sein‹ als Ereignis gedacht.« Sein als Ereignis. Das Sein, so ist die entscheidende Formulierung, west als das Ereignis. »Aber das Ereignis ist wesenhaft anderes, weil reicher als jede mögliche metaphysische Bestimmung des Seins. Dagegen läßt sich das Sein hinsichtlich seiner Wesensherkunft aus dem Ereignis denken.«[433] An solche Stellen dachte Heidegger zweifellos, also ein klassischer Fall von allerdings sachlich begründeter Selbstkritik. Also wir dürfen nicht das Ereignis als eine Auftrittsweise des Seins begreifen – Zeus, der mächtigste Gott, hat auch den Blitz in seiner Verfügung, Blitz und Donner –, sondern umgekehrt: Nur aus dem Ereignis ist das Sein zu begreifen – also aus dem Blitz der Gott und seine Attribute und sein Wesen. Vielleicht ist es ja wirklich so. Die Spracharchäologen machen uns zwar eine sehr kompliziert-einleuchtende Ableitung von dem, was Zeus ist, über dius und diéu-s[434] und so weiter, und daran wird wenig auszusetzen sein. Aber das Wort selbst, dieser eine Zischlaut, also sprachlich, ist ja eine onomatopoetische Nachbildung des Blitzes, und darum wird es sich wohl als numinoser Begriff des obersten Gottes in Aktion eingebürgert haben. Machen Sie keinen Gebrauch von solchen Etymologien, das wäre schrecklich! Ich meine nur, man wird von der onomatopoetischen Seite derartiger Wörter in ihrem kultischen Gebrauch nicht absehen können. Was den auf diesen Aspekt hin untersuchten Beinamen des Dionysos recht ist,[435] dürfte dem offiziellen Kultnamen des Zeus billig sein.

Elfte Vorlesung

Also noch einmal: nicht das Ereignis vom Sein her denken, sondern das Sein vom Ereignis her; nicht die nationalsozialistische Erneuerung der Welt aus der Geschichte her denken, also nicht von den Klassenkämpfen und der Instrumentalisierung bestimmter Klassen in deren Rahmen und was weiß ich noch, sondern umgekehrt: die Welt neu denken von diesem Ereignis her. Und das passiert dann ununterbrochen, das ist eigentlich der Tenor der NS-Propaganda in dieser Zeit. Das ist der Grund, weswegen ich Ihnen diese Sachen hier eben noch einmal angeführt habe. Es klingt jenseitig und ist so ganz und gar diesseitig in dieser Zeit; es klingt so, daß es esoterisch in der Annahme und in der Folgemöglichkeit zu sein scheint, aber Sie dürfen geübte Hörer in dieser Zeit voraussetzen. Gut, es bleibt im Schreibtisch liegen, aber es hätte seinen Weg gemacht.

Zu diesem ›Überwundenwerden‹, nämlich der vorläufigen Fügung auch eines solchen Gebildes, gebe ich gleich noch ein Kurzzitat von Seite 18: »Und fügend in die Fuge des Seyns« – das, was wir also hier ununterbrochen tun, daß wir Begriffsbilder hineinfügen in diese Fuge, sie dadurch anerkennen – »stehen wir den *Göttern zur Verfügung*.«[436] Also: zur Verfügung stehen, oder sagen wir es noch vorsichtiger, wie es später wiederholt gesagt werden wird: sich bereit machen dafür, in Bereitschaft treten, zur Verfügung zu stehen, diese Art sich selbst anzubieten, ist ein durchlaufender Tenor des ganzen Buches. Und für die Beantwortung der Sinnfrage gibt es in der Figur, die ganz am Ende auftauchen wird, nämlich der Kehre im Ereignis selbst, dann eine überraschend simple, für jeden nachvollziehbare Deutung, nämlich: Wir werden gebraucht. Das ist am Ende die Kehre im Ereignis selber. Das Ereignis ist nicht nur etwas, auf das wir hingehen, sondern die Opfer sind nicht sinnlos, wir werden gebraucht. Ich sage es schon einmal vorweg. Ich könnte es Ihnen auch gleich direkt zitieren, aber ich lasse es jetzt, um die Fuge und ihre Fügung nicht zu unterbrechen. »Dieses Überwundenwerden« – nämlich dieses vorläufigen Gefüges, und jetzt kommt eine schreckliche Redewendung, aber ich kann sie Ihnen nicht ersparen –, »wenn es ein echtes ist und notwendiges, bringt freilich das Größte«.[437] ›Wenn es ein echtes ist und notwendiges‹. Es wäre schon schrecklich, wenn stünde: wenn es ein schreckliches und notwendiges ist; es wäre schon schrecklich, wenn da nur stünde: wenn es echt und notwendig ist. Aber es bleibt einem sprachlich wirklich nichts erspart. Also: »wenn es ein echtes ist und notwendiges«. Das ist wieder das handwerkliche Geholper, das sich gleich schon in Sprachbricolage verwandelt, auch wieder eine antizipatorische Wendung. »Dieses Überwundenwerden ... bringt freilich das Größte«. Da ist ein ›freilich‹ dazwischen. Warum ›freilich‹? Nicht wahr, das ist die Geste: Mit

Verlaub, ja, wenn's erlaubt ist, ist das freilich das Größte. Und plötzlich kommen solche kleinen Devotionsgebärden in die große sprachliche Devotion hinein. Und das ist so etwas von Anbiederung, die durch die ganze Sprache hindurchgeht. Also wenn man so formuliert, charakterisiert man sich zugleich nicht nur als der esoterische Denker, sondern auch als der kleine Mann, also als zum einfachen Volk gehörig: »Dieses Überwundenwerden ... bringt freilich das Größte: es bringt einen denkerischen Versuch erstmals geschichtlich in seiner Zukünftigkeit zum Stehen, zum Hinausstehen in die Zukunft und in die Unumgänglichkeit.«[438] Also sozusagen ein Denkglied, um das man da nicht herum kann: »in die Unumgänglichkeit« wird es gebracht, es wird »zum Stehen« gebracht, es steht hinaus in die Zukunft. Eine schreckliche verquaste Metaphorik, aber zu gleicher Zeit ganz und gar in den militanten Metaphern, die alle etwas Machistisches haben, der Zeit, in der es formuliert worden ist.

Und nun die Rechtfertigung im ganzen: »Die Fuge ist etwas wesentlich anderes als ein ›System‹. ›Systeme‹ nur möglich und gegen das Ende zu notwendig im Bereich der Geschichte der Leitfragenbeantwortung.«[439] Das klingt nun, als ob wir ein Formular ausfüllen müßten, ob die Leitfragenbeantwortung wirklich ganz und gar geglückt ist. Daß solch ein Wort überhaupt in einen solchen Text reinrutschen kann, bleibt ein komplettes Rätsel. Wenn es wenigstens noch ›Leidfragenbeantwortung‹ mit ›d‹ hieße, aber es heißt wirklich nur ›Leitfragenbeantwortung‹ mit ›t‹. Also: dieser Bereich, da sind Systeme gestattet; für den, der diesen Bereich überschreitet, bleibt die Fuge. »Die sechs Fügungen der Fuge stehen je für sich, aber nur, um die wesentliche Einheit eindringlicher zu machen.« (Die werden wir dann kennenlernen. Wenn wir das Buch bis zu Ende lesen, sind es allerdings sieben, und das, worin wir uns hier im Augenblick bewegen, ist ja ein achtes Kapitel, »Der Vorblick«. Aber das hätte er natürlich bei einem Druck dann anders angeordnet, daß es wirklich die sechs Fügungen geblieben wären.) Warum gerade sechs? Weil es drei wesentliche Hinsichten gab, und diese drei wesentlichen Hinsichten beziehen sich nun auf sechs spezifische Fügungen – zweimal drei –, von denen jeweils immer zwei als Pärchen zusammengenommen werden können. Also ganz kann man das Systematisieren doch nicht lassen, wenn man fügt. »In jeder der sechs Fügungen wird über das Selbe je das Selbe zu sagen versucht«.[440] Die große mystische Wendung, also was weiß ich, Goethes Hafis: »Dein Lied ist drehend wie das Sterngewölbe,/Anfang und Ende immerfort dasselbe«.[441] Immerfort das Selbe, durch alles hindurch das Selbe sehen, das ist die eigentliche mystische, wie ich vor einigen Semestern gezeigt habe,[442] der Aufklärung vorarbeitende Transparentmachung der Welt.

Auch die Aufklärung wird Wert darauf legen, durch die sinnliche Erscheinungsfülle hindurch einige wenige Gesetze und schließlich ein spezifisches Funktionieren zu sehen. Also Kant in seiner Erkenntnisproduktion ist ein klassisches Beispiel des Überganges von der Mannigfaltigkeit der sinnlichen Erscheinungswelt zu den einfachen rationalen Mechanismen; die Weltformel-Suche in unserem Jahrhundert ist ein klassisches Endprodukt dessen. Sie sehen, wie nahe die nominalistische Mystik und die europäische Aufklärung tatsächlich miteinander verwandt sind. Aber hier wird auch das überboten, nämlich nicht durch alles hindurch dasselbe, sondern »über das Selbe je das Selbe zu sagen«. ›Über das Selbe‹: das ist immer wieder der Unterschied, der ausbricht, es ist immer wieder die ontologische Differenz, die selber plötzlich die Macht gewinnt, es ist immer wieder der Ursprung in actu, es ist immer wieder dieses eigentliche Subjekt der Bewegung. ›Über das Selbe das Selbe sagen‹. Sie könnten sagen, das ist ja ganz nahe dran an den Reflexionsformen der Tradition. Also, womit endet das zwölfte Buch der »Metaphysik« des Aristoteles? Einmal damit, daß die Herrschaft des Einen beschworen wird, so wie auch immer Einer herrschen muß – also unter den Göttern der Zeus, unter den Menschen der König, jetzt mit Ilias-Zitierung bei Aristoteles[443] –, und dann mit einer Formel, die diese Einheit im Denkprozeß nachbildet, eine klassische Legitimationsformel: »noēsis noēseōs noēsis«.[444] *Noesis* heißt Denken, *noēseōs* ist der Genitiv; es entfallen die an sich in dieser Zeit gebräuchlichen Artikel für eine solche Wendung. Es heißt nicht, daß das Denken ein Denken des Denkens sei – was man im Griechischen genauso sagen würde, wenn man es in einer deduktiven Form der Erörterung explizieren müßte –, sondern es heißt ›Denken Denkens Denken‹. Das ist, wie Om mani padme hum oder dergleichen, eine Meditationsformel. Machen Sie den Versuch: sagen Sie es vor dem Einschlafen viele Male leise vor sich hin, vielleicht hilft es besser als die Schäfchen oder sonst irgend etwas; Sie werden bemerken, daß Sie tatsächlich in Trance fallen. »*Noēsis noēseōs noēsis*«. Aber in dieser Weise beim ›Eigenen‹ zu bleiben, sich also durch Umgang mit Anderem nicht zerreißen zu lassen, ist so etwas wie eine letzte Autonomiebastion, die da von dem Denker eingenommen werden soll, der sich im Denken nicht durch anderes beeinflussen läßt, also die perfekt gemachte Xenophobie des Reflexionsvorganges selbst: »*noēsis noēseōs noēsis*«.

Hier aber geht es auf die perfekte Selbstaufgabe zu: immer das Selbe sagen vom Selben, nicht um bei sich zu bleiben, sondern um endlich wirklich, ganz und gar loszukommen von sich. Das jetzt ganz primitiv als die Gegenbewegung gesagt. Und nun wird expliziert: »Äußerlich und stückhaft gesehen, findet man dann leicht überall »Wiederholungen«. Doch das Verharren beim Selben, dies Zeugnis der echten Inständlichkeit des anfänglichen Denkens« – Inständlichkeit wird auch zu einem Terminus. Echte Inständlichkeit muß es dann sein, darunter geht es nicht. Inständigkeit ist ja ein schönes Wort der Mystik, natürlich in gefährlicher Nähe zur Inbrunst als mystischem Zentralbegriff – so wie der Affekt nach außen und das Begehren verworfen wird, sich innerlich abspielen muß, statt der Brunst, die sich auf anderes richtet – und dann auch noch als Zentralbegriff etwa des Singens geistlicher Lieder; so auch hier. Statt daß man auf irgendeiner Position außen steht, steht man innen: Inständigkeit. Hier wird die Inständigkeit, die aber immer noch Subjektsache ist, einen Schritt weitergeführt: man kommt nämlich in diesen Stand, man wird in ihn versetzt, man ist nicht inständig sondern inständlich. Es ist also die Verfaßtheit, die fundamentalontologische Verfaßtheit gemeint, auch wenn die Fundamentalontologie hier längst als überholt abgewiesen ist. Inständlich, nicht inständig. »Doch das Verharren beim Selben, dies Zeugnis der echten Inständlichkeit des anfänglichen Denkens, fugenmäßig rein zu vollziehen, ist das Schwerste. Dagegen ist das fortgesetzte Fortlaufen in der Anreihung ständig sich anders bietender ›Stoffe‹ leicht, weil es sich von selbst ergibt.«[445]

Sie sehen, daß er nun bei dieser Redewendung ganz und gar mit dem musikalischen Begriff der Fuge auch spielt, also das Fortlaufen zu anderen Stoffen. Denn die Fuge ist ja (fuga – Flucht) ein Fortlaufen: eine Stimme läuft vor der anderen fort, die andere läuft der einen hinterher, der Abstand verringert sich nicht. Beide können sich nie kriegen, also sozusagen die gefrorene Differenz zwischen den beiden. Ein gefrorener Abstand, der aber trotzdem für den Hörer ein Simultané in der Erinnerung wird. Für Heidegger ist das – so sage ich es jetzt interpretierend – natürlich ein Symbol dafür, daß hier immer nur um den Berg gekreist wird, den heiligen Berg des Seins, daß der Abstand sich nicht verringert. Fuge auch in dem Sinne, daß das, was verfolgt wird, und derjenige, der es verfolgt, in ununterbrochener Annäherung sich niemals näherkommen. Zu der Direktheit, andenken den Ursprung in actu, gehört, daß jede Redeweise das verfehlt. Das heißt, das reale Opfer und das beredete Opfer sind und bleiben immer noch zweierlei. Darum die resignative Redewendung, die ich Ihnen voriges Mal zitiert hatte, von der ›Massenexistenz‹ hier und den eigentlichen Opfern gleich Märtyrern dort, und den ›Wenigen und Wesentlichen‹, die dieses bedenken und sich darum zu Bünden zusammenschließen (also bündische, ordensmäßige Zusammenschlüsse der Zeit in allen faschistischen europäischen Ländern), und auf diese Weise trotz Fuge, wo man's nie außer im Realopfer erhascht, sich ständig schwören, bereit zu sein für eben dieses, respektive eben ein solches: immer das Selbe vom Selben. Und wenn ich mit Worten nicht rankomme, nimmt das nun skurrile Züge der Annäherung bei Heidegger in den Spätschriften an. Da wird dann eines Tages nicht mehr von der ontologischen Differenz geredet und nicht mehr von der Fuge, sondern es wird die Welt, die aus Opferstoff ist und sich wiedergebiert aus diesem Schoß, beschrieben als verfügt in die ›Vierung‹ von Erde und Himmel, von Sterblichen und Göttern. Sie wird auch noch anders beschrieben. Und diese ›Vierung‹ wird dann als das sozusagen ursprungsmythisch gegründete Opferareal beschrieben, als »Geviert«. Aber als dieses »Geviert« ist es dann wieder etwas, was man nicht verdinglichen darf. Darum wird das »Geviert« wie mit einem ›c‹, wie mit einem liegenden ›X‹ durchkreuzt. So erscheint es dann im Schriftbild, das durchkreuzte Geviert. Alles Versuche, sich auf dem Weg über die Festlegung des Opferortes und jeweils nach Vorbereitung auf die richtige Opferzeit dem Seinsschlund zu nähern, nennen wir es einmal mit so einem mißverständlichen Wort. Aber so hätte es Heidegger natürlich nicht nennen wollen, aber sich durchaus denken können.

»Jede Fügung steht jeweils in sich, und dennoch besteht ein verborgenes Ineinanderschwingen und eröffnendes Gründen der Entscheidungsstätte« – »Entscheidungsstätte«: das läßt denken an die Schlacht auf dem Lechfeld oder auch an Golgatha; also Entscheidungsstätte ist Schlachtplatz, ist Opferstätte, wenn sie denn kommt; warum muß hier die räumliche Metapher sonst überhaupt kommen? – »für den wesentlichen Übergang in die noch mögliche Wandlung der abendländischen Geschichte.«[446] »Gründen der Entscheidungsstätte«: wo also der Kampf zwischen den widerstehenden Mächten des Seins, die einen belagern, und des Seienden und dem entsetzenden Sein geführt wird. 1933 war sie konkret gesehen, so konkret spielte es sich dann, beharrend auf dem Wesentlichen der Wandlung, für den Vordenker dieses Wesentlichen nicht ab. Die wesentliche Wandlung stand also noch aus. Noch immer ist die Hoffnung nicht aufgegeben, daß auch sie konkret werden könnte. Das heißt, das Spiel mit dem Tieferlegen der Fundamente des NS und dem Sich-Erheben über sie geht fort bis zum Ende dieses Buches. Die ambivalenten Urteile, die Sie hören, also: Hier ist er in die innere Emigration gegangen, oder er ist bis zum Ende doch dabei geblieben, sind immer beide richtig. Ununterbrochen passiert dieses zugleich: dem NS, wenn er denn willig ist darauf zu hören, werden die Fundamente immer tiefergelegt; und zu gleicher Zeit, wenn er denn nicht willig ist, darauf zu hören, wird er ununterbrochen mit seinen eigenen Mechanismen überboten und überstiegen. Ständig geht es nach oben und ständig wieder auf den konkreten Opferstein zurück. Ohne Realopfer keine Annäherung, die Vertrauen verdient, die legitimiert wäre. Andererseits sind die Realopfer immer schon die Opfer, die eigentlich sehnsüchtig erwartet werden. Sind sie nicht alle noch, mit der Wendung aus der kleinen ›Feldweg‹-Schrift, »vor der Zeit«?[447] Das war ja dort der Vorwurf: nicht, daß geopfert worden ist, sondern »vor der Zeit«.

Und nun die sechsfache Fügung selbst: »Der *Anklang* hat seine Trag-weite in das Gewesende« – also das »Gewesende« als noch wesend in das Gewesende – »und Künftige und somit« – jetzt mit ballistischer Wendung, kriegen Sie keinen Schreck! – »seine Einschlagskraft in das Gegenwärtige durch das Zuspiel.«[448] Wenn Sie jetzt diese erste Fuge über den Anklang lesen, merken Sie, daß der Anklang einer ist, wo im Sichentziehen des Seins es trotzdem anklingt. Anklingt in welchem Klingen?, fragt Heidegger, wiederum mit sozusagen einer Sphärenmusik lauschender Wendung. Auch dieses geht ja her und hin: die feinen Wendungen, die gereinigten Wendungen und das Durchschlagen der rohen und kruden Wendung, wie hier die »Einschlagskraft in das Gegenwärtige«. Während ich den Anklang höre in dem, was sich entzieht, schlägt trotzdem etwas in das Gegenwärtige ein. Und das ist nun gleich das, was das nächste Kapitel, die nächste Fuge jetzt in Kurzfassung vorführt: »Das *Zuspiel* nimmt seine Notwendigkeit erst aus dem Anklang der Not der Seinsverlassenheit.« Die Seinsverlassenheit klingt an und damit zugleich ein Zuspiel von der anderen Seite, ganz verlassen also doch nicht. Zuspiel: mir wird etwas zugespielt; jetzt denken Sie natürlich an den Ball im Augenblick. Daß etwas einem zugespielt wird, hat hier noch nicht den Eintritt in die Spielsphäre – also in die Sphäre des Spielens in dem Sinne etwa der Schillerschen Spielvokabeln –, sondern Zuspiel ist immer noch, sagen wir: plump akustisch gemeint. Also die Fuge hat jetzt eine eigene formierende Sprachkraft entwickelt für die Darstellung der Stimmen. Anklang im Weggehen, Einschlag durch dennoch Zuspiel. Und darum kann er nun sagen, in Nummer drei: »Anklang und Zuspiel sind Boden und Feld« – wiederum irritiert etwas, womit Sie jede Prosa kaputtmachen können, nämlich indem Sie Kryptoverse schreiben; also eine insgeheim rhythmisierte Prosa – »für den ersten Absprung des anfänglichen Denkens zum *Sprung* in die Wesung des Seyns.«[449]

Elfte Vorlesung

Die dritte Fuge heißt »Sprung« und ist die wichtigste Fuge, denn in ihr wird der Ursprung ersprungen. Der Ursprung ist nicht mehr selbstverständlich da. Damit nach mir gegriffen wird, muß ich springen. Der Ursprung wird ersprungen. Er wird mit der Sprungmetapher sehr viel machen. Der Sprung ist ja wieder die ontologische Differenz; ein Gefäß, das einen Sprung hat, so wäre es objektiv bezeichnet; das Sein ist nicht dicht. Der Sprung ist dann etwas, was gemacht wird: weg vom Ursprung. Bliebe er dabei, wäre es das Entspringen dessen, der sonst gefangengehalten würde vom Ursprung. Aber der Metapherngebrauch zielt auf die dritte Denkfigur, nämlich: der Sprung nicht als der im Sein und nicht als der weg vom Ursprung, sondern, nachdem der erste Sprung nicht rückgängig zu machen ist und alle weggesprungen sind, nun der Sprung, der den Ursprung wieder erspringt. Das ist die Heideggersche Zentralmetaphorik. In dem berühmten Buch »Der Satz vom Grund« wird der Sprung noch einmal durchexerziert unter dem anderen auch in der Umgangssprache dafür gebräuchlichen Wort ›Satz‹.[450] Der ›Satz vom Grund‹ ist der Satz weg vom Grund; der Satz, der formuliert ist als Satz vom Grund: Nichts ist ohne Grund, ist dann der Satz, mit dessen Hilfe man diesen Grund wieder erreicht. Denn Sie können ja dieses »Nichts ist ohne Grund« zweifach modulieren. Sie können den Akzent verschieben, Sie können sagen: ›Nichts i s t ohne Grund‹ und Sie können sagen: ›N i c h t s ist ohne Grund‹, alles hat einen Grund; nichts ist ohne Grund: das Nichts selber ist grundlos, es ist der eigentliche Grund, Nichts ist eigentlich der Mysterienausdruck für Sein. So verschiebt sich das Denken, das auf die Begründung von Seiendem blickt, zu einem Denken hinüber, das den Seinsgrund selber und nicht mehr das Seiende meint. Dann ist aus dem Satz: weg vom Grund, der in Grundsätzen formuliert ist, die diese Kluft überspringen sollen, der Satz zurück geworden, das heißt das Erspringen des Ursprungs. Sie können sich weitere Vokabeln dafür ausdenken, und Sie können sicher sein, Heidegger hat sie sich auch gedacht. Also, Sie können mit allen Vokabeln der Sprache immer wieder die gleichen Denkfiguren machen; Sie können immer wieder das Selbe denken mit dem Selben. Die Sprache selbst wird ja nicht sinnlos so differenziert gebraucht. Jemand macht einen Satz oder setzt ab – das hat ja affektiv sehr verschiedene Stimmlagen. Nicht umsonst sind dann diese Wörter in differenzierter Rede jeweils mit spezifischer Intention versehbar. Hier verschwinden alle diese Differenzen zugunsten der einen, der ontologischen Differenz. Und alle Sprachbildung wird in diesen Opferungsprozeß sozusagen sinnbildlich mit hereingenommen, alle versucht wirklich nur noch das Selbe mit denselben Worten zu sagen. Also wenn an irgendeiner Stelle die Entleerungsleistung Heideggers sichtbar wird, die zugleich eine Vorbereitung für die Realentleerung ist, durch die Sie nun das Aufnahmegefäß für diese oder jene Bewegung werden, wenn an irgendeiner Stelle dieses wirklich direkt sichtbar wird, hörbar wird, dann in dieser Sprachinstrumentalisierung: die Worte, die sprachlichen Komposita vor allem, werden samt und sonders zu Requisiten für dieses Opferritual, in das hier eingeübt wird. »Der Sprung eröffnet zuvor die unabgeschrittenen Weiten und Verbergungen dessen, wohin die *Gründung* des *Da*-seins, zugehörig dem Zuruf des Ereignisses, vordringen muß.«[451] Hier ist es nur erst »Sprung«. Aber der »Sprung« will mehr sein, nämlich »*Gründung*«. Und die Gründung will in etwas gründen, was aus der abendländischen Tradition, der morgenländischen Tradition, den Traditionen, an die wir keine Erinnerung mehr haben, und denen, die nach uns kommen werden, sicherlich nicht wegzudenken ist, nämlich Wahrheit. Was immer mit diesem Wort gemeint sein sollte, auch Heidegger nimmt es in Anspruch. Wahrheit war im ›ersten Anfang‹ die antike griechische *aletheia* (Unverborgenheit), Wahrheit wird im ›anderen Anfang‹ zwar immer noch mit *aletheia* eingeführt, aber meint ganz etwas anderes. Das wird der Gegenstand der letzten Stunde für mich sein.

Ich sage Ihnen nur noch, wie die Fugen weitergehen: »*Gründung* des *Da*-seins«, die vierte Fuge. »All diese Fügungen müssen in solcher Einheit bestanden werden« – sie werden also plötzlich zu Prüfungen, die man bestehen muß – »aus der Inständlichkeit im Da-sein, die das Sein der *Zukünftigen* auszeichnet«, die fünfte Fuge. Die ›Zukünftigen‹ werden inständlich sein, wo es uns nur mal kurz und in Andeutung gelingt, denn, sechste Fuge: »Sie übernehmen und verwahren die durch den Zuruf erweckte Zugehörigkeit in das Ereignis und seine Kehre und kommen so vor die Winke *des letzten Gottes* zu stehen.« Von diesem letzten Gott denken wir, daß wir auf ihn warten, aber – Godot ist bereits übertrumpft in der Heideggerschen Formulierung – er wartet auf uns. Das ist die Kehre nachher im Ereignis. »Die Fuge – die sich den Zuruf fügende« – ›die s i c h den Zuruf fügende‹: kein ›dem‹, sondern ein ›den‹ – »und so das Da-sein gründende Verfügung.«[452] Es kann natürlich ein Druckfehler sein mit dem ›n‹ statt dem ›m‹, das müßte jemand im Manuskript nachschlagen. Aber beides hätte seinen Sinn in diesem Zusammenhang: ob sie noch fügt und so sich gründet, oder ob sie sich fügt, sich selbst fügt und so gründet; also wahrscheinlich wird doch das ›m‹ gemeint sein. Lassen wir es dahinstehen. An der Sache im ganzen ändert es nichts. Charakteristisch ist ja dieser Schluß schon. Fugenbeschwörung am Ende noch einmal. Und letztes Wort, wie zum Schutz des Ganzen, was gesagt ist, wieder diese bürokratische Herrschaftsmetapher: »Verfügung«. Nun aber eine Verfügung, von der klar ist, daß sie nicht mehr in der Macht des Verfügenden steht. Der hat sozusagen die Prophetenrolle, wenn ein solcher Widerspruch erlaubt ist, oder sagen wir besser: Opfer-Ausruferrolle, zu gleicher Zeit natürlich die des Regisseurs und Inszenators übernommen für dieses Ritual, das ich Ihnen anhand des Buches »Vom Ereignis« vorführe. Also nächstes Mal in der letzten Stunde: die von Heidegger beanspruchte Wahrheitsfrage.

Zwölfte Vorlesung
gehalten am 19. Juli 1990

Wir sind also am Ende dieser Vorlesung angelangt. Das ist ein größerer Einschnitt als sonst, weil ich den Winter über ein Forschungssemester habe. Trotzdem werde ich sehen, daß ich mit der hier angezeigten Faszinationsgeschichte in irgendeiner Form fortfahre. Ich werde es mir noch überlegen und noch mit Verschiedenen am Institut darüber sprechen, was das Zuträglichste ist.

Auch hier habe ich Ihnen natürlich nicht dieses Notizen- und Meditationen- und Aufrißkonglomerat – die Fügung in sechs Fugen, zu denen noch eine Vorfuge gehört und dann eine Nachfuge, so daß es acht Teile sind – in extenso vorführen können. Es war mir viel wichtiger, zu zeigen, worin die Faszination bestand, die, wäre das Buch damals erschienen, es in noch höherem Maße ausgeübt hätte als die damals schon erschienenen Bücher; davon bin ich überzeugt. So genau trifft es den Ton jener Zeit, daß es so ganz ein Spiegel ist und noch die Realität zu übertreffen versucht, aus der es sich nur scheinhaft heraushebt. Heidegger als der begrifflich klarste Spiegel der Vorstellungen jener Zeit, ein Seismograph, der da mitmacht, völlig angepaßt, völlig fügsam. Alles, was da auszubrechen scheint, ist genau in dem Ausbruchsklischee der Zeit selber, alles, was da exklusiv zu sein scheint, genau in den Exklusivitätsvorstellungen der Zeit; auch die Umkehrungen: das eigentliche Selbstsein gegen das ›Man‹ gestellt – so hatte man es empfunden. Der von Heidegger postulierte ›andere Anfang‹ war in der Tat in seinem Selbstverständnis der des Nationalsozialismus. Er hatte eine reale Vorbereitungs- und Nachbereitungszeit – so wie in Heideggers Früh- und Spätwerk. Er ist aktuell geblieben, so wie hier dieses große Konvolut, und was da noch kommt. Das war also das eine Interesse.

Und ich habe versucht, das in mehreren Richtungen näher zu bestimmen. Dazu gehört natürlich auch die Bestimmung der Faszination in diesen verschiedenen Aspekten. Und dazu gehört dann, daß man sich klarmacht, wovon alles nicht die Rede ist. – Zunächst die näheren Aspekte. Da ist einerseits Heidegger mit diesem »Ereignis«-Buch geglückt, den Epiphaniebedarf seiner Zeit zu stillen. Das heißt, das tut er schon, wo er vom Ereignis redet, ohne daß das Buch damals hätte gelesen zu werden brauchen; aber wäre es damals gelesen worden, hätte es schon darum Furore gemacht. Wovon nicht mehr geredet wird unter diesem Aspekt, ist die Ursache – es wird keine Ursachenforschung betrieben. Die Begründungen und Gründe werden immer tiefer- und tiefergelegt. Wir werden heute unter dem Stichwort ›Gründung‹, und zwar Wahrheitsgründung, wie angekündigt, das noch einmal an einem Exempel verfolgen. Epiphanie heißt ja zunächst Erscheinung. Aber der philosophische Witz dieser Heideggerschen Erscheinungsphilosophie ist, daß sie mit einem veralteten, nämlich dem phänomenologischen Erscheinungsbegriff, innerhalb dessen Grenzen er zunächst philosophisch seine Lehrjahre absolviert hat, bricht.

Ich hatte es schon in der letzten Stunde am Montag – ich hatte sie mir als aufeinander zulaufend gedacht – so gesagt: die transzendentale Deduktion Kants soll die Welt der Erscheinungen und deren Bestand und deren Gültigkeit beweisen; sie ist eine domestizierte Epiphanielehre.[453] Die Philosophie der Aufklärung insgesamt domestiziert die epiphanischen Kultwelten früherer Zeit – man kann zeigen, wie das durch die Begriffe wandert (ich habe jetzt nicht die Absicht, das zu tun) – zu einer Gleichmäßigkeit und Gesetzlichkeit des Erscheinens. Da kann nicht mehr ein Wunder tuender Gott oder ein die Weltordnung aus den Angeln hebendes Schicksal zuschlagen. Wo das dann doch der Fall ist, gibt es auch für das Denksystem eine Katastrophe, so wie das Erdbeben von Lissabon.[454] Das ist dann plötzlich nicht recht einfügbar in diese Lehre von der Welt der Erscheinungen. Es stellt die Domestizierung des Schicksals in einer solchen Philosophie in Frage. Und die Phänomenologie, deren Namen besagt: Erscheinungslehre – der *logos* der *phainomena*, der Erscheinungen –, ist ja dann ein letzter Posten: nur noch Erscheinungen, diese aber, ohne sich ins Gehege zu kommen, herauspräparierbar aus dem Chaos der Realität. Und an dieser Stelle der erste Stoß, den Heidegger, bis heute wirksam, der Philosophie gegeben hat, mit diesem veralteten, weil so völlig domestizierten Epiphaniebegriff zu brechen und zu sagen: nicht die regelrechten Erscheinungen, sondern Ereignisse; aber nun mit der charakteristischen Wendung: nicht nur Ereignisse, sondern d a s Ereignis, im Singular gebraucht; vom Ereignis, vom Ereignis her gedacht diese Spätphilosophie; Spätphilosophie ist ein falscher Begriff in dem Falle, er fällt ja in die Mitte seiner Wirksamkeit. Das trifft auch die Änderungen der Zeit-Vorstellungen in den exakten Wissenschaften sehr genau, aber mit charakteristischer Drehung. Die exakten Wissenschaften,

denen er mit einer quasi feldtheoretischen Lehre des In-der-Welt-seins in
»Sein und Zeit« schon metaphorisch zugearbeitet hatte, werden nun – in
dem Augenblick, wo unterhalb der geordneten physikalischen Formenwelt (ein Ereignischaos) lauter Ereignisse, die man nur noch statistisch
fassen kann, sichtbar werden – plötzlich in der Physik zu einem Problem.
Und alle Weltformel-Anstrengung zielt natürlich auf die Ableitung dieser Formenwelt aus dem Ereignischaos. Umgekehrt bei Heidegger: Das
Ereignis selber sorgt für das, was geschieht, Ableitungen sind schon ein
Eingriff in die Ereignismacht des Ereignisses.

Wie kommt es zu dem Singular? Wie kommt es, daß ein sozusagen
prophetischer Singular – ich meine damit ein dem Prophetismus der
Verkündigung des einen Gottes zukommender Singular – hier plötzlich in die modernisierte Welt der Erscheinungen hineinfährt? Die vielen kleinen Epiphanien bekommen sozusagen einen pansakramentalen
Touch. Auch das ist ja sehr modern, Pansakramentalismus: alles gleichartig illuminiert. Was habe ich mich um Ableitungen zu kümmern, wenn
ich diese so sich illuminierende Welt feiern kann. Aber das alles ist immer nur Vorbereitung, Vorbereitung, Vorbereitung. Und wenn wir singularisch vom Ereignis sprechen, dann können wir nur in den singularia
reden, die die Offenbarungsreligionen begleitet haben, also d e r eine
Gott oder das eine Weltgericht, d i e Katastrophe, d a s Offenbarungsereignis. Immer derartige Ableitungen von d e m Ereignis, in dessen
Lichte dann die einzelnen Ereignisse erst ihren Ereignischarakter gewinnen. Heideggers Ereignisbegriff hat hier gleich dreimal profitieren können. Einmal in dem allgemeinen theologischen Rahmen: diese Vorbereitung, wo das Christusereignis eine Katastrophe war, die umgedeutet
werden mußte in etwas, was als Glaubensereignis, ständig sich wiederholend, dann doch innerlich und später auch in einer unbestimmten
totalen Weise zu der Totalveränderung der Welt führen wird; dann ein
Ereignis, das zunächst Geschichtsmitte war, in manchen der faschistischen Staaten ja auch mit einer neuen Zeitrechnung markiert wurde,[455]
bei uns so nicht, und das dann – drittens – überstrahlt wurde von dem
Endereignis, auf das als die noch größere Erneuerung, als den eigentlich
anderen Anfang dann das Ganze zulief, also '33 ersetzt durch 1945.

Ich hatte das letzte Mal schon gesagt, wie antizipatorisch es ist,
wenn mit dieser gnostischen Redewendung gesagt wird, daß das große
›Ent-setzen‹, das nun die Grundstimmung ist und das die Angst noch
übertrifft, die in »Sein und Zeit« die Grundstimmung war, tatsächlich ein
großes Ent-setzen ist. Das Sein selbst führt das Seiende, das da denkt und,
inmitten des Seienden verstrickt, dauerhaft aus diesem Seienden heraus,

ent-setzt es. Die Belagerung wird aufgebrochen. Aber es wird auch aus dem Status, ein Seiendes zu sein, herausgesetzt; es ist diese Art von Entrückung, wie sie zum Beispiel jedem Heros widerfährt, wenn er denn endet. Entsetzung, so, in dieser Weise dann auch das Thema eines späteren Durchhaltefilms wie des »Kolberg«-Films[456]: auch auf das Ereignis warten, was da herausreißt aus der Belagerung durch das Seiende. Also, es schadet nichts, wenn wir es jedesmal wieder auf die gängigsten Vokabeln zurückführen. Die Heideggersche Entsetzensformulierung ist eine, die die Schreckensseite des Kultes mit dem verknüpft, was dann dahinter sich zeigt und weswegen man diese Schreckensseite in Kauf nimmt; ein Mechanismus der Initiation durch die Angst, in diesem Falle das Entsetzen, hindurch.

Zunächst noch einmal das Ereignis: also nicht nur das große politische, das einem noch größeren Platz machen wird, nicht nur der Rückgang in die Christuskatastrophe mit ihrer Wiederholung im Glaubensereignis, sondern nun auch noch, sozusagen in anderer Weise, ein alle alten übertreffender Domestikationsversuch. So wie man mit der gleichmäßigen Welt der Erscheinungen sich vor Dämonen und Eingriffen des deus absconditus wehrte – nun war alles gleichartig die Welt der Ereignisse –, so ist das, was nun als Ereignisse in der Ereignisfaszination unserer Tage erscheint, samt und sonders eine Domestizierung der Katastrophe, die jederzeit eintreten könnte, zugleich eine Einübung in diese und zugleich das Training dafür, das, was in ihr Sprengkraft hat, als etwas insgeheim Erwartetes, zu suchen. Das heißt, Sie sehen, was das Bedürfnis danach dirigiert: der große Ausbruch, der ohne die vielen kleinen Veränderungen zu haben wäre, die in der Ursachenforschung den Zustand der Gesellschaft und die Möglichkeiten, in ihn einzugreifen, zu einem enorm schwierigen und schwer übersichtlichen Unternehmen machen. Welch eine Ökonomie, zu sagen: Ich werde aus alldem herausgerissen durch ein Ereignis! Das wäre d a s Ereignis. Plötzlich steht dann das Ereignis für den Katastrophenaspekt von Freiheit, es wäre d a s große Befreiungsunternehmen, in dieser Weise entsetzt zu sein. Unglaublich schwirig, damit in der Psyche der Betroffenen zunächst umzugehen, die dieser Faszination verfallen sind. Denn es ist ja keine philosophische Faszination, auch wenn sie sich hier in philosophischen Metaphern ausdrückt, sondern eine ganz handfeste materielle oder auch antimaterielle, wie Sie wollen. Es ist ein Versuch, sich aus der Geschichte – diese fehlt, keine Rede davon –, den Arbeitsverhältnissen – diese fehlen, keine Rede davon –, anderen Verstrickungen, den sexuellen zum Beispiel – diese fehlen, keine Rede davon –, herauszuheben oder, richtiger gesagt, herauszu s p r e n g e n.

Natürlich ist das, wovon ich eben sprach, alles auch da. Die bürokratisch umsichtige, alles mit allem ständig penibel vergleichende und die Vokabeln massenweise vorführende und dann wieder untereinander austauschende Verfahrensweise – natürlich ein Abbild der Warenwelt: immer neue Reize werden ausprobiert. Die Produktionssphäre ist unterschlagen, beziehungsweise das Monopol ist total herbeigeführt, es gibt nur noch einen fiktiven Produzenten, nämlich das Sein. Und auch das darf nicht mehr genannt werden, es könnte ja dann dingfest gemacht werden, und dann könnte es doch noch in einen Konkurrenzkampf hineingezogen werden. Also nur noch *das* Ereignis dieser Produktion, das zugleich Produktionsende wäre – wieder sind wir bei dem Singular.

Natürlich ist die ganze Welt der sexuellen Verstrickungen da. Ich hatte Sie mehrfach darauf aufmerksam gemacht, wie peinlich das ›inständliche Heraussstehen‹, ›Einstehen‹, die ›Machenschaften‹, das Umgehen mit dem Dingbegriff und so weiter, also wie es immer unterirdisch an dem hier versagten Herrenabend dran ist. Das ist etwas, was auch mitspielt. Natürlich ist es innerhalb einer philosophischen Interpretation nicht gern gesehen. Aber es rächt sich eben, es auszuschalten und nicht zu analysieren. Und selbstverständlich sind die realen Gesellschaftsverhältnisse präsent, selbstverständlich ist die Realgeschichte präsent, nicht nur in den Vokabeln, die zum Teil kurz vorher und kurz nachher so nicht mehr gebraucht wurden und in dieser merkwürdigen Fixierung durch Heidegger dann erhalten geblieben sind, also beispielshalber die pathetische ›Entschlossenheit‹, die in dieser Weise sich mit dem Stimmklang von damals durchzieht. Es sind auch die Requisiten der Zeit erhalten. Also ich will ein Beispiel geben: Als Sie nach dem Krieg den Band »Unterwegs zur Sprache« lasen, wird in dem Schlußaufsatz so geredet, als wäre es auf einer Parteischulung für Traditionsabende vorgedacht: ›Sage und Brauch‹. Sage und Brauch sind die leitenden Worte.[457] Und in dieser Weise in das Sprachwesen einbezogen zu werden, ist dann auch ein Teil des Ereignisses. Er meint es als tieferliegend. Aber es bleiben die gleichen Worte. »Das Ereignis ereignet in seinem Er-äugen des Menschenwesens« – hier wird das Ereignis in seiner Aktivität bis zu einem jagenden Tier stilisiert – »die Sterblichen dadurch, daß es sie dem vereignet« – also ganz und gar zu eigen gibt –, »was sich dem Menschen in der Sage von überall her auf Verborgenes hin *zu*-sagt.«[458] Die eigentliche Sage, nicht mehr nur die Sage der Väter. Aber der Gebrauch des Wortes Sage lebt natürlich von der Aufladung des Wortes Sage. Was er zusätzlich hiermit tut, ist nur durch diese Aufladung, die das Wort schon hat, möglich, nämlich die Überbietung, die Übertrumpfung. Und dann: »Das Ereignis ereignet den

Menschen in den Brauch für es selbst«.[459] Das ist eine gute Beschreibung des alten Brauches, des Opferbrauchs. Und so taucht ja das Wort dann in dem, was ich Ihnen in der Anaximander-Beschreibung vorgeführt hatte, auch auf.

Hier wird auch mit der Katastrophenmöglichkeit gespielt – also dieser Schlußabsatz »gehört in die Reihe von Vorträgen, die im Januar 1959 vor der Bayerischen Akademie der Schönen Künste und von der Akademie der Künste in Berlin unter dem Titel ›*Die Sprache*‹ veranstaltet wurden«[460] –, auch gespielt, ich würde sagen: mit dem Atompilz; jedenfalls irgendwo im Hintergrunde steht er. Man kann natürlich sagen: Nein, nein, das ist die Hegelsche und das ist die Heraklitische Blitztradition, und auch der junge Marx in den ›Grundrissen‹ verfällt ja an einer Stelle, die geradezu eine Heraklit-Paraphrase ist, dieser Tradition.[461] Aber hören Sie selbst: »Wie, wenn das Ereignis – niemand weiß, wann und wie – zum *Ein-Blick* würde, dessen lichtender Blitz in das fährt, was ist und für das Seiende gehalten wird? Wie, wenn das Ereignis durch seine Einkehr jegliches Anwesende der bloßen Bestellbarkeit entzöge und es in sein Eigenes zurückbrächte?«[462] ›In sein Eigenes‹: das ist das *eis ta idia*, das er hier im Ohr hat aus dem Johannes-Evangelium, dort, wo sich der Verfasser mit gnostischen Bildern dagegen wehrt, Gnostiker zu sein und sagt, daß der *logos*, wenn er in das Fleisch fährt, *eis ta idia*,[463] ›in sein Eigenes‹ kommt. Das ist eine sehr fragwürdige Bestimmung dort, denn kommt er nun wirklich ›in sein Eigenes‹ und wird sarkisch? – also *ho logos sarx egeneto*,[464] ›das Wort ward Fleisch‹, Zentrum der Christustheologie –, oder bleibt er in der Logosattitüde auch im Fleisch, so daß er nur seinen Ort wechselt, wieder herausfährt, es nichts zu bedeuten gehabt hat? Die Interpretationen dieses *eis ta idia* sind es, die dann über dieses Verkörperungszentrum der christlichen Theologie und Glaubenslehre entschieden haben. Und daran hängt dann natürlich, ob das tauglich wird für Sozialrevolutionen, ob die Fleischwelt ihren Logos fordern kann, oder ob sie immer nur einem Logos nachzukommen hat, der zeitweilig unter ihr weilt und sie alsdann wieder verläßt. Das ist eine andere Frage. Aber hier spielt also Heidegger mit beidem, spielt mit dem ›lichtenden Blitz‹, der in das fährt, was ist und für das Seiende gehalten wird – in dem Augenblick ist es ja auch nicht mehr –, und der auf der anderen Seite das Seiende vielleicht dadurch »in sein Eigenes« zurückbringen würde.

Weil ich diese Theologieparaphrase gemacht habe, werde ich aus dem Buch »Vom Ereignis« gleich noch eine andere anschließen. Auf Seite 479 in dem Paragraphen 268, betitelt »Das Seyn (Die Unterscheidung)« – also die Unterscheidung ist wieder einmal einer der zahlreichen Titel für das, was wir in seinem Anfang als ontologische Differenz kennenlernten –, heißt es: »Mit dem Entwurf des Seyns als Ereignis ist erst auch der Grund und damit das Wesen und der Wesensraum der Geschichte geahnt.«[465] Ich sagte: natürlich ist die Geschichte präsent, sie ist präsent in dem, wovon hier nicht die Rede ist, aber ständig die Rede ist, also mit allem Kolorit als die Geschichte seiner Zeit. Sie ist präsent mit den Bedürfnissen dieser seiner Zeit – das macht ja die Faszination erst aus –, nur daß sie nicht analysiert werden, sondern so dargestellt werden, daß diese Darstellung schon die Befriedigung zu sein verspricht. Also die Ausarbeitung der Seinsfrage als Antwort auf die Seinsfrage war der Beginn dessen; die Ereignisphilosophie als Ausarbeitung der Angst vor dem Ereignis, das insgeheim herbeigesehnt wird, ist die Station, bei der wir hier verharren. Aber natürlich ist sie auch noch in einer anderen Weise präsent. Ihr müssen ja, der Geschichte nämlich, die Subjekte genommen werden, und deswegen ist sie nicht eine Geschichte der Seienden: Menschen, Personen, historischen Subjekte, oder wie immer Sie es nennen wollen, sondern sie ist nur noch Seinsgeschichte. Und als diese darf sie mit dem Seienden selber sich nicht gemein machen. Hier ist das ›in das Eigene‹ kommen, das ich eben zitierte, mit einem großen Fragezeichen versehen. Ich lese es mal vor: »Die Geschichte ist kein Vorrecht des Menschen, sondern ist das Wesen des Seyns selbst. Geschichte spielt allein im Zwischen der Entgegnung der Götter und Menschen als dem Grund des Streites von Welt und Erde«.[466] Das ist das »Geviert«, das er in dieser Zeit aufmacht. Welt, Erde; Welt ereignet sich: Wenn jäh das Sein verhält, also wenn es eine Verhaltung hat, ereignet sich Welt. Es ist sozusagen ein Betriebsunfall der Bewegung des Seins. Und Erde ist das, woraus Welt sich immer wieder erhebt und wohin es wieder zurück muß. Welt kriegt etwas von männlicher Abenteurerei, Erde behält etwas von den weiblichen Göttinnen. Das können Sie, wenn Sie es aufmerksam lesen, sehr wohl in dem Aufsatz »Vom Ursprung des Kunstwerks« herauslesen, der das am breitesten ausführt. Das ist diese schreckliche Abhandlung, wo ich mich immer des Todes gewundert habe, wie Intellektuelle nach dem Krieg darauf fliegen konnten, und gar noch linke Intellektuelle. Da wird diese Welt-Erde-Götter-Menschen-Spannung durchexerziert: das ist das ›Geviert‹. Götter und Menschen in Spannung, Welt und Erde in Spannung. Und nun denkt man, das sind die vier Pole, zwischen denen sich die Spannung bewegt – falsch gedacht! Das, wo sich diese Linien schneiden in der Mitte, ist sozusagen der Statthalter für das Ereignis, nämlich *es* ereignet Welt und Erde und Götter und Menschen, und *es* ereignet die Kluft zwischen ihnen. Der ›andere Anfang‹ – ich hatte ihn immer als

Ursprung in actu definiert; ich muß das jetzt mit einer einzigen winzigen Wortwendung sinnfällig machen – ist tatsächlich der ›Ur-S p r u n g‹; also nicht die Tasse, die den Sprung erhält, sondern der Ur-sprung, der erst die Tasse sich ereignen und springen läßt. Das klingt jetzt sehr plump, aber im ›Ding‹-Aufsatz können sie unter der Beschreibung des Krug-Wesens eben diese Denkfigur nachlesen.[467] Ich erspare es mir jetzt, Ihnen das zu schildern. Also Ur-sprung – wieder haben wir die ontologische Differenz, nun in einer Spätform. Wir hatten so viele Namen schon kennengelernt: ›Riß‹, der Windelbandsche Ausdruck, taucht hier auch immer wieder auf; Schied, Unterschied, das Zwischen, Differenz natürlich, und eben Ereignis als der Ursprung in Aktion, in actu. Da haben Sie ein einleuchtendes metaphorisches Bild, an dem Sie sehen, daß die Kultseite niemals verschwindet. »Geschichte spielt allein im Zwischen der Entgegnung der Götter und Menschen als dem Grund des Streites von Welt und Erde; sie ist nichts anderes als die Ereignung dieses Zwischen. Historie erreicht daher niemals die Geschichte. Die Unterscheidung des Seyns und des Seienden ist eine aus dem Wesen des Seyns selbst her fallende und weither ragende Ent-scheidung« – und nun wird Entscheidung ebenfalls als metaphorischer Begriff verwendet für ontologische Differenz – »und nur *so* zu denken.«[468] Wieder dieser Riß. Und dieser ragt von weither, und dieser Riß ist eigentlich das Ragende. Also wem fiele nicht die phallische Mutter dabei ein?[469] Aber ich will sie lieber aus dem Spiele lassen. Jetzt die christologische Wendung: »Das Seyn, wie immer es zur Bedingung erhoben wird, ist so schon herabgesetzt in die Knecht- und Nachtragschaft zum Seienden.«[470] Also derjenige, der die Knechtsgestalt annimmt, nimmt nicht nur sie als Gestalt an, sondern wird so sehr Knecht, daß er aus dieser Gestalt nicht wieder herauskann. Und wie dann doch herauskönnen, ist das große Problem Kierkegaards in den »Philosophischen Brocken«, der mit einer extrem antignostischen, antilogizistischen Wendung, aber ausgedrückt mit den Mitteln eines extremen Logizismus, einer extremen gnostischen Denkenergie versucht, das Christusereignis nachzubuchstabieren. Hier wird es schlichtweg als der Sündenfall des Seins apostrophiert. »Das Sein, wie immer es zur Bedingung erhoben wird, ist so schon herabgesetzt in die Knecht- und Nachtragschaft zum Seienden.« Wenn ich es auch nur als Bedingung für Seiendes ausspreche, ist es schon verstrickt und ist niemals wieder da herauszuholen.

Es ist ganz selbstverständlich, um noch unter diesem Gesichtspunkt gleich fortzufahren, daß das nun auch für die Wahrheitsgründung gelten muß. Und so zitiere ich gleich noch einmal aus dem Kapitel über

»Die Gründung«. Das ist jetzt aus dem Paragraphen 206 auf Seite 329. Wir wissen noch nicht, was die Worte ringsum bedeuten, ich komme gleich darauf zurück. »Jetzt aber erst recht die Frage nach ihrer eigenen Wesung; diese nur aus dem Wesen bestimmbar, dieses vom Seyn her. Das ursprüngliche Wesen aber Lichtung des Sichverbergens, d.h. Wahrheit ist ursprüngliche Wahrheit des Seyns«. Das war dort Nummer 5 und 6, jetzt springe ich zurück und zitiere Nummer 4. Ich bin berechtigt, in dieser Weise umgekehrt zu verfahren, weil tatsächlich hier immer das Selbe vom Selben her gedacht wird, das hatte ich Ihnen als Grundsatz der Fügung für die sechs Fugen das vorige Mal zitiert. »Damit die Wahrheit *endgültig abgelöst von allem Seienden* in jeder Art von Auslegung« – und nun kommt eine Serie von Auslegungsvorschlägen der Tradition, mit denen er sich eingehend beschäftigt hat, die auch hier noch herumspuken; aber hier werden sie alle schon so entmaterialisiert, daß das Wort ›spuken‹ das angemessene ist; in früheren Abhandlungen waren es für ihn noch Realien, nämlich –, »sei es als φύσις, ἰδέα oder perceptum und Gegenstand, Gewußtem, Gedachtem.«[471] Also: vom Sein her die Wahrheit gedacht, absolut abgelöst von allem Seienden, zwischen '36 und '38 geschrieben. Am Ende der zwanziger Jahre, noch keine zehn Jahre her, noch der Versuch, eine Wahrheit für Seiendes von einer sie übertrumpfenden Wahrheit zu unterscheiden. Also da war noch von ontischer Wahrheit und dann von ontologischer Wahrheit die Rede gewesen. Ich hatte es Ihnen aus »Vom Wesen des Grundes« zitiert.[472] Und jetzt sind wir bei der Wahrheit pur angelangt, nämlich losgelöst von aller Beziehung zum Seienden.

Zurück zu der Stelle, der gleichsam theologischen Stelle: »Das Seyn, wie immer es zur Bedingung erhoben wird, ist so schon herabgesetzt in die Knecht- und Nachtragschaft zum Seienden.« »Knecht- und Nachtragschaft zum Seienden.« Dafür gibt es dann ein böses Wort, das all diejenigen charakterisiert, die nicht den Absprung machen, mit dem wir letztes Mal geendet hatten, den Sprung, der den Ursprung erspringt, also hineinspringt in die Spalte wie der Ritter Curtius.[473] Sie, die das nicht wagen, sind nämlich ›Knechte von Machenschaften‹. Das Wort ›Machenschaft‹ taucht in den Aufzeichnungen der gleichen Zeit auf, zur »Überwindung der Metaphysik«,[474] und die »Knechte von Machenschaften« nachträglich nochmal in der Kurzrückerinnerung in der kleinen ›Feldweg‹-Schrift.[475] Und diejenigen, die die ›Wenigen‹, die ›Einsamen‹ sind, die sich in ordensartigen Bünden zwischen den Massenwesen und den Märtyrern, den eigentlichen Opfern halten, heißen dann, mit einem Wort, das zeigt, daß man eben nicht zwei Herren dienen kann, aber einem jeweils dienen muß: »Hörige ihrer Herkunft«.[476] Also Sie haben die Wahl: ›Knechte von Machenschaften‹ oder ›Hörige ihrer Herkunft‹.

›Hörig ihrer Herkunft‹, das ist das gleiche, was, im ›anderen Anfang‹, auf die NS-Zeit projiziert, von mir an verschiedenen Modellen plausibiliert werden sollte, noch einmal bezogen auf das Land mit seinem Brauchtum und seinen Sagen. Das ist also nicht nur der Schwarzwald als Gegend (»Warum bleiben wir in der Provinz?«, 1933/34, seine nachträgliche Bemäntelung der Ablehnung des Rufs nach Berlin), sondern das ist natürlich das Überschreiten dieser Gegend in die »Gegnet«,[477] die sich in ihr dann aber zeigt (ich hatte es Ihnen zitiert). »Gegnet«: das, wo die Übereignung in das Ereignis einsetzt, wo die Vorbereitung zum Opferdienst an ein Ziel geführt hat, das zwar immer noch Vorbereitung ist und dann mit Begriffen ausgedrückt werden wird, die immer wieder nur noch Vorbereitung sind. Aber diesen Mechanismus kennen wir ja schon: das Opferritual ein einziges Vorbereitungsritual. Nicht das Opfer, wenn es denn gebracht ist, sondern die Opferung hält die Welt zusammen. Und das nun der zentrale Grund, das Motiv für diese unglaubliche Inflation der mit ›ung‹ gebildeten Wörter in dem ›Ereignis‹-Buch. Wir werden es gleich kennenlernen, warum hier nicht mehr die Rede von Unverborgenem ist, sondern von Entbergung, nicht mehr von Verborgenem, sondern von Verbergung. Immer sind es die Aktionen. Aber was heißt hier Aktion? Sie sind samt und sonders nur als Kultaktionen, also zugleich rituell greifbar (das ist ja auch die Bedeutung: be-greifbar, dieses ›ung‹), mit Ausnahme eines einzelnen Wortes, das zwar auch auftauchen in der Form kann, in der es wirkt, aber das ist nur anfangs der Fall, wenn von der Ereignung die Rede sein wird. Um es singular zu bestimmen, das, worauf diese ganzen Prozeduren zulaufen, heißt es, mit dem ›is‹ hinten, Ereignis, also es kriegt auch sprachlich die Singularität, die in der Konkurrenz so vieler ›ung‹-Bildungen sonst verschwinden würde.

Ich hatte gesagt: der erste Aspekt, und was ist dahinter alles verschwunden? Wir sind so nahe dran an der Zeit. Es werden ordinäre Bedürfnisse und das große Epiphaniebedürfnis befriedigt. Das hat etwas mit dem Bedürfnis, auf einen Schlag freizukommen, zu tun. Aber das ist dann nur denkbar in der katastrophischen Form, die aber katastrophisch nur solange ist, wie jemand noch an dem Seienden festhält und sich nicht vom ›Seyn‹ ›ent-setzen‹ läßt. Das war der Abwehrmechanismus, daß man noch viel zu sehr denkt (ich hatte es Ihnen zitiert[478]) von dem her, aus dem heraus man sich ent-setzen lassen muß, vom Seienden. Also man denkt – und Heidegger meint das selbstkritisch – immer noch so sehr vom Seienden her, daß schon darum diese unendliche Wiederholung erforderlich ist. So viele Sätze, die immer wieder sehr ähnlich, fast gleich, manchmal identisch sind. Und doch sind sie unterschiedlich dadurch, daß sie eben wieder neue Versuche sind, sich nicht festhalten zu lassen, sondern tatsächlich schon vom ›anderen Ufer‹ her zu denken. Aber das andere Ufer gehört ja in eine Tradition hinein, die in dieser Zeit für ihn noch keine Prägekraft hat. Also noch ist er nicht modisch dem Zen, dem, was er okzidental dafür hält, verfallen; noch ist er ganz und gar in dieser Sphäre der »Verhaltenheit« mit ihrer ›großen Stille‹ und ihrem ›großen Schweigen‹, das eigentlich zu erfolgen hätte und nötig wäre im Gegensatz zu dem großen ›Lärm‹ der Zeit, den Massenveranstaltungen; vielleicht denkt er an die Olympiade. Aber auf der anderen Seite dann die Einschlags- und Durchschlagkraft, die quasi militärischen Wendungen und die Unterstreichung des Jähen und des Hineinfahrenden, das nicht ein Seiendes auf dem anderen läßt. und des nicht ein Seiendes auf dem anderen lassenden Seins. Allerdings die einzige Bestimmung, die er hier noch gelten läßt, nämlich als eine Vertretungsbestimmung von Seyn (wennschon mit ›y‹, also ursprungsnah geschrieben, altdeutsch) und Ereignis, ist: das Ereignis ›denkerisch‹ zu fassen.

Aber die Sätze, die ich Ihnen ein paarmal schon zitiert hatte, fallen eigentlich in dem Buch selber wenig später unter Verdikt, sind noch aus den Abwehrmechanismen erklärbar, wenn nämlich gesagt wird: Sein als Ereignis gedacht. So ist es gerade nicht, denn das Ereignis ist es ja, das eigentlich erst Sein ereignet, außerhalb aller Konditionen stehend, also wirklich die große Freiheit, wenn Sie so wollen. Diese große Freiheit, die der souveränen Mißachtung aller realen Freiheiten korrespondiert, ist von »Sein und Zeit« an, von der Fundamentalverfassung des Daseins bis hin zum ›Ereignis‹, etwas, was Faszination hervorruft, die das Unbehagen an den realen Gesellschaftsverhältnissen mit der Möglichkeit, mit einem Schlag aus dem allen heraus zu sein, verknüpft – also ein immer wieder der Aufwärmung bedürftiges, altes religiöses Prinzip. Natürlich sind wir damit auch in der Nähe, wenn Sie es rubrizieren wollten, der Messiaserwartung, des Jüngsten Gerichtes, die plötzlich in den Ursprungskult, in die Uraltrituale hineingepflanzt werden. Wir haben es nicht mit einem originellen Denkansatz zu tun, sondern mit einer Melange, mit Versatzstücken von überall her. Aber das ist gerade das Originelle oder – er würde rotieren, wenn er es jetzt hörte – Collagenartige in dem, was hier als Ausführung eines einzigen Gedankens vorgestellt wird: »*Auf einen Stern zugehen, nur dieses*«.[479] Nicht mit den Wörtern wird collagiert, sondern mit den Bedürfnissen, mit den Faszinationselementen älterer und sehr alter Kulte, collagiert wird mit den Stimmungen, die verbreitet werden. Die

Wörter werden genommen, um sie alle auf das Ereignis hin durchsichtig zu machen, alle werden sie umgebogen. Wir haben bei ›Entsetzen‹ ein Beispiel gehabt. Aber Collage bleibt der sozusagen die psychische Disposition ausmachende – und das ist dann die Collage wiederum seiner Zeit – Apparat, der hier aufgebotene Apparat von mitlaufenden Bestimmungen der Philosophie, der Religionsgeschichte, der Realgeschichte, der Zeitgeschichte. Das ist nicht als Vorwurf gedacht – unsinnig, hier einen Vorwurf oder einen Angriff zu machen. Ich kann ihn nicht anders als symptomatisch nehmen. Aber es ist als Anstoß zur Überlegung gedacht. Er hat innerhalb der philosophischen Disziplin so viel graue Farbigkeit, wenn man es mal so sagen soll, hereingebracht, von so vielem etwas hereingeholt, aber alles auf das gleiche Ausdrucksmaß gebracht, daß da auch wieder jeder etwas herauslesen konnte. Wenn Sie, was weiß ich, Audens »Age of Anxiety«[480] lesen (wieder ein zeitgenössisches Buch): in der Beschwörung der Angst wird collagiert; oder bei Eliot vorher in den ›vier Quartetten‹[481] wird collagiert. Was sich durchhält und der Angst trotzt, ist die Stimme. Und Heidegger versucht mit aller Gewalt, so etwas wie eine Stimme zu produzieren, die sich durchhält, die nicht seine Sprache, sondern Entsprechung dessen ist, was da eigentlich spricht. Das wird mit vielen Manierismen erkauft, ist von ebenso vielen Abstürzen begleitet, hat oft den Kitschappeal, den ich Ihnen an ein paar Beispielen vorgeführt hatte, ist aber der Versuch, sich noch einmal auf so etwas wie eine persönliche Glaubwürdigkeit – die Stimme, die ich für das Sein erhebe – zu berufen. Das heißt tatsächlich, er tritt im Gewande des Ursprungspropheten auf, wenn eine solche Klitterung aus den zwei entgegengesetzten Erscheinungsweisen der Religionsgeschichte einen Augenblick erlaubt ist.

Tatsächlich ist er ja, um einen zweiten Aspekt zu nennen, nachdem ich so lange bei diesem Aspekt der Faszination aus Epiphaniebedarf hier verharrt habe, von Anfang an den Philosophen als philosophischer Revolutionär erschienen. Was da die glückliche Vorgabe war: daß er in die Tradition einer Philosophie eintrat, die antiklassisch war, also Existenzphilosophie; daß er als Existenzphilosoph gehandelt werden konnte, auch wenn die Spätschriften das Wort Existenz nicht oder nur noch in Umdeutung verwenden. Also an »Platons Lehre von der Wahrheit« angeschlossen ist der ›Humanismus-Brief‹. Und da heißt es dann: »Ek-sistenz« bedeutet inhaltlich, »in der Wahrheit des Seins« stehen,[482] ek-sistere aus dem Seienden heraus in die Wahrheit des Seins. Aber nicht das ist der Punkt. In einer Hinsicht ist er und bleibt er Existenzphilosoph und desavouiert zugleich die Existenzphilosophie total. Er bleibt es, indem er vorgibt, von dem zu reden, was eigentlich die reale Existenz fundiert, worum es ihr eigentlich geht, das Sein, dem es in seinem Sein um sein Sein geht, das ist das Dasein. Und Dasein ist die formale Bestimmung von Existenz. Und das kann auch ausgedehnt werden, dann ist es die Sorge, das »Sich-vorweg-sein – im-schon-sein-in … – als Sein-bei«; und dann ist es das Vorlaufen in den eigenen Tod, und dann ist es der Ruf des Gewissens, und, und, und. So in »Sein und Zeit«. Also das können wir ohne weiteres so erst einmal nehmen als Bestimmung der realen Existenz. Aber vom ersten Moment an sehen wir, daß mit der Tieferlegung der Fundamente zur gleichen Zeit die reale Existenz um ihre Realität, zu der ihre Sorgen, auch ihr Streben und was weiß ich sonst, gehören, geprellt wird. Denn das »Sich-vorweg-sein – im-schon-sein-in … – als Sein-bei« ist eine Strukturbestimmung, aus der die realen Sorgen, indem sie durch sie hindurchfallen, auch zugleich ausgetrieben sind. Das ek-sistere, hinaus in die Offenheit des Seins, das ist nicht mehr die Existenz mit ihren Verstrickungen. Also wenn es denn so wäre, daß die verstrickte Existenz abstrakt frei sein möchte, sich mit der Anarchistenbombe in die Luft zu sprengen oder aus sich herauszutreten, dann stimmte es ja. Und das hat später ihn ja auch in den Verdacht gebracht, hier ganz nahe an ostasiatischen Meditationssystemen und Freiheitsvorstellungen angesiedelt zu sein. Aber, ich habe oft gesagt: auch das ist Schein – ich sagte es vorhin mit ›Diener zweier Herren‹: ein Herr geht nur, aber ein Herr muß es sein –, also hier herausgesprengt sein aus dem Seienden und nun vereignet vom Sein, nicht mehr ein ›Knecht von Machenschaften‹ und nun ›hörig seiner Herkunft‹. Da ist das Haben, das die abendländische Metaphysik, die er zu verwinden trachtet, charakterisiert, nicht überwunden, sondern nur umgedreht in ein Gehabt-Werden. Also die Dialektik des Habens ist durch Gehabt-Werden nicht gebrochen, nicht aufgesprengt; er bleibt, ohne jemals darauf zu reflektieren, ganz in ihr drin.[483]

Trotzdem sind das alles Bestimmungen, die in der Tradition europäischer Existenzphilosophie stehen, auch wenn sie nicht genannt werden: da ist der Sprung Kierkegaards, da ist die Entscheidung, die Entschließung, da ist das Dasein, da ist der Begriffsapparat des Existentialismus. Aber da passiert noch etwas anderes, was uns die Sache eigentlich erst spannend macht. Würde hier nur ausgetrieben, würde hier nur essentialisiert unter der Vorgabe des Existentialismus – ich habe es oft so geschildert,[484] und es stimmt ja auch, aber es reicht nicht aus, es so zu schildern –, wäre es vergleichsweise uninteressant. Aber ich hatte Ihnen ganz am Anfang schon den Mechanismus angedeutet, der hier unser eigentliches Interesse verdient. Die andere Seite, so sage ich es jetzt einmal, also die Seinsseite oder richtiger das, was dann im Grunde auch noch die Seinsseite und das Seiendsein, beides, bestimmt, also die ontologische Differenz, die zum Ursprung, zum großen Riß stilisiert wird, diese abstrakteste Schoßmetapher als Schicksalsversatzstück in seiner Philosophie, die wir im Ereignis in actu kennenlernen, übernimmt nun stellvertretend oder, wenn Sie es psychoanalytisch lieber so ausdrücken wollen: projektiv die Bestimmungen der Existenz. Dort – und das ist nun die wirkliche Tauschung des Subjektes der Bewegung – landet ja, wir hatten es gesehen, das ›Erzittern alles Existierenden‹, von dem er anfangs noch mit existenzphilosophischer Wendung sprach; jetzt wird es das »Erzittern der Versprühung des Seins«, jetzt wird es das Erzittern, das eigentlich das Ergöttern des Gottes ist, der da als letzter Gott herbeigegöttert werden soll, um vorbeizuwehen, wie er mit altertümlich komischer Wendung sagt: »erwunken«[485]; jetzt ist mit einem Male die Realbestimmung der in – kierkegaardsch gesprochen – Furcht und Zittern lebenden Existenz angehoben zu einer Bestimmung dieses stellvertretenden Furcht-und-Zitter-Subjektes des Seins.

Wiederum drängt sich eine Parallele auf, die sich Ihnen so nicht aufdrängen wird. Das war die Faszination Hitlers in seinen Reden, das war die direkte Übertragung: er geriet außer sich, er arbeitete sozusagen mit den Projektionen des stellvertretenden Opfers bis hin zur Erstickung und bis zur Erdrosselung der überschnappenden Stimme.[486] Das heißt: er war nicht nur Sohn, der mit den alten Mächten bricht, er war zugleich Vater, der alles zu strengstem Gehorsam ruft – also diese Ineinssetzung, die den Ödipuskonflikt aus der Welt schafft und aus dem Generationenkonflikt der Geschlechter heraussprengt –, und zugleich war er derjenige, der den Opferungsvorgang selber, zu dem er animierte, vorexerzierte. Daß das auf die andere Seite verlegt und vorexerziert wird bei Heidegger, ist die, wenn Sie so wollen, realpolitisch, realistischste Bestimmung, die ich Ihnen für die Faszination von Heideggers Auftreten in jener Zeit geben kann. Und das ist natürlich eine ganz andere Entsprechung, als wenn man sagt, er hat irgendwann auch das Parteiabzeichen getragen. Das ist auch eine ganz andere Entsprechung, als wenn man sagt, er hat sich da gewisser Figuren bedient. Er ist tatsächlich den gleichen Mechanismen verfallen, mit dem ganz kleinen Unterschied: er vermag's auch noch, sie darzustellen. Aber er ist ihnen verfallen und vermag sie darzustellen, nicht so, daß, wenn ich etwas darstellen will, ich da hineinkriechen muß. Also nicht so, wie Strawinsky es macht, wenn er Opferkulte darstellt, denen er damit gerade nicht verfällt, daß er fähig ist, sie darzustellen, sondern genau umgekehrt: dem verfallen sein, aber so weit sich in ihnen komplizenhaft halten, daß sie ununterbrochen dargestellt werden – eine Form, wenn Sie so wollen, des philosophischen Ausagierens. Das ist das, was im Rahmen der Bestimmung Heideggers als zur Existenzphilosophie gehörig, als Existenzphilosophen, eine direkt politische Bestimmung genannt zu werden verdient. Das ist das, was für mich die Lektüre dieses Buches am gruseligsten macht. Aber das ist das kleine Entsetzen, das ist glücklicherweise noch nicht das große Entsetzen. Ich werde damit noch nicht da herausgehoben, sondern immer wieder da hineingestoßen.

Der dritte Gesichtspunkt war nun schon immer mit genannt, nämlich dieser ganze kultische Umtrieb: das religionsgeschichtliche Phänomen Heidegger. Nicht nur, daß da in goldschnittartiger und dann mit Pathosvokabeln wieder brutalisierter Collagetechnik von Göttern, Gott, dem letzten Gott und so weiter die Rede ist, sondern daß da ständig Rituale, ständig Vorbereitungsdienste, wie sie zu Kulten gehören, beschrieben werden. Und das ist wiederum ganz, ganz aktuell in der Zeit, mit dem Aussetzen der letzten großen allgemeinverbindlichen Ritualisierung, nämlich der höfischen, der feudalistischen Ritualisierung, mit kirchlichem Hintergrunde, aber durchaus ein eigenes großes System bildend. Seitdem ist es der Bürgergesellschaft sehr schwergefallen, ihre Freiheitsvorstellungen mit Ritualisierung zu verknüpfen. Teils hat sie quasi feudalistisch die älteren Ritualisierungen nachgeahmt, wobei ihr natürlich zu Hilfe kam, daß umgekehrt der Hof sich selber jetzt bürgerlich benahm, um zu zeigen, daß er nicht hinter die kapitalistische Produktionsform zurückgefallen war. Während die vergeblichen kuriosen Versuche von Vernunftritualen teils in der Französischen Revolution, teils noch in Sekten danach unternommen wurden, war doch die Herausbildung neuer Rituale eigentlich nicht möglich. Und darum fiel man auf die allerältesten zurück, also auf Stammesrituale, auf die primitivsten Formen der Ritualisierung, die zugleich die größte Schubkraft haben, eben weil sie so alt sind. Wir haben das bis heute in Veteranenverbänden, Männergesangvereinen, in Burschenschaften beispielshalber, die ja nicht aus den Beständen von gestern und vorgestern, sondern eben aus den Beständen der Uraltgesellschaften stammen, bei der Schmucknarbentätowierung in Initiationsritualen und Ähnliches mehr. Das ist ja ein veritabler Rückgriff. Und genau dieses macht Heidegger mit.

Er spricht nicht vom Alten, das Alte ist vorbei; Heidegger ist auf diese Weise ein moderner Denker. Das etwa ist das Praxis-Mißverständnis, mit dem er immer wieder – die jugoslawische Praxis-Philosophie hat damit angefangen, dann hat man es überall nachgemacht[487] – als der Vordenker der Revolution gepriesen wurde: Mit seinen Begriffen kann man Revolution denken. Ja? Also Pustekuchen. Ich würde es Ihnen nicht empfehlen, derartiges zu versuchen. Sie würden an Stellen landen, die Sie jetzt vielleicht, nach dieser Vorlesung, sich ausmalen können. Jedenfalls war es mein Interesse, Ihnen solche Stellen zu zeigen. Er spricht vielmehr von dem, was die Dialektik von Neu und Alt überwunden hat, weil diese immer noch zwischen Progression und Regression schwankt. Er spricht vom Ältesten, ich sollte es Ihnen direkt zitieren, es ist »Aus der Erfahrung des Denkens«: »*Das Älteste des Alten kommt in unserem Denken/hinter uns her und doch auf uns zu.*«[488] Das ist die Gespensterbestimmung des Geschichtslaufes, übrigens die Überbietung der Begleitfigur, die Kant gehabt hatte mit dem ›Ich denke, das alle unsere Vorstellungen müsse begleiten können‹. Das ist ja auch ein Doppelgänger: »Das:« – Artikel! – »I c h   d e n k e , muß alle meine Vorstellungen begleiten können«.[489] Heidegger hatte in »Sein und Zeit« daraus das Gewissen gemacht, das nichts anderes ist als der ständige Anruf des eigentlichen Selbst an sich, also dessen Begleiter.[490] Und hier wird das alles in einen Taumel gerissen, der nun plötzlich Geschichte sein soll, und zwar eigentliche Geschichte. Ständig kommt etwas »*in unserem Denken/hinter uns her und doch auf uns zu.*« Das ist das Älteste, das wir noch nicht eingeholt haben. »*Darum hält sich das Denken an die Ankunft des/Gewesenen und ist Andenken.*«[491] Das adventistische Denken, das hier – sich an die ›Ankunft des Gewesenen‹ halten – proklamiert wird, ist die Vereinigung mit dem Ältesten. Das wär's, wenn's gelänge. Es ist das Älteste des Alten. Das Älteste des Alten steht jenseits der Dialektik von Alt und Neu, aber es ist anzudenken. Das ist ganz hart an den Archaisierungs-, Ritualisierungstendenzen der dreißiger Jahre des allgemeinen europäischen Neoklassizismus dran, der Versuche, wieder Uralttituale einzuführen. Also das Entsetzen erregende Buch des Barons Evola[492] etwa über die Traditionswelt als für den italienischen Faschismus entscheidender Vertreter gehört dazu. Lesen Sie's nach, wie Benn es gepriesen hat,[493] immerhin medial sehend, wie faszinierend das war in dieser Zeit. Und nie hätte ich mir träumen lassen, daß das nach dem Zweiten Weltkrieg – nicht gleich, da war schon eine Fermate dazwischen; wer so viel zu tun hat erst einmal wie die Völker nach dem Zweiten Weltkrieg, konnte nicht gleich fortfahren – wieder hochkommen würde und Remythifizierung, Rekultifizierung, Remystifizierung und wie Sie das alles nennen wollen, plötzlich wieder im Schwange sind und – das nun allerdings der Unterschied – als vollständig gleich gültiges Angebot nebeneinanderstehen, also sozusagen das Älteste aus dem

Versandhauskatalog in allen nur erdenklichen Ausführungen; daß also dieses Versatzstückartige, das, was eine Zeitlang bei Heidegger so völlig abgelebt, völlig papieren wirkte, mit einem Mal wieder nahekommt, weil es ähnlich betrieben wird.

Ganz charakteristisch dafür nun ist, daß – ich muß wenigstens etwas mehr einlösen von dem, was ich für heute angekündigt hatte –, wo er die Wahrheitsfrage der Tradition übertrumpft, er dieses mit doppelter Wendung tut. Einerseits wird auch die Wahrheit verflüssigt und zu einem Ereignismedium gemacht, oder richtiger gesagt, das Medium der Wahrheit ist nichts anderes als das Wesen, die Weise, wie sie west, und diese wiederum ist ganz und gar bestimmt vom Ereignis. Dieses Wesen ereignet sich, das Wesen der Wahrheit ereignet sich. Das wäre uninteressant, wenn wir es nur so feststellen wollten. Spannend wird es, daß zur gleichen Zeit sie als eine Tieferlegung des kultischen Gründungsrituales eingeführt wird. Die Wahrheitsfrage wird nicht angesiedelt, wo die Existenzphilosophie sie angesiedelt hätte bei einer solchen Aufteilung des Buches, nämlich unter ›Sprung‹, der Sprung in die Wahrheit; in die Glaubenswahrheit etwa, da hätte sie Kierkegaard angesiedelt. Sie taucht auch nicht auf, wo ein Skeptiker sie vielleicht mit dann doch kleinen positiven Neigungen angesiedelt hätte, unter ›Anklang‹ oder ›Vorspiel‹; nie kommen wir direkt heran, nie sehen wir von Angesicht zu Angesicht, um eine andere Wendung zu gebrauchen. Sie wird dann auch nicht dem ›letzten Gott‹ überlassen und auch nicht den ›Zukünftigen‹ zugewiesen, die sie erst haben werden, sondern sie steht in dem großen Absatz der fünften Fuge, der überschrieben ist »Gründung«. Dort hat sie einen Ort, der sie in eine Neubestimmung von Kultort und Kultzeit einrücken läßt. Das ist der von ihm umgeprägte Begriff der ›Raum-Zeit‹, umgeprägt zum »Zeit-Raum«;[494] Raum-Zeit spielte früher eine Rolle. Ich lasse es jetzt aus dem Spiel. Also ›Zeit-Raum‹. Und der ›Zeit-Raum‹ ist nicht mehr ein Stück Zeit, sondern, in mythisierenden Wendungen wird es ausgeführt, ist Ereignisraum, also Kultstätte. In diesem Kapitel häufen sich die von mir schon einmal angetippten und hier zum Teil skurril werdenden Komposita mit ›stätte‹, »Augenblicks-stätte«[495] taucht öfter auf. Aber ich kann Ihnen die skurrilen Wendungen jetzt im Augenblick nicht aus dem Kopf zitieren. Jedenfalls wird Golgatha oder der Opferort, der es dann an seiner Stelle ist (ich hatte gesagt, Hegels »Schädelstätte«[496] spukt da jedesmal), mit vielen, vielen Wendungen umschrieben.

Ich will mich in der mir noch verbleibenden Zeit darauf kaprizieren, wie er den klassischen Wahrheitsbegriff, so wie er ihn sieht und wie dieser schon den Wahrheitsbegriff der philosophischen verengten Tradition, nämlich Aussagewahrheit, gesprengt hat, verändert. Die verengte Tradition bringt Wahrheit zusammen mit einer Reduktion dessen, was in ›Gründung‹ so wichtig ist, nämlich des ›Grundes‹. Das, wo die Wahrheit dann wirklich gründet, ist dieser Punkt, von dem ich Ihnen erzählt hatte: zwischen Welt und Erde und Menschen und Göttern, wenn Sie dieses ›Geviert‹ nehmen. Und das kann man auch in einer Grundbegriffsbestimmung wiedergeben, und dann ist es der nicht verkürzte, eigentliche Begriff des Grundes, nämlich »*Ab-grund*«, während die verkürzten Begriffe unter »*Ungrund*« rangieren. Also auf die Untiefe läuft das Schiff auf, die Tiefe ist das, was hier ›Abgrund‹ heißt. Zum ›Ungrund‹ gehört die Welt der Erscheinungen, insofern sie eine Welt der Vorstellungen ist. (Das Schema können Sie sich auf Seite 308 angucken.) Und sie werden vorgeführt als ›Vorstellungen‹, und zu diesen Vorstellungen gehört eine Form der Negation dazu, die nichts bewirkt: die »Verwesung«. Zum Abgrund gehört alles, was an Wahrheitsereignis aktuell ist. Und das wird unter dem Titel »Verbergung des Seins«[497] vorgeführt. Und dazu gehört das, was das negativ begriffene Sein, das aber jederzeit positiv werden kann, dann kennzeichnet. Negativ begriffen: als Nichts nichtet es, also die ›Nichtung‹. Aber im Grunde ist die Frage nach dem Nichts nur die eingehüllte Frage nach dem Sein, aber nach dem Sein, das in der Weise sich entbirgt, daß es sich verbirgt. Das ist jetzt die entscheidende Bestimmung: nichts Neues, so haben immer schon Propheten geredet, aber daß ein Ursprungsmystiker jetzt so redet, ist vergleichsweise neu. Also es verbirgt sich das Sein, das ist seine, für uns, Vergessenheit, wir sind seinsvergessen. Aber nicht *wir* haben es gemacht, sondern *es* hat es so gemacht: wir sind seinsvergessen, weil wir seinsverlassen sind. Wir haben das Sein vergessen, weil wir von ihm verlassen sind. Aber genau das bekommen wir dort, wo wir mit der Wahrheit, die Ereigniswahrheit ist, in Kontakt treten, mit. Das ist das spezifische Ereignis für den Andenkenden, daß er in der Seinsvergessenheit den Anklang des Seins spürt.

Die griechische Wahrheitsbezeichnung, von deren Direktübersetzung Heidegger in »Sein und Zeit« und den Folgeschriften zunächst ausgegangen ist, lautete ja, mit a-privativum: *a-letheia*, *lanthanomai*, *lanthanō*; da kommt *Lethe*, der Strom des Vergessens, her, *lethe* heißt das ›Vergessen‹, auch das ›Verborgene‹. Also *a-letheia* ist Unverborgenheit, ist Nichtverborgenheit. Unverborgenheit *ist* nicht, sondern: ich sehe deutlich. Das ist sozusagen ein auf griechische Tradition der Etymologie von ihm zurückgesetzter phänomenologischer Wahrheitsbegriff. Das hätte Husserl schon gerne mitmachen können, zu sagen Unverborgenheit; wenn ich mich dann entsprechend für die Wesensschau präpariert habe, sind die Wesen unverborgen, *a-letheia*. Heidegger war fasziniert davon, denn nun, so wie sie unverborgen sind, sind Sie wie in einem Walde, wo Sie plötzlich auf eine Lichtung treten; das ist sozusagen der wäldlerische Begriff für Aufklärung: Ich trete in Lichtungen. Wahrheit ist die Lichtung. In ihr ist, zunächst hieß es noch: Seiendes, später hieß es dann, von der anderen Seite her gedacht: Sein gelichtet, Unverborgenheit. Hier in dem ›Ereignis‹-Buch verwirft Heidegger diesen Wahrheitsbegriff total und sagt, er sei eigentlich die entscheidende Verkehrung gewesen. Das ist Seite 350 ff., das ist der Paragraph 226 in diesem Buch. »Die *a-letheia* meint die Unverborgenheit und das Unverborgene selbst. Schon darin zeigt sich an, daß die Verbergung selbst nur erfahren ist als das zu *Beseitigende*, was weg gebracht (a-) werden muß. Und deshalb geht das Fragen auch nicht auf die Verbergung selbst und ihren Grund; und deshalb wird auch umgekehrt das Entborgene nur als solches wesentlich; wieder nicht die *Entbergung*, und diese gar als *Lichtung*, in der nun überhaupt die Verbergung selbst ins Offene kommt.«[498] Das ist der Point. Der wird dann in zahllosen Variationen in den nächsten gut dreißig Seiten immer wieder als derselbe getroffen. Das Unverborgene ist es selbst, man hat die Verbergung beseitigt. Aber vielleicht ist die Verbergung nichts anderes als eine ganz bestimmte Weise der Epiphanie des Seins. Vielleicht liebt das Sein, sich zu verbergen, ähnlich wie Heraklit das formuliert hatte.[499] Und dann ist das, was wir entbergen müssen, gerade die Verbergung des Seins. Dann ist es dieser ganz kleine Schritt vom Seinsverlassenen zu dem, der die Seinsverlassenheit nicht nur als Seinsvergessenheit, sondern als sozusagen Operation des Seins selber begreift. Der deus absconditus teilt seine Wahrheit dadurch mit, daß er die Weise, wie er sich verbirgt, entbirgt. Die Entbergung des Verbergens als der erste Schritt darauf hin – in vielen Kulten ist das sozusagen das allergeheimste Mysterium –, daß sich die Verbergung entbirgt. Also Dionysos als Maske, hinter der nichts ist: das ist eine solche Entbergung des Verbergens, die reine Maske, die pure Maske.[500] Sie können es sich selber ausdenken, und Sie haben auch Ihren Spaß daran, wenn Sie mit solchen Figuren spielen: in der Realität Ihres Umganges, zum Beispiel auf Maskenbällen oder Kostümfesten. Unendlich viel Koketterie folgt einer solchen Figur wie der, daß sich das Verbergen entberge: Ich habe mich offenbart als derjenige, der sich nicht zeigt – ja? –, das ist eine Formel für Koketterie. Also dieses Sein hier ist kokett, wenn man das so nennen darf. Aber das ist keine Nebenbeibestimmung, wenn ich hier sage: kokettes Sein, sondern es ist ja das, was als ein, oder nein, was als d a s Geschick, das aktuelle Seinsgeschick erfahren und bekundet werden muß, das es entbirgt: sein Sich-Verbergen. Darum mit der Paraphrase des Löwith-Titels, den ich Ihnen ganz am Anfang zitiert hatte, geantwortet: »Denker in dürftiger Zeit«, damit Sie lernen, dieses Sich-Entbergen des Sich-Verbergens als Ereigniswahrheit, als diese, jetzt, hier im Augenblick noch zukommende Ereigniswahrheit zu begreifen. Ich will es hier nicht weiter ausführen, ein einziges Zitat noch: »Anders aber bei der Lichtung für die Verbergung. Hier stehen wir in der *Wesung der Wahrheit*, und diese ist *Wahrheit des Seyns*. Die Lichtung für die Verbergung ist schon« – und jetzt kommt eine dieser Wendungen, mit denen Sie nun wiederum etwas Collagiertes bei ihm ganz nah haben, der Kultdiener wird hier plötzlich zum Meditationsartisten – »die Schwingung des Gegenschwunges der Kehre des Ereignisses.«[501]

Ich überlasse es Ihrer Denkphantasie, dieser Figur hier zu folgen. Es ist unnötig, sie aufzuschlüsseln, wir stießen immer wieder, mit einer kleinen Drehung darüber und wieder einer kleinen Übertrumpfung, auf dieselbe Figur. Das macht es ihm möglich, so viel sich dies zum Schlechten wendet, das, was nicht eintritt, als Eintritt zu interpretieren, die ausbleibende Epiphanie als Epiphanie zu verstehen, das Sein als eines, das uns jetzt so mitspielt. Und wehe, wenn wir uns davon verleiten ließen, in die Analyse der Umstände einzutreten, in und mit denen es spielt. Es spielt ja gar nicht mit ihnen, es offenbart sich ja nur durch sie hindurch. Wehe, wenn uns das Anlaß böte, in die Analyse der seienden Verhältnisse einzutreten. Der Andenker hat die Wahrheit nicht mehr in dem, was vor ihm offenliegt, sondern das, was sich vor ihm verbirgt, ist jetzt Unterpfand der Wahrheit. Es hat unter diesen Umständen überhaupt keine Berechtigung zu fragen: Warum hat Heidegger kein Bekenntnis im nachhinein abgelegt? Warum ist er nicht selbstkritisch gewesen? Warum hat er sich den eigenen Weg umgeschrieben? Das ist ja schon die Umschreibung hier; aber es ist keine Umschreibung, es ist eine Konsequenz, so geht es immer weiter in dürftiger Zeit: Wir entbergen das Sich-Verbergen. – Ich will darum mit dieser Figur schließen, weil das bis zum heutigen Tag, bis jetzt, die Zentralfigur der Nichtbewältigung unserer eigenen Vergangenheit ist.[502]

Anmerkungen

1 Klaus Heinrichs Rede von den »aktuellen völkischen Ereignissen« wird von ihm nicht weiter spezifiziert. Inwieweit sie sich auf die Parole der Montagsdemonstrationen 1989/90 in der DDR (»Wir sind das Volk«) oder ihre spätere Ergänzung beziehungsweise Ersetzung (»Wir sind ein Volk«) bezieht, muß offenbleiben.
2 Martin Heidegger: Was ist Metaphysik?. In: Ders.: Wegmarken. Frankfurt am Main ³1996, S. 103–122.
3 Martin Heidegger: Nachwort zu »Was ist Metaphysik?« [1943] und Einleitung zu »Was ist Metaphysik?« [1949]. In: Ders.: Wegmarken, S. 303–312, 365–383.
4 Martin Heidegger: Zeit und Sein. In: Ders.: Zur Sache des Denkens. Tübingen ³1988, S. 1–25.
5 Martin Heidegger: Sein und Zeit. Tübingen ⁸1957.
6 Siehe Klaus Heinrich: Konstruktionen der Subjektlosigkeit I (Sommersemester 1986) und II (Wintersemester 1986/87); Ders.: Begriff und Funktion des Symbols in der Geschichte I (Sommersemester 1988), besonders die letzte Sitzung vom 7. Juli 1988.
7 Martin Heidegger: Beiträge zur Philosophie (Vom Ereignis). Gesamtausgabe, Bd. 65. Hrsg. v. Friedrich-Wilhelm von Herrmann. Frankfurt am Main 1989.
8 Siehe Günther Anders: Die Antiquiertheit des Menschen. Über die Seele im Zeitalter der zweiten industriellen Revolution. München 1956, S. 116–128 (§§ 7–9).
9 Siehe Anm. 1.
10 Heidegger: Beiträge zur Philosophie (Vom Ereignis), S. 3.
11 Ebd.
12 Siehe Günther Heeg u.a. (Hg.): Kinder der Nibelungen. Klaus Heinrich im Gespräch mit Peter Kammerer und Wolfgang Storch. Frankfurt am Main/Basel 2007.
13 Victor Klemperer: LTI: Notizbuch eines Philologen. Leipzig 1975.
14 Die Zusammenlegung der jüdischen Bevölkerung Dresdens in sogenannten Judenhäusern begann im Herbst 1939. Die etwa 40 Häuser sollten jedoch – nach Görings Anweisung – keine eigenen Bezirke bilden.
15 Alfred Rosenberg: Der Mythus des 20. Jahrhunderts. Eine Wertung der seelisch-geistigen Gestaltenkämpfe unserer Zeit. München 1938.

16 Victor Klemperer: Curriculum Vitae. Erinnerungen 1881–1918. Zwei Bde. Berlin 1989.
17 Am 16. Februar 1945 – nach schweren Bombardements auf Dresden durch britische Alliierte – flohen die Klemperers gen Osten, um sich zu den Russen durchzuschlagen; vergeblich: erst kamen sie bei ihrer Haushaltshilfe in der Oberlausitz unter, dann flohen sie nach Bayern, um schließlich nach mehrmonatiger Flucht im Juni 1945 wieder in ihrem Haus im Dölzschen Quartier zu beziehen.
18 Hugo Ott: Martin Heidegger. Unterwegs zu seiner Biographie. Frankfurt am Main/New York 1988.
19 Im »Versuch über die Schwierigkeit nein zu sagen« diskutiert Heinrich die Frage, ob »Sprache spricht« und kommt in diesem Zusammenhang zum Problem des Übersetzens. Siehe Klaus Heinrich: Versuch über die Schwierigkeit nein zu sagen. Freiburg/Wien ⁵2020, S. 107 ff.
20 Víctor Farías: Heidegger und der Nationalsozialismus. Frankfurt am Main 1989.
21 Guido Schneeberger: Nachlese zu Heidegger. Dokumente zu seinem Leben und Denken/Mit zwei Bildtafeln. Bern 1962.
22 Heidegger: Sein und Zeit, S. 437.
23 Martin Heidegger: Schöpferische Landschaft: Warum bleiben wir in der Provinz?. In: Ders.: Aus der Erfahrung des Denkens [1910–1976]. Gesamtausgabe, Bd. 13. Hrsg. v. Hermann Heidegger Frankfurt am Main 1983, S. 9–13.
24 Heidegger: Sein und Zeit, S. 437.
25 Ebd., S. 196.
26 Martin Heidegger: Vom Wesen der Wahrheit. In: Ders.: Wegmarken, S. 201.
27 Heidegger: Beiträge zur Philosophie (Vom Ereignis), erstmals S. 23 f.
28 Johannes 1,11.
29 1934 wurde Alfred Rosenberg zum »Beauftragten des Führers für die Überwachung der gesamten geistigen und weltanschaulichen Schulung und Erziehung der NSDAP« ernannt. Seine Behörde erhielt bald die Kurzbezeichnung »Reichsüberwachungsamt« oder einfach »Amt Rosenberg«.
30 Die Vorlesung vom Wintersemester 1989/90 trug den Titel »Begriff und Funktion des Symbols in der Geschichte IV: Kult und Symbol – Symbol und Arbeit«.
31 Siehe Ernst Jünger: Der Arbeiter. Herrschaft und Gestalt [1932]. Stuttgart 1982.

32 Martin Heidegger: Überwindung der Metaphysik. In: Ders.: Vorträge und Aufsätze. Pfullingen 1954, S. 73.
33 Joseph Goebbels: Vom Kaiserhof zur Reichskanzlei. Eine historische Darstellung in Tagebuchblättern (Vom 1. Januar 1932 bis zum 1. Mai 1933). München 1934, S. 5.
34 Ebd., S. 10.
35 Ebd., S. 11.
36 Ebd., S. 10.
37 Siehe zur immensen Aufladung des Wortes ›historisch‹ Klemperer: LTI, S. 51.
38 Schneeberger: Nachlese zu Heidegger, S. 28: »Mit Stolz und Genugtuung haben wir jungen Waffenstudenten die Aufhebung des Mensurverbotes aufgenommen. In dem Bewußtsein, daß für das aktive Waffenstudententum in dieser Aufhebung ein historisches Ereignis von großer Tragweite liegt, haben die Bestimmungsmensur fechtenden Korporationen Freiburgs zur Feier der ersten freien unverfehmten Mensur einen gemeinsamen öffentlichen Pauktag steigen lassen.« (»Textnummer 24: Nach Aufhebung des Mensurverbotes in Freiburg i. Br.«. Aus: Der Alemanne. Kampfblatt der Nationalsozialisten Oberbadens vom 7. Mai 1933.)
39 Siehe Goebbels: Vom Kaiserhof zur Reichskanzlei, S. 10.
40 Joseph Goebbels: Tagebücher 1945. Die letzten Aufzeichnungen. Hamburg 1977.
41 Goebbels: Vom Kaiserhof zur Reichskanzlei, S. 10f.
42 Ebd., S. 11.
43 Ebd., S. 12f.
44 Ebd., S. 14.
45 Schneeberger: Nachlese zu Heidegger, S. 202 (»Textnummer 170: Nationalsozialistische Wissensschulung«. Aus: Der Alemanne. Kampfblatt der Nationalsozialisten Oberbadens vom 1. Februar 1934).
46 Goebbels: Vom Kaiserhof zur Reichskanzlei, S. 14.
47 Klaus Heinrich: Ein deutsches Stichwort: Gemütlichkeit. In: Ders.: wie eine religion der anderen die wahrheit wegnimmt. Reden und kleine Schriften – Neue Folge 1. Freiburg/Wien 2020, S. 66ff.
48 Martin Heidegger: Kant und das Problem der Metaphysik. Frankfurt am Main ⁵1991, S. 238.
49 Heidegger: Beiträge zur Philosophie (Vom Ereignis), S. 21.
50 Ebd., S. 239.
51 Ebd., S. 510.

52 Siehe Martin Heidegger: Brief über den Humanismus. In: Ders.: Wegmarken, S. 319, 344f., 349, 353, 356f.
53 Siehe Anm. 6.
54 ›Philosophische Fakultät drüben‹: Gemeint ist die heutige Humboldt-Universität zu Berlin, damals noch die Friedrich-Wilhelms-Universität Unter den Linden. (Siehe Klaus Heinrich: Erinnerung an die Fliegen [1985]. In: Ders.: der gesellschaft ein bewußtsein ihrer selbst zu geben. Reden und kleine Schriften 2. Basel/Frankfurt am Main 1998, S. 63f., 68.)
55 Siehe Plutarch: Lebensbeschreibungen. Gesamtausgabe, Bd. 2 Überst. v. Johann Friedrich Kaltwasser (1799–1806) u. bearb. v. Hanns Floerke (1913). Textrevision und biographischer Anhang v. Ludwig Kröner. München 1964, Marcus Cato der Ältere 22f., S. 300f.
56 Siehe Sigmund Freud: Aus den Anfängen der Psychoanalyse. Briefe an Wilhelm Fließ. Abhandlungen und Notizen aus den Jahren 1887–1902. Eingeleitet v. Ernst Kris. Hrsg. v. Marie Bonaparte u.a. London 1950.
57 Edmund Husserl: Cartesianische Meditationen. In: Ders.: Gesammelte Schriften, Bd. 8. Hrsg. v. Elisabeth Ströker. V. Meditation. Hamburg 1992.
58 Siehe Ernst Bloch: Geist der Utopie. Erste Fassung. In: Ders.: Gesamtausgabe in 16 Bänden, Bd. 16. Frankfurt am Main 1977; Eugen Rosenstock-Huessy, Franz Rosenzweig: Stern der Erlösung (1921).
59 Heidegger: Sein und Zeit, § 12.
60 Siehe u.a. Carl Friedrich von Weizsäcker: Heidegger und die Naturwissenschaft. In: Ders.: Der Garten des Menschlichen. Beiträge zur geschichtlichen Anthropologie. München/Wien 1977.
61 Heidegger: Sein und Zeit, S. 196.
62 Zur Aufnahme des Existentialismus als ›Gratis-Résistance‹ siehe Klaus Heinrich: Anfangen mit Freud. Die wiederentdeckte Psychoanalyse nach dem Krieg [1989]. In: Ders.: anfangen mit freud. Reden und kleine Schriften I. Freiburg/Wien ²2020, S. 13ff.; Ders.: Erinnerung an die Fliegen, S. 57; Ders.: Geschichte und Kritik des Existentialismus I (zugleich als Einführung in die Religionsphilosophie). Vorlesung, gehalten im Wintersemester 1976/77; dort besonders die erste Vorlesung; Ders.: arbeiten mit herakles/Zur Figur und zum Problem des Heros/Antike und moderne Formen seiner Interpretation und Instrumentalisierung. Dahlemer Vorlesungen, Bd. 9. Hrsg. v. Hans-Albrecht Kücken. Frankfurt am Main/Basel 2006, Anm. 111, S. 334–340.

63 Siehe Jean-Paul Sartre: Ist der Existentialismus ein Humanismus?. Frankfurt am Main/Berlin 1969, S. 9.
64 Martin Heidegger: Der Feldweg. Bebilderte Sonderausgabe. Frankfurt am Main ²1995, S. 24.
65 Das Haus in Nürnberg bewohnte Albrecht Dürer ab 1509. Es ist das einzige Künstlerhaus diesseits der Alpen aus dem 16. Jahrhundert.
66 Siehe Blaise Pascal: Pensées – Gedanken. Ediert und kommentiert v. Philippe Sellier. Aus dem Französischen übersetzt und mit einer Konkordanz versehen v. Sylvia Schiewe. Darmstadt 2016, S. 107ff.
67 Gemeint ist der Schlager »Ein Freund, ein guter Freund« von Werner Richard Heymann, den er 1930 für die Operette »Die Drei von der Tankstelle« komponiert hat; den Text lieferte Robert Gilbert.
68 Heidegger: Sein und Zeit, S. 302: »Wenn die Entschlossenheit als *eigentliche* Wahrheit des Daseins erst im Vorlaufen zum Tode die ihr *zugehörige eigentliche Gewißheit* erreichte? Wenn im *Vorlaufen* zum Tode erst alle faktische ›*Vorläufigkeit*‹ des Entschließens eigentlich verstanden, das heißt existenziell *eingeholt* wäre?«
69 Martin Heidegger: Aus der Erfahrung des Denkens. Stuttgart 1967, S. 7: »Auf einen Stern zugehen, nur dieses.«
70 Heidegger: Sein und Zeit, S. 167–170.
71 Siehe Anm. 19.
72 Siehe Anders: Die Antiquiertheit des Menschen, S. 345 (dort den Abschnitt »Über die Bombe und die Wurzeln unserer Apokalypse-Blindheit«): »Immer wieder kann man unsere heutige apokalyptische Situation als ›Sein-zum-Ende‹ bezeichnen hören – worauf dann gewöhnlich die Bemerkung folgt, wie prophetisch Heideggers vor dreißig Jahren geprägter Ausdruck gewesen sei: eine völlig gedankenlose Bemerkung. Denn Heidegger hatte mit seinem damaligen Ausdruck nichts weniger gemeint als eine allen Menschen gemeinsame eschatologische Situation oder gar die Möglichkeit eines Kollektiv-Selbstmordes. Das zu meinen, hätte auch in den Jahren der Niederschrift von ›Sein und Zeit‹, im Jahrzehnt nach dem ersten Weltkrieg, für niemanden ein Anlaß bestanden. So höllisch der erste Weltkrieg auch gewesen war, die Gefährdung des Globus hatte er noch nicht gebracht. Vielmehr war die Erfahrung, aus der heraus Heidegger damals philosophierte, die des einsamen Daseins gewesen, und zwar die des pausenlos mit dem Tode konfrontierten Soldaten. – Aber er hatte auch nicht gemeint, daß jeder von uns sterben müsse: das soll vorher auch schon bekannt gewesen sein. Vielmehr versuchte er, die Konfrontiertheit mit dem Tode in das Leben selbst

hineinzunehmen, und zwar als dessen einzigen absoluten Charakter. Das heißt: ›Das Halt!‹, das dem zur Zeitlichkeit verdammten Dasein zugerufen werden kann, in etwas zu verwandeln, woran es Halt, ja seinen einzigen Halt finden konnte; kurz: als bewußter ›moriturus‹ ›existentiell‹ zu werden.«

73 Siehe Heidegger: Sein und Zeit, § 44.
74 Ebd., S. 226.
75 Ebd., S. 350 (»Gelichtetheit des Daseins«), 408 (»Gelichtetheit des Da«).
76 Siehe ebd., S. 437: »Der *Streit* bezüglich der Interpretation des Seins kann nicht geschlichtet werden, *weil er noch nicht einmal entfacht ist... Hierzu allein ist die vorliegende Untersuchung unterwegs.*«
77 Im Andreaskreuz kreuzen sich zwei diagonal verlaufende Balken, daher wird es auch Schrägkreuz genannt. Der Name geht zurück auf den Apostel Andreas, der an eben einem solchen Kreuz zur Zeit Neros den Märtyrertod erleiden mußte. (Siehe dazu Von Sanct Andreas dem Apostel. In: Die Legenda aurea des Jacobus von Voragine. Aus dem Lateinischen übers. v. Richard Benz. Heidelberg 1979, S. 14–26.) Er gilt als der Apostel Kleinasiens, Rußlands, Rumäniens und Schottlands, in dessen Flagge das Andreaskreuz Eingang gefunden hat.
78 Siehe Heidegger: Sein und Zeit, S. 196.
79 Siehe Aristoteles: Metaphysik. Griechisch und deutsch. Neubearbeitung der Übersetzung v. Hermann Bonitz. Hrsg. v. Horst Seidl. Hamburg ³1989, Zweiter Halbband, VII, 1028b34.
80 Heidegger: Sein und Zeit, S. 68ff.
81 Ebd., S. 61.
82 Ebd., S. 79.
83 Siehe ebd., S. 89ff.
84 Ebd., S. 78.
85 Siehe David Riesman, u.a.: The Lonely Crowd: A Study of the Changing American Character [1950]. (Dt. Übersetzung: Die einsame Masse. Eine Untersuchung der Wandlungen des amerikanischen Charakters. Hamburg 1958.)
86 Heidegger: Sein und Zeit, S. 84, 365.
87 Ebd., S. 27.
88 Siehe Martin Heidegger: Der Spruch des Anaximander. In: Ders.: Holzwege, Frankfurt am Main 1980, S. 362ff.
89 Heidegger: Sein und Zeit, S. 36.
90 Siehe ebd.

91 Siehe Heidegger: Beiträge zur Philosophie (Vom Ereignis), S. 61, 122, 204, 273, 341, 425 (›bodenlos‹, ›Bodenlosigkeit‹); siehe Heidegger: Beiträge zur Philosophie (Vom Ereignis), S. 62, 97, 100f., 116, 122, 204, 341, 392 (›Entwurzelung‹).
92 Siehe ebd., S. 178.
93 Heidegger: Beiträge zur Philosophie (Vom Ereignis), S. 163.
94 Siehe Heidegger: Kant und das Problem der Metaphysik. S. 238.
95 Siehe Heidegger: Was ist Metaphysik?, S. 110.
96 Siehe zur »Grenze des Verstummens«: Theodor W. Adorno: Ästhetische Theorie. In: Ders.: Gesammelte Schriften, Bd. 7. Hrsg. v. Rolf Tiedemann unter Mitwirkung von Gretel Adorno. Frankfurt am Main 1970, S. 442.
97 Anmerkung Klaus Heinrich: Die Unterhaltung fand am 19. März 1987 in der damals schon ›alten‹ Westberliner Akademie der Künste im Bezirk Tiergarten am Hanseatenweg statt. Deren Leitung hatte, Nonos Bitte folgend, mich gebeten, in zwei Veranstaltungen für Akademiemitglieder und Gäste der Akademie die Figur des Prometheus in der antiken Mythologie sowie ihr Weiterleben in der modernen europäischen Aufklärung vorzustellen. Zur weiteren Beschäftigung mit dem Prometheusstoff verweise ich auf meine Prometheus-Vorlesungen von 1975, erschienen als Band 8 der Dahlemer Vorlesungen: gesellschaftlich vermitteltes naturverhältnis/Begriff der Aufklärung in den Religionen und der Religionswissenschaft. Hrsg. v. Hans-Albrecht Kücken. Frankfurt am Main/Basel 2007.
98 Siehe Walter Benjamin: Über den Begriff der Geschichte. In: Ders.: Gesammelte Schriften, Bd. I.2 (Abhandlungen). Hrsg. v. Rolf Tiedemann. Frankfurt am Main 1990, S. 694.
99 Zu den ›Münchner Kosmikern‹ siehe Stefan Breuer: Ästhetischer Fundamentalismus. Stefan George und der deutsche Antimodernismus. Darmstadt 1995, S. 95 ff.; Richard Faber: Männerrunde mit Gräfin. Die »Kosmiker« Derleth, George, Wolfskehl und Franziska zu Reventlow. Mit einem Nachdruck des »Schwabinger Beobachters«. Bern 1994.
100 Siehe den Artikel »ereignen«. In: Hermann Paul: Deutsches Wörterbuch. Überarbeitete Aufl. v. Helmut Henne u. Georg Objartel, unter Mitarbeit von Heidrun Kämper-Jensen. Tübingen ⁹1992, S. 231.
101 Siehe Immanuel Kant: Kritik der reinen Vernunft. In: Ders.: Werkausgabe in XII Bänden, Bd. III. Hrsg. v. Wilhelm Weischedel. Frankfurt am Main 1977, B1; siehe dazu Klaus Heinrich: anthropomorphe/Zum Problem des Anthropomorphismus in der Religionsphilosophie. In:

Ders.: Dahlemer Vorlesungen, Bd. 2. Hrsg. v. Wolfgang Albrecht u.a. Frankfurt am Main/Basel 1986, S. 233f., 266ff.; siehe Ders.: arbeiten mit ödipus/Begriff der Verdrängung in der Religionswissenschaft. In: Ders.: Dahlemer Vorlesungen, Bd. 3. Hrsg. v. Hans-Albrecht Kücken u.a. Frankfurt am Main/Basel 1993, S. 65ff., 94f.; siehe ders.: vom bündnis denken/Religionsphilosophie. In: Ders.: Dahlemer Vorlesungen, Bd. 4. Hrsg. v. Hans-Albrecht Kücken. Frankfurt am Main/Basel 2000, S. 187f.
102 Siehe Jacob und Wilhelm Grimm: Deutsches Wörterbuch. Leipzig 1854–1961.
103 Siehe Martin Heidegger: Der Weg zur Sprache. In: Ders.: Unterwegs zur Sprache. Stuttgart ^{10}1993, S. 258ff.
104 Johann Wolfgang von Goethe: Faust. Der Tragödie zweiter Teil. In: Ders.: Werke. Hamburger Ausgabe in 14 Bde., Bd. III (= Dramatische Dichtungen I). Hrsg. v. Erich Trunz. Textkritisch durchgesehen u. kommentiert v. Erich Trunz. München ^{9}1989, Vers 12104f.
105 Ebd., Vers 12106f.
106 Ebd., Vers 12108f.
107 Goethe: Faust. Der Tragödie erster Teil, Vers 1237.
108 Goethe: Faust. Der Tragödie zweiter Teil, Vers 11579f.
109 Heidegger: Der Feldweg, S. 24. (»Der Zuspruch macht heimisch in einer langen Herkunft.«)
110 Goethe: Faust. Der Tragödie zweiter Teil, Vers 12108ff.
111 Siehe Klaus Heinrich: Mythos: Wolf Dieter Bach und Klaus Heinrich. In: Ders.: Goethe – Ein Denkmal wird lebendig. Dialoge. Hrsg. v. Harald Eggebrecht. München 1982, S. 61–79.
112 Heidegger: Kant und das Problem der Metaphysik, S. 238.
113 Siehe Heidegger: Was ist Metaphysik?, S. 111.
114 Ebd., S. 110.
115 Zum ›lunatischen Stimmungswesen‹ siehe Klaus Heinrich: Zum Verhältnis von transzendentalem und ästhetischen Subjekt XVI: Probleme des Kunst- und Naturbegriffs im 19. und 20. Jahrhundert. (Stichworte: Mondlyrik – Vermeer.) Vorlesung, gehalten im Wintersemester 1982/83.
116 Siehe Heidegger: Was ist Metaphysik?, S. 112.
117 Heidegger: Kant und das Problem der Metaphysik, S. 238.
118 Heidegger: Beiträge zur Philosophie (Vom Ereignis), S. 21.
119 Ebd.
120 Ebd., S. 239.
121 Ebd.

122 Ebd., S. 244.
123 Zum Kampf der indischen Stiergötter siehe Heinrich Zimmer: Maya. Der indische Mythos. Stuttgart/Berlin 1936, S. 480ff.
124 Heidegger, Beiträge zur Philosophie (Vom Ereignis), S. 244.
125 Siehe Karl Löwith: Mein Leben in Deutschland vor und nach 1933. Ein Bericht. Mit einem Vorwort von Reinhart Koselleck und einer Nachbemerkung von Ada Löwith. Stuttgart 1986, S. 57.
126 Heidegger: Beiträge zur Philosophie (Vom Ereignis), S. 230.
127 Die Fragmente der Vorsokratiker. Griechisch und Deutsch v. Hermann Diels. Hrsg. v. Walter Kranz (Berlin), Bd. I (1903), Band II (1903), Band III (1907). Die ›Vorsokratiker‹ werden nach dem unveränderten Nachdruck der 6. Aufl. v. 1951 (Band I und II) zitiert. Der ›Satz des Anaximander‹, Diels/Kranz I, Fragment 1, S. 89. – Zur Diskussion Anaximanders siehe Klaus Heinrich: tertium datur. Eine religionsphilosophische Einführung in die Logik. In: Ders.: Dahlemer Vorlesungen, Bd. 1. Hrsg. v. Wolfgang Albrecht u.a. Freiburg/Wien ³2021, S. 60ff.
128 Siehe Heidegger: Beiträge zur Philosophie (Vom Ereignis), S. 11.
129 Ebd., S. 20.
130 Siehe Platon: Theaitetos. In: Ders.: Werke in acht Bänden. Griechisch und deutsch. Bearb. v. Peter Staudacher. Griechischer Text v. Auguste Diès. Deutsche Übersetz. v. Friedrich Schleiermacher. Dieser Sonderausgabe liegt die zweite, unveränderte Auflage (1990) der Ausgabe Darmstadt 1990 zugrunde. Sechster Band, St. 155D.
131 Siehe ebd., St. 155C.
132 Siehe ebd.
133 Siehe Platon: Menon, St. 80A.
134 Siehe Paul Tillich: Der Mut zum Sein. In: Ders.: Sein und Sinn. Zwei Schriften zur Ontologie. Gesammelte Werke, Bd. XI. Hrsg. v. Renate Albrecht. Frankfurt am Main 1982, S. 56ff.
135 Heidegger: Beiträge zur Philosophie (Vom Ereignis), S. 230.
136 Siehe Goethe: Faust. Der Tragödie zweiter Teil. Vers 12106f.
137 ›Die Sünderinnen im Neuen Testament‹: Lukas 7,36ff.; Johannes 4 (hier allerdings ist die Sünderin eine Samaritanerin).
138 Goebbels: Vom Kaiserhof zur Reichskanzlei, S. 10.
139 Heidegger: Der Spruch des Anaximander, S. 333.
140 Heidegger: Kant und das Problem der Metaphysik, S. 238.
141 Rainer Maria Rilke: Die Weise von Liebe und Tod des Cornets Christoph Rilke. In: Ders.: Werke, Bd. III.1, Prosa. Hrsg. v. Rilke-Archiv. Frankfurt am Main ⁴1986, S. 93.

142 Heidegger: Beiträge zur Philosophie (Vom Ereignis), S. 20.
143 Ebd., S. 21.
144 Siehe Karl Löwith: Heidegger – Denker in dürftiger Zeit/Zur Stellung der Philosophie im 20. Jahrhundert. In: Ders.: Sämtliche Schriften, Bd. 8. Stuttgart 1984, S. 160–163.
145 Siehe Heidegger: Der Weg zur Sprache, S. 260.
146 Siehe Klaus Heinrich: Begriff und Funktion des Symbols in der Geschichte I. Vorlesung, gehalten im Sommersemester 1988 (hier ab der 3. Vorlesung).
147 Siehe Klaus Heinrich: Sprung ins Zentrum/Hausverlassen/Revolutionärer Quietismus. Zu aktuellen Formen der Faszination fernöstlicher Meditation und Askese. In: Ders.: wie eine religion der anderen die wahrheit wegnimmt.
148 Siehe Parmenides: Fragment 12, S. 243.
149 Zur ›Großen Leere‹ siehe Leukippos. In: Die Fragmente der Vorsokratiker, Zweiter Band, S. 80, Z. 14ff.; siehe Diogenes Laertius: Leben und Meinungen berühmter Philosophen. Aus dem Griechischen übers. v. Otto Apelt, unter Mitwirkung von Günter Zekl, neu hrsg. sowie mit einem Vorwort, Einleitung und neuen Anmerkungen versehen v. Klaus Reich. Hamburg ²1967, IX,31, S. 175.
150 Siehe Epikur: Brief an Herodot. In: Ders.: Briefe, Sprüche, Werkfragmente. Griechisch und deutsch. Übers. u. hrsg. v. Hans-Wolfgang Krautz. Stuttgart 1985, S. 6.
151 Siehe Heidegger: Der Feldweg, S. 24: »Die Stille wird mit seinem letzten Schlag« – dem der alten Kirchenglocke – »noch stiller. Sie reicht bis zu jenen, die durch zwei Welt-Kriege vor der Zeit geopfert sind. Das Einfache ist noch einfacher geworden. Das immer Selbe befremdet und löst. Der Zuspruch des Feldweges ist jetzt ganz deutlich. Spricht die Seele? Spricht die Welt? Spricht Gott?«
152 Siehe Zimmer: Maya. Der indische Mythos, S. 121–142 (Kapitel: »Die Quirlung des Milchmeers«).
153 Walter F. Otto: Die Götter Griechenlands. Bonn 1929.
154 Siehe Erika Simon: Die Götter der Griechen. Darmstadt 1985, S. 11: »[Karl] Reinhardt soll einmal gefragt haben: ›Sie sind also, Herr Otto, von der Realität des Zeus überzeugt‹. Ottos Antwort lautete: ›Ja‹. Reinhardt fragte weiter: ›Beten Sie auch zu Zeus?‹ Wieder war die Antwort: ›Ja‹. Darauf aber sagte Reinhardt: ›Dann müssen Sie dem Zeus auch Stiere opfern‹.« (Siehe auch Walter F. Ottos Äußerungen über den »heiligen Brauch« des Menschenopfers im Brief vom 17. Dezember 1955 an die Prinzessin Margot von

Sachsen-Meiningen. In: Die Wirklichkeit der Götter. Von der Unzerstörbarkeit griechischer Weltsicht. Hamburg 1963, S. 117f.: »Du hast Dich, nach Deiner Art, sogleich in's Große erhoben, indem Du vom Menschenopfer sprachst. Da sind wir ganz derselben Meinung. Es ist lächerlich und verächtlich, wie über diesen heiligen Brauch heute geurteilt wird von einer Zivilisation, die der absoluten Sinnlosigkeit die gräßlichsten Menschenopfer millionenfach darbringt, ohne sich ein Gewissen daraus zu machen. Das Menschenopfer ist wirklich, wie Du schreibst, das großartigste Bekenntnis zu dem Ewigen und Heiligsten hoch über die Banalität alles Thatsächlichen und der philisterhaften Wichtignahme der Existenz. Wenn ein Gott ein Menschenopfer fordert, so ist es eine Seele, die ihm zugehört und seines Wesens ist. Und wir wissen, daß in alten Zeiten dieses Opfer nicht sklavisch mit Angst und Schrecken, sondern mit feierlicher Erhobenheit, mit einer Freude, die höher ist als alle Lust, dargeboten worden ist. Ja wir haben Grund zu der Feststellung, daß es in den allermeisten Fällen die Nachahmung eines göttlichen Schicksals war, eine Wiederholung (im vollen Sinn!) der Leiden eines Gottes. Wir müssen uns unserer Kleinsinnigkeit schämen angesichts des Großdenkens der ältesten Vorfahren! Die Völkerkunde unterscheidet zwischen Kulturvölkern und Primitiven. Die eigentlichen Primitiven aber sind die heutigen Kulturvölker. Das gilt nicht bloß für die Stellung zum Menschenopfer, sondern überhaupt dem Tod gegenüber.«

155 Walter F. Otto: Dionysos, Mythos und Kultus. Frankfurt am Main 1933, S. 22ff., 38ff. (Pharmakos).
156 Heidegger: Beiträge zur Philosophie (Vom Ereignis) S. 239.
157 Ebd., S. 244.
158 Ebd.
159 Ebd.
160 Ebd.
161 Löwith: Mein Leben in Deutschland vor und nach 1933, S. 66.
162 Siehe Georg Wilhelm Friedrich Hegel: Aphorismen aus Hegels Wastebook. In: Ders.: Werke in zwanzig Bänden, Bd. 2. Auf der Grundlage der Werke von 1832–1845 neu edierte Ausgabe. Redaktion durch Eva Moldenhauer u. Karl Markus Michel. Frankfurt am Main 1970, S. 547. Hier heißt es: »Das Zeitungslesen des Morgens früh ist eine Art von realistischem Morgensegen. Man orientiert seine Haltung gegen die Welt an Gott oder an dem, was die Welt ist. Jenes gibt dieselbe Sicherheit wie hier, daß man wisse, wie man daran sei.«

163 Löwith: Mein Leben in Deutschland vor und nach 1933, S. 58.
164 Zur Vorgeschichte von Heideggers Rektorat siehe Rüdiger Safranski: Ein Meister aus Deutschland. Heidegger und seine Zeit. Frankfurt am Main 1997, S. 267ff.; Farías: Heidegger und der Nationalsozialismus, Teil II u. III; Dieter Thomä: Die Zeit des Selbst und die Zeit danach. Zur Kritik der Textgeschichte Martin Heideggers 1910–1976. Frankfurt am Main 1990, S. 610ff.
165 Löwith: Mein Leben in Deutschland vor und nach 1933, S. 58ff. Zur Schriftenreihe »Theologische Existenz heute« siehe den Artikel »Barth, Karl«. In: Die Religion in Geschichte und Gegenwart. Handwörterbuch für Theologie und Religionswissenschaft. Überarb. Aufl. in Gemeinschaft m. Hans Frhr. v. Campenhausen, Erich Dinkler, Gerhard Gloege u. Knut E. Løgstrup. Hrsg. v. Kurt Galling. Tübingen ³1986, Erster Band: A–C. Spalte 895.
166 Heidegger: Beiträge zur Philosophie (Vom Ereignis), S. 244.
167 Martin Heidegger, Was heißt Denken?. Tübingen 1954.
168 Friedrich Nietzsche: Also sprach Zarathustra. In: Ders.: Werke in drei Bänden. Bd. 2. Herausgegeben von Karl Schlechta. München 1955, S. 284f.
169 Martin Heidegger: Aus der Erfahrung des Denkens. Stuttgart 1967, S. 6f.
170 Ebd., S. 7.
171 Ebd.
172 Martin Heidegger: Erläuterungen zu Hölderlins Dichtung. In: Ders.: Gesamtausgabe, Bd. 4. Hrsg. v. Friedrich-Wilhelm von Herrmann. Frankfurt am Main 1981, S. 33.
173 Heidegger: Beiträge zur Philosophie (Vom Ereignis), S. 398.
174 Siehe Klaus Heinrich: Karl Friedrich Schinkel/Albert Speer. Dahlemer Vorlesungen: Zum Verhältnis von ästhetischem und transzendentalen Subjekt. Hrsg. v. Nikolaus Kuhnert u. Anh-Linh Ngo. Berlin/Freiburg ²2020.
175 Otto Köhler: Wir Schreibmaschinentäter. Journalisten unter Hitler – und danach. Köln 1989.
176 Giselher Wirsing: Im Zeitalter des Ikaros. Von Gesetz und Grenzen unseres Jahrhunderts. Jena 1944.
177 Schneeberger: Nachlese zu Heidegger, S. 144f. (Textnummer 129: »Deutsche Männer und Frauen!«. Aus: Freiburger Studentenzeitung VIII. Semester (XV), Nr. 1a (Wahlnummer), 10. November 1933.)
178 Am 2. Dezember 1990 stand die Bundestagswahl an.
179 Schneeberger: Nachlese zu Heidegger, S. 145f.

Anmerkungen 279

180 Ebd., S. 149 (Textnummer 132: »Bekenntnis zu Adolf Hitler und dem nationalsozialistischen Staat«. Aus: Bekenntnis der Professoren an den deutschen Universitäten und Hochschulen zu Adolf Hitler und dem nationalsozialistischen Staat. Überreicht vom Nationalsozialistischen Lehrerbund [...] Dresden [1933]).
181 Ebd., S. 149f.
182 Siehe Heidegger: Sein und Zeit, S. 172f.
183 Heidegger: Was ist Metaphysik?, S. 112.
184 Dies der berühmte Ausspruch John Balls (1335–1381), des englischen Geistlichen, der soziale Gleichheit predigte und entsprechend die Aufhebung der Standesgrenzen forderte. 1381 wurde er gefangen gesetzt und hingerichtet: durch Hängen, Ausweiden und Vierteilen. – Zu Hans Böhm, dem ›Pauker von Niklashausen‹, siehe Wilhelm Zimmermann: Der große deutsche Bauernkrieg. Westberlin 1982, S. 13ff.
185 Schneeberger: Nachlese zu Heidegger, S. 149f.
186 Ebd., S. 150.
187 Siehe Rainer Maria Rilke: Ausgesetzt auf den Bergen des Herzens. In: Ders.: Werke, Bd. II.1, Gedichte und Übertragungen, S. 94.
188 Die ›res‹ des Lukrez: Titus Lucretius Carus: Von der Natur [lat. Titel: De rerum natura]. Lateinisch – deutsch. Hrsg. u. übers. v. Hermann Diels. Mit einer Einführung und Erläuterungen v. Ernst Günther Schmidt. München 1993. – Zur Diskussion Lukrez' im Rahmen der Frage nach der Bündnisfähigkeit der Natur siehe Klaus Heinrich: vom bündnis denken, S. 91ff.
189 Schneeberger: Nachlese zu Heidegger, S. 150.
190 Siehe Anm. 130.
191 Heidegger: Beiträge zur Philosophie (Vom Ereignis), S. 230.
192 Siehe den Artikel »ahnen«. In: Paul: Deutsches Wörterbuch, S. 19.
193 Siehe Ernst Cassirer: Philosophie der symbolischen Formen. Erster Teil: Die Sprache. Darmstadt 1977, Kapitel III.I: Der Ausdruck des Raumes und der räumlichen Beziehungen, S. 149ff.
194 Rainer Maria Rilke: Die achte Duineser Elegie. In: Ders.: Werke, Bd. 1.2, Gedicht-Zyklen, S. 472.
195 Schneeberger: Nachlese zu Heidegger, S. 150.
196 Ebd.
197 Ebd.
198 Siehe Heidegger: Erläuterungen zu Hölderlins Dichtung, S. 40.
199 Martin Heidegger: Hölderlin und das Wesen der Dichtung. In: Das Innere Reich. Zeitschrift für Dichtung, Kunst und deutsches Leben.

Hrsg. v. Paul Alverdes u. Karl Benno von Mechow. München/Leipzig Dezember 1936, S. 1071.
200 Ebd., S. 1069.
201 Ebd., S. 1065.
202 Ebd., S. 1066.
203 Ebd., S. 1065.
204 Ebd., S. 1068.
205 Ebd.
206 Siehe Georg Wilhelm Friedrich Hegel: Phänomenologie des Geistes. In: Ders.: Werke in zwanzig Bänden, Bd. 3. Frankfurt am Main 1970, S. 545 ff.
207 Heidegger: Hölderlin und das Wesen der Dichtung, S. 1068 f.
208 Ebd., S. 1069.
209 Ebd.
210 Heidegger: Beiträge zur Philosophie (Vom Ereignis), S. 398.
211 Ebd.
212 Heidegger: Hölderlin und das Wesen der Dichtung, S. 1070.
213 Ebd., S. 1070 f.
214 Siehe Anm. 32.
215 Heidegger: Erläuterungen zu Hölderlins Dichtung, S. 77.
216 Heidegger: Hölderlin und das Wesen der Dichtung, S. 1071.
217 Ebd., S. 1070.
218 Ebd., S. 1071.
219 Siehe Exodus 3,14 (Luther-Übersetzung).
220 Heidegger: Hölderlin und das Wesen der Dichtung, S. 1071.
221 Ebd.
222 Ebd.
223 Ebd., S. 1072.
224 Ebd.
225 Ebd.
226 Siehe Augustinus: Bekenntnisse. Lateinisch und deutsch. Eingeleitet, übers. u. erläut. v. Joseph Bernhart. Mit einem Vorwort v. Ernst Ludwig Grasmück. Frankfurt am Main 1987, X,8, S. 503.
227 Ebd., X,6, S. 500.
228 Heidegger: Hölderlin und das Wesen der Dichtung, S. 1072.
229 Ebd., S. 1073.
230 Ebd., S. 1077.
231 Siehe Heidegger: Beiträge zur Philosophie (Vom Ereignis), S. 510.
232 Heidegger: Hölderlin und das Wesen der Dichtung, S. 1077.
233 Ebd., S. 1078.

234 Siehe (ohne Bezug auf Heidegger allerdings) Paul Tillich: Die sozialistische Entscheidung. In: Ders.: Christentum und soziale Gestaltung. Frühe Schriften zum Religiösen Sozialismus. Gesammelte Werke, Bd. II. Stuttgart 1962, S. 239: »Ontologie steht auf dem Boden des Ursprungsmythos, der Raumgebundenheit. Sie muß auch die Zeit räumlich machen. Sie ist die letzte, abstrakteste Fassung des Mythos vom Ursprung.«
235 Schneeberger: Nachlese zu Heidegger, S. 148.
236 Ebd.
237 Ebd., S. 149.
238 Ebd., S. 150.
239 Siehe ebd., S. 145.
240 Ebd., S. 150.
241 Ebd., S. 149.
242 Ebd., S. 149f.
243 Ebd., S. 150.
244 Heidegger: Hölderlin und das Wesen der Dichtung, S. 1065.
245 Ebd., S. 1069.
246 Siehe ebd.
247 Siehe ebd., S. 1072.
248 Siehe Anm. 151.
249 Siehe Anm. 78.
250 Siehe Anm. 174.
251 Heidegger: Erläuterungen zu Hölderlins Dichtung, S. 41.
252 Bei Kant findet sich kein ausdrücklicher Hinweis auf eine ›Tafel der Antinomien‹ oder ›Antinomientafel‹. Die Überlegung, die ›Antinomie der reinen Vernunft‹ nach dem Muster der Urteils- und Kategorientafel zu lesen, stammt von Klaus Heinrich selbst. (Siehe Klaus Heinrich: Zur Geschichte und Kritik des transzendentalen Subjekts. Vorlesung, gehalten im Sommersemester 1974, hier insb. die 6. Vorlesung.)
253 Martin Heidegger: Vom Wesen des Grundes. In: Ders.: Wegmarken, S. 123.
254 Siehe Kant: Kritik der reinen Vernunft, B95/A70.
255 Heidegger: Vom Wesen des Grundes, S. 130.
256 Ebd., S. 130f.
257 Ebd., S. 131.
258 Siehe Joachim Radkau: Neugier der Nerven: Thomas Mann als Interpret des »nervösen Zeitalters«. In: Eckhard Heftrich/Thomas Sprecher (Hg.): Thomas-Mann-Jahrbuch, Bd. 9. Frankfurt am Main 1996, S. 29.

259 Heidegger: Vom Wesen des Grundes, S. 131.
260 Ebd.
261 Ebd.
262 Ebd., S. 133.
263 Ebd., S. 133f.
264 Ebd., S. 134.
265 Heidegger: Hölderlin und das Wesen der Dichtung, S. 1072.
266 Heidegger: Vom Wesen des Grundes, S. 134.
267 Siehe ebd.
268 Ebd., S. 175.
269 Heidegger: Beiträge zur Philosophie (Vom Ereignis), S. 230.
270 Siehe Anm. 234.
271 Siehe Anm. 127.
272 Heidegger: Vom Wesen des Grundes, S. 230.
273 Siehe Anm. 146.
274 Schneeberger: Nachlese zu Heidegger, S. 149.
275 Siehe Anm. 252.
276 Siehe Anm. 234.
277 Siehe Heinrich: Sprung ins Zentrum/Hausverlassen/Revolutionärer Quietismus, S. 53.
278 Zur Scrovegni-Kapelle in Padua siehe Klaus Heinrich: Das Floß der Medusa. In: Ders.: Floß der Medusa. Frankfurt am Main/Basel 1995, S. 41 (›Rätselfigur‹).
279 Siehe Kant: Kritik der reinen Vernunft, B452ff. A424ff.
280 Siehe Kant: Beantwortung der Frage: Was ist Aufklärung?. In: Ders.: Werkausgabe in XII Bänden, Bd. XI. Hrsg. v. Wilhelm Weischedel. Frankfurt am Main 1977, A481.
281 Zum Begriff der ›schlechten‹ und der ›wahren‹ Unendlichkeit siehe Georg Wilhelm Friedrich Hegel: Wissenschaft der Logik I. In: Ders.: Werke in zwanzig Bänden, Bd. 5. Frankfurt am Main 1970, S. 145–173.
282 Heidegger: Hölderlin und das Wesen der Dichtung, S. 41.
283 Siehe Eugen Rosenstock-Huessy: Die europäischen Revolutionen und der Charakter der Nationen. Moers 1987 [Jena 1931].
284 Oswald Spengler: Der Untergang des Abendlandes. Umrisse einer Morphologie der Weltgeschichte. Wien 1918 (Bd. 1.), München 1922 (Bd. 2).
285 Zum ›Andenken‹ siehe Heidegger: Was ist Metaphysik?, S. 9; und Heidegger: Zur Erörterung der Gelassenheit/Aus einem Feldweggespräch über das Denken [1944/45]. In: Ders.: Gelassenheit [1959].

Pfullingen ⁹1988, S. 60; und Heidegger: Brief über den Humanismus, S. 335ff.; sowie Heidegger: »Andenken«. In: Ders.: Erläuterungen zu Hölderlins Dichtung, S. 79ff. – Zum ›Eingedenken‹ siehe Walter Benjamin: Über einige Motive bei Baudelaire. In: Ders.: Gesammelte Schriften, Bd. I.2. Hrsg. v. Rolf Tiedemann und Hermann Schweppenhäuser. Unter Mitwirkung v. Theodor W. Adorno und Gershom Scholem. Frankfurt am Main ³1990, S. 643; sowie Benjamin: Über den Begriff der Geschichte, S. 704.
286 Siehe James Joyce: Ulysses. Paris 1922 [Hamburg 1932, New York 1934, London 1936]; siehe auch Phil Haddock: Multiple Joyce: Making Sense of Circe. In: Notizbuch 1. Psychoanalyse und Theorie der Gesellschaft. Hrsg. v. Horst Kurnitzky. Berlin 1979, S. 125–159.
287 Siehe Tillich: Die sozialistische Entscheidung, S. 264–277.
288 Nicolai Hartmann: Systematische Philosophie. Stuttgart 1942; sowie Nicolai Hartmann: Neue Wege der Ontologie. Stuttgart 1942.
289 Wilhelm Windelband: Lehrbuch der Geschichte der Philosophie. Mit einem Schlußkapitel »Die Philosophie im 20. Jahrhundert« und einer Übersicht über den Stand der philosophiegeschichtlichen Forschung. Hrsg. v. Heinz Heimsoeth. Tübingen 1957.
290 Albert Schwegler: Geschichte der Philosophie im Umriß. Ein Leitfaden zur Übersicht. Stuttgart 1863.
291 Wilhelm Windelband: Geschichte und Naturwissenschaft. Straßburger Rektoratsrede von 1894. In: Ders.: Präludien. Aufsätze und Reden zur Philosophie und ihrer Geschichte, Bd. 2. Tübingen ⁸1921, S. 160.
292 Ebd., S. 155f.
293 Joris-Karl Huysmans: À rebours. Paris 1884 [deutsch: Gegen den Strich].
294 Windelband: Geschichte und Naturwissenschaft, S. 156.
295 Ebd., S. 152.
296 Ebd., S. 153.
297 Siehe Nicolai Hartmann: Zur Grundlegung der Ontologie. Berlin/Leipzig 1935, S. 49ff.
298 Nicolai Hartmann: Der Aufbau der realen Welt. Bd. 3. Berlin 1940.
299 Ebd., S. 43.
300 Ebd., S. 45f.
301 Ebd., S. 44.
302 Ebd., S. 41f.
303 Heidegger: Vom Wesen des Grundes, S. 134.
304 Nicolai Hartmann: Zum Problem der Realitätsgegebenheit. Vortrag, gehalten am 28. Mai 1931 auf der Generalversammlung der Kant-Gesellschaft zu Halle. Berlin 1931, S. 16.

305 Ebd.
306 Ebd., S. 16f.
307 Siehe Lucius Annaeus Seneca: Drei Bücher vom Zorn (De ira). In: Ders.: Philosophische Schriften/Dialoge/Briefe an Lucilius. Übersetzt, mit Einleitungen und Anmerkungen versehen v. Otto Apelt. Wiesbaden 2004, S. 61–201.
308 Hartmann: Zum Problem der Realitätsgegebenheit, S. 17f.
309 Ebd., S. 18f.
310 Hartmann: Zur Grundlegung der Ontologie, S. 46.
311 Karl Jaspers: Philosophie. Bd. 3: Metaphysik, 4. Kapitel: Lesen der Chiffreschrift; Chiffreschrift und Ontologie. Berlin 1932, S. 160.
312 Siehe Karl Jaspers: Einführung in die Philosophie. 12 Radiovorträge. München/Zürich 1989, S. 14–31; sowie Karl Jaspers: Vernunft und Existenz. Fünf Vorlesungen. München 1973, S. 35–57 (Zweite Vorlesung: »Das Umgreifende«).
313 Siehe Jaspers: Philosophie, S. 160.
314 Karl Jaspers: Psychologie der Weltanschauungen. Berlin 1919.
315 Siehe Karl Jaspers: Allgemeine Psychopathologie. Berlin 1913.
316 Siehe Anm. 305.
317 Siehe etwa Hartmann: Zur Grundlegung der Ontologie, S. 231 ff.
318 Siehe ebd., S. 139f.
319 Siehe Paul Tillich: Systematische Theologie, Bd. III: Das Leben und der Geist/Die Geschichte und das Reich Gottes. Stuttgart 1966, S. 23–41.
320 Windelband: Geschichte und Naturwissenschaft, S. 160.
321 Heidegger: Vom Wesen des Grundes, S. 123.
322 Ebd., S. 134.
323 Siehe Windelband: Geschichte und Naturwissenschaft, S. 145.
324 Heidegger: Vom Wesen des Grundes, S. 134.
325 Ebd.
326 Die Schilderung dazu bei Plutarch: Des Sokrates Daimonion. In: Ders.: Moralia. Verdeutscht u. hrsg. v. Wilhelm Ax. Mit Einf. v. Max Pohlenz. Leipzig 1950, S. 240.
327 Siehe Anm. 285.
328 Heidegger: Beiträge zur Philosophie (Vom Ereignis), S. 229.
329 Ebd., S. 230.
330 Goebbels: Vom Kaiserhof zur Reichskanzlei, S. 10.
331 Ebd., S. 11.
332 Ganzopfer (Holocaust) im Alten Testament: 3 Mose 6,22f.; 5 Mose 13,17.

333 Heidegger: Der Weg zur Sprache, S. 260.
334 Siehe Windelband: Geschichte und Naturwissenschaft, S. 145.
335 Ebd., S. 160.
336 Siehe Jaspers: Allgemeine Psychopathologie, S. 300: »Was auf den Höhen der wirklichen Geistesgeschichte Kierkegaard und Nietzsche getan haben, wird hier in den Niederungen vergröbert und verkehrt noch einmal getan, dem tiefen Niveau der Durchschnittlichkeit und der großstädtischen Zivilisation entsprechend. Gegenüber der wahren Psychologie ist sie ein Massenphänomen, demzufolge in einer massenhaften Literatur sich anbietend.« – Siehe auch Karl Jaspers: Vernunft und Widervernunft in unserer Zeit. Drei Vorlesungen. München/Zürich 1990, S. 18ff.
337 Hans Leisegang: Denkformen. Berlin/Leipzig 1928.
338 Siehe Erich Rudolf Jaensch: Über den Aufbau der Wahrnehmungswelt. Leipzig 1927; Erich Rudolf Jaensch: Die Lage und die Aufgabe der Psychologie. Leipzig 1933; Erich Rudolf Jaensch: Der Kampf der deutschen Psychologie. Langensalza 1934; sowie Emil Kraepelin: Psychiatrie: ein Lehrbuch für Studierende und Ärzte. Leipzig 1899.
339 Siehe Anm. 234.
340 Heidegger: Vom Wesen des Grundes, S. 131.
341 Ebd., S. 134.
342 Ebd., S. 174.
343 Siehe Heinrich: Floß der Medusa, S. 20ff.
344 Heidegger: Vom Wesen des Grundes, S. 134.
345 Zum Sprung des Ritters Curtius siehe Livius: Römische Geschichte. Buch VII–X (Ab urbe condita). Lateinisch u. deutsch hrsg. v. Hans Jürgen Hillen. München 1994, VII, 6, 1–6; siehe auch Klaus Heinrich: Begriff des Opfers. Vorlesung, gehalten im Wintersemester 1973/74 (hier insb. die 1. Vorlesung); sowie Klaus Heinrich: Konstruktionen der Subjektlosigkeit II: Ereignis und Opfer. Vorlesung, gehalten im Wintersemester 1986/87 (hier insb. die 1. u. 2. Vorlesung).
346 Siehe Heinrich: tertium datur, S. 44f. u. 54.
347 Heidegger: Vom Wesen des Grundes, S. 123.
348 Siehe die Artikel »Cloaca maxima« und »Cloacina« in: Der Kleine Pauly. Lexikon der Antike in fünf Bänden. Auf der Grundlage von Pauly's Realencyclopädie der classischen Altertumswissenschaft, unter Mitwirkung zahlreicher Fachgelehrter bearb. u. hrsg. v. Konrat Ziegler u. Walther Sontheimer. München 1979, Bd. 1, Spalte 1226.
349 Siehe Sigmund Freud: Die Disposition zur Zwangsneurose. Ein Beitrag zum Problem der Neurosenwahl [1913]. In: Ders.: Gesammelte

Werke, Bd. VIII. Hrsg. v. Anna Freud u.a. Unter Mitwirkung v. Marie Bonaparte. Frankfurt am Main 1999, S. 452; Sigmund Freud: Aus der Geschichte einer infantilen Neurose [»Der Wolfsmann«] [1914/1918]. In: Ders.: Gesammelte Werke, Bd. XII, S. 110–112 u. 116; Sigmund Freud: Neue Folge der Vorlesungen zur Einführung in die Psychoanalyse [1932]. In: Ders.: Gesammelte Werke, Bd. XV, S. 107; Sigmund Freud: Drei Abhandlungen zur Sexualtheorie [1905]. In: Ders.: Gesammelte Werke, Bd. V., S. 88 u. 99; Sigmund Freud: Über infantile Sexualtheorien [1908]. In: Ders.: Gesammelte Werke, Bd. VII., S. 181f.; Sigmund Freud: Die infantile Genitalorganisation. Eine Einschaltung in die Sexualtheorie [1923]. In: Ders.: Gesammelte Werke, Bd. XV., S. 296f.
350 Heidegger: Vom Wesen des Grundes, S. 123.
351 Heidegger: Beiträge zur Philosophie (Vom Ereignis), S. 229.
352 Rudolf Otto: Das Heilige. Über das Irrationale in der Idee des Göttlichen und sein Verhältnis zum Rationalen. München 1963, S. 13ff.
353 Heidegger: Beiträge zur Philosophie (Vom Ereignis), S. 230.
354 Siehe Anm. 333.
355 Heidegger: Zeit und Sein, S. 20.
356 Heidegger: Beiträge zur Philosophie (Vom Ereignis), S. 230.
357 Hegel: Phänomenologie des Geistes, S. 591.
358 Ebd.
359 Siehe Heidegger: Beiträge zur Philosophie (Vom Ereignis), S. 29f.
360 Siehe Anaximander. In: Diels/Kranz (Hg.): Fragmente der Vorsokratiker, Fragment 1, S. 89.
361 Siehe ebd., Fragmente 2 u. 3, S. 89.
362 Siehe die Anaximander-Diskussion in Heinrich: Begriff des Opfers. Vorlesung, gehalten im Wintersemester 1973/74, 3. Vorlesung.
363 Siehe Anaximander, Fragment 1; siehe auch Klaus Heinrich: tertium datur, S. 60ff.
364 Siehe Bertolt Brecht: Der Jasager und der Neinsager. In: Ders.: Gesammelte Werke, Bd. 2 (= Stücke 2). Frankfurt am Main 1967, S. 629. – Zu Brechts ›forensischem‹ Theater siehe auch Heinrich: Begriff des Opfers, 4. u. 5. Vorlesung.
365 Siehe Heidegger: Der Spruch des Anaximander, S. 362.
366 Siehe Anm. 127.
367 Siehe George Thomson: Frühgeschichte Griechenlands und der Ägäis. Deutsche Ausgabe besorgt von Erich Sommerfeld. Berlin 1960, S. 316ff.
368 Siehe Ovid: Metamorphosen. Lateinisch–deutsch. In deutsche Hexameter übertr. v. Erich Roesch. Hrsg. v. Niklas Holzberg. Zürich 1996, III, 1–137.

369 Siehe Klaus Heinrich/Horst Kurnitzky: Sog. Zur aktuellen Mythenfaszination (Interview). In: sans phrase. Zeitschrift für Ideologiekritik, Heft 18. Freiburg/Wien 2021; siehe auch Klaus Heinrich: arbeiten mit ödipus, S. 158.
370 Siehe Platon: Nomoi, St. 663E.
371 Heidegger: Der Spruch des Anaximander, S. 357.
372 Ebd.
373 Ebd., S. 350.
374 Ebd.
375 Ebd., S. 351.
376 Heidegger: Der Feldweg, S. 24.
377 Es handelt sich um die damalige Bundestagspräsidentin Rita Süßmuth und die damalige Volkskammerpräsidentin Sabine Bergmann-Pohl. Ihr Besuch ging auf eine Einladung des Knesset-Präsidenten Dov Shilansky zurück.
378 Siehe Manfred Bauschulte: Über das Ende der neolithischen Revolution. Gespräche und Versuche mit Klaus Heinrich. Wien 2012, S. 157–204. – Die ›Orientierungslosigkeit‹ von Opferkultgesellschaften hat Klaus Heinrich häufiger thematisiert, so in den Vorlesungen »Begriff des Opfers« (Wintersemester 1973/74), »Phänomenologie der Religionen III – die Wirklichkeit und das Erscheinen der Religionen« (Sommersemester 1979), »Das Problem der Weltreligionen in Raum und Zeit I« (Sommersemester 1993) und »Das Problem der Weltreligionen in Raum und Zeit II« (Sommersemester 1994).
379 Siehe Heidegger: Vom Wesen des Grundes, S. 123 u. 134.
380 Siehe Anm. 277.
381 Siehe Paul Tillich: Vorlesungen über die Geschichte des christlichen Denkens. Teil I: Urchristentum bis Nachreformation. Hrsg. u. übers. v. Ingeborg Henel. Stuttgart 1971. Kap. IV: Die Kirche des Mittelalters, S. 151–221.
382 Siehe den Artikel »sinnen«. In: Paul: Deutsches Wörterbuch, S. 802.
383 Siehe Krzysztof Pomian: Europa und seine Nationen. Berlin 1990; Krzysztof Pomian: Der Ursprung des Museums. Vom Sammeln. Berlin 1993, S. 20ff.
384 Paul Hofmann: Metaphysik oder verstehende Sinn=Wissenschaft? Gedanken zur Neugründung der Philosophie im Hinblick auf Heideggers »Sein und Zeit«. In: Kant-Studien, Nr. 64. Hrsg. v. Paul Menzer und Arthur Liebert. Berlin 1929, S. 3.
385 Karl Gjellerup: Der Pilger Kamanita [1906]. Ludwigshafen 1995. – 1917 wurde ihm dafür der Literaturnobelpreis verliehen.

386 Siehe Theodor W. Adorno: Die Philosophie der neuen Musik. In: Ders.: Gesammelte Schriften, Bd. 12. Hrsg. v. Rolf Tiedemann, unter Mitwirkung von Gretel Adorno. Frankfurt am Main 1975, S. 127–196.
387 Siehe Heidegger: Sein und Zeit, S. 89ff.
388 Goebbels: Vom Kaiserhof zur Reichskanzlei, S. 14.
389 Heidegger: Beiträge zur Philosophie (Vom Ereignis), S. 414.
390 Die Balilla (Opera Nazionale Balilla), die Jugendorganisation der italienischen faschistischen Partei, wurde 1926 gegründet und galt der Hitlerjugend als Vorbild.
391 Heidegger: Vom Wesen des Grundes, S. 123.
392 Heidegger: Beiträge zur Philosophie (Vom Ereignis), S. 157.
393 Ebd., S. 158.
394 Siehe Anm. 149.
395 Heidegger: Beiträge zur Philosophie (Vom Ereignis), S. 481f.
396 Heidegger: Zur Erörterung der Gelassenheit, S. 48ff.
397 Ebd., S. 57.
398 Heidegger: Beiträge zur Philosophie (Vom Ereignis), S. 81.
399 Der Zenonische Pfeil taucht schon auf bei Aristoteles: Physik. In: Ders.: Philosophische Schriften, Bd. 6. Hamburg 1995, VI, 9, 239b, S. 163; siehe auch Diels/Kranz (Hg.): Die Fragmente der Vorsokratiker, S. 253, dazu Fragmente 4, S. 258.
400 Zur Kadmossippe siehe Karl Kerényi: Die Mythologie der Griechen. Bd. II: Die Heroen-Geschichten. München ⁴1979, S. 29ff.; siehe dazu auch Heinrich/Kurnitzky: Sog; sowie Heinrich: tertium datur, S. 78.
401 Siehe Anaximander: Fragmente 2 u. 3.
402 Heidegger: Beiträge zur Philosophie (Vom Ereignis), S. 81.
403 Siehe Anm. 333.
404 Heidegger: Beiträge zur Philosophie (Vom Ereignis), S. 351.
405 Ebd., S. 81.
406 Siehe Georg Wilhelm Friedrich Hegel: Grundlinien des Philosophie des Rechts. In: Ders.: Werke in zwanzig Bänden, Bd. 7. Frankfurt am Main 1970, S. 28: »Wenn die Philosophie ihr Grau in Grau malt, dann ist eine Gestalt des Lebens alt geworden, und mit Grau in Grau läßt sie sich nicht verjüngen, sondern nur erkennen; die Eule der Minerva beginnt erst mit der einbrechenden Dämmerung ihren Flug.«
407 Heidegger: Beiträge zur Philosophie (Vom Ereignis), S. 197.
408 Siehe Karl Kerényi: Die Mysterien von Eleusis. Zürich 1962, S. 26f.

409 Johann Wolfgang von Goethe: Campagne in Frankreich 1792. In: Ders.: Werke. Hamburger Ausgabe in 14 Bde., Bd. X (Autobiographische Schriften II). Hrsg. v. Erich Trunz. Textkritisch durchgesehen u. kommentiert v. Erich Trunz. München ⁹1989, S. 235: »Von hier und heute geht eine neue Epoche der Weltgeschichte aus, und ihr könnt sagen, ihr seid dabei gewesen.«
410 Siehe Friedrich Kluge: Etymologisches Wörterbuch der deutschen Sprache. Berlin/New York ²¹1975, S. 809.
411 Heidegger: Vom Wesen des Grundes, S. 123.
412 Heidegger: Beiträge zur Philosophie (Vom Ereignis), S. 157.
413 Ebd., S. 480.
414 Ebd., S. 482.
415 Siehe Anm. 302.
416 1943–1944 wurde der Film »Kolberg« von Veit Harlan gedreht und am 30. Januar 1945, dem 12. Jahrestag der ›Machtergreifung‹, zugleich in Berlin und der Atlantikfestung La Rochelle als einer der ›Durchhaltefilme‹ uraufgeführt.
417 Siehe Friedrich Hölderlin: Patmos [Erste Fassung]. In: Ders.: Sämtliche Werke und Briefe, Bd. I. Hrsg. v. Michael Knaupp. Darmstadt 1998, S. 447.
418 Zu Kali siehe Zimmer: Maya. Der indische Mythos, S. 480ff.
419 Siehe Anm. 364.
420 Heidegger: Aus der Erfahrung des Denkens, S. 7.
421 Siehe Anm. 400.
422 Heidegger: Der Spruch des Anaximander, S. 352 (dike), S. 355 (tisis).
423 Heidegger: Beiträge zur Philosophie (Vom Ereignis), S. 81.
424 Ebd.
425 Siehe Platon: Symposion, St. 211D.
426 Heidegger: Beiträge zur Philosophie (Vom Ereignis), S. 81.
427 Ebd.
428 Ebd.
429 »Welch eine Wendung durch Gottes Führung«, schreibt Wilhelm I. am Abend der Schlacht von Sedan am 2. September 1870 an seine Frau. Der Satz wurde am 25. Jahrestag (›Sedantag‹) als Spruchband über dem Brandenburger Tor aufgehängt.
430 Heidegger: Beiträge zur Philosophie (Vom Ereignis), S. 81.
431 Das ins Gesangbuch aufgenommene Lied von Paul Gerhardt, »Befiehl du deine Wege«, ist 1653 veröffentlicht worden.
432 Heidegger: Beiträge zur Philosophie (Vom Ereignis), S. 81.
433 Heidegger: Unterwegs zur Sprache, S. 260.

434 Zur Zeus-Etymologie siehe Erika Simon: Die Götter der Griechen, S. 14; siehe auch den Artikel »Zeus«. In: Der Kleine Pauly. Bd. 5, Spalte 1516f.
435 Zu den Beinamen des Dionysos siehe Kerényi: Die Mythologie der Griechen. Bd. I: Die Götter- und Menschheitsgeschichten, S. 213ff.
436 Heidegger: Beiträge zur Philosophie (Vom Ereignis), S. 18.
437 Ebd., S. 81.
438 Ebd.
439 Ebd.
440 Ebd., S. 81f.
441 Johann Wolfgang von Goethe: Unbegrenzt. In: Ders.: Werke. Hamburger Ausgabe in 14 Bde., Band II (= Gedichte und Epen II). Hrsg. v. Erich Trunz. Textkritisch durchgesehen u. kommentiert v. Erich Trunz. München ⁹1989, S. 23.
442 Siehe Klaus Heinrich: Mystik und Symbol – Symbol und Opfer. Vorlesung, gehalten im Sommersemester 1989.
443 Siehe Aristoteles: Metaphysik, XII, 1076a10: »Nimmer ist gut eine Vielherrschaft; nur Einer sei Herrscher!«; dies Zitat aus »Ilias«, II, 204.
444 Ebd., XII, 7, 1074b34f.
445 Heidegger: Beiträge zur Philosophie (Vom Ereignis), S. 82.
446 Ebd.
447 Heidegger: Der Feldweg, S. 24.
448 Siehe Heidegger: Beiträge zur Philosophie (Vom Ereignis), S. 82.
449 Ebd.
450 Siehe Martin Heidegger: Der Satz vom Grund [1957]. In: Ders.: Gesamtausgabe, Bd. 10. Frankfurt am Main 1997, S. 15ff.
451 Heidegger: Beiträge zur Philosophie (Vom Ereignis), S. 82.
452 Ebd.
453 Bei dieser Vorlesung handelte es sich um die Donnerstagsvorlesung; die parallellaufende Montagsvorlesung trug den Titel »Zum Problem des Verhältnisses von transzendentalem und ästhetischem Subjekt: Probleme des Kunst- und Naturbegriffs im 19. und 20. Jahrhundert XXIX: Imagination, Repräsentation, Idolatrie«, siehe insb. die 11. Vorlesung.
454 Das Erdbeben von Lissabon 1755 veranlaßte Voltaire zu seinem Anti-Leibniz-Roman »Candide oder der Glaube an die beste der Welten« (1759).
455 Die ›Era Fascista‹ wurde von Benito Mussolini als eine neue Zeitrechnung eingeführt und setzte am 29. Oktober 1922 nach dem Marsch auf Rom ein.

456 Siehe Anm. 416.
457 Siehe Heidegger: Der Weg zur Sprache, S. 260f.
458 Ebd., S. 260.
459 Ebd., S. 261
460 Ebd., S. 270.
461 Siehe Karl Marx: Grundrisse der Kritik der politischen Ökonomie [Rohentwurf]. 1857–1858. Anhang 1850–1859. Frankfurt am Main/Wien o. Jg., S. 266: »Die Arbeit ist das lebendige, gestaltende Feuer; die Vergänglichkeit der Dinge, ihre Zeitlichkeit, als ihre Formung durch die lebendige Zeit«; siehe Heraklit, Fragment 90. In: Diels/Kranz (Hg.): Die Fragmente der Vorsokratiker, S. 171: »Wechselweiser Umsatz: des Alls gegen das Feuer und des Feuers gegen das All, so wie der Waren gegen Gold und des Goldes gegen Waren.«
462 Heidegger: Der Weg zur Sprache, S. 264.
463 Johannes 1,11.
464 Johannes 1,14.
465 Heidegger: Beiträge zur Philosophie (Vom Ereignis), S. 479.
466 Ebd.
467 Siehe Martin Heidegger: Das Ding. In: Ders.: Vorträge und Aufsätze. Pfullingen 1954, S. 164ff.
468 Heidegger: Beiträge zur Philosophie (Vom Ereignis), S. 479.
469 Zur ›phallischen Mutter‹ siehe Freud: Über infantile Sexualtheorien, S. 177ff.
470 Siehe Heidegger: Beiträge zur Philosophie (Vom Ereignis), S. 479.
471 Ebd., S. 329.
472 Siehe Heidegger: Vom Wesen des Grundes, S. 134.
473 Siehe Anm. 345.
474 Siehe Martin Heidegger: Überwindung der Metaphysik, S. 99.
475 Siehe Heidegger: Der Feldweg, S. 21.
476 Siehe ebd.
477 Heidegger: Zur Erörterung der Gelassenheit, S. 48ff.
478 Siehe Anm. 414.
479 Heidegger: Aus der Erfahrung des Denkens, S. 7.
480 Wyston Hugh Auden: The Age of Anxiety [1947]. (Dt. Übersetzung: Das Zeitalter der Angst. Ein barockes Hirtengedicht. Wiesbaden 1947).
481 T. S. Eliot: Four Quartets, 1943. Deutsche Nachdichtung v. Nora Wydenbruck. Berlin 1948.
482 Heidegger: Brief über den Humanismus, S. 325.

483 Siehe Klaus Heinrich: Versuch über die Schwierigkeit nein zu sagen, S. 136 ff.
484 Siehe Heinrich: Geschichte und Kritik des Existentialismus II – Zur existentialistischen Interpretation der Religionen. Vorlesung, gehalten im Sommersemester 1977.
485 Heidegger: Beiträge zur Philosophie (Vom Ereignis), S. 416.
486 Siehe Hubert Cancik: »Wir sind eins«. Rhetorik und Mystik in einer Rede Hitlers [Nürnberg, 11. September 1936]. In: Antik Modern. Beiträge zur römischen und deutschen Kulturgeschichte. Hrsg. v. Richard Faber u.a. Stuttgart/Weimar 1998.
487 Siehe Gajo Petrovic: Philosophie und Revolution. Modelle für eine Marx-Interpretation. Reinbek bei Hamburg 1971; Gajo Petrovic: Revolutionäre Praxis. Jugoslawischer Marxismus der Gegenwart. Freiburg 1969; siehe auch Heinrich: Geschichte und Kritik des Existentialismus I.
488 Heidegger: Aus der Erfahrung des Denkens, S. 19.
489 Siehe Kant: Kritik der reinen Vernunft, B132.
490 Siehe Heidegger: Sein und Zeit, §§ 54–60.
491 Heidegger: Aus der Erfahrung des Denkens, S. 19.
492 Julius Evola: Revolte gegen die moderne Welt. Stuttgart 1935.
493 Siehe Gottfried Benn: Sein und Werden. Zu: Julius Evola, Erhebung wider die moderne Welt. In: Ders.: Gesammelte Werke, Bd. IV. Autobiographische und vermischte Schriften. Stuttgart 1977, S. 251–261.
494 Heidegger: Beiträge zur Philosophie (Vom Ereignis), S. 371 ff.
495 Siehe ebd.
496 Siehe Hegel: Phänomenologie des Geistes, S. 591.
497 Siehe Heidegger: Beiträge zur Philosophie (Vom Ereignis), S. 308.
498 Siehe ebd., S. 350.
499 Heraklit: Fragment 123. In: Diels/Kranz (Hg.): Fragmente der Vorsokratiker, S. 178: »Die Natur (das Wesen) liebt es sich zu verbergen.«
500 Zu ›Dionysos als Maske‹ siehe Klaus Heinrich: Ursprung, Bund und die Konflikte des Erscheinens. Vorlesung, gehalten im Wintersemester 1978/79, 6. Vorlesung; Klaus Heinrich Einführung in die Religionswissenschaft II: Begriff des Symbols in den Religionen. Vorlesung, gehalten im Sommersemester 1983, 2. Vorlesung.
501 Heidegger: Beiträge zur Philosophie (Vom Ereignis), S. 351.
502 Anmerkung Klaus Heinrich aus dem Herbst 2020: »Heute scheint es mir notwendig zu sein, das zu erläutern, was damals ohne weitere Erläuterung traf. Heute ist auch das schon fast vergessen. Ich hätte ebenso abschließen können: Immer wieder, wenn wir nachforschen,

kommt zum Vorschein: Wir waren es nicht. Wir wissen auch nicht, was das gewesen ist, wer da was mit wem angerichtet hat. Der Schrecken ist über uns hinweggegangen, jetzt richten wir uns wieder auf und knüpfen da an, wo das Unbegreifliche begonnen hat.«

Stichwortartige Übersicht

Erste Vorlesung
Übertrumpfung und Überbietung   9

Primärliteratur als Einführung und äußerer Anlaß der Vorlesung (9) – Öffentlicher Titel und Geheimtitel (11) – Antidota (Victor Klemperer, Hugo Ott, Víctor Farías, Guido Schneeberger) (13) – Unterwegs-Pathos (15) – Inhaltsverzeichnis: mythologisch-kultische, mystisch-apokalyptische Versatzstücke und Evangelientitel (18) – Übertrumpfung und Überbietung der ›Bewegung‹ (Ernst Jünger, Joseph Goebbels) (20) – Von »zitternder Existenz« zu »Erzitterung des Seyns« zu »Erzitterung des Götterns« (26)

Zweite Vorlesung
Frühe Faszination und Skepsis (Autobiographisches)   29

Wiederholung und Vorblick (29) – »Sein und Zeit«: Aufsprengung der Subjektimmanenz, Sartresche Heidegger-Rezeption (30) – Eigentliches Selbstsein als Entleerung, bereit für die Erfassung durch die ›Bewegung‹ bzw. das Sein (Vorbildung der ›Kehre‹) (36) – Heidegger strukturalistisch: Essentialisierung der husserlschen Störfaktoren (40) – ›Zuhandenheit‹ und ›Zeug‹: keine Verdinglichungskritik (43) – Schock des ganz gewöhnlichen Antisemitismus der Zeit (45) – Zum weiteren Vorgehen (47)

Dritte Vorlesung
Von »Angst« zum »Erahnen« des kommenden Gottes –
ein veritabler Götterkampf   49

Luigi Nono: Ein Nachruf (49) – Übertrumpfung der Kathederprophetie: Heidegger als Seher (56) – ›Ereignis‹: Wortgeschichte und Begriffsverwendung (Johann Wolfgang Goethe) (57) – Von existenzialer »Grundbefindlichkeit« (Angst) zu »Grundstimmung« (»Erzitterung des Seyns«) (61) – »Erzitterung des Götterns«: ein veritabler Götterkampf (65) – Der »andere Anfang«: Wahrheit als unumgängliches Opfer des Seienden und »Erahnen« des kommenden Gottes (68)

Vierte Vorlesung
»Letzter Gott« und eigentlicher Führer – Nietzsche-Überbietung   71

Wiederholung: Verkehrung von eigentlichem und uneigentlichem Sein, das Elitäre als das Allerallgemeinste, Goebbelssche Reizwörter (71) – Ambivalenz der Erzitterung (Götter oder Sein?), mythologischer Kontext: ein völkisches Amalgam aus Mutterkulten und politischen Aufmarschunternehmungen (74) – Hölderlin und Nietzsche als Stichwortgeber: der »letzte Gott« als eigentlicher Führer (82) – Letzte Begegnung mit Karl Löwith in Rom 1936 (84) – Zarathustra-Kitsch: Heidegger als Religions- und Heilsstifter (88) – Eine kleine Elite eigentlichen Denkens »gegen das noch nicht volkhafte Volk« (91)

Fünfte Vorlesung
Eine philologische Schlinge (Hölderlin)   95

Kehre schon vor der ›Kehre‹ (95) – Zwei Wahlaufrufe 1933: Abwertung der Wahl und Aufwertung des »Geschehnisses« (95) – Eine nachträgliche Redaktion: »Ereignis« statt »Geschehnis« (108) – ›Fünf Leitworte‹: Heideggers Hölderlin-Identifikation (109) – Initiation in die Katastrophe und geschichtstheologische Überhöhung (116)

Sechste Vorlesung
Ontologische Differenz als Ursprung in actu   119

Adventistischer Denker oder Ursprungsdenker? (119) – Wiederholung der philologischen Schlinge (120) – Im NS real angelegt: Schwanken zwischen Totenstarre und Bewegung (125) – ›Worthafte Stiftung des Seins‹: eine umgekehrte Lesart der kantischen Antinomientafel (126) – Aussagewahrheit, vorprädikative ontische Wahrheit, ontologische Wahrheit (129) – Ein transzendenter Bezugsgrund »zum Unterschied von Sein und Seiendem« (134) – Den Ursprung ›andenken‹: nicht nur symbolisch, sondern in actu (137) – Vorblick: Ursprung in actu als Prophetismus und Sinn von Sein (139)

Siebente Vorlesung
Ein philosophiehistorischer Rundgang (I)   141

Drei Formen der Regression (141) – »Stiftung«: Eine regressive Paraphrase der kantischen Antinomientafel (141) – Ein formalistisch-ontologischer Regressionsversuch: Nicolai Hartmann (145) – Wilhelm Windelbands Rektoratsrede von 1894: »Gesetz« und »Ereignis« (146) – Rückkehr zur intentio recta (Nicolai Hartmann) (150) – Naiver Realismus und Verkennung des Schocks der Sinnlosigkeit (Nicolai Hartmann) (152) – »Härte des Realen«: Nicolai Hartmanns stoischer Existentialismus (156)

Achte Vorlesung
Ein philosophiehistorischer Rundgang (II)   163

Karl Jaspers: »Ontologie muß zerfallen«, Dasein als ›Chiffre‹ (163) – Nicolai Hartmann: Die Sinnfrage stellen, heißt die Ontologie verlassen (165) – Windelband, Kant, Heidegger: Vom »Riß« zur kultisch gedachten »ontologischen Differenz« (169) – Heideggers Umkehrung der Windelbandschen ›Ereignis‹- und ›Gesetzesseite‹ (172) – Nicht-symbolisches ›Andenken‹ des ›aufbrechenden Unterschieds‹, bis er zuschnappt (175) – Der aufbrechende Unterschied als scheinkonkreter kultischer Akt und als kultische Verbrämung des realen Mordens (177) – Die geheime Faszination und Regression: ein Opfer, »das selig macht wie nur irgendein Mysterium« (181)

Neunte Vorlesung
Ontologische Differenz als Opferstätte und ihre Verklärung
nach dem Krieg   183

Wiederholung: Heidegger im Kontext der akademischen Philosophie (Windelband, Hartmann, Jaspers) (183) – Heideggers nicht-akademische Antwort: Gefährlichkeit und Kultpraxis des aufbrechenden Unterschieds (Ritter Curtius) (187) – Was aufbricht, ist die ›Opferstätte‹ (191) – Verklärung der ›Opferstätte‹ nach dem Krieg (194) – »Durch zwei Weltkriege vor der Zeit geopfert«: Schweigen über das Morden (199) – Vorblick: »Fuge« (201)

Zehnte Vorlesung
Sinnfrage, Sinnepiphanie, Rekultifizierung des Denkens 203

Philosophie als konkurrierende heilsgeschichtliche Bewegung: Regression angesichts von Schicksalsschlägen bzw. -göttinnen (203) – Sinnfrage: Kultvorbereitung ad infinitum als Antwort, Ausbruch der Sinnfrage nur zu gewissen Zeiten (207) – Sinnerleben epiphanisch: von der sinnstiftenden christlichen Heilsgeschichte zum vertikal verdichteten Lebensstrom (210) – Nach dem Erlebniskult des 19. Jahrhunderts: Heideggers Rekultifizierung des Denkens selbst (214) – ›Das große Entsetzen‹ als Kultbegriff (216) – »Fuge« (219)

Elfte Vorlesung
»Fuge« 225

Der »andere Anfang«: vom völkischen Opferdienst (1933) zum Opfer des Seienden für das Sein (1936) (225) – Remystifizierung des Philosophenmysteriums um den Preis des Totalopfers (227) – Das ›Seyn‹ selber ›entsetzt‹ aus der Belagerung des Seienden: Antizipation der Durchhaltepropaganda (229) – Ontologische Differenz als ›Fug‹ und ›Fuge‹ (232) – »Über das Selbe das Selbe sagen«: nicht als Autonomiebastion (Aristoteles), sondern als perfekte Selbstaufgabe (238) – »Sechsfache Fügung« (242)

Zwölfte Vorlesung
»Entbergen des Sich-Verbergens« – »Zentralfigur der
Nichtbewältigung unserer eigenen Vergangenheit« 247

Drei Aspekte der Heidegger-Faszination: (1) Stillung des Epiphaniebedarfs, Singularität des Ereignisses (247) – Domestikation der Katastrophe und zugleich Einübung in diese: Katastrophenaspekt der großen Befreiung (zwei Theologieparaphrasen) (250) – Wahrheit, abgelöst von allem Seienden: eine Collage aus Messiaserwartung, Jüngstem Gericht und Ursprungskult (Ursprungsprophet) (254) – (2) Als Existenzphilosophie desavouiert und dennoch projektiv vertreten (258) – (3) Kultischer Umtrieb: adventistisches Denken und Rückgriff auf das Älteste (261) – Verwerfung des traditionellen Wahrheitsbegriffs der ›aletheia‹: was sich entbirgt, ist die Verbergung (263)

Personenregister

Kursiv gesetzte Namen verweisen auf mythologische beziehungsweise religiöse Figuren.

Abbado, Claudio 49–50
Adam 81, 101
Adorno, Theodor W. 53, 154, 214
Aischylos 54
Alverdes, Paul 108
Anaximander 68, 74, 138, 194–195, 197–199, 221, 232, 252
Anders, Günther 11, 37, 164
Aristoteles 17, 40, 129, 155–156, 160–161, 177, 239
Auden, W. H. 258
Augustinus von Hippo 115, 188

Baader-Meinhof 25
Barth, Karl 86
Bauschulte, Manfred 287
Beaufret, Jean 28
Beckett, Samuel 154
Beethoven, Ludwig van 50
Benjamin, Walter 144, 177
Benn, Gottfried 262
Berg, Alban 53
Bia 54
Bloch, Ernst 31, 35
Brecht, Bertolt 195, 232
Breuer, Stefan 273
Bruno, Giordano 104
Buber, Martin 32

Cage, John 51–53
Cassirer, Ernst 103
Circe 145

Cocteau, Jean 90
Cruz, Luciano 49–50, 55

Descartes, René 43, 215
Dilthey, Wilhelm 85, 210
Diogenes Laertius 276
Dionysos 64, 82, 236, 265
Diotima 52, 234

Eisler, Hanns 50–52
Eliot, T. S. 258
Epikur 276
Europa 195
Eva 81, 101
Evola, Julius 262

Faber, Richard 273, 292
Farías, Víctor 14, 268
Feuerbach, Ludwig 30
Freud, Sigmund 31, 105, 121, 132, 148, 186, 191
Furtwängler, Wilhelm 50

Gerhardt, Paul 290
Giotto di Bondone 142
Gjellerup, Karl 213
Goebbels, Joseph 21, 23, 28, 37, 60, 73, 163, 180, 215–216
Goethe, Johann Wolfgang von 59–60, 73, 199, 227, 238
Grimm, Jacob und Wilhelm 58
Groddeck, Georg 92

Hartmann, Nicolai 30, 119, 134, 136–137, 145–146, 148, 150–156, 158–161, 163, 165–169, 172–174, 177, 184–186, 228, 230
Hegel, Gottfried Wilhelm Friedrich 31, 85, 110, 124, 143, 154, 193, 207, 252, 263
Heisenberg, Werner 167
Heraklit 252, 265
Hitler, Adolf 24–25, 85–87, 107, 260
Hofmann, Paul 210, 216
Hölderlin, Friedrich 48, 52, 57, 70, 78, 83, 85, 91, 97, 107–109, 111–116, 119, 123–126, 128, 141, 143–144, 231
Homer 83
Husserl, Edmund 17, 31–33, 42, 45, 76, 104, 132, 134, 146, 150–152, 175, 210, 264
Huysmans, Joris-Karl 148

Iris 69

Jaensch, Erich 186
Jaspers, Karl 163–166, 185–187, 191, 207
Johannes 20, 73, 252
Johannes der Täufer 124
Joyce, James 145
Jünger, Ernst 20, 21, 29

Kadmos 195–196, 221, 233
Kali 80, 231
Kant, Immanuel 26, 31, 48, 58, 61, 103, 127–128, 130, 142–144, 151, 154, 163, 170, 172, 178, 185, 210–211, 239, 262
Karajan, Herbert von 50
Karneades von Kyrene 30
Kerényi, Karl 227, 289

Kierkegaard, Søren 85, 101, 194, 254, 259, 263
Kipling, Rudyard 213
Klemperer, Victor 13–14, 22
Köhler, Otto 92
Kraepelin, Emil 186
Kratos 54
Kues, Nikolaus von 168
Kurnitzky, Horst 287, 289

Laermann, Klaus 14
Leibniz, Gottfried Wilhelm 47
Leisegang, Hans 146–147, 186
Leukippos 276
Liszt, Franz 55
Livius 190
Löwith, Karl 67, 78, 84–85, 105, 108–109, 116, 119, 266
Lukrez 102

Mann, Thomas 50, 132
Marx, Karl 31, 85, 252
Maya 81
May, Karl 213
Mechow, Karl Benno von 108
Meinong, Alexius 76, 146
Moltke, Helmuth von 24
Moses 68

Newton, Isaac 47
Nietzsche, Friedrich 30, 57, 74, 83–85, 87–90, 103, 115, 218
Nono, Luigi 49–56, 69, 71

Odysseus 145
Okeanos 54
Ott, Hugo 14
Otto, Rudolf 192
Otto, Walter F. 82
Ovid 196

Pallas Athene 189, 196
Parmenides 80, 88
Pascal, Blaise 35
Perseus 189
Petrovic, Gajo 292
Pfänder, Alexander 76
Platon 69, 77, 90, 102, 196, 234, 258
Pollini, Maurizio 49–50, 54–55
Pomian, Krzysztof 209
Prometheus 53–54, 81, 273

Reinhardt, Karl 82
Richter, Liselotte 30
Riesman, David 44
Rilke, Rainer Maria 75, 92, 102, 105, 107, 188
Ritter Curtius 190, 198, 255
Röhm, Ernst 126
Rosenberg, Alfred 13, 20, 34
Rosenstock-Huessy, Eugen 31, 35, 144
Rosenzweig, Franz 32, 35

Sartre, Jean-Paul 33–34
Scheler, Max 30, 56, 137, 146, 187
Schiller, Friedrich 193, 242
Schiwa 81
Schleiermacher, Friedrich 210
Schneeberger, Guido 14, 23, 25
Schönberg, Arnold 50–53
Schopenhauer, Arthur 30
Schwegler, Albert 147

Seneca, Lucius Annaeus 158
Simmel, Georg 213
Simon, Erika 276, 290
Spengler, Oswald 35, 144, 169
Staiger, Emil 86, 194
Stirner, Max 32
Strawinsky, Igor 214, 260
Streicher, Julius 86, 87

Thaumas 69
Themis 54
Thomä, Dieter 278
Thomson, George 287
Tillich, Paul 70, 120, 137, 141, 145, 168, 177, 187
Titan 54, 66, 69, 81

Venus Cloacina 191
Vischnu 81
Vivaldi, Antonio 55
Voltaire 291

Weber, Max 163–165, 186
Wilde, Oscar 148
Windelband, Wilhelm 146–150, 169, 172–174, 184, 187, 203, 217, 254
Wirsing, Giselher 93

Zeus 54, 82, 195, 236, 239
Zimmer, Heinrich 81
Zimmermann, Wilhelm 234

Editorische Notiz

Der vorliegende Text ist die nach Tonbandaufnahmen rekonstruierte Vorlesung, die Klaus Heinrich unter dem Titel »Martin Heidegger: Vom Ereignis« an der Freien Universität Berlin im Sommersemester 1990 gehalten hat. Sie schließt einen Zyklus von vier Vorlesungen (Sommersemester 1988 bis Wintersemester 1989/1990) ab, die unter dem Obertitel »Begriff und Funktion des Symbols in der Geschichte« standen.

Die von Klaus Heinrich verfaßte Ankündigung im Kommentierten Vorlesungsverzeichnis lautete:

> Aus dem Nachlaß herausgegeben, lagen rechtzeitig zu Heideggers 100. Geburtstag 1989 seine unter dem Titel »Vom Ereignis« zusammengefaßten, als ein zweites Hauptwerk nach »Sein und Zeit« emphatisch angekündigten »Beiträge zur Philosophie« aus den Jahren 1936–38 vor. Es handelt sich um ein vom Verfasser selbst sorgfältig zusammengestelltes und redigiertes Manuskript, dessen zentrale Begriffe zur Zeit der Niederschrift bereits auf eine mehrjährige Erprobung zurücksehen. »Sein« (oder ursprungsmythisch angeschrieben ›Seyn‹) »hinsichtlich seiner Wesensherkunft aus dem Ereignis denken«, war für Heidegger, wie wir aus einer 1959 veröffentlichten Aufzeichnung (»Unterwegs zur Sprache«, Anmerkung Seite 260) wissen, eine zu dieser Zeit »seit mehr als 25 Jahren«, also seit den Ereignissen von 1933, betriebene ›Sache des Denkens‹. Sie sollte es (vgl. den in der kleinen Schrift »Zur Sache des Denkens« abgedruckten Vortrag »Zeit und Sein« aus dem Jahre 1961 und das Seminarprotokoll zu diesem Vortrag) bis zu seinem Tode bleiben. – Mit dem Blick zurück auf Heideggers Frühwerk und die NS-Zeit, dem Blick nach vorn auf Heideggers Spätwerk und die ihm verpflichtete ›Ereignis‹-Euphorie unserer Zeit (›Ereignis‹ die den Zeitgeist ausagierende, mit Katastrophenfaszination operierende, die Erlösung von allen historischen ebenso wie kategorialen Konditionen suggerierende postmoderne Übertrumpfungsfigur) wird das lange erwartete wichtigste posthume Werk des seinerzeit knapp 50-jährigen Zeitgeist-Indikators und -Apologeten zur Diskussion gestellt. – Philosophisch stellte der Ereignisbegriff das Ende einer Entwicklung dar, die von der interobjektiven Figur der Erfahrung über die intersubjektive des Erlebens zu einem Objektivität ebenso

wie Subjektivität außer Kraft setzenden katastrophischen Einbruch führt, der mit initiatorischer Erwartung aufgeladen wird, durchaus vergleichbar also der archaisierend-initiatorischen Verwendung der Katastrophenmetaphern ›Urknall‹ oder ›Schwarzes Loch‹ mitsamt ihrer publikumswirksamen Neugeburts- und Sogmetaphorik in zeitgenössischen astronomischen Erklärungsmodellen. Religionswissenschaftlich bedeutet die Vorstellung der Heideggerschen Denkfiguren zugleich eine Einführung in aktuelle epiphanische Strukturen, die den Vergleich mit dem Epiphaniebegriff in den Religionen nahelegen. Zeitgeschichtlich sind Mißverständnisse zu beseitigen, die die innige Verknüpfung der Heideggerschen Denkfiguren mit der NS-Kultwirklichkeit auf Beeinflussungsphänomene reduzieren wollen.

Redaktionelle Fragen zum Text konnten noch weitgehend mit dem Autor besprochen werden. Sperrungen und Kursivierungen wurden gleichermaßen verwendet, wobei Sperrungen auf eine stärkere Betonung verweisen. Ergänzt wurde der Text durch Anmerkungen, ein Personenregister und eine stichwortartige Übersicht. Die Herausgeber danken Sigrun Anselm, Konrad Honsel und Heinrich Jennes für ihre Hilfe und Mitarbeit.